MORTE AO ENTARDECER

Do mesmo autor:

Adeus às armas
A quinta-coluna
As ilhas da corrente
Contos (obra completa)
Contos — Vol. 1
Contos — Vol. 2
Contos — Vol. 3
Do outro lado do rio, entre as árvores
Morte ao entardecer
O jardim do Éden
O sol também se levanta
O velho e o mar
O verão perigoso
Paris é uma festa
Por quem os sinos dobram
Ter e não ter
Verdade ao amanhecer
Como chegamos a Paris e outras narrativas

ERNEST HEMINGWAY
MORTE AO ENTARDECER

Tradução
Irinêo Baptista Netto

1ª edição

Rio de Janeiro | 2024

CIP-BRASIL. CATALOGAÇÃO NA PUBLICAÇÃO
SINDICATO NACIONAL DOS EDITORES DE LIVROS, RJ

H428m   Hemingway, Ernest, 1899-1961
            Morte ao entardecer / Ernest Hemingway ; tradução Irinêo Baptista Netto. - 1. ed. - Rio de Janeiro : Bertrand Brasil, 2024.

            Tradução de: Death in the afternoon
            ISBN 978-85-2860-919-6

            1. Touradas - Espanha. I. Netto, Irinêo Baptista. II. Título.

                        CDD: 791.82
23-86912   CDU: 791.862

Meri Gleice Rodrigues de Souza - Bibliotecária - CRB-7/6439

Copyright © Charles Scribner's Sons, 1932
Copyright © Hemingway Foreign Rights Trust

Texto revisado segundo o Acordo Ortográfico da Língua Portuguesa de 1990.

Todos os direitos reservados.
Não é permitida a reprodução total ou parcial desta obra, por quaisquer meios, sem a prévia autorização por escrito da Editora.

Direitos exclusivos de publicação em língua portuguesa somente para o Brasil adquiridos pela:
EDITORA BERTRAND BRASIL LTDA.
Rua Argentina, 171 — 3º andar — São Cristóvão
20921-380 — Rio de Janeiro — RJ
Tel.: (21) 2585-2000,
que se reserva a propriedade literária desta tradução.

Seja um leitor preferencial.
Cadastre-se no site www.record.com.br
e receba informações sobre nossos
lançamentos e nossas promoções.

Atendimento e venda direta ao leitor:
sac@record.com.br

Para Pauline

SUMÁRIO

Capítulos do 1 ao 20   11

Um glossário explicativo de certas frases, palavras e termos usados nas touradas   257

Reações de alguns poucos indivíduos à típica tourada espanhola   329

Uma breve avaliação do norte-americano Sidney Franklin como matador   335

Datas comuns de touradas na Espanha, na França, no México e nas Américas Central e do Sul   339

Nota bibliográfica   349

MORTE AO ENTARDECER

1

Na minha primeira tourada, achei que ficaria chocado e talvez revoltado ao ver o que me contaram que aconteceria com os cavalos. Tudo o que tinha lido sobre a praça de touros insistia nesse argumento; a maioria que escrevia sobre o assunto condenava a tourada como um negócio estúpido e brutal, mas mesmo quem falava bem dela como uma demonstração de habilidade e uma forma de espetáculo criticava o uso de cavalos e lamentava a coisa toda. A morte dos cavalos na arena era considerada indefensável. Penso que moralmente, do ponto de vista moderno, isto é, do ponto de vista cristão, a tourada em si seja indefensável; sem dúvida, há muita crueldade, sempre há perigo, seja ele previsto ou imprevisto, e sempre há sacrifício, e não vou tentar defendê-la agora, apenas contar honestamente o que eu penso de verdade sobre ela. Para fazer isso, devo ser completamente sincero, ou tentar ser, e, se quem ler isto se revoltar e achar que foi escrito por alguém sem a sua — a de quem lê — sutileza de sentimentos, só me resta alegar que isso pode ser verdade. Mas, seja quem for que leia isto, só pode fazer um julgamento desses se ele, ou ela, tiver visto as coisas descritas aqui e sinceramente reconhecer quais seriam suas reações a elas.

Certa vez, numa conversa sobre touradas, me lembro de que Gertrude Stein falou de sua admiração por Joselito e me mostrou algumas fotografias dele na arena e de si mesma com Alice Toklas sentadas na primeira fileira das barreras de madeira na praça de touros em Valência, com Joselito e o irmão El Gallo logo abaixo, e eu tinha acabado de chegar do Oriente Próximo, onde os gregos quebravam as pernas de seus cavalos e os arrastavam e jogavam na água rasa quando abandonavam a cidade de Smyrna, e me lembro de dizer que não gostava das touradas por causa dos pobres cavalos. Na época, eu estava tentando escrever e achei que a maior dificuldade, além de saber de verdade o que você realmente sentia, e não o que deveria sentir, ou o que tinha sido educado para sentir, era colocar no papel o que acontecia de fato, era escrever sobre as coisas concretas que produziam a emoção que você sentia. Ao escrever para um jornal, você conta o que aconteceu e, com alguns artifícios, comunica a emoção com a ajuda de um senso de oportunidade que dá uma certa emoção a qualquer relato de algo que aconteceu num determinado dia; mas a coisa real, a sucessão de movimentos e fatos que produziram a emoção, e que continuaria válida por um ano, ou por dez anos, ou, se você tivesse sorte, para sempre, e, se a expressasse de forma pura o suficiente, estava muito além de mim e eu estava me esforçando muito para tentar alcançá-la. O único lugar onde se podia ver a vida e a morte, isto é, ver a morte violenta, agora que as guerras tinham terminado, era na praça de touros, e eu queria muito ir para a Espanha, onde poderia estudá-la. Eu estava tentando aprender a escrever, começando com as coisas mais simples, e uma das coisas mais simples de todas e a mais fundamental é a morte violenta. Ela não tem nenhuma das complicações da morte por doença, ou da chamada morte natural, ou da morte de um amigo ou de alguém que você amou ou odiou, mas essa morte é, no entanto, um dos assuntos sobre os quais um homem talvez escreva. Eu tinha lido muitos livros em que o autor só produziu um borrão ao tentar falar da morte, e conclui que isso se devia ao fato de o autor nunca tê-la visto com clareza ou, no momento em que a viu, ter fechado os olhos física ou mentalmente, como um indivíduo faria se visse uma criança prestes a ser atingida por um trem, mas estivesse fora de alcance ou sem a possibilidade de ser ajudada. Num caso assim, suponho que ele talvez tivesse justificativa em fechar os olhos, pois o simples fato de a criança estar prestes a ser atingida pelo trem era tudo o que ele poderia expressar, o impacto em si seria um anticlímax, de modo que o momento anterior ao impacto seria o mais longe que ele poderia ir. Mas no caso de uma execução por um pelotão de fuzilamento, ou de um enforcamento, isso não é verdade, e para que essas coisas muito simples se tornassem tão definitivas quanto, digamos, em *Los Desastres de la Guerra*, de Goya, era preciso evitar isso de fechar os olhos. Eu tinha visto certas coisas, certas coisas simples das quais eu me lembrava, porém, ao presenciá-las ou, em outros casos, ao ter de escrever sobre elas pouco depois e, consequentemente, ao entender o que era preciso para fazer o registro imediato, compreendi que nunca consegui estudá-las como um homem consegue, por exemplo, estudar a morte do seu pai ou o enforcamento de alguém que, digamos, ele não conhecia e sobre o qual não teria de escrever pouco depois para a primeira edição de um jornal vespertino.

Então fui à Espanha com o intuito de ver as touradas e para tentar escrever sobre elas por conta própria. Achei que seriam simples e bárbaras e cruéis, e que eu não gostaria delas, mas que veria certas ações concretas que me dariam uma noção do embate entre a vida e a morte que ajudariam no meu trabalho. Encontrei a ação concreta; mas a tourada estava longe de ser simples, e eu gostei tanto daquilo que ficou complicado demais para as ferramentas de escrita que eu tinha até então e, exceto quatro esboços muito curtos, não consegui escrever nada sobre a tourada por cinco anos — e eu gostaria de ter esperado dez. Entretanto, se eu tivesse esperado tempo suficiente, talvez nunca tivesse escrito nada, já que você, quando começa mesmo a aprender algo sobre alguma coisa, tem a tendência de não querer escrever sobre essa coisa, e sim de continuar aprendendo sobre ela para sempre, até o fim dos tempos, a não ser que seu ego infle muito, o que, é claro, explica a existência de muitos livros, e você consiga dizer: agora sei tudo sobre esse assunto e vou escrever sobre ele. É óbvio que não digo isso hoje; a cada ano sei que há mais para aprender, mas sei algumas coisas que podem ser interessantes neste momento, e talvez fique longe das touradas por bastante tempo, então poderia muito bem escrever sobre o que sei delas agora. Também pode ser bom ter um livro sobre touradas, e um livro sério sobre um assunto tão amoral deve ter algum valor.

No que diz respeito às questões morais, só sei que algo moral faz você se sentir bem e que algo imoral faz você se sentir mal, e a julgar por esses critérios, com os quais não concordo, a tourada é muito moral para mim porque me sinto bem enquanto ela está acontecendo e ela me faz pensar sobre a vida e a morte, e sobre mortalidade e imortalidade, e depois que ela acaba, me sinto muito triste, mas muito bem. Além disso, não me preocupo com os cavalos; não em princípio, mas na verdade não me preocupo mesmo com eles. Fiquei muito surpreso com isso, pois não consigo ver um cavalo na rua e não sentir o impulso de ajudá-lo, e já estiquei os baixeiros, soltei os arreios e me esquivei dos cascos muitas vezes e farei isso tudo de novo se encontrar cavalos nas ruas da cidade com o tempo úmido e frio, mas na arena não sinto nenhum horror ou repugnância pelo que acontece com eles. Tenho levado muitas pessoas, tanto homens quanto mulheres, a touradas e tenho visto suas reações à morte e ao sofrimento dos cavalos na arena, e suas reações são bastante imprevisíveis. As mulheres que eu sabia que iriam gostar das touradas, mas não do sofrimento dos cavalos, não foram afetadas pelo sofrimento; quero dizer, não foram afetadas mesmo, ou seja, algo que elas criticavam e que esperavam que as horrorizasse e revoltasse não as horrorizou nem as revoltou nem um pouco. Outras pessoas, tanto homens quanto mulheres, foram tão afetadas que passaram mal fisicamente. Mais tarde vou entrar em detalhes sobre como algumas dessas pessoas reagiram, mas me deixe dizer agora que não havia diferença, nem uma linha de separação, usando qualquer critério de cultura ou de experiência, entre as pessoas que foram afetadas e as que não foram afetadas.

De observar, eu diria que as pessoas talvez estejam divididas em dois grupos básicos: aqueles que, para usar o jargão da psicologia, se identificam com os animais, ou seja, que se colocam no lugar dos animais; e aqueles que se identificam com os seres humanos. Acredito, com base em experiência e observação, que as pessoas que se identificam com os animais, ou seja, aquelas que se dedicam de modo quase profissional a amar cães e outros animais, são mais capazes de cometer crueldade com os seres humanos do que aquelas que não se identificam facilmente com os animais. Parece que houve uma ruptura profunda entre as pessoas com base nisso, embora as pessoas que não se identificam com os animais possam, mesmo não gostando dos animais em geral, nutrir grande afeto por um animal específico, um cão, um gato ou um cavalo, por exemplo. Mas elas vão respaldar esse afeto em alguma qualidade ou em alguma ligação com esse animal específico e não no fato de que ele é um animal e, portanto, digno de amor. No meu caso, senti um profundo afeto por três gatos diferentes, quatro cães, de que me lembro, e apenas dois cavalos; isto é, cavalos que eu tinha, montava ou conduzia. Quanto aos cavalos que observei nas corridas e nos quais apostei, minha admiração por eles foi profunda e, quando apostei dinheiro neles, senti algo próximo de afeição por vários desses animais; eu me lembro bem de Man of War, Exterminator, sinceramente acho que tive afeição por ele, Epinard, Kzar, Heros XII, Master Bob, e um cavalo mestiço que disputava corridas de obstáculos assim como os dois últimos, chamado Uncas. Eu tinha uma admiração muito, muito grande por todos esses animais, mas não sei quanto do meu afeto se devia aos valores que apostava neles. Quando Uncas venceu uma clássica corrida de obstáculos em Auteuil, senti um afeto profundo porque eu tinha colocado meu dinheiro nele e as apostas pagavam dez para um. Mas se você me perguntasse o que acabou acontecendo com o nobre animal tão querido por mim, a ponto de quase chorar ao falar dele com Evan Shipman*, eu responderia que não sei. O que eu sei é que não amo cães como cães, cavalos como cavalos, nem gatos como gatos.

A questão de por que a morte do cavalo na arena não é comovente, quer dizer, não é comovente para algumas pessoas, é complicada; mas a razão fundamental pode ser que a morte do cavalo tende a ser cômica, enquanto a do touro é trágica. Na tragédia da tourada, o cavalo é o personagem cômico. Isso pode ser chocante, mas é verdade. Portanto, quanto pior for o cavalo, desde que seja suficientemente alto e sólido para que o picador possa realizar sua missão com a lança, ou vara, mais ele será um elemento cômico. Você deveria ficar horrorizado e enojado com esses arremedos de cavalos e com o que acontece com eles, mas como não há garantia de que você vai ficar, a menos que decida ficar, não importa o que você sente. É como se eles não fossem cavalos; de certa forma, eles lembram pássaros estranhos, como os marabus ou os jaburus, e quando são levantados pela força dos músculos do pescoço e dos ombros do touro, ficando com as pernas penduradas no ar, os cascos suspensos, o pescoço inclinado, quando aqueles corpos cansados são erguidos pelos chifres, os cavalos não são cômicos; mas também não são trágicos. A tragédia está toda centrada no touro e no homem. O trágico clímax da carreira do cavalo ocorre num momento anterior fora da arena, quando ele é comprado pelo criador de cavalos para ser usado na praça de touros. A extremidade da arena, de alguma forma, parece adequada à

---

* Ao ler este texto, Mr. Shipman me informa que Uncas, após ter fracassado nas corridas, passou a ser usado como um cavalo de passeio por Mr. Victor Emanuel. Essa notícia não me comove de forma alguma.

estrutura do cavalo, e quando a lona está esticada sobre o animal, sobre as pernas longas e o pescoço, a cabeça fica com um formato estranho e a lona que cobre o corpo desenha uma espécie de asa, e ele se parece demais com um pássaro. Ele lembra um pouco um pelicano morto. Um pelicano vivo é uma ave interessante, divertida e simpática, mas se você mexer com ele, vai pegar piolhos; mas um pelicano morto parece muito bobo.

Este texto não está sendo escrito como uma apologia às touradas e sim como uma tentativa de apresentar a tourada na íntegra, e para isso é preciso admitir uma série de coisas que um apologista, defendendo um ponto de vista, ignoraria ou evitaria. O que há de cômico na história desses cavalos não é a morte deles; a morte não é cômica, ela dá uma dignidade temporária mesmo aos personagens mais cômicos, embora essa dignidade deixe de existir uma vez que a morte tenha ocorrido; cômicos são os acidentes estranhos e burlescos que acontecem com as vísceras dos cavalos. Pelos nossos critérios, com certeza não há nada de cômico em ver um animal eviscerado, mas se esse animal, em vez de fazer algo trágico e cheio de dignidade, galopa com uma pose rígida e antiquada em torno de uma arena arrastando as próprias vísceras, o fato é tão cômico quanto seria se os irmãos Fratellini fizessem um espetáculo burlesco em que as vísceras são feitas de bandagens, salsichas e outras coisas. Se um é cômico, o outro também é; o humor vem do mesmo princípio. Já vi isso acontecer, pessoas correndo, cavalos eviscerados, dignidades sendo destruídas uma atrás da outra num rastro de sangue e tripas, criando um perfeito burlesco trágico. Vi esses cavalos, vamos chamá-los de destripados, que é uma palavra terrível, serem muito engraçados numa determinada situação. Esse é o tipo de coisa que você não deve admitir, mas é porque tais coisas não têm sido admitidas que a tourada jamais ganhou uma explicação.

Esses acidentes com as vísceras, à medida que escrevo isto, não fazem mais parte da tourada espanhola, pois o governo de Primo de Rivera decidiu proteger os abdomes dos cavalos com uma espécie de colcha estofada projetada "para evitar aquelas cenas horríveis que são repugnantes para estrangeiros e turistas". Os protetores previnem essas cenas e diminuem muito o número de cavalos mortos na arena, mas não diminuem a dor sofrida pelos cavalos de forma alguma; os protetores tiram grande parte da bravura do touro, vou tratar disso num capítulo posterior, e são o primeiro passo para acabar com as touradas. A tourada é uma instituição espanhola; ela não existe por causa de estrangeiros e turistas, mas sempre existiu apesar deles e qualquer tentativa de modificá-la para garantir sua aceitação, inalcançável, é uma tentativa de acabar com ela para sempre.

Esse trecho fala sobre a reação de uma pessoa aos cavalos na arena, não se trata de um desejo do autor de escrever sobre si mesmo e sobre as próprias reações, considerando todas elas importantes e satisfatórias por serem suas reações, mas sim de estabelecer o fato de que as reações foram imediatas e inesperadas. Não fiquei indiferente ao destino dos cavalos por causa da insensibilidade que ocorre quando se vê a mesma coisa diversas vezes, de modo que as emoções sejam eliminadas. Não era uma questão de as emoções serem eliminadas graças à familiaridade. O que sinto pelos cavalos em termos afetivos foi o que senti na primeira vez que vi uma tourada. Pode-se argumentar que me tornei insensível por ter observado a guerra, ou por causa do jornalismo, mas isso não explicaria outras pessoas que nunca viram a guerra nem, precisamente, o horror físico de qualquer natureza, ou que nunca trabalharam, digamos, num jornal matinal, tendo exatamente as mesmas reações.

Acredito que a tragédia da tourada é tão bem orquestrada e tão disciplinada pelo ritual que uma pessoa assimilando a tragédia inteira não consegue separar o pequeno elemento tragicômico do cavalo e se emocionar com ele. Se elas têm uma intuição sobre o significado da coisa toda e sobre como ela acaba, mesmo quando não sabem nada a respeito dela; se sentem que essa coisa que não entendem está acontecendo, a questão dos cavalos nada mais é do que um incidente. Se elas não assimilarem a tragédia inteira, naturalmente vão reagir de forma emotiva ao incidente mais pitoresco. Naturalmente, também, se forem ligadas a questões humanitárias ou de direitos dos animais, não vão compreender a tragédia, mas apenas reagir em termos humanitários ou de direitos dos animais, e, obviamente, o mais agredido na arena é o cavalo. Se as pessoas se identificarem de verdade com os animais, sofrerão horrores, talvez mais do que o cavalo, pois um homem ferido sabe que a dor do ferimento só começa por volta de meia hora após ele ter sido machucado e não há uma relação proporcional entre a dor e o aspecto horrível do ferimento; a dor de um ferimento no abdome não vem na hora e sim mais tarde, causada por gases e pelo início da peritonite; no entanto, um ligamento puxado ou um osso quebrado doem de uma vez e terrivelmente; mas essas coisas não são conhecidas ou são ignoradas pela pessoa que se identificou com o animal, e ela sofrerá genuína e terrivelmente, vendo apenas esse aspecto da tourada; enquanto, ao ver um cavalo mancar numa prova de obstáculos, ela não sofrerá nada e considerará isso simplesmente lamentável.

O aficionado ou amante da tourada pode ser, de modo geral, considerado alguém que compreende a tragédia e o ritual do duelo de modo a não dar importância para questões menores, a não ser na forma como se relacionam com o todo. Ou você compreende isso ou não compreende, assim como, sem implicar em qualquer comparação, você tem ou não tem ouvido para a música. Sem ouvido para a música, a impressão inicial de um ouvinte num concerto sinfônico pode estar ligada aos contrabaixistas, assim como o espectador da tourada pode se lembrar apenas da óbvia brutalidade de um picador. Os movimentos de um contrabaixista são grotescos e os sons produzidos, se ouvidos sozinhos, com frequência são desprovidos de sentido. Se o ouvinte de um concerto sinfônico fosse um humanitário, como ele poderia ser caso estivesse numa tourada, ele provavelmente encontraria espaço para realizar o bom trabalho de melhorar os salários e as condições de vida dos contrabaixistas em orquestras sinfônicas, assim como para fazer algo a respeito dos pobres cavalos. Entretanto, sendo, vamos supor, um homem culto e sabendo que as orquestras sinfônicas são fundamentalmente boas, e que devem ser aceitas em sua totalidade, ele provavelmente não teria nenhuma reação diante delas que não fosse de prazer e aprovação. Ele não pensa no contrabaixo como algo separado da orquestra ou como algo sendo tocado por um ser humano.

Como acontece em todas as artes, o prazer aumenta com o conhecimento da arte, porém as pessoas sabem se gostam ou não de tourada já na primeira vez, se forem de mente aberta e só sentirem as coisas que realmente sentem e não as coisas que supostamente devem sentir. Elas podem não dar a mínima para touradas, não faz diferença se os duelos são bons ou ruins, e qualquer argumento perderá o sentido diante da óbvia injustiça moral da tourada, assim como as pessoas poderiam se recusar a beber um vinho de que elas seriam capazes de gostar só porque acreditam que não seria correto bebê-lo.

A comparação com o vinho não é tão forçada quanto parece. O vinho é uma das coisas mais civilizadas do mundo e uma coisa natural que foi aperfeiçoada ao extremo, e apreciar um vinho talvez seja um dos melhores prazeres sensoriais que podem ser adquiridos com o dinheiro. Pode-se aprender sobre vinhos e desenvolver o paladar com grande prazer durante a vida inteira, e à medida que o paladar se desenvolve, você desenvolve também o gosto pelo vinho e o prazer que sente com ele aumenta apesar de os rins ficarem fracos, do dedão do pé doer e das articulações dos dedos endurecerem, até que por fim, justo quando você mais ama o vinho, você fica totalmente proibido de bebê-lo. Assim como o olho, que de início é apenas um bom instrumento saudável, mesmo que não seja mais tão forte e esteja debilitado e cansado por causa de excessos, ele é capaz de transmitir um prazer cada vez maior ao cérebro graças ao conhecimento e à capacidade de ver que foram adquiridos. Nosso corpo inteiro se desgasta de um jeito ou de outro e nós morremos, e eu prefiro ter um paladar que me permita desfrutar plenamente de um Chateaux Margaux ou de um Haut Brion, ainda que os excessos cometidos na aquisição desse paladar tenham gerado um fígado que não me permita beber Richebourg, Corton ou Chambertin, a ter as entranhas de ferro que tinha na infância, quando todos os vinhos tintos me eram amargos, exceto o vinho do Porto, e beber era o processo de entornar qualquer coisa para se sentir desinibido. O importante, claro, é evitar ter de abrir mão do vinho por completo, assim como no caso do olho é evitar ficar cego. Mas parece haver um bocado de sorte em todas essas coisas e nenhum homem pode evitar a morte, mesmo com um esforço genuíno, nem dizer qual a utilidade que qualquer parte do seu corpo terá até que chegue a sua vez.

Parece que isso não tem nada a ver com touradas, mas a questão é que uma pessoa com cada vez mais conhecimento e educação sensorial pode extrair um prazer infinito do vinho, assim como o prazer de um homem na tourada também pode crescer e se tornar uma das suas maiores paixões menores; no entanto, uma pessoa bebendo, não provando ou saboreando, mas *bebendo* um vinho pela primeira vez saberá, apesar de não se importar de saborear ou de ser capaz de saborear, se ela gosta do efeito ou não e se o vinho faz bem para ela ou não. No vinho, de início, a maioria das pessoas prefere vindimas doces, Sauternes, Graves, Barsac, e espumantes como os champanhes não muito secos e os espumantes da Borgonha por causa de sua qualidade pitoresca, enquanto, mais tarde, elas trocariam todos esses vinhos por um leve, íntegro e bom Grand Crus de Médoc, embora ele possa estar numa garrafa simples sem rótulo, cheia de pó ou de teias de aranha, sem nada pitoresco, apenas com sua humildade e delicadeza, e o corpo leve do vinho na língua, refrescante na boca e quente uma vez que você engole. O mesmo acontece nas touradas; os iniciantes gostam do que há de pitoresco no paseo, nas cores, nas cenas, do que há de pitoresco num farol e num molinete, do toureiro colocando a mão no focinho do touro, acariciando os chifres, e de todas essas coisas inúteis e românticas das quais os espectadores gostam. Eles ficam contentes de ver os cavalos protegidos se isso os poupa de cenas desconfortáveis e aplaudem todos esses movimentos. Por fim, quando ganham experiência e aprendem a reconhecer certos valores, eles querem algo honesto e emoção de verdade, não a ilusão de emoção, e sempre o classicismo e a pureza da execução de todas as suertes, e assim como na mudança de gosto pelos vinhos, preferem ver os cavalos sem nenhuma proteção, para que todas as feridas possam ser vistas e a morte seja dada em vez de sofrida ou causada por algo elaborado para permitir que os cavalos sofram enquanto o público é poupado do seu sofrimento. Mas, assim como no caso do vinho, você saberá, quando experimentar pela primeira vez, se você gosta ou não, dependendo do efeito que isso terá sobre você. A tourada tem meios de agradar a todos os gostos e, se você não gosta dela, se não gosta de nada nela, nem do todo, nem dos detalhes, então ela não é para você. Claro que seria bom para aqueles que gostam delas se aqueles que desgostam não sentissem a necessidade de declarar guerra contra a tourada ou de gastar dinheiro para tentar acabar com ela, já que a tourada os ofende ou não lhes agrada, mas isso é esperar demais, e qualquer coisa capaz de despertar paixões favoráveis com certeza despertará também paixões contrárias.

São grandes as chances de que o primeiro contato de alguém com uma tourada não seja bom do ponto de vista artístico; para que isso aconteça, é preciso haver toureiros bons e touros bons; toureiros figurantes e touros ruins não rendem touradas interessantes, pois o toureiro que tem a capacidade de fazer coisas extraordinárias com o touro, que é capaz de produzir o mais intenso grau de emoção no público, não vai duelar com um touro incapaz de atacar; portanto, se o touro for ruim, o embate é apenas cruel e não corajoso; se o touro for capaz de investir contra o toureiro, se for dedicado e imprevisível em seus ataques, é melhor que seja combatido por um toureiro que conheça sua profissão, que tenha integridade e experiência, em vez de habilidade artística. Toureiros bons serão competentes ao lutar com um animal difícil, e devido ao perigo extra do touro e à habilidade e à coragem necessárias para superar esse perigo, e para ser capaz de matar o touro com algum grau de dignidade, a tourada se torna interessante mesmo para alguém que nunca tenha visto uma. Entretanto, se um toureiro assim, habilidoso, inteligente, corajoso e competente, mas sem nenhum talento ou grande inspiração, recebe na arena um touro corajoso de verdade, que ataca em linha reta, que responde às ordens do toureiro, que se torna mais corajoso sob pressão, e tem aquela qualidade técnica que os espanhóis chamam de "nobreza", e o toureiro só tem bravura e uma habilidade nítida na preparação para matar e no ato de matar o touro, e nada da habilidade dos pulsos ou da noção estética que, diante de um touro que ataca em linha reta, são responsáveis pela beleza escultural da tourada moderna; então o toureiro falha completamente, ele tem um desempenho verdadeiro e banal, e cai no ranking lucrativo das touradas, enquanto, na multidão, homens que ganham talvez menos de mil pesetas por ano dirão, e estarão sendo sinceros: "Eu daria cem pesetas para ver Cagancho com aquele touro." Cagancho é um cigano sujeito a ataques de covardia, totalmente desprovido de integridade, que viola todas as regras, escritas e não escritas, de conduta de um matador, mas que, quando recebe um touro em que confia, e muito raramente ele tem confiança em touros, faz coisas que todos os toureiros fazem de uma maneira que nunca foram feitas antes e, às vezes, com o corpo ereto e absolutamente imóvel, feito uma árvore, com a arrogância e a graça que os ciganos têm e que fazem todos os outros parecerem imitações de arrogância e graça, movimenta a capa inflada como a bujarrona de um iate diante do focinho do touro de forma tão lenta que a arte da tourada, que só não é uma das grandes artes porque é impermanente, se torna na lentidão arrogante de suas veronicas, ao longo do que parecem ser minutos, permanente. Esse é o pior tipo de escrita floreada, mas é necessário tentar recriar a sensação da tourada, e para alguém que nunca a viu, uma simples frase do método não recria a sensação. Qualquer um que tenha visto touradas pode pular os floreios e ler os fatos, que são muito mais difíceis de isolar e relatar. O fato é que, às vezes, o cigano Cagancho pode, com os pulsos maravilhosos que tem, realizar os movimentos habituais das touradas tão lentamente que se tornam, para as antigas touradas, algo como o filme em câmera lenta é para o filme em velocidade normal. É como se um mergulhador conseguisse controlar sua velocidade no ar e prolongasse um salto ornamental, que na prática é um movimento brusco, embora o mergulhador pareça flutuar em fotografias, para fazer dele um longo voo planado como os mergulhos e saltos que às vezes damos em sonhos. Outro toureiro que tem ou teve essa habilidade com os pulsos é Juan Belmonte e Enrique Torres e Felix Rodriguez têm esporadicamente com a capa.

O espectador que vai a uma tourada pela primeira vez não pode esperar ver a combinação do touro ideal com o toureiro ideal porque esse tipo de touro aparece não mais do que vinte vezes ao longo de uma temporada em toda a Espanha, e seria errado o espectador ver um touro desses na primeira vez. Visualmente, ele ficaria confuso com as muitas coisas que não conseguiria absorver, e algo que ele poderia nunca mais ver na vida não significaria nada mais do que uma performance regular. Se há alguma chance de ele gostar das touradas, a melhor tourada para ver primeiro é uma tourada média, dois touros corajosos de um total de seis, com quatro que não se destacam para contrabalançar o desempenho dos dois excelentes, três toureiros, não muito bem pagos, para que qualquer coisa extraordinária que eles façam pareça difícil em vez de fácil, um assento não muito perto da arena para que ele veja o espetáculo como um todo em vez de vê-lo dividido o tempo todo, se estiver sentado muito perto, entre o touro e o cavalo, o homem e o touro, o touro e o homem — e um dia quente e ensolarado. O sol é muito importante. A teoria, a prática e o espetáculo da tourada foram criados levando-se em conta a presença do sol e, quando ele não brilha, perde-se mais de um terço da tourada. Os espanhóis dizem: "El sol es el mejor torero". O sol é o melhor toureiro e, sem o sol, o melhor toureiro não está lá. Ele é como um homem sem sombra.

2

A tourada não é um esporte no sentido anglo-saxão do termo, isto é, não é uma disputa justa nem uma tentativa de disputa justa entre um touro e um homem. Ela é mais propriamente uma tragédia, a morte do touro, e envolve um touro e um homem, e na qual o homem enfrenta o perigo, mas o animal encara a morte certa. O grau de perigo enfrentado pelo homem pode aumentar de acordo com a vontade do toureiro, na medida em que se aproxima dos chifres do touro. De acordo com as regras da tourada numa arena fechada, formuladas por anos de experiência, regras que, se forem conhecidas e respeitadas, permitem que um homem realize certas manobras com um touro sem ser atingido pelos chifres; o toureiro, à medida que diminui a distância em relação ao chifres do touro, depende cada vez mais dos próprios reflexos e da avaliação que faz dessa distância para se proteger. Esse risco de ser chifrado, que o homem cria voluntariamente, pode virar uma certeza de ser chifrado e arremessado pelo touro se o homem, por ignorância, lentidão, inércia, loucura cega ou tontura momentânea, quebrar qualquer um dessas regras fundamentais para a execução de várias suertes. Cada manobra feita pelo homem dentro da arena é chamada de "suerte". É o termo mais fácil de usar e também o mais curto. Ele significa ato, mas a palavra ato tem uma conotação mais ligada ao teatro que torna o seu emprego confuso.

Pessoas que veem uma tourada pela primeira vez dizem: "Mas os touros são muito burros. Eles sempre atacam a capa em vez de atacar o homem."

O touro só ataca o percal da capa ou a sarja vermelha da muleta se o homem obriga o animal a fazê-lo, então é o homem que faz o touro ver o pano. Portanto, para começar a ver touradas de verdade, um espectador deve frequentar as novilladas ou as lutas de aprendizes. Nessas, os touros nem sempre atacam os panos porque os toureiros estão aprendendo as regras da tourada diante dos olhos do público e eles nem sempre se lembram delas ou enfrentam terreno desconhecido e não sabem como manter o touro interessado pela isca e desinteressado pelo homem. Uma coisa é saber as regras em princípio e outra é se lembrar delas no momento em que se fazem necessárias ao enfrentar um animal que está tentando matar você, e o espectador que quer ver homens sendo arremessados e chifrados, em vez de apreciar a maneira com que os touros são dominados, deve ir a uma novillada antes de ver uma corrida de touros ou uma tourada completa. Se esse espectador quiser conhecer a técnica, o melhor a fazer, de qualquer forma, é ver uma novillada, pois o emprego do conhecimento que chamamos pelo nome bastardo de técnica é sempre mais evidente na imperfeição. Em uma novillada, talvez o espectador veja os erros dos toureiros, e os castigos que acompanham esses erros. Ele também vai aprender algo sobre o treinamento ou a falta de treinamento dos homens, e os efeitos que isso tem sobre a coragem.

Uma vez, em Madri, lembro que fomos a uma novillada em pleno verão, num domingo muito quente em que todo mundo com condições de sair da cidade viajou para as praias do norte ou para as montanhas, e a tourada não deveria começar antes das seis da tarde, para ver seis touros de Tovar serem mortos por três aspirantes a matador que, desde então, abandonaram suas carreiras. Nos sentamos na primeira fileira atrás da barrera de madeira e quando o primeiro touro surgiu ficou claro que, diante desse touro, Domingo Hernandorena, um basco desajeitado, baixinho, com tornozelos grossos e um rosto pálido que parecia nervoso e mal alimentado, usando um terno alugado e chinfrim, bancaria um idiota ou seria chifrado. Hernandorena não conseguia controlar o nervosismo. Ele queria ficar parado e enfrentar o touro movendo devagar a capa com os braços, mas quando ele tentava ficar parado durante a investida do touro, seus pés davam pequenos pulos nervosos. Era óbvio que os pés não estavam sob seu controle e o esforço de posar como uma estátua, enquanto os pés se mexiam de maneira nervosa afastando-o do perigo, divertia o público. Era divertido porque as pessoas sabiam que fariam o mesmo se estivessem enfrentando um par de chifres e, como sempre, elas ficavam ofendidas de ver alguém na arena, sendo pago para isso, revelar os defeitos que deveriam impedir qualquer pessoa de ganhar um bom dinheiro com touradas. Cada qual na sua vez, os outros dois matadores foram bem extravagantes no uso da capa e com isso os pulinhos nervosos de Hernandorena ficaram ainda mais feios depois da performance deles. Fazia mais de um ano que ele não enfrentava um touro na arena e ele se mostrou completamente incapaz de controlar o nervosismo. Quando as banderillas foram cravadas e chegou a hora de pegar o pano vermelho e a espada, preparar o touro para a morte e sacrificá-lo, o público que tinha aplaudido ironicamente a cada movimento nervoso que ele tinha feito sabia que alguma coisa muito engraçada estava para acontecer. Logo abaixo de onde estávamos sentados, ao pegar a muleta e a espada, e enxaguar a boca com água, dava para ver os músculos de suas bochechas se contraindo. O touro estava encostado na barrera observando o toureiro. Hernandorena não podia contar com suas pernas para andar a passos lerdos na direção do touro. Ele sabia que havia só um jeito de ele ficar na arena. Ele correu por dez metros na direção do touro e caiu de joelhos na areia. Nessa posição, ele não seria ridicularizado. Ele estendeu o pano vermelho usando a espada e sacudiu o corpo para a frente, ainda de joelhos, na direção do touro. O touro ficou olhando o homem e o triângulo de tecido vermelho, tinha as orelhas levantadas, os olhos fixos, e Hernandorena avançou mais um metro e balançou o pano. O touro levantou o rabo, baixou a cabeça e atacou, e ao colher o homem, Hernandorena foi para o alto com tudo e girou no ar como se fosse um fardo, esperneando, e em seguida caiu no chão. O touro procurou por ele, mas acabou encontrando uma capa sendo sacudida por outro toureiro, e atacou, e Hernandorena ficou de pé, tinha areia no rosto pálido e procurava sua espada e seu pano. Enquanto ele se levantava, pude ver a pesada seda cinza e suja de seu calção alugado clara e profundamente aberta, de modo a mostrar o osso da coxa do quadril até quase o joelho. Ele também viu e pareceu muito surpreso e colocou a mão em cima enquanto pessoas saltavam a barrera e corriam na sua direção para carregá-lo até a enfermaria. O erro técnico que ele havia cometido foi não manter o pano vermelho da muleta entre ele e o touro até o ataque; e no momento da tutela, como dizem, quando o touro baixa a cabeça e alcança o pano, ele não levou a capa para trás, estendida pelo bastão de madeira e pela espada, longe o suficiente para que o touro continuasse distante do seu corpo. Foi um simples erro técnico.

Naquela noite, no café, ninguém lamentou o ocorrido. Ele era ignorante, ele era indigno e era um novato. Por que insistiu em ser um toureiro? Por que ele tinha ficado de joelhos? Porque era um covarde, disseram. Ficar de joelhos é algo que covardes fazem. Se ele era um covarde, por que insistiu em ser toureiro? Não havia simpatia alguma por alguém de nervosismo incontrolável porque ele estava sendo pago para executar uma tarefa em público. Era preferível que fosse chifrado a que fugisse do touro. Ser chifrado era honroso; ele teria inspirado simpatia se tivesse sido atacado num de seus incontroláveis recuos saltitantes, que eram ridicularizados, mas todo mundo sabia que se deviam à falta de treino, em vez de ficar de joelhos. Porque o mais difícil de fazer quando você está apavorado com o touro é controlar os pés e deixar o touro se aproximar, e todas as tentativas de controlar os pés eram dignas, muito embora eles debochassem delas porque pareciam ridículas. Mas quando ele ficou de joelhos sem dominar a técnica de enfrentar o touro naquela posição; a técnica dominada por Marcial Lalanda, o mais hábil de todos os toureiros vivos, que sozinho torna essa posição digna; assim Hernandorena admitiu seu nervosismo. Demonstrar nervosismo não era motivo de vergonha, mas admitir o nervosismo era. Quando, sem dominar a técnica e desse modo admitindo a incapacidade de controlar os pés, o matador ficou de joelhos diante do touro, o público teve tanta simpatia por ele quanto teria por um suicida.

Para mim, por não ser um toureiro e ter bastante interesse por suicidas, era mais um problema de como a coisa toda tinha sido representada e, ao acordar no meio da noite, tentei resgatar uma memória que me escapava, a memória do que eu tinha visto de verdade e, por fim, consegui me lembrar. Quando ele se levantou, com o rosto pálido e sujo e a seda do calção rasgada da cintura até o joelho, lembrei-me da sujeira no calção alugado, da sujeira na roupa de baixo rasgada, e do osso branco, limpo, limpo, insuportavelmente limpo que eu tinha visto, e era isso que importava.

Nas novilladas também, além do estudo da técnica, e das consequências ligadas à falta dela, você tem uma chance de aprender sobre o modo de lutar com os touros problemáticos, pois touros que não podem ser usados numa tourada oficial por causa de algum problema óbvio são mortos nas lutas com aprendizes. Quase todos os touros apresentam problemas ao longo de uma luta e esses problemas devem ser corrigidos pelo toureiro; porém, na novillada, defeitos como os de visão, por exemplo, ficam óbvios logo no início e a maneira de corrigi-los, ou as consequências de não serem corrigidos, ficam aparentes.

A tourada oficial é uma tragédia, não um esporte, e nela a morte do touro é certa. Se o toureiro não consegue matá-lo e, no fim dos quinze minutos previstos para a preparação e o sacrifício, o touro é levado vivo para fora da arena por boieiros, o que desonra o matador, o animal deve, segundo a lei, ser morto no curral. A chance de um matador de touros, ou de um toureiro oficialmente contratado, ser morto na arena é de uma em cem, a não ser que ele seja inexperiente, ignorante, novato ou velho demais e sem agilidade. Mas o matador, se domina sua profissão, pode aumentar os riscos de morrer tanto quanto quiser. Ele deve, no entanto, aumentar esses riscos *dentro das regras criadas para sua proteção*. Em outras palavras, ele leva crédito por fazer algo que sabe fazer de uma maneira que seja bem perigosa, mas geometricamente possível. Ele não leva crédito ao correr riscos por causa de ignorância, por desconsideração às regras fundamentais, por lentidão mental ou física, por pura estupidez.

O matador deve dominar os touros por meio do conhecimento e da ciência. Quanto mais essa dominação for executada com graça, mais bonita ela será de se ver. Força não faz diferença a não ser no momento exato de matar. Certa vez, alguém perguntou a Rafael "El Gallo" Gómez, de quase cinquenta anos, cigano, irmão de José "Gallito" Gómez, e o último membro vivo da grande família de toureiros ciganos com esse nome, que exercício físico ele, El Gallo, fazia a fim de manter a força para tourear.

"Força", disse El Gallo. "Cara, força não tem nada a ver com isso. O touro pesa meia tonelada. Eu devia fazer exercício para ser forte como ele? Deixe a força para o touro."

Se os touros tivessem chance de aprender assim como os toureiros têm, e se os touros que não são mortos dentro dos quinze minutos previstos não fossem mortos depois nos currais e tivessem chance de lutar de novo, eles matariam todos os toureiros, se os toureiros lutassem com eles seguindo as regras. A tourada diz respeito ao primeiro encontro entre um animal selvagem e um homem sem montaria. Esta é a premissa fundamental da tourada moderna: a de que o touro nunca esteve numa arena antes. Nos primórdios das touradas, era permitido ao touro voltar à arena e lutar de novo, e tantos homens morreram na arena que, em 20 de novembro de 1567, o papa Pio V publicou um decreto papal excomungando todos os príncipes cristãos que dessem permissão para touradas em seus países e negando um enterro cristão a qualquer pessoa morta na praça de touros. A Igreja só decidiu tolerar as touradas, que seguiram constantes na Espanha apesar do decreto, quando ficou acordado que os touros deviam aparecer somente uma vez na arena.

Você poderia pensar então que a tourada seria um esporte de verdade, e não apenas um espetáculo trágico, se os touros tivessem chance de retornar à arena. Vi touros terem essa chance, numa transgressão da lei, em vilarejos com arenas improvisadas, feitas em praças públicas com as entradas bloqueadas por carroças empilhadas, nas chamadas capeas ilegais, ou touradas provincianas com touros de segunda mão. Os toureiros aspirantes, sem nenhum apoio financeiro, ganham experiência nas capeas. É um esporte, um esporte primitivo e selvagem, e na maior parte do tempo um esporte verdadeiramente amador. Acredito, no entanto, que como implica num risco de morrer, a tourada jamais faria sucesso entre os desportistas amadores dos Estados Unidos e da Inglaterra. Nós, ao participar de jogos, não temos fascínio pela morte, pela sua iminência e nem pela capacidade de evitá-la. Nós nos fascinamos pela vitória e substituímos a capacidade de evitar a morte pela capacidade de evitar a derrota. É de um simbolismo muito bom, mas é preciso ter cojones para ser um desportista quando a morte faz parte do jogo. O touro raramente é morto nas capeas. Isso deve atrair os desportistas que são amantes dos animais. O vilarejo quase sempre é muito pobre para conseguir pagar pelo abate do touro e nenhum dos toureiros aspirantes tem dinheiro suficiente para comprar uma espada, caso contrário eles não estariam se educando nas capeas. Quem consegue bancar esse tipo de oportunidade são os desportistas endinheirados, que podem pagar pelo touro e também comprar uma espada.

No entanto, graças aos mecanismos que regem o desenvolvimento mental de um touro, o desempenho de um touro de segunda mão deixa a desejar. Depois de atacar uma ou duas vezes, ele fica parado e só ataca de novo se tiver certeza de que vai atingir o homem ou o garoto que está balançando a capa. Quando há uma plateia e o touro avança na direção dela, o animal escolhe um homem no meio do público e o persegue — independente de como o homem se esquive, corra ou rodopie — até conseguir chifrá-lo. Se a ponta dos chifres do touro estiver desgastada, a perseguição e a chifrada são divertidas de ver por um tempo. Ninguém é obrigado a enfrentar o touro a menos que queira, muito embora dos vários que querem poucos entram na arena para mostrar sua coragem. É muito emocionante para quem está na praça de touros, é o que define um verdadeiro esporte amador, quando ele é mais divertido para o participante do que para o público (assim que ele se torna divertido o suficiente para que a venda de ingressos ao público se torne lucrativa, é plantada a semente do esporte profissional), e o menor sinal de compostura e frieza atrai aplausos instantâneos do público. Mas se os chifres do touro estiverem afiados, o espetáculo passa a ser perturbador. Os homens e os garotos improvisam capas com sacos, blusas e capas velhas, exatamente como fazem nas situações em que os chifres foram desbastados, a única diferença é que, com os chifres inteiros, quando o touro arremessa os toureiros para cima, eles correm o risco de sair da arena com ferimentos que nenhum cirurgião local consegue consertar. Um dos touros favoritos das capeas na província de Valência matou dezesseis homens e garotos, e feriu gravemente mais de sessenta ao longo de cinco anos de carreira. As pessoas que participam dessas capeas às vezes o fazem como aspirantes a profissional, para ter acesso a uma experiência gratuita com touros, mas na maioria das vezes o fazem como amadores, apenas por esporte, pela emoção do momento, e é uma emoção enorme; e pelo prazer retrospectivo, de ter desprezado a morte num dia quente na praça de sua própria cidade. Muitos participam por orgulho, a fim de demonstrar coragem. Muitos descobrem que não são nada corajosos, mas ao menos eles entram na arena. Não existe absolutamente nada a ganhar a não ser uma satisfação íntima de ter estado numa arena com um touro; por si só, uma experiência que marca para sempre a memória de qualquer um que tenha passado por ela. É uma sensação estranha a de ver um animal avançar na sua direção com o propósito de matá-lo, os olhos fixos em você, e vê-lo baixar os chifres com que pretende matá-lo. A sensação faz com que sempre haja homens dispostos a participar das capeas pelo prazer de ter feito algumas manobras com um touro de verdade e pelo orgulho de ter experimentado essa sensação, embora o prazer momentâneo talvez não seja tão grande. Às vezes o touro é abatido, se o vilarejo tiver o dinheiro necessário para isso, ou se o povo ficar fora de controle; com todo mundo avançando sobre o touro com facas, punhais, facas de açougueiro e pedras; um homem talvez esteja entre os chifres, sendo balançado para cima e para baixo, talvez outro voe pelos ares, vários com certeza agarram o rabo, uma multidão disposta a cortar, esfaquear e golpear o touro, atacando e ferindo o animal até ele cambalear e cair. O sacrifício conduzido por um grupo de amadores é muito bárbaro e confuso, apesar de ser um negócio impressionante e muito distante do ritual presente numa tourada formal.

O touro que matou dezesseis e feriu sessenta foi morto de uma forma muito curiosa. Uma de suas vítimas tinha sido um menino cigano com cerca de quatorze anos. O irmão e a irmã do menino esperaram por uma chance de assassinar o touro depois da capea, quando ele estivesse enjaulado. Era algo difícil pois, sendo um touro valorizado demais por seu desempenho, ele era muito bem cuidado. Os irmãos seguiram o touro por dois anos, não tentavam nada, só apareciam quando o touro era usado. Quando as capeas foram mais uma vez extintas, elas são extintas vezes seguidas por ordem do governo, o dono do touro decidiu mandá-lo para o matadouro em Valência, afinal o touro já estava mesmo ficando velho. Os dois ciganos apareceram no matadouro e o jovem pediu permissão para matar o touro porque o touro tinha matado seu irmão. Deram permissão e ele começou arrancando os olhos do touro enquanto ele ainda estava na jaula, e depois cuspiu cuidadosamente nas cavidades que ficaram; assim que matou o touro com um punhal, cortando a medula espinhal entre as vértebras do pescoço, algo que executou com dificuldade, ele pediu permissão para cortar os testículos do touro, e quando deram permissão ele e a irmã fizeram uma pequena fogueira no fim da rua de terra do matadouro e assaram o par de glândulas em espetos e, quando elas ficaram no ponto, eles comeram as duas. Depois deram as costas para o matadouro e foram embora do vilarejo caminhando pela estrada.

3

Hoje, na tourada formal ou na corrida de toros, há normalmente seis touros que são mortos por três homens diferentes. Cada homem mata dois touros. Por lei, cada touro deve ter de quatro a cinco anos de idade, nenhum defeito físico e um belo par de chifres pontiagudos. Antes da luta, eles são inspecionados por um cirurgião veterinário municipal. O veterinário deve vetar touros que estejam abaixo da idade estipulada, com uma saúde que deixe a desejar ou com qualquer problema nos olhos, nos chifres ou com qualquer doença aparente ou defeito físico visível, como manqueira.

Os homens responsáveis por matar os touros são chamados de matadores, e os touros são designados para cada um deles por sorteio. Cada matador tem uma cuadrilla, ou equipe com cinco ou seis homens pagos por ele e subordinados a ele. Desses homens, os três que trabalham a pé e o ajudam com as capas e que, ao comando do toureiro, espetam as banderillas, os bastões de madeira com um metro de comprimento e pontas de arpão, são chamados de banderilleros ou peones. Os outros dois, que entram na arena a cavalo, são chamados de picadores.

Ninguém é chamado de toreador na Espanha. Essa é uma palavra obsoleta que era usada para se referir aos membros da nobreza que, numa época anterior às touradas profissionais, matavam touros por diversão montados em cavalos. Qualquer um que lute contra touros por dinheiro, seja ele um matador, banderillero ou picador, é chamado de torero. Um homem que mata touros com uma lança, montado num cavalo puro-sangue, é chamado de rejoneador ou um caballero en plaza. Uma tourada na Espanha é chamada de corrida de touros. Uma arena de touradas é chamada de plaza de toros.

Na manhã anterior à tourada, os representantes de cada matador, geralmente os banderilleros mais antigos e confiáveis, se encontram nos currais da plaza de toros, onde todos os touros que lutarão naquela tarde ficam alojados. Eles avaliam os touros, comparam tamanho, peso, altura, comprimento dos chifres, grossura dos chifres, afiamento dos chifres e analisam a pelagem. Esta última informação é um bom indicativo da condição física e da possível bravura do animal. Não existe um sinal garantido para se determinar a bravura, mas existem vários indicativos de uma provável covardia. Os banderilleros mais confiantes questionam o vaqueiro, ou vaquero, que conduziu os touros desde o rancho e que, enquanto responsável pelos touros, é chamado de mayoral, sobre as qualidades e o possível temperamento de cada touro. De comum acordo entre os representantes, os touros devem ser divididos em três lotes de dois touros cada, numa tentativa de ter um touro bom e um touro ruim, bom e ruim do ponto de vista do toureiro, em cada lote. Para o toureiro, um touro bom não é muito grande nem muito forte, não tem chifre muito grande, não é muito alto e, acima de tudo, tem boa visão, tem uma boa resposta a cores e a movimento, é destemido e determinado ao atacar. Um touro ruim, para o toureiro, é um touro grande demais, velho demais, forte demais, com chifres grandes demais; mas acima de tudo, um touro ruim não responde a cor nem a movimento, não demonstra coragem e não tem uma fúria constante, então o toureiro não sabe dizer quando, como ou se o touro vai atacar. Os representantes, geralmente homens baixinhos de boné, ainda com a barba por fazer, com uma variedade enorme de sotaques, mas todos com o mesmo olhar intenso, argumentam e discutem. Eles dizem que o número vinte tem mais chifres que o quarenta e dois, mas o quarenta e dois pesa duas arrobas (trinta quilos) a mais que o dezesseis. O quarenta e seis é tão grande como uma catedral e, se você chama, ele para de comer e levanta a cabeça, e o dezoito é ruano e talvez seja tão covarde quanto um boi. Os lotes são montados depois de muita discussão e em três papéis de cigarro escrevem os números de dois touros, que estão marcados no flanco de cada animal, amassam os papéis em bolas e as colocam num boné. O ruano que talvez seja covarde fez par com um touro preto de peso médio, com chifres não tão grandes e pelagem brilhante. O quarenta e seis que é do tamanho de uma catedral ficou com o dezesseis, que quase não passou na avaliação dos veterinários e não tem nenhuma característica marcante, mas é um arremedo de touro que ainda não desenvolveu seus músculos por completo e não sabe muito bem como usar os chifres, coisa que todo representante gostaria de conseguir para o seu toureiro. O número vinte com os chifres grandes e pontiagudos foi compensado pelo quarenta e dois, que é o segundo menor depois do dezesseis. O homem do boné chacoalha os papéis e cada representante com a mão parda pega uma bola de papel. Eles desenrolam o papel, leem, talvez deem uma última olhada nos dois touros que sortearam e voltam ao hotel para encontrar o matador e contar a ele o que vai ter de matar.

O matador decide em que ordem ele prefere enfrentar os touros. Ele pode escolher o pior primeiro a fim de se reabilitar com o segundo, caso o trabalho com o primeiro termine mal. Ou, se ele for o terceiro a entrar na arena, talvez escolha pegar o melhor primeiro, pois sabe que terá de matar o sexto e último touro e, caso comece a anoitecer e a multidão queira ir embora, ninguém vai se incomodar se ele tentar terminar a luta rápido e da forma mais fácil possível se o touro for difícil.

Os matadores matam os touros numa sequência que respeita a senioridade; a data que vale é a da apresentação de cada um deles como matador de touros na Plaza de Madrid. Se algum matador for chifrado e não puder voltar da enfermaria, seus touros são mortos pelo matador com mais experiência entre aqueles que continuaram na arena, como costume. Então, os touros são divididos entre os matadores que restaram.

Em geral, a tourada começa às cinco, ou às cinco e meia da tarde. No dia da luta, ao meio-dia e meia, acontece o apartado. É quando colocam os touros nos currais com a ajuda de cabrestos e, por meio de portas corrediças, passarelas e alçapões, separam e prendem os animais em cercados individuais ou chiqueiros, onde eles ficam e descansam até entrarem na arena para lutar na ordem predeterminada. Touros não são privados de água nem de comida antes da luta, ao contrário do que dizem vários guias da Espanha, assim como não são presos em currais escuros por vários dias. Eles ficam nos chiqueiros com uma iluminação fraca por no máximo quatro horas antes da tourada começar. Eles não recebem comida depois que saem dos currais assim como um boxeador não comeria imediatamente antes de uma luta, mas o motivo para eles ficarem num cercadinho pouco iluminado tem a ver com levá-los rapidamente à arena, e mantê-los relaxados antes da luta.

Via de regra, apenas os matadores, seus amigos e representantes, os responsáveis pela arena, as autoridades e pouquíssimos espectadores têm acesso ao apartado. E geralmente é a primeira vez que o matador vê o touro que ele vai matar naquele mesmo dia. O número de espectadores é propositalmente baixo porque os ingressos custam cinco pesetas cada. A administração da arena faz questão de ter poucas pessoas para evitar que a atenção dos touros seja atraída pelo público, que quer ver ação e por isso fica provocando os touros, que às vezes acabam atacando uns aos outros, as portas e as paredes da arena. Se eles atacam enquanto estão nos currais, correm o risco de machucar os chifres ou de chifrar uns aos outros, e a administração teria de substituí-los ao custo de uns duzentos dólares por cabeça. Muitos espectadores de touradas e aventureiros acreditam que são capazes de se comunicar com os touros tão bem quanto ou até mesmo melhor do que os toureiros. Protegidos pela cerca alta ou pela parede do curral, eles tentam atrair a atenção do touro e dão gritos guturais de "ru!-ru!-ru!" que vaqueiros e toureros usam para atrair a atenção do touro. Se o touro no cercado ergue a cabeça imensa com os chifres enormes, sólidos feito madeira e de pontas finas, e os músculos no pescoço e nos ombros, pesados e amplos em repouso, incham numa grande couraça sob o brilho preto da pelagem, e as narinas se alargam e ele levanta e balança os chifres enquanto olha na direção do espectador, então o aventureiro foi bem-sucedido. Se, de fato, o touro atacar batendo os chifres contra a madeira ou se jogar a cabeça na direção de quem grita, é um triunfo. Para reduzir o número destes e evitar os aventureiros bem-sucedidos, a administração vende os ingressos por cinco pesetas com base na teoria de que qualquer um com condições de pagar cinco pesetas para ver a organização dos touros será digno o suficiente para não provocá-los antes das touradas.

Não há como eles terem certeza disso e, em alguns lugares do país onde as touradas acontecem apenas uma vez por ano, você encontra homens no apartado que pagam cinco pesetas só para ter uma chance melhor de provocar os touros. Mas, em geral, as cinco pesetas diminuem as provocações dos sóbrios. Os touros quase não prestam atenção nos bêbados. Várias vezes, vi bêbados gritarem para os touros e nunca vi os touros prestarem atenção. O clima de dignidade das cinco pesetas numa cidade como Pamplona, onde um homem com cinco pesetas pode encher a cara duas vezes e ainda fazer uma refeição na feira de cavalos, inspira um silêncio quase religioso no apartado. Ninguém gasta cinco pesetas para ver a organização dos touros a menos que seja muito rico e digno. Mas o clima do apartado pode ser muito diferente em outros lugares. Nunca vi dois iguais. Depois da organização, todo mundo vai para o café.

A tourada ocorre numa arena com chão de areia rodeada por uma cerca vermelha de madeira com pouco mais de um metro e vinte de altura. Essa cerca vermelha de madeira é chamada de barrera. Atrás dela há um corredor estreito e circular que separa a barrera das primeiras fileiras do anfiteatro. Esse corredor estreito é chamado de callejon. Nele ficam os responsáveis pelas espadas com suas moringas de água, esponjas, pilhas de muletas dobradas e pesadas bainhas de couro para as espadas, os funcionários da arena, os vendedores de cerveja gelada e de *gaseosas*, de frutas frescas em redes que boiam em baldes de metal cheios de água e gelo, de doces em cestos rasos, de amêndoas salgadas e amendoins. A polícia, os toureiros que não estão na arena, vários policiais à paisana prontos para prender os amadores que invadirem a arena, os fotógrafos também ficam ali, e, em assentos dentro do corredor, protegidos por escudos de madeira, ficam os médicos, os carpinteiros que fazem a manutenção da barrera e os representantes do governo. Em algumas arenas, os fotógrafos têm permissão para circular no callejon; em outras, eles devem trabalhar de seus assentos.

Os bancos na praça de touros são descobertos com exceção dos camarotes ou palcos e da primeira galeria ou grada. A partir da galeria, os assentos descem em fileiras circulares até a beira da arena. Essas fileiras numeradas são chamadas de tendidos. As duas fileiras mais próximas da arena e as fileiras na frente de todos os assentos são chamadas de barreras e contra-barreras. A terceira fileira é conhecida como delanteras de tendidos ou a primeira fileira dos tendidos. Por questões de numeração, a arena é repartida em seções, da mesma forma como você repartiria uma torta, e essas seções são numeradas como tendidos 1, 2, 3 e assim por diante até 11 ou 12, dependendo do tamanho da arena.

Se você vai a uma tourada pela primeira vez, o melhor lugar para se sentar depende de como você estiver se sentindo no dia. De um camarote ou da primeira fileira da galeria, a percepção de sons e de odores, e a percepção do perigo, são minimizadas ou quase nulas, mas você vê a luta mais como um espetáculo e, se for uma boa luta, são grandes as chances de você desfrutar mais dela. Se for uma tourada ruim, isto é, se não for uma boa performance artística, quanto mais perto da arena você estiver, melhor, porque assim, sem poder apreciar o evento como um todo, você tem chance de aprender e prestar atenção aos detalhes, aos motivos e aos métodos. Os camarotes e a galeria são para pessoas que não querem ver as coisas de perto por medo de se sentirem incomodadas, para pessoas que querem ver a tourada como um espetáculo ou como um desfile, e para conhecedores que conseguem ver detalhes mesmo a distância e que preferem ficar numa área mais alta para ver tudo que acontece em toda a arena de modo que consigam avaliar o evento como um todo.

A barreira é o melhor lugar se você quiser ver e ouvir o que acontece e ficar tão perto do touro que você vai ter o mesmo ponto de vista do toureiro. Da barreira, a ação é tão próxima e tão detalhada que mesmo uma tourada que pareça monótona vista dos camarotes ou da galeria fica interessante. É das barreiras que você vê o perigo e desenvolve gosto por ele. Além disso, nada bloqueia sua visão da arena. Os únicos lugares onde não há pessoas entre você e a arena, além da primeira fileira na galeria e da primeira fileira nos camarotes, são as sobrepuertas. Esses são os assentos que ficam sobre as entradas por onde o público acessa as várias seções da arena. Elas ficam numa altura mais ou menos no meio do anfiteatro e delas você tem uma boa visão da arena e uma boa perspectiva, e você não está tão distante como nos camarotes ou na galeria. Elas custam a metade do valor de um assento nas barreiras ou na primeira fileira da galeria ou dos camarotes e são lugares muito bons.

As paredes no lado esquerdo da estrutura da praça de touros bloqueiam o sol e os assentos que ficam protegidos do sol quando a luta começa são chamados de lugares da sombra. Assentos que ficam no sol quando a luta começa, mas que ficarão na sombra à medida que a tarde avançar, são chamados de sol y sombra. O preço dos assentos varia de acordo com o quão convenientes eles são e se ficam na sombra ou não. Os assentos mais baratos são os mais altos, no extremo ensolarado da arena onde nunca tem sombra.

Eles são os andanadas del sol e, num dia quente, perto da cobertura, eles chegam a temperaturas inacreditáveis numa cidade como Valência onde faz 40°C na sombra, mas os melhores assentos del sol valem a pena num dia nublado ou no frio.

Em sua primeira tourada, se estiver sozinho, sem ninguém para orientá-lo, pegue um lugar na delantera de grada ou na sobrepuerta. Se não der, você sempre vai conseguir um assento num camarote. São os lugares mais caros e os mais distantes da arena, mas eles oferecem uma visão panorâmica da luta. Se você está acompanhado por alguém que entende de touradas e quer saber como elas funcionam, e tem estômago para encarar os detalhes, as barreras são a melhor opção, seguidas das contra-barreras e das sobrepuertas.

Se você é uma mulher que gostaria de ver uma tourada mas tem medo de ficar profundamente afetada por ela, evite se sentar em qualquer lugar antes da galeria. Você vai gostar de ver a luta num assento de lá, vai parecer um espetáculo e você não vai se preocupar. Caso sente perto, poderá ver com detalhes que talvez estraguem a experiência toda. Se você tem bastante dinheiro e quer ver uma tourada sem efetivamente ver uma tourada, e planeja sair depois do primeiro touro, pouco importa que esteja gostando ou não, compre um lugar na barrera, porque assim alguém que nunca teve dinheiro suficiente para comprar um lugar na barrera pode dar uma corridinha e ocupar seu assento valioso depois que você for embora levando consigo as suas opiniões preconcebidas.

É assim que funcionava em San Sebastian. Devido à venda de ingressos por cambistas e à confiança da administração da arena na curiosidade dos ricos que vinham de Biarritz e da Costa Basca, os assentos nas barreras, quando você tentava comprá-los, custavam cem pesetas ou mais cada um. Um homem poderia sobreviver por uma semana com esse dinheiro numa pensão de toureiros em Madri, ir ao museu do Prado quatro vezes por semana, comprar bons lugares no sol para duas touradas, comprar os jornais depois da luta, beber cerveja e comer camarão na Pasaje Alvarez, perto da Calle de Vitoria, e ainda sobrar uns trocados para engraxar os sapatos. No entanto, ao comprar qualquer assento próximo das barreras em San Sebastian, você pode ter certeza de que terá acesso a um lugar de cem pesetas quando cidadãos bem alimentados, vindos de Yale ou Harvard, bronzeados e fúteis, de chapéu-panamá e calçados esportivos, que se sentem moralmente obrigados a sair da arena depois do primeiro touro, se levantam para ir embora. Vi muitos desses irem embora enquanto suas mulheres queriam ficar. Eles podiam ir à tourada, mas tinham de se encontrar no cassino depois da morte do primeiro touro. Se não fossem embora e gostassem da tourada, havia algo errado com eles. Talvez fossem diferentes. Nunca havia nada errado com eles. Eles sempre iam embora. Ao menos até as touradas se tornarem respeitáveis. Em mil novecentos e trinta e um, não vi ninguém sair da arena, e agora é como se os bons tempos das barreras gratuitas em San Sebastian tivessem acabado.

4

A melhor tourada de se ver numa primeira vez seria uma novillada, e o melhor lugar para se ver uma novillada é Madri. As novilladas tipicamente começam no meio de março e todo domingo acontece uma e geralmente outra às quintas-feiras até a Páscoa, quando começam as touradas ou corridas de touros mais importantes. Depois da Páscoa, em Madri, começa a primeira temporada com sete touradas. Assinaturas com ingressos para todas as sete touradas são vendidas e, ano após ano, os melhores lugares são sempre vendidos nessas assinaturas. O melhor lugar é na barrera, bem no meio da sombra, na altura em que o toureiro pendura as capas sobre a barrera vermelha de madeira. É lá que eles ficam quando não estão na arena; para onde o touro é levado quando os toureiros encerram o trabalho com as muletas; é para onde os toureiros vão depois de matar o touro. Um assento nessa área, no que diz respeito ao que você vê e ouve, é equivalente a estar no corner de um boxeador durante uma luta ou a se sentar no banco de reservas de um jogo de beisebol ou de futebol americano.

Você não vai conseguir comprar nenhum desses lugares na primeira ou na segunda temporada por assinatura ou abono em Madri, mas você pode conseguir comprá-los para as novilladas que ocorrem antes, no meio ou depois da temporada de touradas, aos domingos e, tipicamente, às quintas-feiras. Quando comprar um assento nas barreras, pergunte onde as capas são penduradas. "Adonde se pone los capotes?" e peça um lugar que seja o mais próximo possível delas. Nas províncias, o bilheteiro pode mentir para você e vender o pior lugar que tiver, mas porque você é estrangeiro e parece saber do que está falando e parece estar interessado de verdade em assistir a uma boa luta, ele talvez te venda o melhor lugar que tiver. No meu caso, os bilheteiros mentiram mais na Galícia, onde a verdade é algo raro em qualquer transação comercial, e foram mais honestos em Madri e, sobretudo, em Valência. Em quase toda a Espanha, você encontra as assinaturas ou abonos e as re-ventas. As re-ventas são os vendedores que compram da administração da arena todos ou a maioria dos ingressos que não foram vendidos nos pacotes por assinatura e comercializam esses ingressos cobrando uma taxa de vinte por cento sobre o valor original. As arenas favorecem esses vendedores às vezes porque, apesar de comprarem os ingressos com desconto, eles garantem que os lugares sejam vendidos. Se sobram ingressos para a luta, o prejuízo é da re-venta, e não da arena — embora a arena lide com prejuízos de um jeito ou de outro. Como você raramente estará presente no momento em que começarem a ser vendidas as assinaturas ou abonos para uma luta ou para uma série de lutas, a menos que esteja vivendo na região, e como os compradores mais antigos têm o direito de renovar suas assinaturas antes de as outras serem colocadas à venda, e como as assinaturas são vendidas duas ou três semanas antes das lutas em lugares que talvez sejam difíceis de achar e que funcionam, digamos, das quatro às cinco da tarde, é provável que você tenha de comprar seus ingressos com a re-venta.

Se você estiver na região e decidir que vai a uma tourada, compre os ingressos o quanto antes. É provável que os jornais de Madri não deem nada sobre as touradas antes de elas acontecerem, a não ser por um pequeno anúncio da Plaza de Toros de Madrid na coluna de espetáculos. Os jornais espanhóis não falam das touradas com antecedência, a não ser nas províncias. Mas por toda a Espanha elas são divulgadas em grandes cartazes coloridos que informam o número de touros que serão mortos, o nome dos homens responsáveis pelos sacrifícios, o criador que está fornecendo os animais, as cuadrillas e o local e a hora da luta. Em geral, há também uma lista com o preço dos ingressos. Se você for comprar ingressos com a re-venta, lembre de acrescentar a comissão de vinte por cento.

Se você quiser ver uma tourada na Espanha, será fácil encontrar alguma aos domingos em Madri, de meados de março até meados de novembro, se o tempo permitir. No inverno, as touradas são raras na Espanha, a não ser em pouquíssimas ocasiões em Barcelona e, às vezes, em Málaga ou Valência. A primeira tourada oficial de cada ano ocorre em Castellón de la Plana, no fim de fevereiro ou no início de março, durante a fiesta de Magdalena, e a última do ano costuma ser em Valência, Gerona ou Ondara, no começo de novembro, mas se o tempo estiver ruim, essas lutas de novembro não acontecem. A Cidade do México tem lutas aos domingos entre os meses de outubro e abril. As novilladas ocorrem na primavera e no verão. As datas das touradas em outras regiões do México variam. Os dias em que ocorrem touradas em outras cidades da Espanha que não sejam Madri variam, mas em geral, à exceção de Barcelona, onde elas ocorrem com uma frequência semelhante à de Madri, as datas coincidem com as festas religiosas nacionais e com a época das feiras locais ou ferias que começam tipicamente no dia do santo padroeiro de cada cidade. Num anexo deste livro, listo as datas das principais ferias, ao menos daquelas que têm data fixa e nas quais ocorrem touradas, na Espanha, no México e na América Central e na América do Sul. É fácil, mais fácil do que você possa pensar, numa viagem de duas ou três semanas pela Espanha, perder a oportunidade de ver touradas, mas qualquer pessoa com esse anexo vai conseguir ver uma tourada se estiver em qualquer um desses lugares em qualquer uma dessas datas fixas, se não chover. Depois da primeira tourada, você vai saber se quer ver outras mais.

Fora as novilladas e as duas temporadas por assinatura em Madri, o melhor lugar para ver uma série de touradas nos primeiros dias da primavera é na feria em Sevilha, onde há pelo menos quatro lutas em dias sucessivos. Essa feria começa depois da Páscoa. Se você estiver em Sevilha para a Páscoa, pergunte para qualquer pessoa quando a feria começa ou você pode encontrar as datas nos grandes cartazes que anunciam as lutas. Se estiver em Madri antes da Páscoa, vá a qualquer um dos cafés nos arredores da Puerta del Sol ou ao primeiro café na Plaza de Canalejas, à direita, vindo pela Calle de San Jeronimo, no caminho da Puerta del Sol para o Prado, e você vai encontrar um cartaz na parede anunciando a feria de Sevilha. Nesse mesmo café, no verão, você sempre vai encontrar os cartazes ou cartelas anunciando as ferias de Pamplona, Valência, Bilbao, Salamanca, Valladolid, Cuenca, Málaga, Múrcia e várias outras.

No domingo de Páscoa, sempre acontecem touradas em Madri, Sevilha, Barcelona, Múrcia e Zaragoza, e novilladas em Granada, Bilbao, Valladolid e em vários outros lugares. Há também uma tourada em Madri na segunda-feira depois da Páscoa. Todo ano, no dia 29 de abril, há uma feria e uma tourada em Xerez de la Frontera. Esse é um lugar excelente para visitar com ou sem as touradas e é a cidade do xerez e de todas as bebidas destiladas a partir da uva. É possível conhecer as caves de Xerez e provar vários tipos de vinhos e conhaques, mas não é bom fazer isso no mesmo dia em que você planeja ver a corrida. Existem duas touradas em Bilbao que ocorrem num dos três primeiros dias de maio, a depender de qual desses dias cai num domingo. São boas touradas para ir se você estiver, digamos, em Biarritz ou St. Jean de Luz para a Páscoa. Há uma estrada boa que vai até Bilbao saindo de qualquer lugar ao longo da Costa Basca. Bilbao é uma cidade mineradora, rica e feia, onde o clima é tão quente quanto em St. Louis, seja St. Louis no Missouri ou St. Louis no Senegal, e onde as pessoas amam touros e odeiam toureiros. Quando gostam de um toureiro em Bilbao, elas compram touros cada vez maiores para enfrentá-lo até que, por fim, ocorre um desastre, seja ele moral ou físico. Então o entusiasta de touradas em Bilbao diz: "Está vendo? Eles são todos iguais: covardes e impostores. É só encontrar um touro grande que eles amarelam." Se você quer saber como os touros grandes surgem, o tanto de chifre que eles conseguem carregar na cabeça, como eles conseguem olhar por cima da barrera e dar a impressão de que podem alcançar o público, o quão corajoso um público pode ser e como um toureiro pode ficar completamente aterrorizado, vá a Bilbao. Eles não têm touros tão grandes em maio quanto os da feria com sete corridas que começa no meio de agosto, mas em maio não é tão quente em Bilbao como em agosto. Se você não se incomoda com o calor, um calor intenso e úmido, de minas de chumbo e zinco, e quer ver touros grandes e maravilhosos, a feria de agosto em Bilbao é o seu lugar. Córdoba tem a única outra feria de maio, onde ocorrem pelo menos duas touradas e suas datas variam, mas sempre ocorre uma tourada no dia 16 na Talavera de la Reina; uma no dia 20 em Ronda; e uma no dia 30 em Aranjuez.

Existem duas estradas que levam de Madri para Sevilha. Uma passa por Aranjuez, Valdapeñas e Córdoba, e é chamada de autoestrada da Andaluzia; e a outra passa por Talavera de la Reina, Trujillo e Mérida, e é chamada de estrada da Extremadura. Se você estiver em Madri em maio e viajar para o sul, consegue ver a luta em Talavera de la Reina no dia 16, se for pela estrada da Extremadura. É uma boa estrada, lisinha e tranquila, e Talavera é um lugar bom se o tempo estiver limpo e os touros, quase sempre fornecidos por um criador local, a viúva Ortega, são moderadamente grandes, ferozes, difíceis e perigosos. Foi lá que José Gómez Ortega, chamado de Gallito ou Joselito, talvez o maior toureiro de todos os tempos, morreu no dia 16 de maio de 1920. Os touros da viúva Ortega são famosos por causa desse acidente e, como não rendem lutas fantásticas e são grandes e perigosos, hoje eles geralmente são mortos sem qualquer dignidade.

Aranjuez fica a apenas quarenta e sete quilômetros de Madri numa estrada tão lisa quanto uma mesa de bilhar. É um oásis de árvores altas, jardins exuberantes e um rio que corre rápido por uma planície marrom pontuada por montanhas. Existem avenidas de árvores como as que aparecem nos quadros de Velázquez e, no dia 30 de maio, você pode viajar de carro se tiver dinheiro ou, se não tiver, viajar de ônibus (há um ônibus que sai da Calle Victoria na altura da Pasaje Alvarez) ou comprar uma passagem de trem na terceira classe, de ida e volta, com preço mais acessível e deixar para trás o sol quente de um território deserto e desprotegido para, de repente, na sombra de árvores, encontrar garotas com os braços bronzeados carregando cestas de morangos frescos, empilhadas no chão frio, limpo e uniforme, morangos que você não consegue segurar por inteiro na mão de tão grandes, úmidos e frescos, protegidos por folhas verdes em cestas de vime. As meninas e as mulheres mais velhas vendem morangos e também aspargos maravilhosos, com os caules da grossura de um polegar, para a multidão que desembarca do trem vindo de Madri e Toledo e para as pessoas que chegam à cidade de carro ou ônibus. Você pode comer em barraquinhas que grelham bifes e assam frangos sobre brasa de carvão e servem vinho Valdapeñas à vontade por cinco pesetas. Você pode deitar na sombra ou caminhar e conhecer o lugar fazendo hora até as touradas. Você consegue mais informações sobre os pontos turísticos no guia Baedeker. A praça de touros fica no fim de uma rua de terra, ampla e quente, que vai do calor do sol até a sombra fresca do bosque da cidade, e os aleijados profissionais, as figuras que inspiram horror e pena, e que acompanham as ferias da Espanha, se enfileiram nessa rua, balançando cotos, expondo feridas, exibindo monstruosidades e segurando chapéus, com a boca quando eles não têm mais nada com que segurar o chapéu, de modo que você anda por um corredor de terra entre duas fileiras de horrores até chegar à arena. A cidade lembra Velázquez numa ponta e Goya na outra, onde fica a arena. A arena em si é anterior a Goya. É uma linda construção no estilo antigo da praça de touros em Ronda, e você pode ocupar um lugar nas barreras e beber vinho e comer morangos na sombra, de costas para a arena, e ver os camarotes serem ocupados e ver as garotas de Toledo e da região de Castela decorarem a frente dos camarotes com xales, sentadas se abanando com leques, sorrindo e conversando com aquela confusão consciente e agradável das lindezas amadoras sob avaliação. Essa avaliação das garotas é uma grande parte das touradas para o expectador. Se você é míope, pode usar óculos de ópera ou binóculos. Eles são encarados como um elogio a mais. O ideal é não ignorar nenhum camarote. O uso de um bom par de lentes é uma vantagem. Ele vai destruir alguns dos maiores e mais surpreendentes encantos de mulheres que chegam cobertas por mantillas de renda branca, todas penteadas e maquiadas e enfeitadas, que nos binóculos revelam os dentes de ouro e a pele enfarinhada que você talvez tenha visto na noite passada em outras circunstâncias, e que está na tourada para fazer propaganda de seu estabelecimento; mas em outros camarotes você talvez note uma garota bonita que não tinha percebido sem os binóculos. É muito fácil para quem viaja pela Espanha, depois de ver o rosto gordo e enfarinhado das dançarinas de flamenco e das moças robustas dos bordéis, achar que toda essa história da beleza das mulheres espanholas é absurda. A prostituição é uma profissão que não paga muito bem na Espanha e as prostitutas espanholas trabalham muito para manter o visual. Não procure por mulheres bonitas no palco, nos bordéis nem nas casas de flamenco. Você deve procurar por elas à tarde, no horário do paseo, quando é possível ocupar uma cadeira num café ou na rua e ver todas as meninas da cidade passeando bem na sua frente ao longo de uma hora, enquanto sobem o quarteirão, dão meia-volta e descem, três ou quatro lado a lado; ou você procura atentamente com binóculos, nos camarotes da praça de touros. Não é educado mirar os binóculos em qualquer pessoa que não esteja nos camarotes, assim como não é educado usá-los quando se está no centro da arena, nos locais onde o público tem permissão para circular pelo palco de areia e interagir antes da luta e diante das moças bonitas. Usar binóculos no centro da arena é a atitude de um voyeur, um observador no pior sentido da palavra; é alguém que prefere observar em vez de agir. Mas usar os binóculos nas barreras para olhar os camarotes é permitido, e é um elogio, e uma forma de comunicação e quase que uma apresentação. Não existe forma melhor de começar uma conversa do que a admiração sincera e educada, e não existe forma melhor de comunicar admiração a uma certa distância, nem forma melhor de perceber qualquer reação, do que com um belo par de binóculos. Mesmo que você nunca olhe para as garotas, os binóculos são bons para ver a morte do último touro se estiver anoitecendo e se o touro estiver sendo morto do outro lado da arena.

Aranjuez seria um bom lugar para ver sua primeira tourada. Seria um bom lugar se você fosse ver apenas uma tourada, muito melhor do que Madri, pois tem todo o colorido e o pitoresco que você procura quando ainda está na fase de apreciar a tourada como um espetáculo. Depois, o que você vai querer de uma tourada, fora bons matadores e bons touros, é um bom público, e um bom público não é aquele que vai a uma única fiesta de toros em que todo mundo bebe e se diverte, e as mulheres se vestem a caráter, e também não é o público bêbado, festeiro e que corre dos touros em Pamplona, e também não é o público patriótico que reverencia touradas em Valência. Um bom público é o de Madri, mas não nos dias das lutas beneficentes com decorações elaboradas, grandes espetáculos e ingressos caros, mas o público sério dos abonos que conhece as touradas, os touros e toureiros, que sabe diferenciar o que presta do que não presta, discernir os legítimos dos fingidos, e para quem o toureiro deve dar o máximo de si. O pitoresco funciona quando você é jovem, ou quando você está um pouco bêbado e tudo fica parecendo de verdade, ou se você for ingênuo, ou se você estiver com uma garota que nunca viu uma tourada, ou para ver uma vez na temporada, ou para quem gosta. Mas se você quiser aprender de verdade sobre touradas, ou se elas se tornarem algo importante para você, mais cedo ou mais tarde você terá de ir para Madri.

Uma cidade que seria melhor do que Aranjuez para ver sua primeira tourada, se você fosse ver apenas uma, é a cidade de Ronda. Esse é o lugar ideal se você for à Espanha numa lua de mel ou numa escapada a dois. A cidade inteira até o fim da linha do horizonte é um ambiente romântico, e existe um hotel lá que é tão confortável, tão bem administrado e onde você come tão bem e sempre há uma brisa refrescante à noite que, com o ambiente romântico e o conforto moderno, se uma lua de mel ou uma escapada a dois não for um sucesso em Ronda, melhor ir embora para Paris e cada um viver sua vida. Ronda tem tudo que se deseja de uma viagem desse tipo. Lá tem paisagens românticas que podem ser vistas, se for o caso, sem sair do hotel, belos passeios a pé, vinho de qualidade, frutos do mar, um bom hotel, quase mais nada para fazer, dois pintores que moram lá e vendem aquarelas que funcionam como boas lembranças da ocasião; e de verdade, apesar disso tudo, é um lugar ótimo. Ele fica num planalto cercado de montanhas e o planalto é cortado por um desfiladeiro que divide as duas cidades e termina num penhasco que dá para um rio e para a planície onde se pode ver as nuvens de poeira das carroças puxadas por mulas ao longo da estrada. As pessoas que colonizaram o lugar quando os mouros foram expulsos da região vieram de Córdoba e do norte da Andaluzia, e a feria e a tourada que começam no dia 20 de maio comemoram a conquista da cidade por Fernando e Isabel. Ronda foi um dos berços da tourada moderna. Foi onde nasceu Pedro Romero, um dos primeiros e mais importantes toureiros profissionais e, em tempos recentes, de Niño de la Palma, que dava sinais de grandeza, mas, depois de ter sido gravemente ferido por um touro, acabou desenvolvendo uma covardia que só não era maior que sua habilidade de evitar todo e qualquer risco na arena. A praça de touros em Ronda foi construída no fim do século XVIII e é feita de madeira. Ela fica perto de um penhasco e, após a tourada, depois que a pele dos touros é arrancada e a carne é preparada para ser vendida, eles jogam os cavalos mortos do penhasco, e as aves de rapina que sobrevoaram a cidade e a arena durante o dia inteiro voam para se alimentar nas rochas da planície sob a cidade.

Existe mais uma feria com uma série de touradas que às vezes acontece em maio, embora a data não seja fixa, e ela pode ser adiada até junho, e ela fica em Córdoba. Córdoba tem uma boa feria para uma cidade do interior, e maio é o melhor mês para se visitar a cidade por causa do calor associado ao verão. As três cidades mais quentes da Espanha, onde o calor chega para valer, são Bilbao, Córdoba e Sevilha. E por mais quentes não me refiro apenas a meros graus de temperatura; eu me refiro a um calor pesado e sufocante que é quase impossível dormir à noite, as noites são mais quentes do que os dias e não há para onde escapar, um calor do Senegal; quando está quente demais para se sentar num café, a não ser nas primeiras horas da manhã; quente demais para fazer qualquer coisa depois do almoço que não seja ficar deitado na cama, trancado no quarto com as cortinas fechadas, esperando a tourada começar.

Às vezes, Valência tem a temperatura mais alta e é de fato mais quente quando o vento sopra da África, mas lá você sempre pode pegar um ônibus ou o bonde até o porto de Gray e nadar na praia à noite ou, quando está quente demais para nadar, boiar quase sem nenhum esforço e ficar na água ligeiramente mais fria e observar as luzes e as sombras dos barcos, das fileiras de barracas que servem comida e das cabines ao longo da praia. E também em Valência, quando está quente demais, você pode fazer uma refeição na praia por uma peseta ou duas pesetas num dos pavilhões onde servem camarão e cerveja, e uma paella de arroz, tomate, pimentas adocicadas, açafrão e bons frutos do mar, escargôs, lagostins, peixes pequenos, enguias pequenininhas, preparado tudo junto num montículo com cor de açafrão. Para acompanhar, você pode pedir uma garrafa do vinho local por duas pesetas e as crianças correm pela praia com as pernas de fora e o pavilhão tem um telhado feito de palha, que deixa a areia fria debaixo dos seus pés, os pescadores no mar sentados em seus carcomidos barcos feluccas que você pode ver, se vier nadar na manhã seguinte, sendo rebocados pela praia por uma junta de seis bois. Na praia, três dessas barracas de comida se chamam Granero, inspiradas no maior toureiro de Valência, que morreu numa arena em Madri, em 1922. Manuel Granero, depois de fechar o ano de 1921 com 94 lutas, morreu endividado depois de gastar o meio milhão de pesetas que ganhou com publicidade, propaganda, jornalistas e aproveitadores. Ele tinha vinte anos quando foi morto por um touro Veragua que o ergueu uma vez, depois o arremessou contra a madeira na base das barreras e ficou em cima dele até quebrar o crânio como se fosse um vaso de flor. Ele era um garoto bem-apessoado que tinha estudado violino até os quatorze anos, estudado touradas até os dezessete e lutado contra touros até os vinte. As pessoas em Valência o adoram e ele morreu antes de o público se virar contra ele. Agora, existe uma casa de massas batizada em sua homenagem e outras três barracas rivais chamadas Granero em partes diferentes da praia. Depois dele, o outro toureiro que eles adoram em Valência era chamado de Chaves, e ele tinha o cabelo penteado com vaselina, um rosto largo, queixo duplo e uma barriga enorme que ele projetava na direção do touro assim que desviava dos chifres para dar a impressão de grande perigo. Os valencianos, esse povo que adora toureiros — toureiros valencianos —, em vez de desfrutar das touradas, ficavam loucos por Chaves. Assim como tinha uma barriga e uma arrogância enormes, ele tinha um par de nádegas gigantescas que ficavam aparentes toda vez que ele puxava o estômago para dentro, assim como ficavam aparentes todas as coisas que ele fazia em grande estilo. Nós tínhamos de ver todas as suas apresentações ao longo da feria inteira. Nós o vimos cinco vezes, se não me engano, e uma vez bastaria a qualquer um que não seja um conterrâneo de Chaves. Porém, na última luta, enquanto ele tentava estocar um touro Miura enorme em algum lugar, em qualquer lugar, do pescoço, o Miura esticou o pescoço o suficiente para colher Chaves pela axila e o deixou pendurado um pouco, e depois a barriga enorme de Chaves girou ao redor do chifre. Levou um tempo até que superasse a dor e a lesão dos músculos do braço, e agora ele é tão cuidadoso que desistiu de projetar a barriga na direção do touro depois de desviar dos chifres. O público em Valência se voltou contra ele também, e hoje a cidade tem dois novos toureiros como ídolos, e na única vez que vi Chaves no ano passado, ele não me pareceu tão bem alimentado como era antes e de pé na sombra ele começou a suar na mesma hora que viu o touro. Mas ele tem um consolo. Em Grau, a cidade onde nasceu e que serve de porto para Valência, o público também se voltou contra ele, mas deram seu nome a um monumento público. É um monumento de ferro na esquina da rua onde o bonde vira para chegar à praia. Nos Estados Unidos, esse monumento é conhecido como banheiro público, e na parede circular de ferro está escrito, com tinta branca, El Urinario Chaves.

5

O problema de ir à Espanha para ver touradas na primavera é a chuva. Pode chover em qualquer lugar aonde você for, sobretudo em maio e junho, e é por isso que prefiro os meses de verão. Também chove no verão, às vezes, mas nunca vi nevar na Espanha em julho e agosto, embora tenha nevado em agosto de 1929 em alguns resorts nas montanhas de Aragon e uma vez em Madri no dia 15 de maio, e fez tanto frio que cancelaram as touradas. Lembro de ter viajado à Espanha naquele ano pensando que a primavera estava próxima e, ao longo do dia inteiro, viajamos de trem por regiões tão vazias e inóspitas quanto as terras baldias em novembro. O país estava irreconhecível e quando desci do trem à noite em Madri a neve caía do lado de fora da estação. Como estava sem casaco, ficava deitado no meu quarto escrevendo ou no bar mais próximo bebendo café com conhaque Domecq. Estava frio demais para sair e ficou assim por três dias, e depois disso veio o adorável clima da primavera. Madri é uma cidade de montanha com um clima de montanha. Ela tem aquele céu espanhol sem nuvens que faz o céu italiano parecer sentimental e tem um ar que dá gosto de respirar. Lá os extremos de calor e de frio passam rápido. Uma vez, numa noite de julho em que não conseguia dormir, vi mendigos na rua queimando jornais, agachados ao redor do fogo para se aquecer. Duas noites depois, estava tão quente que só deu para dormir quando a temperatura caiu pouco antes de amanhecer.

Madrileños amam o clima da cidade e se orgulham dessas variações. Nenhuma outra cidade grande tem esse tipo de mudança brusca. No bar, quando perguntam como você passou a noite e você reclama que estava quente demais para dormir até pouco antes de amanhecer, eles dizem que essa é a hora certa de dormir. Sempre esfria um pouco antes de amanhecer, na hora em que um homem deve ir para a cama. Você pode contar com isso, não importa o calor que faça ao longo da noite. É um clima muito bom para quem não liga para as variações. Em noites quentes, você pode ir a Bombilla para relaxar e beber cidra e dançar e, quando você para de dançar, sempre sente aquele ar frio vindo das plantações de árvores frondosas onde a neblina se forma perto de um riozinho. Nas noites frias, você pode beber xerez e ir para a cama. Em Madri, ir para a cama à noite é uma coisa um pouco estranha de se fazer. Seus amigos vão ficar desconfortáveis com isso por bastante tempo. Ninguém vai para a cama em Madri antes de acabar a noite. Encontros com amigos são marcados para depois da meia-noite no bar. Em nenhuma outra cidade onde tenha vivido, com exceção de Constantinopla no período da ocupação dos Aliados, a ideia de ir para a cama dormir é tão ignorada. Isso pode ter algo a ver com a teoria de ficar acordado até o friozinho que antecede o amanhecer, mas ela não funciona para Constantinopla, porque a gente sempre aproveitava esse período mais frio para passear ao longo do Bósforo e ver o sol nascer. Ver o sol nascer é uma coisa boa. Quando menino, pescando ou caçando, ou durante a guerra, com frequência dava para ver o sol nascer; então, depois da guerra, não me lembro de ver o nascer do sol até chegar a Constantinopla. Lá, ver o sol nascer era a coisa mais comum de se fazer. Era como se fosse algum tipo de teste, depois de fazer não importa o que você estivesse fazendo, ir até o Bósforo e ver o sol nascer. Assim tudo terminava com um saudável evento ao ar livre. Mas, uma vez longe dessas coisas, você acaba se esquecendo delas. Em Kansas City, durante a convenção republicana de 1928, eu estava indo de carro até a casa dos meus primos no interior, num horário que parecia ser tarde da noite, quando vi o clarão de um fogo enorme. Era igual à noite em que incêndios atingiram os currais e, mesmo sabendo que não poderia fazer muita coisa para ajudar, senti que deveria ir até lá. Dirigi na direção do fogo. Quando o carro chegou no topo de uma colina, consegui ver o que era. Era o nascer do sol.

    O clima na Espanha fica ideal para o turismo e para ver as touradas no mês de setembro, pois também é a época com o maior número de touradas. A única desvantagem desse mês é que as touradas não são muito boas. Os touros dão as melhores performances em maio e junho, e continuam bons em julho e agosto, mas em setembro os pastos secam devido ao calor e os touros emagrecem e ficam num estado lamentável, a menos que sejam alimentados com cereais, o que deixa os touros gordos e com a pelagem lustrosa, e eles ficam muito violentos por alguns minutos, mas tão fora de forma como um boxeador que tivesse se alimentado só de batatas e cerveja. Também em setembro, os toureiros lutam quase todos os dias e têm muitos contratos para cumprir e, com a perspectiva de fazer muito dinheiro num período curto de tempo, se não estiverem lesionados, eles preferem se arriscar o mínimo possível. Isso nem sempre é o caso e, se existe uma rivalidade entre dois toureiros, eles vão dar tudo de si, mas quase sempre as lutas decepcionam por causa de touros fracos e em más condições e por causa de toureiros que foram feridos e voltaram mesmo com problemas físicos para não perder seus contratos ou por toureiros cansados com o desgaste de uma temporada intensa. Setembro pode ser um mês esplêndido se houver toureiros novos que acabaram de começar nesse ramo e dão tudo de si na primeira temporada para se tornarem conhecidos e conseguirem contratos para o ano seguinte. Se você quiser, e tiver um carro que seja rápido o bastante, você consegue ver uma tourada por dia durante todo o mês de setembro em lugares diferentes da Espanha. Garanto que você vai ficar destruído só de viajar para ver as touradas, sem ter de lutar nelas, e assim você vai ter uma ideia do desgaste físico que um toureiro enfrenta ao viajar pelo interior, indo de um lugar a outro à medida que o fim da temporada se aproxima.

É óbvio que não existe uma lei que os obrigue a lutar com tanta frequência. Eles lutam por dinheiro e, se ficam cansados, desgastados e incapazes de dar o melhor de si ao tentar honrar tantos contratos, pior para o espectador, que gastou dinheiro para vê-los. Mas quando você também está viajando, ficando nos mesmos hotéis, vendo as touradas pelos olhos dos toureiros e não pelos olhos do espectador que pagou caro para talvez ver o toureiro apenas uma vez no ano, fica difícil não entender o lado do toureiro no que diz respeito aos seus compromissos. Na verdade, de qualquer ponto de vista, o toureiro não tem o direito de assinar um contrato que o obrigue a sair imediatamente após o fim de uma luta, pegar um carro, com as capas e as muletas guardadas em cestos que precisam ser amarrados com cordas no compartimento de bagagem, as espadas e as malas empilhadas na parte da frente e a cuadrilla inteira espremida no carro que não é pequeno, um farol enorme na frente, para uma viagem de mais ou menos oitocentos quilômetros, sem parar a noite inteira, e enfrentando toda a poeira e o calor da estrada para chegar à cidade onde ele precisa lutar na tarde do dia seguinte, quase sem tempo de sacudir a poeira, tomar um banho e fazer a barba antes de se arrumar para a corrida. Na arena, talvez o toureiro pareça velho e cansado, e você entende porque sabe o percurso que ele acabou de fazer, porque você também acabou de fazer essa viagem e sabe que, com uma boa noite de sono, ele vai melhorar, mas o espectador que gastou dinheiro para vê-lo naquele dia não perdoa, mesmo que entenda ou não. Ele acha que se trata de uma ambição insaciável por dinheiro, e se o toureiro não consegue tirar proveito de um bom touro e tem um desempenho que deixa a desejar, o espectador sente que foi enganado — e ele foi.

Existe mais um motivo para ver sua primeira e sua última tourada em Madri, porque as touradas da primavera não ocorrem durante a temporada de ferias e os toureiros estão na sua melhor forma física; eles procuram ter desempenhos que gerem contratos para as muitas ferias e, a menos que tenham passado o inverno no México e estejam sentindo o cansaço e o desgaste de uma temporada dupla, sem mencionar as falhas que adquirem ao lutar com os touros mexicanos, que são menores e mais fáceis, eles devem estar com as melhores condições físicas possíveis. Ainda assim, Madri é um lugar estranho. Não acho que seja possível gostar da cidade à primeira visita. Não tem nada a ver com o que se espera de uma cidade espanhola. É moderna em vez de pitoresca, não se veem as fantasias nem os chapéus de Córdoba, a não ser na cabeça de impostores, não se veem as castanholas nem aqueles nojentos vinhos falsos vendidos por ciganos em Granada. Não existe nenhum lugar que exiba as cores locais para os turistas que visitam a cidade. No entanto, à medida que você conhece Madri, descobre que ela é a mais espanhola de todas as cidades, a melhor para se viver, a que tem as melhores pessoas, o melhor clima não importa o mês do ano e, embora as outras cidades grandes da Espanha representem bem as províncias onde ficam, sendo andaluzas, catalãs, bascas, aragonesas ou de outra forma provincianas, é em Madri que você compreende a essência da Espanha. A essência, quando é, de fato, a essência, pode estar numa simples garrafa de vidro, e você não precisa de rótulos extravagantes, e não precisa também de nenhuma roupa típica; não importa o tipo de construção que eles ergam, embora a construção em si possa parecer um prédio de Buenos Aires, quando você olha para ela contra aquele céu, você sabe que é Madri. Mesmo que ela tivesse apenas o Prado, valeria a pena passar um mês nela a cada primavera, se você tiver dinheiro para passar um mês em qualquer capital europeia. Mas quando se tem o Prado e a temporada de touradas ao mesmo tempo, com El Escorial a menos de duas horas ao norte e Toledo ao sul, uma boa estrada para Ávila e uma boa estrada para Segóvia, que fica bem perto de La Granja, você se sente muito mal, mesmo deixando de lado todas as questões sobre imortalidade, de saber que você vai morrer e nunca mais ver Madri.

O Prado é muito característico de Madri. Por fora, ele é tão pitoresco quanto uma escola americana de ensino médio. Os quadros são organizados de maneira muito simples e acessível, são muito bem iluminados e não há nenhuma intenção, a não ser pelas meninas de Velázquez, de teatralizar ou destacar as obras-primas, de modo que o turista usando os guias azul ou vermelho para saber quais são os quadros mais famosos pode ficar meio decepcionado. No ar seco das montanhas, as cores continuam maravilhosas, e os quadros ficam pendurados de maneira tão simples e acessível que os turistas se sentem ludibriados. Vi como eles ficam confusos. Esses quadros não devem ser importantes, as cores estão muito vívidas e eles estão muito acessíveis. Esses quadros estão pendurados como se estivessem numa galeria de arte moderna, onde eles ficam expostos de um jeito que destaca suas qualidades e estimula as vendas. Não faz sentido, o turista pensa. Deve ser um truque. Eles pagam para entrar em galerias italianas onde não encontram nenhum quadro que vale a pena ou, quando encontram, não conseguem enxergar o quadro muito bem. Só assim eles acham que estão vendo grandes obras de arte. Os quadros devem ter molduras enormes e precisam de tecido vermelho ou de iluminação ruim para atestar sua importância. É como se, depois de descobrir algumas coisas só de ler literatura pornográfica, o turista quisesse ser apresentado a uma mulher atraente sem roupa e sem adereços, sem nada para cobrir seu corpo e que não falasse nada, e que apenas estivesse deitada na mais simples das camas. Ele talvez quisesse um livro para ajudá-lo ou talvez precisasse de dicas e sugestões. Isso deve explicar o motivo de haver tantos livros sobre a Espanha. Para cada pessoa que gosta da Espanha, há uma dúzia de outras que preferem livros sobre a Espanha. A França é mais popular do que os livros sobre a França.

Em geral, os maiores livros sobre a Espanha são escritos por alemães que fazem uma visita intensiva e nunca mais voltam. Devo admitir que, caso você precise escrever livros sobre a Espanha, talvez seja um bom método fazer isso o mais rápido possível depois de uma primeira visita, pois várias visitas podem só confundir as primeiras impressões e atrapalhar na hora de tirar conclusões. Além disso, os livros feitos de uma visita mostram muito mais certeza sobre tudo e certamente vão ser mais populares. Livros como os de Richard Ford nunca tiveram o alcance de obras como *Espanha Virgem* e seu misticismo de araque. Certa vez, o autor desse livro publicou um texto numa revista literária que já não existe mais, chamada *S4N*, explicando seu método de escrita. Qualquer historiador das letras que queira explicar certos fenômenos da nossa literatura pode procurar nos arquivos dessa revista. Se minha cópia não estivesse em Paris, eu poderia citar o trecho na íntegra, mas a essência do que ele disse é que deitava na cama nu e Deus ditava coisas para ele escrever, que ele "tinha contato com tudo que há de mais profundo e inacessível". Ele estava, graças ao contato com Deus, *"em toda parte e em todo momento"*. Os itálicos são dele ou talvez sejam de Deus. O texto não especificava. Deus ditou e ele escreveu. O resultado foi esse inevitável misticismo de um homem que escreve tão mal que parece incapaz de formular uma frase clara, porque prefere complicar o texto com qualquer tipo de jargão pseudocientífico que esteja na moda. Deus ditou para ele algumas coisas incríveis sobre a Espanha, durante a curta temporada que o homem passou se preparando para escrever sobre a alma do país, mas é tudo *nonsense*. A coisa toda, fazendo uma contribuição tardia para o campo da pseudociência, é o que chamo de escrita eréctil. Todos sabem, ou não, você é quem sabe, que, devido a uma possível dissimulação, árvores, por exemplo, têm outra aparência para um homem que esteja nesse estado formidável do que para um que não esteja. Todos os objetos têm outra aparência. Eles são um pouco maiores, mais misteriosos e vagamente distorcidos. Faça o teste. Agora, nos Estados Unidos, surgiu ou tinha surgido uma escola de escritores (essa é uma dedução do velho dr. Hemingstein, o grande psiquiatra) que, aparentemente, usava essa dissimulação para dar uma aura mística a todos os objetos, distorcendo a visão por meio da intumescência não aliviada. Parece que essa escola está deixando de existir, ou já deixou de existir, e foi um experimento voluntário interessante enquanto durou, e repleto de imagens fálicas desenhadas no estilo de cartões sentimentais, mas que teria significado mais se a visão desses escritores tivesse sido um pouco mais interessante e elaborada em vez de ter sido, digamos, tão dissimulada.

Fico pensando como seria o livro *Espanha Virgem* se ele tivesse sido escrito depois de uma boa dose daquele remédio supremo que faz um homem enxergar as coisas com clareza. Talvez ele tenha sido. Talvez nós, colegas de pseudociência, estejamos errados. Mas para aqueles analíticos olhos vienenses que tudo observam, coroados pelas sobrancelhas desgrenhadas do dr. Hemingstein, um investigador excepcional, todos os sinais mostram que, se o cérebro tivesse sido suficientemente iluminado por algumas doses do remédio supremo, o livro não existiria.

Mais uma coisa. Se um homem escreve de maneira clara, qualquer um percebe se ele for um farsante. Se ele mistifica para evitar uma afirmação direta, o que é muito diferente de quebrar as chamadas regras de sintaxe ou de gramática para gerar um efeito que não pode ser obtido de outra forma, fica mais difícil descobrir a farsa e outros escritores afligidos pelas mesmas deficiências vão elogiar o colega em nome de interesses próprios. O verdadeiro misticismo não deve ser confundido com a incompetência para escrever, que tem a ver com mistificar aquilo que não é mistério nenhum e é na verdade apenas a necessidade de enganar para encobrir a falta de conhecimento ou a incapacidade de afirmar algo com clareza. Misticismo tem a ver com mistério, e existem muitos mistérios por aí, mas a incompetência não é um deles; assim como não é mistério o jornalismo empolado transformado em literatura pela atribuição de características épicas que são falsas. E uma última coisa: todos os escritores ruins amam uma história épica.

6

Se for a uma corrida em Madri primeiro, você pode descer até a arena e dar uma volta antes da luta.* Os portões dos currais e do patio de caballos ficam abertos, e no pátio você vê uma linha de cavalos próximo do muro e os picadores montados nos cavalos que usaram para chegar até a arena. Esses cavalos foram levados por figuras simiescas de blusa vermelha que são os funcionários da arena até as hospedarias da cidade onde ficam os picadores, de modo que o picador, de camisa branca, gravata preta com grandes laçadas e pontas caídas, jaqueta de brocado, faixa larga, chapéu de copa arredondada com o pompom na lateral e calças de couro grossas que cobrem a armadura de aço que protege a perna direita, possa montar e cavalgar pelas ruas em meio ao tráfego da carretera de Aragon, até chegar à arena; o funcionário cavalga às vezes no mesmo cavalo sentado atrás da sela, às vezes em outro cavalo que ele levou junto; esses poucos cavaleiros em meio à profusão de carruagens, carroças, táxis e automóveis servem para fazer propaganda das touradas, cansar os cavalos que estão montando e poupar o matador de ter que fazer espaço para o picador em sua carruagem ou em seu automóvel. A melhor maneira de ir até a arena é usando o ônibus puxado por cavalos que sai da Puerta del Sol. Você pode sentar na parte de cima e ver o movimento das pessoas a caminho da arena e, se prestar atenção na multidão de veículos, vai ver passar um automóvel cheio de toureiros em trajes de tourada. Você só vai conseguir ver as cabeças com os chapéus pretos, os brocados dourados ou prateados cobrindo os ombros e os rostos. Se, num carro, há vários homens de jaqueta prateada ou escura

---

* Por determinação do governo, você não pode mais passear na arena. Mas ainda é possível visitar o patio de caballos e outras dependências.

e apenas um com jaqueta dourada e, enquanto os outros talvez estejam rindo, fumando e fazendo piada, o de jaqueta dourada estiver impassível, ele é o matador e os outros são sua cuadrilla. O percurso até a arena é a pior parte do dia para o matador. Pela manhã, a luta está longe de acontecer. Depois do almoço, ela ainda está longe e, até o automóvel ou a carruagem aparecer para pegar o toureiro, existe uma preocupação com a roupa. Mas, uma vez no carro ou na carruagem, a luta está muito próxima e não há nada que ele possa fazer ao longo desse trajeto amontoado até a arena. Ele é amontoado porque a parte de cima da jaqueta de um toureiro é grossa e pesada nos ombros e o matador e seus banderilleros se amontoam uns com os outros, agora que estão no automóvel, quando estão usando os trajes de tourada. Alguns riem e acenam para os amigos durante o percurso, mas quase todos parecem distantes e indiferentes. O matador, por lidar com a morte todos os dias, fica muito indiferente, e a medida de sua indiferença é com certeza a medida de sua imaginação e sempre nos dias de tourada e na parte final da temporada, existe algo de indiferente no íntimo desses homens que se torna quase aparente. Esse algo tem a ver com a morte e não se pode enfrentá-la todos os dias sabendo que existe o risco de ela levar a melhor e não carregar marcas evidentes disso. Todos que vivem essa situação carregam marcas. Os banderilleros e os picadores são diferentes. O perigo que enfrentam é relativo. Eles obedecem a ordens; têm uma responsabilidade menor; e não matam. Eles não sofrem muita pressão antes de uma luta. Porém, se você quiser ver o que é apreensão, veja o que acontece com um picador despreocupado e feliz depois que ele visita os currais, ou vê a distribuição dos touros, e se dá conta do quão grandes e poderosos são os touros. Se eu soubesse desenhar, faria uma ilustração mostrando uma mesa no bar durante a feria com os banderilleros sentados ao redor dela antes do almoço lendo os jornais, um engraxate trabalhando, um garçom servindo mesas e dois picadores entrando em cena, um deles é um sujeito grande com a pele morena e sobrancelhas pretas que está sempre animado e fazendo piada, o outro é um sujeito magro de cabelo grisalho, nariz adunco, um homenzinho elegante, ambos são a personificação do desânimo e da depressão.

"Qué tal?", pergunta um dos banderilleros.

"Son grandes", diz o picador.

"Grandes?"

"Muy grandes!"

Não precisa dizer mais nada. Os banderilleros sabem exatamente o que o picador têm em mente. Talvez o matador seja capaz de assassinar o touro grande, se ele engolir o orgulho e ignorar a honra, como se fosse um touro pequeno. As veias do pescoço ficam no mesmo lugar e são igualmente fáceis de alcançar com a ponta da espada. O fato de o touro ser grande não aumenta as chances de um banderillero ser atingido por ele. Mas não há nada que o picador possa fazer para se proteger. Depois de uma certa idade e com um certo peso, quando um touro acerta o cavalo significa que o cavalo vai sair do chão e depois cair com o picador por baixo, talvez o picador seja arremessado contra a barrera e fique preso debaixo do cavalo, ou se ele corajosamente se inclinar para a frente, colocar seu peso na vara e tentar atingir o touro durante o choque, significa que ele pode cair entre o touro e o cavalo, e quando o cavalo se afastar, ele tem de ficar deitado na areia, com o touro procurando por ele, até que o matador possa atrair o touro para longe dali. Se os touros são grandes de verdade, cada vez que eles acertarem o cavalo, o picador vai cair, e ele sabe disso, e a apreensão que sente quando os touros "são grandes" é maior até do que a do matador, a não ser que este seja um covarde. Há sempre algo que um matador pode fazer se ele mantiver a calma. Ele pode suar frio, mas não importa o quão difícil seja um touro, há sempre uma maneira de lutar contra ele. O picador não tem nenhum recurso. O que ele pode fazer é recusar a tradicional propina do fornecedor de cavalos para ficar com uma montaria menor do que o recomendado, insistir em ter um cavalo bom e forte, alto o suficiente para que possa olhar o touro de cima, tentar espetar o animal de primeira e torcer pelo melhor.

Quando você vê os matadores na entrada do patio de caballos, o pior da apreensão já passou. A multidão ao redor deles acabou com aquela solidão do percurso ao lado de pessoas que o conhecem bem demais, e a multidão devolve a eles a firmeza moral. Quase todos os toureiros são corajosos. Poucos não são. Isso parece improvável, pois nenhum homem sem coragem seria capaz de entrar na arena com um touro, mas, em alguns casos específicos, a habilidade natural e o treinamento desde cedo, feito com novilhos que não chegam a ser perigosos, transformaram homens sem nenhuma coragem natural em toureiros. Existem só uns três que são assim. Vou falar sobre cada um deles posteriormente, e eles estão entre os fenômenos mais interessantes da arena, mas o toureiro tradicional é um homem muito corajoso, e o menor grau de coragem tem a ver com a habilidade de ignorar temporariamente possíveis consequências. Um grau maior de coragem, que acompanha a euforia, é a habilidade de não dar a mínima para possíveis consequências; não apenas ignorá-las, mas desprezá-las. Quase todos os toureiros são corajosos e, no entanto, quase todos os toureiros sentem medo em algum momento *antes* de a luta começar.

A multidão começa a dispersar no patio de caballos, os toureiros fazem fila, os três matadores lado a lado, os banderilleros e picadores atrás deles. A multidão esvazia a arena. Você vai para o seu lugar e, se estiver na barrera, compra uma almofada do vendedor que está logo abaixo, senta nela, e com os joelhos encostados na madeira, olha para a entrada do pátio de onde você acabou de sair, no outro lado da arena, e vê os três matadores, o sol brilhando no ouro dos trajes, de pé na entrada, os outros toureiros a pé ou a cavalo, formando um grupo atrás deles. Então você percebe as pessoas ao seu redor olhando para cima deles, na direção de um camarote. É o presidente. Ele se senta e acena com um lenço. Se ele for pontual, a multidão aplaude; se ele chegar atrasado, há uma tempestade de assobios e vaias. Uma trombeta soa no pátio e dois homens a cavalo atravessam a arena, um costume da época de Felipe II.

Chamados de aguacils, ou meirinhos a cavalo, são eles que transmitem todas as ordens do presidente, que representa a autoridade constituinte. Eles galopam pela arena, tiram o chapéu numa saudação, fazem uma reverência para o presidente e, devidamente autorizados, retornam para os seus lugares. A música começa e da entrada do pátio dos cavalos vem a procissão de toureiros; é o paseo ou desfile. Os três matadores, se houver seis touros, ou quatro, se houver oito, caminham lado a lado, cada um com a capa enrolada no braço esquerdo e o braço direito livre; eles andam a passos largos e relaxados, os braços soltos e os queixos erguidos, os olhos fixos no camarote do presidente. Em fila atrás de cada matador, vêm a cuadrilla de banderilleros e picadores em ordem de senioridade. Assim eles entram na arena formando uma coluna de três ou quatro. Quando os matadores chegam diante do camarote do presidente, eles fazem uma reverência e tiram o chapéu preto ou montera — a reverência é breve ou demorada, dependendo do tempo de trabalho e do grau de cinismo de cada toureiro. No começo de carreira, todos são tão apegados aos rituais quanto um coroinha numa missa solene e alguns nunca perdem isso. Outros são tão cínicos como donos de boates. Os devotos morrem com mais frequência. Os cínicos são companhias melhores. Mas o melhor de todos é o cínico quando ele ainda é devoto; ou depois; tendo sido devoto e se tornado cínico, eles se tornam devotos mais uma vez por meio do cinismo. Juan Belmonte é um exemplo desse estágio derradeiro.

Depois da reverência ao presidente, eles colocam o chapéu de novo, arrumando-o com cuidado, e vão até a barrera. A procissão se desfaz à medida que os matadores tiram a capa decorada, dourada e pesada de brocado que usaram no desfile e a entregam para amigos ou admiradores para que sejam penduradas no muro que protege as primeiras fileiras, ou, às vezes, eles fazem o responsável pelas espadas levar a capa para alguém, de praxe, uma cantora, uma dançarina, um médico charlatão, um aviador, um ator de cinema, um político, ou alguém famoso que tenha aparecido no jornal do dia e que por acaso esteja num camarote. Matadores muito jovens ou muito cínicos mandam a capa para empresários do ramo de touradas que vieram de outras cidades para Madri, ou para críticos de touradas. Os melhores mandam a capa para os amigos. É melhor não ser aquele que recebe a capa. É uma gentileza se o toureiro tem um bom dia e corre tudo bem na arena, mas se for um dia ruim, é muita responsabilidade. Ter uma ligação óbvia com um toureiro que, por causa de azar, de um touro ruim, de um acidente que lhe roube a confiança, ou de nervosismo por estar de volta à arena em más condições físicas depois de levar uma chifrada, envergonha a si mesmo e deixa o público tão indignado que talvez tenha de ser protegido pela polícia ao sair da arena de cabeça baixa sob um bombardeio de almofadas de couro, acaba gerando um constrangimento na hora em que o homem das espadas vem buscar a capa desviando das almofadas. Ou talvez, antecipando o desastre, o homem das espadas venha buscar a capa antes do último touro, de modo que você pode ver a capa, recebida de modo tão honroso, ser colocada nos ombros do toureiro humilhado e levada rapidamente para fora da arena, as almofadas voando, alguns dos espectadores mais violentos sendo levados pela polícia porque tentaram perseguir o matador. Os banderilleros também entregam a capa para amigos exibirem na barrera, mas essas capas, que parecem majestosas apenas de um olhar a distância, quase sempre são finas, desgastadas pelo uso e feitas do mesmo material despojado usado no forro de casacos no mundo inteiro, e, como os banderilleros não levam muito a sério a outorga desse favor, a honra é apenas simbólica. Enquanto as capas do desfile são repartidas e devolvidas, as capas da luta são retiradas da barrera, e os funcionários da arena alisam a areia que ficou marcada pela procissão dos picadores a cavalo, pelas mulas arreadas que retiram os touros e cavalos mortos da arena e pelos cascos dos cavalos dos aguacils. Nesse ínterim, os dois matadores (infere-se que se trata de uma tourada com seis touros) que não estão na vez se retiram com suas cuadrillas e ficam no callejon ou corredor que fica entre as cercas vermelhas das barreras e a primeira fileira de lugares. O matador cujo touro está prestes a entrar na arena escolhe uma das capas pesadas de percal. Elas costumam ser rosa por fora e amarelas por dentro, com uma gola larga e reforçada, e ampla e grande o suficiente de modo que, se o matador colocar a capa sobre os ombros, a barra fica na altura dos joelhos ou um pouco abaixo e ele consegue envolver o corpo todo com ela. O matador da vez se coloca atrás de um dos pequenos abrigos de madeira que ficam próximos da barrera, largos o suficiente para proteger dois homens e estreitos o suficiente para escapar do touro, o aguacil cavalga até a área onde fica o camarote do presidente para pedir a chave da porta vermelha do toril onde o touro aguarda. O presidente joga a chave e o aguacil tenta pegá-la com o chapéu. Se ele consegue, o público aplaude. Se não, o público assobia. Mas nada disso é sério. Se a chave cai no chão, um funcionário da arena a pega e entrega na mão do aguacil, que atravessa a arena a cavalo e passa a chave para o homem responsável por abrir a porta do toril, depois volta, cumprimenta o presidente e sai da arena, enquanto os funcionários alisam as marcas deixadas pelo cavalo na areia. Ao fim desse processo, as únicas pessoas na arena são o matador atrás do pequeno abrigo ou burladero e dois banderilleros em extremos opostos da arena, colados na cerca. O silêncio é total, e todo mundo fica de olho na porta vermelha de madeira. O presidente faz um sinal com o lenço, soa a trombeta e Gabriel, um homem velho e grande, de cabelo branco e muito sério, usando o que parece ser uma versão cômica do traje de toureiro (comprada para ele com a ajuda do público), destranca a porta do toril e faz força para abri-la, correndo de costas até revelar o corredor baixo que se vê bem com a porta escancarada.

7

Neste ponto, é necessário que você veja uma tourada. Se eu fosse descrever uma, não seria aquela que você veria, pois os toureiros e os touros mudam, e se eu fosse explicar as variações possíveis ao longo do texto, o capítulo seria interminável. Existem dois tipos de guias: os que devem ser lidos antes e os que devem ser lidos depois, e aqueles que devem ser lidos depois do fato estão fadados a serem, em alguma medida, incompreensíveis antes dele; se o fato tiver bastante importância por si só. Isso vale para qualquer livro sobre esquiar nas montanhas, relações sexuais, caçar pássaros ou qualquer outra coisa que seja impossível de transpor para o papel, ou ao menos impossível de abarcar por completo no papel, pois se trata sempre de uma experiência individual, e a certa altura do guia você precisa dizer não continue lendo a menos que tenha esquiado, tido uma relação sexual, caçado codorna ou assistido a uma tourada para que saiba do que estamos falando. Então a partir de agora vamos supor que você tenha ido a uma tourada.

Você foi a uma tourada? Que tal?

Achei revoltante. Foi insuportável.

Sendo assim, você vai ganhar uma dispensa honrosa, mas sem reembolso.

O que você achou? Achei péssimo. Como assim, péssimo? Péssimo. Foi péssimo, terrível, horrível. Certo. Você também será dispensado com honras.

Qual foi a sua opinião? Quase morri de tédio. Certo. Suma da minha frente.

Ninguém gostou da tourada? Ninguém gostou nem um pouquinho da tourada? Nenhuma resposta. O senhor gostou? Não. A senhora gostou? Definitivamente, não.

Uma senhorinha no fundo da sala: Do que ele está falando? O que aquele jovem está perguntando?

Alguém próximo dela: Ele está perguntando se alguém gostou da tourada.

Senhorinha: Ah, achei que ele estava perguntando se alguém queria lutar numa tourada.

A senhora gostou da tourada?

Senhorinha: Gostei demais.

Do que a senhora gostou?

Senhorinha: Gostei de ver os touros atacarem os cavalos.

Por que a senhora gostou disso?

Senhorinha: Acho que eu senti um pouco de aconchego.

Pois fique sabendo que a senhora é um mistério. E o pessoal aqui não é muito simpático. Vamos até o Café Fornos porque lá a gente pode conversar mais à vontade.

Senhorinha: Pode ser em qualquer lugar que o senhor quiser, desde que seja limpo e agradável.

A senhora pode ter certeza de que não existe um lugar mais agradável do que esse em toda a Península.

Senhorinha: Vamos encontrar algum toureiro nesse lugar?

Minha senhora, toureiro é o que não falta nesse lugar.

Senhorinha: Então vamos lá.

Fornos é um café frequentado apenas por pessoas que têm alguma relação com as touradas e por prostitutas. O lugar é enfumaçado, com garçons apressados de um lado para o outro, tomado pelo barulho de taças, e você tem acesso àquela privacidade barulhenta de um café movimentado. Podemos falar sobre a tourada, se for de seu desejo, e a senhora pode ficar olhando os toureiros. Existem toureiros para todos os gostos em todas as mesas, e todas as outras pessoas do café ganham a vida com touradas, de um jeito ou de outro. É raro um tubarão com mais do que quatro rêmoras, ou peixes com ventosa, que pegam carona com ele, mas um toureiro, quando faz dinheiro, tem dezenas. A senhorinha não faz questão de falar sobre a tourada. Ela gostou; agora, ela está olhando para os toureiros e me diz que nunca conversa sobre as coisas de que gosta, mesmo com as amigas mais íntimas. Acabamos falando sobre a tourada porque havia algumas coisas que você ainda não tinha entendido.

Quando o touro entrou na arena, a senhora percebeu que um dos banderilleros passou correndo pelo touro arrastando uma capa e que o touro foi atrás da capa tentando alcançá-la com um dos chifres? Eles sempre passam correndo desse jeito, no começo da luta, para descobrir qual é o chifre que o touro prefere. O matador, atrás do abrigo, observa o touro perseguir a capa e nota se ele acompanha o zigue-zague da capa tanto com o chifre direito quanto com o chifre esquerdo, para conferir se o touro enxerga bem dos dois olhos e o chifre que ele melhor usa. O matador também percebe se o touro corre em linha reta ou se tem a tendência de cortar caminho e mirar o homem enquanto ataca. O homem que corre na direção do touro segurando a capa com as duas mãos para na frente dele e espera que o touro ataque e, com os braços, move a capa bem devagar diante dos chifres do touro, faz os chifres passarem bem perto do corpo com um gesto lento da capa, parece manter o animal concentrado nas pregas da capa, fazendo o touro passar perto dele toda vez que o animal volta a atacar; repetindo isso mais quatro vezes e depois encerrando com um rodopio da capa que deixa o homem de costas para o touro e, ao interromper o ataque do touro bruscamente, o animal fica parado no lugar; esse homem era o matador, e os passes lentos que ele fez se chamam veronicas, e o meio passe no fim, media-veronica. Esses passes foram pensados para que o matador pudesse mostrar suas habilidades e sua arte com a capa, seu domínio do touro e também para fazer o touro parar num determinado lugar antes da entrada dos cavalos. Ele se chama veronica por causa da Santa Verônica, que limpou o rosto do Nosso Senhor com um pedaço de pano e é chamado assim porque a santa sempre é representada segurando o pano por duas pontas na mesma posição que o toureiro segura a capa no começo da veronica. A media-veronica que faz o touro parar num determinado lugar é um recorte. Um recorte designa qualquer passe com a capa que, por obrigar o touro a fazer uma curva sem que tenha espaço para isso, leva o animal a parar bruscamente, ou controla o ímpeto do animal por interromper a sua trajetória fazendo-o dobrar o próprio corpo.

Os banderilleros nunca devem segurar a capa com as duas mãos quando o touro entra na arena. Se eles usam apenas uma das mãos, a capa vai arrastar, e, ao virá-la, no fim do movimento, o touro vai se virar devagar e não de maneira brusca e repentina. E isso acontece porque a virada da capa longa dá ao touro uma indicação do movimento que ele deve fazer e ele consegue um objeto para seguir. Segurando a capa com as duas mãos, o banderillero pode arrancá-la da frente do touro de repente e o animal estaca, faz uma curva acentuada e torce a coluna, perde o embalo e o equilíbrio, não por ter sido esgotado, mas por ter sido desequilibrado, e fica assim até o fim da luta. Somente o matador pode segurar a capa com as duas mãos na parte inicial da luta. A rigor, os banderilleros, também chamados de peones, nunca devem segurar a capa com as duas mãos, a não ser quando precisam provocar um touro que se recusa a sair do lugar. Mas do modo como a tourada evoluiu, ou decaiu, com a ênfase dada mais na execução dos vários passes e não no efeito que eles têm, agora os banderilleros fazem a maior parte do trabalho que antes era feito pelo matador de preparar o touro para o sacrifício; os matadores mais ignorantes ou menos qualificados, cuja única habilidade é o talento artístico ou estético, quando o touro apresenta qualquer dificuldade, por menor que seja, eles deixam que o animal seja dominado, desgastado e preparado pelos movimentos hábeis e devastadores de um banderillero experiente, que faz tudo menos matar o touro.

Parece besteira falar de quase matar um touro bravo usando uma capa. É claro que você não consegue matar o touro, mas consegue acabar com a coluna dele, torcer as pernas e lesar o animal e, ao abusar de sua coragem, forçando o animal a atacar repetidas vezes, sempre fazendo recortes ferozes, você acaba cansando, lesando e despojando o touro do seu ímpeto e de uma grande parte de suas energias. Falam de matar uma truta com uma vara de pesca. É o esforço feito pela truta que acaba com ela. Um bagre se aproxima da lateral do barco com a força e a disposição intactas. Com frequência, um tarpão, uma truta ou um salmão morrem lutando contra uma vara de pesca se você os mantiver fisgados por tempo suficiente.

É por isso que os banderilleros foram proibidos de manusear a capa com as duas mãos. Era o matador que tinha de fazer toda a preparação necessária antes de matar o touro. Os picadores servem para tornar o touro mais lento, para mudar seu ritmo, para fazê-lo baixar a cabeça. Antes, os banderilleros deviam correr até o touro, fincar rápido as banderillas e com cuidado para que elas não caíssem, e não fazer nada que pudesse afetar a energia do touro, de modo que o animal chegasse intacto para o matador, que deveria, com a muleta, corrigir qualquer coisa errada com as banderillas, deixar o animal em posição para o sacrifício e matá-lo de frente, fazendo-o baixar a cabeça com a sarja vermelha da muleta para matá-lo, fincando a espada bem no ângulo formado pelas duas escápulas.

À medida que a corrida evoluiu e decaiu, a ênfase dada à maneira como o touro é morto diminuiu, embora antes fosse o propósito da coisa toda, e aumentou a importância do trabalho com a capa, as banderillas e a muleta. A capa, as banderillas e a muleta se tornaram um fim em si mesmas em vez de um meio para um fim, e a tourada ganhou com isso, mas também perdeu.

Nos velhos tempos, os touros eram maiores do que são hoje; mais violentos, imprevisíveis, pesados e velhos. Eles não eram criados num tamanho menor só para agradar os toureiros e eles lutavam com quatro anos e meio ou cinco anos, e não com três anos e meio ou quatro anos e meio. Matadores passavam por um aprendizado como banderilleros e como novilleros que durava de seis a doze anos antes de se tornarem oficialmente um matador. Eram homens experientes, que conheciam muito bem os touros, e que enfrentavam touros que estavam no ápice das condições físicas e da força, que sabiam como usar os chifres e que tinham uma noção das dificuldades e do perigo. O desfecho de uma tourada era o golpe final da espada, o encontro entre o homem e o animal, o que os espanhóis chamam de hora da verdade, e todos os movimentos ao longo da luta serviam para preparar o touro para esse golpe final. Com touros assim não era preciso fabricar emoção fazendo o animal passar o mais perto possível do homem, deliberadamente. As capas eram usadas para fazer o touro correr e para proteger os picadores, e os passes que eram feitos com elas, pelos nossos padrões, eram emocionantes por causa do tamanho, da força, do peso e da agressividade do animal; e pelo perigo que o matador corria ao fazer os passes e não pela forma como fazia ou pela lentidão com que executava os movimentos. Era emocionante ver o homem executar passes com um touro como esse, e que um homem fosse capaz de estar na arena com um animal desses e fosse capaz de dominar esse animal era algo emocionante por si só, não era nada deliberado como é agora, quando tentam passar as pontas dos chifres o mais matematicamente próximo do corpo quanto possível sem mexer os pés. É a decadência do touro moderno que tornou possível a tourada moderna. É uma arte decadente sob qualquer ponto de vista e, como a maioria das coisas decadentes, ela chega ao ápice quando atinge o ponto mais baixo, que é o momento presente.

É impossível, dia após dia, lutar contra touros que são touros de verdade, enormes, fortes, ferozes e rápidos, que sabem usar os chifres e que já sejam crescidos, com a técnica que foi desenvolvida, a começar por Juan Belmonte, nas touradas modernas. É muito perigoso. Belmonte inventou a técnica. Ele era um gênio, que sabia como quebrar as regras das touradas e sabia torear, essa é a palavra para descrever todas as ações de um homem com um touro, uma vez que todo mundo sabia ser impossível torear. Assim que Belmonte conseguiu a proeza, todos os toureiros tinham de conseguir, ou tentar, pois não há caminho de volta no que diz respeito a sensações. Joselito, que era forte (Belmonte era fraco), saudável (Belmonte era frágil), que tinha um corpo de atleta, uma graça de cigano e um conhecimento intuitivo sobre touros que nunca foi superado por nenhum outro toureiro; Joselito, para quem tudo numa tourada era fácil, que vivia para a tourada e parecia ter sido feito e treinado para se tornar um grande toureiro, teve de aprender o método de trabalho de Belmonte. Joselito, o herdeiro de todos os grandes toureiros, talvez o maior toureiro que já existiu, teve de aprender a torear como Belmonte. O que Belmonte fazia tinha a ver com sua baixa estatura, sua falta de força e suas pernas frágeis. Ele não aceitava nenhuma regra sem antes tentar quebrá-la, e ele era um gênio e um grande artista. A forma como Belmonte trabalhava não era nada herdado nem desenvolvido;

era uma revolução. Joselito aprendeu como fazer e, ao longo dos anos de competição, quando ambos faziam cerca de cem corridas por ano, ele dizia: "Dizem que ele, Belmonte, fica mais perto do touro. Da forma como ele faz, é como se ficasse. Mas isso não é verdade. Eu trabalho mais perto. Mas de uma forma mais natural, então não parece tão próximo."

De qualquer forma, o estilo decadente, impossível, quase depravado de Belmonte encontrou terreno fértil na genialidade intuitiva e saudável de Joselito e, na disputa com Juan Belmonte, as touradas tiveram uma época de ouro por sete anos, embora estivessem no processo de ser destruídas.

Eles passaram a criar touros menores, com chifres menores; eles passaram a criar touros que fossem mais mansos porque Joselito e Belmonte conseguiam desempenhos melhores com esses touros menores, mais fáceis. Eles se davam bem com qualquer touro que entrasse na arena; eles não eram ruins com nenhum deles, mas, com os touros menores e mais fáceis, era certeza de que conseguiriam fazer as coisas maravilhosas que o público queria ver. Os touros maiores eram fáceis para Joselito e difíceis para Belmonte. Todos os touros eram fáceis para Joselito e ele tinha de criar as próprias dificuldades. A disputa entre os dois terminou quando Joselito foi morto na arena no dia 16 de maio de 1920. Belmonte continuou por mais um ano e depois se aposentou, e as touradas ficaram com esse novo método decadente, uma técnica quase impossível de ser aplicada, os touros menores e, no que diz respeito aos toureiros, restaram apenas os ruins, os fortes e resistentes que não chegaram a aprender o novo método não eram mais queridos, e uma porção de toureiros novos, decadentes, fracos e tristes, que dominavam o método mas não tinham nenhum conhecimento sobre touros, nenhuma educação, nada da coragem e da genialidade de Joselito, e nada do belo mistério doentio de Belmonte.

Senhorinha: Não achei nada decadente ou ruim no espetáculo que vimos hoje.

Eu também não, minha senhora, porque os matadores eram Nicanor Villalta, o corajoso poste telefônico de Aragon; Luis Fuentes Bejarano, um trabalhador digno e nobre, o orgulho do sindicato dos trabalhadores; e Diego Mazquiarán, conhecido como Fortuna, o corajoso açougueiro de Bilbao.

Senhorinha: Todos eles me parecem sujeitos dignos e viris. O que o senhor quer dizer com decadência?

Minha senhora, eles são viris, embora a voz de Villalta seja um pouquinho aguda às vezes, e a decadência de que falo não se aplica a eles, mas tem a ver com a decadência da arte como um todo causada pela valorização de certos aspectos.

Senhorinha: O senhor é um homem difícil de entender.

Minha senhora, vou explicar isso depois, mas de fato decadência é uma palavra difícil, porque se tornou um termo muito usado por críticos ao falar sobre qualquer coisa que não conseguem entender, ou que seja diferente dos conceitos morais vigentes.

Senhorinha: Para mim, a palavra quer dizer que existe alguma coisa podre, como falar que os tribunais são podres.

Minha senhora, as nossas palavras ficaram um pouco gastas porque são usadas de qualquer jeito, mas o significado inerente a elas continua valendo.

Senhorinha: Faça-me o favor, essa discussão toda sobre palavras não me interessa. O propósito aqui não é falar sobre os touros e sobre aqueles que lutam contra eles?

Se a senhora quiser, mas para o escritor é só começar a falar sobre palavras e ele vai longe, e a senhora vai acabar desejando que ele fosse mais habilidoso ao usá-las e menos prolixo ao falar sobre sua importância.

Senhorinha: Sendo assim, o senhor poderia parar com isso?

A senhora já ouviu falar do falecido Raymond Radiguet?

Senhorinha: Acho que não.

Ele foi um jovem escritor francês que sabia usar outras coisas além da caneta, se é que a senhora me entende.

Senhorinha: Outras coisas?

É, podemos dizer que sim.

Senhorinha: Você quer dizer que ele...

Quando o falecido Radiguet era vivo, ele com frequência se cansava do meio literário cheio de gente delicada, encantadora e magoada por onde circulava Jean Cocteau, seu protetor, e passava as noites num hotel perto dos Jardins de Luxemburgo com uma de duas irmãs que na época estava trabalhando como modelo no bairro. Seu protetor ficava muito abalado e criticava essa atitude como decadente e dizia, de maneira implacável, mas também com um certo orgulho do falecido Radiguet, *"Bebé est vicieuse — il aime les femmes"*. Para a senhora ver, precisamos ter cuidado ao usar o termo decadência porque ele pode não significar a mesma coisa para todo mundo.

Senhorinha: Ele me incomodou logo de cara.

Então voltemos a falar de touradas.

Senhorinha: Com prazer. Mas afinal, o que aconteceu com o falecido Radiguet?

Ele contraiu febre tifoide depois de nadar no rio Sena e morreu.

Senhorinha: Coitado.

É, coitado mesmo.

8

Os anos depois da morte de Joselito e da aposentadoria de Belmonte foram péssimos para as touradas. Eles foram tão dominantes na arte das touradas que, sem esquecer que se trata de uma arte impermanente e por isso inferior, eles foram como Velázquez e Goya, ou como Cervantes e Lope de Vega na literatura, embora eu nunca tenha gostado de Lope, mas ele tem a reputação necessária para essa comparação e, quando os dois deixaram as touradas, foi como se, na literatura inglesa, Shakespeare tivesse morrido de repente, e Marlowe, se aposentado; e o espaço deles, tivesse sido ocupado por Ronald Firbank, que escrevia muito bem sobre os temas que escrevia, mas era, vamos dizer, um estudioso. Manuel Granero, de Valência, era o toureiro mais promissor para o público aficionado. Ele era um dos três garotos que, com proteção e dinheiro garantidos, virou um toureiro por meio da melhor instrução e dos melhores recursos mecânicos; praticando com bezerros nas fazendas de touros nos arredores de Salamanca. Granero não tinha sangue de toureiro correndo nas veias, e seu núcleo familiar queria que ele virasse um violinista, mas ele tinha um tio ambicioso e um talento natural para touradas, além de ser muito corajoso, e ele era o melhor dos três. Os outros dois eram Manuel Jiménez, conhecido como Chicuelo, e Juan Luis de la Rosa. Quando crianças, eles eram como toureiros em miniatura muito bem treinados e os três tinham um estilo belmontiano, uma execução bela em tudo o que faziam e os três eram chamados de fenômeno. Granero era o melhor, o mais saudável e o mais corajoso, e ele morreu em Madri no mês de maio logo após a morte de Joselito.

Chicuelo era filho de um matador de mesmo nome que morrera anos antes de tuberculose. Ele foi criado, treinado, lançado e administrado como matador pelo tio, Zocato, que tinha sido um banderillero da velha guarda, era um bom homem de negócios e bebia bastante. Chicuelo era baixinho, gordo e nada saudável, não tinha queixo, sua pele tinha um aspecto ruim, as mãos eram pequenas e os cílios eram tão grandes como os de uma garota. Treinado em Sevilha e também em outros ranchos nos arredores de Salamanca, ele era uma miniatura perfeita de toureiro e era, de verdade, um toureiro tão autêntico como uma estátua de porcelana. Depois da morte de Joselito e Granero, e da aposentadoria de Belmonte, a tourada se agarrou no que tinha. A tourada tinha Juan Luis de la Rosa, que se parecia com Chicuelo em tudo, só não tinha o mesmo tio nem a mesma criação. Alguém que não era da família investiu o dinheiro necessário para sua educação e ele se tornou mais um produto feito com perfeição. A tourada tinha Marcial Lalanda, que conhecia bem os touros porque tinha crescido no meio deles — era filho do supervisor do rancho de criação mantido pelo duque de Veragua, e era considerado o sucessor de Joselito. Tudo que ele tinha como legado era o conhecimento dos touros e um jeito específico de andar enquanto indicava os touros para os banderilleros. Eu o via bastante naquela época e ele era sempre um toureiro técnico, indiferente e não era forte. Era como se ele não tivesse prazer nenhum com a tourada, não tirava dela nenhuma alegria, e parecia ter um medo muito controlado, mas que o deixava triste. Ele era um toureiro triste e indiferente, embora tivesse muitas habilidades técnicas e fosse muito inteligente, e para cada vez que tinha um bom desempenho na arena, ele era medíocre e desinteressante em outras dez. Ele, Chicuelo e La Rosa lutavam como se a tourada fosse um castigo, e não uma escolha. Acho que nenhum deles conseguiu superar completamente a morte de Joselito e Granero. Marcial estava na arena quando Granero foi morto e sofreu acusações injustas de não ter se esforçado para tirar o touro de cima de Granero a tempo. E se sentia muito amargurado com isso.

A tourada tinha também os irmãos Anllos, de Aragon, e os dois eram chamados de Nacional. Um deles, o mais velho, Ricardo, de estatura mediana e corpo largo, era um monumento de honestidade e coragem que tinha azar e um estilo comum, mas clássico. O outro, Juan, chamado de Nacional II, era alto, com uma boca fina e um olhar de soslaio. Ele era desajeitado, anguloso, muito corajoso e tinha um estilo de lutar que era a coisa mais feia do mundo.

Havia Victoriano Roger, o Valência II, filho de um banderillero. Nascido em Madri e treinado pelo pai, ele também tinha um irmão mais velho que não conseguiu ser matador. Um garoto da mesma safra de Chicuelo e companhia, ele manuseava uma capa lindamente, era arrogante, briguento e tão corajoso quanto o touro quando lutava em Madri, mas em qualquer outro lugar ele ficava nervoso e achava que os desastres vividos nas províncias não afetavam sua honra, desde que continuasse triunfando em Madri. Essa ligação com Madri era marca de um toureiro que ganhava a vida exercendo sua profissão, mas que nunca chegou a dominá-la.

Com Julián Sainz, o Saleri II, um toureiro muito completo e um banderillero esplêndido que chegou a competir com Joselito numa temporada, mas que tinha se tornado a personificação da cautela e da segurança acima de tudo; Diego Mazquiarán, o Fortuna, era corajoso, estúpido e um grande matador, mas das antigas; e Luis Freg, um mexicano baixinho de pele marrom, com cabelo indiano e quase quarenta anos, pesado, com pernas que pareciam carvalhos antigos por causa dos músculos protuberantes e cheias de cicatrizes deixadas por touros que puniram sua lentidão, sua falta de jeito e sua coragem banal com a espada; com mais alguns veteranos e muitos outros fracassados, esses eram os toureiros disponíveis naqueles primeiros anos depois que os dois grandes saíram de cena.

Freg, Fortuna e o Nacional mais velho não agradavam o público porque a nova forma de lutar tinha deixado seus estilos ultrapassados e não existiam mais os touros grandes que, com um homem corajoso e competente na arena, representavam tudo o que era necessário para uma tourada. Chicuelo foi impecável até o dia em que foi atingido por um touro. Desde então, virou um completo covarde sempre que o touro impunha qualquer dificuldade e passou a ser bom umas duas vezes por ano, demonstrando todo o seu repertório apenas quando encontrava um touro sem más intenções que passava por ele sem se desviar, como se estivesse percorrendo trilhos. Em meio à beleza das performances com touros mecanicamente perfeitos pelos quais ele esperava o ano inteiro, e ao ocasional trabalho bom, técnico e controlado com um touro difícil, vieram algumas das exibições mais tristes de covardia e pouca-vergonha que se podia ver. La Rosa foi chifrado uma vez e ficou assustado para sempre, e logo saiu de circulação.

Ele era muito talentoso como toureiro, mas era ainda mais talentoso em se dar o devido respeito; ele ainda luta na América do Sul e, por combinar seus dois talentos, leva uma vida boa.

Valência II começava todas as temporadas corajoso igual a um galo de briga, trabalhando cada vez mais próximo do touro sempre que aparecia em Madri, até que ficou fácil para o touro acertá-lo, arremessá-lo, feri-lo e mandá-lo para o hospital; e depois que se recuperava, a coragem só aparecia de novo no início da temporada seguinte.

Havia outros toureiros também. Um chamado Gitanillo, que, apesar do nome, não era cigano mas tinha trabalhado na juventude como domador de cavalos para uma família cigana, e era baixo, arrogante e corajoso de verdade; pelo menos em Madri. Nas províncias, como todos os toureiros de araque, ele se fiava na reputação construída em Madri. Ele era do tipo que fazia de tudo, só faltava comer a carne crua do touro. Ele não tinha habilidade nenhuma e lançava mão de artifícios, como quando o touro estava cansado ou imóvel por um instante e ele dava as costas para o animal a poucos centímetros dos chifres, depois se ajoelhava e sorria para o público. Ele levava umas chifradas feias quase que toda temporada, até que teve de se recuperar de um golpe terrível que atravessou seu peito, destruiu um tanto do pulmão e da pleura e o deixou inválido para o resto da vida.

Um médico em Soria acertou Juan Anllo, o Nacional II, na cabeça com uma garrafa numa discussão durante uma tourada em que Nacional II, que assistia à luta, estava defendendo a conduta do toureiro que estava com um animal difícil na arena. A polícia prendeu o toureiro, mas não o agressor, e Nacional II passou a noite na cadeia com a poeira vermelha de Soria na roupa e no cabelo, morrendo com o crânio fraturado e um coágulo de sangue no cérebro enquanto as pessoas da cadeia o tratavam feito um bêbado, fazendo de tudo para que ele recuperasse a consciência. Ele nunca a recuperou. Assim, nesse processo de decadência, a tourada perdeu um dos poucos matadores verdadeiramente corajosos.

Um ano antes, outro havia morrido, um que parecia destinado a figurar entre os melhores de todos os tempos. Ele era Manuel Garcia, o Maera. Ele e Juan Belmonte eram carne e unha no barrio de Triana em Sevilha e, quando Belmonte, que recebia por dia de trabalho e não tinha nenhum benfeitor que pudesse pagar por uma escola de toureiros e prover o dinheiro para que pudesse aprender a lutar praticando com bezerros, quis praticar com a capa, ele e Maera, e às vezes Varelito, outro garoto da região, atravessavam o rio a nado, com as capas e uma lanterna sobre um pedaço de tronco, e encharcados e nus, escalavam a cerca do curral onde ficavam os touros em Tablada e despertavam o maior touro que encontravam. Enquanto Maera segurava a lanterna, Belmonte atraía o touro com a capa. Quando Belmonte se tornou um matador, Maera, que era alto, moreno, esguio, de olhos fundos, rosto cinza-azulado mesmo quando tinha acabado de se barbear, arrogante, negligente e sisudo, foi junto como banderillero. Ele era um grande banderillero e, nos anos com Belmonte, participando de algo entre noventa e cem lutas numa temporada, trabalhando com todos os tipos de touro, ele passou a conhecer touros tão bem quanto todo mundo, inclusive Joselito. Belmonte nunca fincou as banderillas porque não podia correr. Joselito quase sempre fincava as banderillas nos touros que matava e, na competição, Belmonte usou Maera como um antídoto contra Joselito. Maera sabia banderillear tão bem quanto Joselito e Belmonte fazia Maera usar as piores e mais estranhas roupas que um toureiro podia usar, a fim de dar a ele a aparência de um peón; de conter sua personalidade e dar a entender que ele, Belmonte, tinha um banderillero, um mero peón, que podia competir como banderillero contra o grande matador Joselito. No último ano de Belmonte, Maera pediu um aumento de salário. Ele recebia duzentas e cinquenta pesetas por luta e estava pedindo trezentas. Belmonte, apesar de estar ganhando dez mil por luta, não deu o aumento. "Se é assim, vou virar matador e você vai ver uma coisa", disse Maera. "Não seja bobo", disse Belmonte. "Não", disse Maera, "eu é que vou fazer você de bobo."

 Primeiro como matador, Maera teve de superar vários defeitos e manias de um peón, defeitos como o de se movimentar demais (um matador nunca deve correr), e ele também não mostrava um estilo próprio ao usar a capa. Ele era capaz e dominava a técnica, mas não sabia lidar com a muleta e matava com dificuldade, por mais que bem. Porém, ele tinha um conhecimento profundo sobre touros e uma coragem que era tão absoluta e uma parte tão sólida do seu ser que tornava fácil as coisas que ele sabia fazer; e ele sabia fazer de tudo. Além disso, ele era muito orgulhoso. Ele era o homem mais orgulhoso que já vi na vida.

Em dois anos, ele superou todos os seus defeitos com a capa, aprendeu a manusear a muleta com elegância; ele sempre foi um dos melhores, mais comoventes e completos banderilleros da tourada; e se tornou um dos melhores e mais gratificantes matadores que já vi. Ele era tão corajoso que fazia passar vergonha todos os outros que não eram, e a tourada era tão importante e tão esplêndida para ele que, em seu último ano, só o fato de estar presente na arena gerou uma discussão sobre toureiros que não se esforçavam nada, só pensavam em dinheiro e lutavam contra touros com movimentos mecânicos; e com ele na arena, a tourada tinha dignidade e paixão. Maera na plaza era certeza de uma boa tourada por pelo menos dois touros, sem contar as vezes que ele intervinha na luta dos outros quatro. Quando os touros não o atacavam, ele não reclamava desse fato para o público, pedindo simpatia e tolerância; ele ia até o touro de um jeito arrogante, destemido e dominador. Com ele era sempre emocionante e, por fim, como ele improvisava seu estilo com frequência, era também um artista. No último ano em que lutou, dava para ver que ele acabaria morrendo. Ele logo se desgastava e era como se esperasse morrer antes de chegar o fim do ano. Até lá, ele tinha muito o que fazer. Levou chifradas feias em duas ocasiões, mas não deu a mínima. Eu o vi lutar num domingo com um ferimento de quase quinze centímetros que ele tinha sofrido embaixo do braço na quinta. Vi o ferimento, como estava antes e depois da tourada, e ele não deu a mínima. Doía como doeria um ferimento de quase quinze centímetros feito por um chifre de touro dois dias antes, mas ele não deu a mínima. Ele agia como se não estivesse ferido. Ele não ficava todo cuidadoso e não parecia preocupado em levantar o braço; ele ignorava. Ele já estava muito além de qualquer dor. Nunca vi um homem que parecesse tão pressionado pelo passar do tempo como ele me pareceu naquela temporada.

Quando o vi de novo, ele tinha sido chifrado no pescoço, em Barcelona. Ele levou oito pontos e, no dia seguinte, com um curativo, foi lutar. O seu pescoço estava tenso, e ele, furioso. Ele estava furioso com a tensão que não podia evitar e com o curativo que dava para ver acima do colarinho.

Um jovem matador que deve respeitar a etiqueta, que deve impor um respeito que nem sempre inspira, jamais faz uma refeição com a sua cuadrilla. Ele come sozinho, mantendo assim um distanciamento entre o patrão e os criados que não conseguiria manter se ele se misturasse com aqueles que trabalham para ele. Maera sempre fazia suas refeições com a cuadrilla; todos comiam na mesma mesa; todos viajavam juntos e, em ferias mais movimentadas, ficavam todos no mesmo quarto, e todos o respeitavam como nunca vi um matador ser respeitado por uma cuadrilla.

Ele teve alguns problemas com os pulsos. Para um bom toureiro, os pulsos são a parte mais importante do corpo. Assim como o dedo indicador de um atirador é sensível e treinado para executar os graus mais insignificantes de pressão a fim de assumir posição e disparar a arma; é com os pulsos que um toureiro controla e executa com sutileza a arte da capa e da muleta. Todos os movimentos que faz com a muleta dependem dos pulsos e é com os pulsos que ele finca as banderillas, e é com os pulsos, desta vez firmes, que ele segura a espada pelo cabo de chumbo revestido de camurça e mata o touro. Numa ocasião, Maera, na hora do sacrifício, ao cravar a espada enquanto o touro avançava inclinado e com força, os ombros projetados dando suporte à espada, ele acertou uma vértebra com a ponta da lâmina, entre as escápulas. Ele atacava e o touro atacava, e a espada envergou até quase dobrar e escapou voando alto. Ao envergar, a espada deslocou seu pulso. Ele pegou a espada do chão com a mão esquerda e a levou até a barrera e, também com a mão esquerda, tirou uma nova espada do estojo de couro que o responsável pelas espadas ofereceu a ele.

"E o pulso?", perguntou o responsável pelas espadas.

"Que se f*** o pulso", disse Maera.

Ele foi na direção do touro, enquadrou o animal com dois passes da muleta, posicionando e arrancando rápido o pano da frente do focinho úmido, fazendo as patas dianteiras do touro levantarem para acompanhar o movimento da muleta e depois aterrissarem na posição certa para o sacrifício; segurando a espada e a muleta com a mão esquerda, ele levantou a espada até a mão direita, escolheu um ponto e investiu contra o animal. Mais uma vez, ele acertou o osso, insistiu, e a espada envergou, escapou e caiu. Dessa vez, ele não pegou uma espada nova. Ele pegou a espada do chão com a mão direita e, ao erguê-la, pude ver no rosto o suor causado pela dor que sentia. Ele colocou o touro em posição com o pano vermelho, escolheu um ponto, olhou bem para a lâmina e investiu contra o animal. Ele investiu como se estivesse atacando um muro de pedras, seu peso, sua altura e tudo o mais colocados na espada, e ela acertou o osso, envergou, não muito dessa vez porque o pulso cedeu rápido, escapou e caiu. Ele ergueu a espada com a mão direita e, como se o pulso não a sustentasse, ele a largou. Então ergueu o pulso e bateu com ele no punho esquerdo, pegou a espada com a mão esquerda, trocou de mão e era possível ver o suor escorrendo pelo seu rosto. O segundo matador sugeriu que fosse até a enfermaria, ele fez que não e xingou todo mundo.

"Não se metam", disse ele, "e vão tomar no c*."

Ele investiu mais duas vezes contra o touro e nas duas ele acertou o osso. Em qualquer momento, ele poderia, sem perigo nem dor, fincar a espada no pescoço do touro, enfiá-la até chegar ao pulmão ou cortar a jugular e matá-lo sem nenhum problema. Mas, em nome da honra, ele deveria matar o touro com a espada entre as escápulas, como um homem deve fazer, por sobre os chifres, sustentando a espada com o corpo. E na sexta vez que ele investiu dessa forma, a espada entrou. Ele sobreviveu ao embate, o chifre passou raspando pela sua barriga e ele deu de ombros, endireitou o corpo, era alto e tinha os olhos fundos, o rosto suado, os cabelos caídos sobre a testa, e observou o touro enquanto o animal balançava, perdia o equilíbrio e capotava. Ele extraiu a espada do touro com a mão direita, suponho que como uma forma de punição, mas a passou para a mão esquerda e, carregando-a com a ponta para baixo, foi para a barrera. A raiva tinha passado. O pulso direito estava inchado e com o dobro do tamanho. Ele estava com a cabeça em outro lugar. Não iria à enfermaria para enfaixar o pulso.

Alguém perguntou sobre o pulso. Ele ergueu o braço direito e fez uma careta de desdém.

"Cara, vai pra enfermaria", disse um dos banderilleros. "Vai lá." Maera olhou bem para ele. Não estava pensando no pulso. Estava pensando no touro.

"Era de concreto", disse ele. "O maldito touro era de concreto."

Enfim, no inverno, ele morreu em Sevilha com um tubo saindo de cada pulmão, afogado numa pneumonia que veio terminar o serviço de uma tuberculose. Enquanto delirava, ele foi para baixo da cama e lutou contra a morte de lá, morrendo do jeito mais penoso que um homem pode morrer.

Naquele ano, achei que ele queria morrer na arena, mas ele não iria trapacear e causar a própria morte. A senhora teria gostado dele. Era muy hombre.

Senhorinha: Por que Belmonte não deu um aumento quando ele pediu?

Essa é uma coisa estranha da Espanha, minha senhora. De todas as coisas relacionadas a dinheiro de que tenho conhecimento, a mais suja de todas é a tourada. A classificação dos toureiros é feita baseada na quantidade de dinheiro que eles recebem por luta. Porém, na Espanha, um homem acha que quanto menos ele pagar para os seus subordinados, mais homem ele é e, da mesma forma, quanto mais ele explorar os seus subordinados como se fossem escravos, mais homem ele sente que é. Isso é particularmente verdade em relação aos matadores, que vieram de posições mais baixas da sociedade. Eles são afáveis, generosos, gentis e queridos por todos que estão acima deles e são uns exploradores mesquinhos com aqueles que trabalham para eles.

Senhorinha: E todos eles são assim?

Não. Por estarem cercados de parasitas, com certeza dá para entender por que um matador fica amargurado ou preocupado em proteger seus ganhos. Mas, de maneira geral, acho que não existe um homem que seja mais mesquinho com dinheiro do que um matador com seus subordinados.

Senhorinha: Então seu amigo Maera era mesquinho com dinheiro?

Não. Ele era generoso, bem-humorado, orgulhoso, amargurado, boca suja e bom de copo. Ele não era pedante nem ganancioso. Ele amava matar touros e a vida toda teve essa paixão e essa satisfação, embora os últimos seis meses de vida tenham sido terríveis. Ele sabia que tinha tuberculose e não se cuidava nada; como não tinha medo da morte, preferia se esgotar, não como uma bravata, mas por escolha. Ele estava treinando o irmão mais novo e acreditava que ele seria um grande matador. O irmão mais novo, também com problema nos pulmões, se revelou um covarde. Foi uma grande decepção para todos nós.

9

É claro que se você por acaso fosse a uma tourada e não visse nenhum dos matadores decadentes, toda essa explicação sobre a decadência das touradas seria desnecessária. Mas se na sua primeira tourada, em vez de se deparar com um homem que represente a ideia que você tem de um matador, seja ela qual for, você encontrasse um homenzinho gordo, fraco, de cílios longos e com pulsos delicados, que tenha ao mesmo tempo habilidade com touros e pavor deles, você vai querer uma explicação. Essa é a aparência de Chicuelo hoje, dez anos depois de surgir como um fenômeno. Ele ainda tem contratos porque as pessoas têm esperança de que o touro, o touro perfeito que ele espera encontrar, saia do toril, e ele tenha desempenho lindo e puro, como um Belmonte melhorado com seu repertório de passes interligados. Você pode ver Chicuelo vinte vezes ao longo de uma temporada e não presenciar nenhuma performance satisfatória, mas quando ele é bom, ele é magnífico.

Dos outros que, apesar de não serem consistentes, eram dominantes porque tinham nome ou porque geravam expectativas, no período logo após Joselito e Belmonte, Marcial Lalanda se tornou um toureiro capaz, confiável, habilidoso, magistral e sincero. Ele sabe lutar com todo e qualquer tipo de touro, e faz um trabalho hábil e sincero, não importa o touro. Ele tem confiança e segurança. Ele amadureceu ao longo de nove anos de experiência, que lhe deram confiança e quando ele desenvolveu amor pelo ofício, e não medo. Como um toureiro completo e técnico, ele é o melhor da Espanha.

Valência II continua o mesmo do início de carreira no que diz respeito às habilidades e limitações, embora tenha engordado e se tornado prudente, e seu rosto está deformando por causa de um ferimento que foi mal costurado no canto de um dos olhos e lhe roubando a coragem. Ele faz um trabalho bonito com a capa, sabe alguns truques com a muleta, mas são apenas truques e ele se defende demais com eles. Valência II dá tudo de si em Madri quando encontra coragem para isso e, nas províncias, ele é extremamente cínico. Ele está praticamente acabado como matador.

Existem dois matadores sobre os quais não falei nada porque eles não fazem parte da decadência das touradas e representam casos isolados. Eles seriam os mesmos em qualquer época. Esses dois são Nicanor Villalta e Niño de la Palma. Mas antes preciso explicar o porquê de toda essa conversa sobre alguns indivíduos. Minha senhora, indivíduos são interessantes, mas não todos. Porém, nesse caso eles são porque, devido à decadência, a tourada se tornou muito uma questão de talento individual. Alguém vê uma tourada. Você pergunta quais eram os matadores. Se a pessoa se lembrar dos nomes, você sabe exatamente o tipo de tourada de que ela está falando. Pois, hoje, os matadores só sabem fazer uma coisa ou outra. Eles se tornaram tão especialistas quanto médicos. Antigamente, quando você ia ao médico, ele resolvia o problema, ou tentava resolver o problema, não importava o que você tinha. Da mesma forma, antigamente, quando você ia a uma tourada, os matadores eram matadores; eles passavam por um treinamento, estudavam touradas e seus desempenhos eram influenciados pelas habilidades e pela coragem que tinham com a capa, a muleta e as banderillas, e eles matavam os touros. Não faz sentido detalhar o grau de especialização dos médicos nem falar dos aspectos mais revoltantes e ridículos desse fato porque, cedo ou tarde, todo mundo tem de lidar com ele, mas quem vai às touradas não sabe que o mal da especialização se espalhou entre os toureiros de modo que existem matadores que só são bons com a capa e péssimos em todo o resto. As pessoas talvez não vejam de perto o trabalho com a capa, já que tudo é estranho e novo para elas, e podem pensar que o desempenho daquele matador em particular é representativo das touradas e pode julgá-las, as touradas, a partir dessa referência, quando ela não passa de uma paródia das mais tristes sobre como um touro deve ser enfrentado.

Hoje as touradas precisam de um toureiro completo que seja ao mesmo tempo um artista para salvá-la dos especialistas; os toureiros que sabem fazer apenas uma coisa, e que são excelentes nisso, mas que precisam de um touro específico, quase feito sob medida, para que possam exibir o melhor da sua arte ou, às vezes, o mínimo que seja da sua arte. As touradas precisam de um deus que afaste todos os semideuses. Mas esperar por um messias é um negócio de longo prazo e você tem de lidar com vários falsos messias pelo caminho. Não existe nenhum registro na Bíblia dos falsos messias que vieram antes do Nosso Senhor, mas a história dos últimos dez anos das touradas não falou de outra coisa.

Caso você veja algum desses falsos messias em ação, é importante que saiba sobre a existência deles. Não dá para ter certeza de que você viu uma tourada sem saber se os touros eram touros de verdade e se os matadores eram toureiros de verdade.

Você pode, por exemplo, ver Nicanor Villalta. Se o visse em Madri, você poderia achar que ele é esplêndido e veria uma tourada muito boa porque, em Madri, ele mantém os pés juntos quando usa a capa e a muleta, e assim evita ser grotesco, e, em Madri, ele sempre mata com muita valentia. Villalta é um caso estranho. Ele tem o pescoço três vezes mais longo do que o pescoço de um homem comum. Ele tem um metro e oitenta, para início de conversa, e esse um metro e oitenta é quase todo de pernas e pescoço.

Não dá para comparar com o pescoço de uma girafa porque o pescoço da girafa parece algo natural. É como se o pescoço de Villalta se esticasse diante dos olhos do público. Ele parece esticar como se fosse feito de borracha e nunca volta à posição original. Seria maravilhoso se voltasse. Um homem com um pescoço desses, se ele mantém os pés juntos, parece bem normal; se mantém os pés juntos, curva o corpo para trás e inclina aquele pescoço na direção do touro, ele produz um efeito que, apesar de não ser estético, também não é de todo grotesco, mas uma vez que ele estique bem as pernas e abra os braços, não há bravura capaz de salvá-lo do ridículo. Numa noite em San Sebastian, enquanto andávamos ao longo da concha, Villalta falou sobre o pescoço usando o dialeto aragonês que lembra a fala de uma criança, disse o quanto odiava o pescoço e como tinha de sempre se concentrar, nunca baixar a guarda, para evitar ser grotesco. Ele inventou um modo de usar a muleta que lembra um giroscópio, capaz de dar um ar *natural* aos seus passes antinaturais, com os pés bem juntos, a muleta gigantesca na mão direita (ela era tão grande como a roupa de cama de um hotel respeitável), esticada com a ajuda da espada, ele gira devagar acompanhando o touro. Ninguém realiza passes tão próximo do touro, ninguém fica tão próximo do touro e ninguém gira como ele, o mestre dos giros. Ele não é bom com a capa porque seus movimentos são rápidos demais, ele é muito afoito, e na hora de matar ele mostra determinação e sabe sustentar a espada com o corpo, mas com frequência ele, em vez de baixar a mão esquerda e fazer o touro acompanhá-la, expondo aquela região vital entre os ombros do animal, ele cega o touro com a enorme muleta vermelha e usa sua altura para ultrapassar os chifres e fincar a espada. Porém, às vezes, ele mata de modo muito correto, respeitando todas as regras. Ultimamente, ele tem sido consistente e matado de um jeito quase clássico. Tudo que ele faz, ele faz com bravura e do seu jeito, mas tudo o que Nicanor Villalta faz também não pode ser considerado tourada. Todavia vale a pena vê-lo ao menos uma vez em Madri, onde ele dá tudo de si, e se o touro permite que ele fique com os pés juntos e apenas um entre seis animais é assim, você terá chance de ver algo muito estranho, muito emocionante e muito, graças a Deus e à enorme coragem necessária, singular.

Se você vir Niño de la Palma, vai presenciar covardia da forma menos atraente que há; com um traseiro gordo, senilidade precoce e calvície prematura de tanto usar fixadores no cabelo. De todos os jovens toureiros que surgiram depois da primeira aposentadoria de Belmonte, ele foi o que mais alimentou falsas esperanças e se revelou uma grande decepção. Ele começou a tourear em Málaga e tinha lutado apenas vinte e uma vezes dentro de uma arena, em contraste com a educação de oito a dez anos pela qual passavam os toureiros de antigamente, antes de se tornar um toureiro completo. Houve dois grandes toureiros que se tornaram matadores completos quando tinham apenas dezesseis anos de idade, Costillares e Joselito, e porque eles passavam a impressão de ter pegado um atalho no processo de aprendizado, muitos garotos se tornaram matadores de maneira prematura e desastrosa. Niño de la Palma foi um bom exemplo disso. Os únicos casos em que os atalhos faziam sentido eram os de garotos que tinham sido toureiros desde pequenos e que vinham de famílias de toureiros, então tiveram chance de compensar a falta de estudos com os ensinamentos do pai ou de um parente, e também com a prática. Mesmo assim, eles só conseguiam ser bem-sucedidos quando eram gênios extraordinários. Digo gênios extraordinários porque todo matador é um gênio. Você aprende a ser um matador completo tanto quanto você pode aprender a ser um jogador de beisebol importante, um cantor de ópera, ou um bom boxeador profissional. Você pode aprender a jogar beisebol, a boxear, a cantar, mas é preciso ter um certo grau de genialidade para ganhar a vida com o beisebol, o boxe ou a ópera. Nas touradas, essa genialidade, que é um pré-requisito, torna-se ainda mais complicada porque requer coragem física de sofrer ferimentos e encarar a morte, ainda mais depois de ter sido ferido uma primeira vez. Cayetano Ordóñez, conhecido como Niño de la Palma, encarou sua primeira temporada como matador na primavera depois de ter apresentado belas performances como novillero em Sevilha e Málaga, e algumas imperfeitas em Madri, e era visto como o messias que salvaria as touradas.

Certa vez, num livro, tentei descrever sua aparência e algumas de suas lutas. Eu estava presente no dia da sua primeira apresentação como matador em Madri e, no mesmo ano, eu o tinha visto fazer, numa competição em Valência contra Belmonte, que tinha voltado da aposentadoria, duas faenas tão lindas e maravilhosas que consigo lembrar delas em detalhes ainda hoje. Ele tinha uma sinceridade e uma pureza de estilo com a capa, e não matava de um jeito ruim, mas também não era muito bom, a não ser quando tinha sorte. Ele tinha matado diversas vezes recibiendo, recebendo o touro na espada do jeito antigo e fazia lindos movimentos com a muleta. Gregorio Corrochano, o crítico de touradas do *A.B.C.*, um jornal influente em Madri, disse: "Es de Ronda y se llama Cayetano". Ele é de Ronda, o berço das touradas, e se chama Cayetano, nome de um grande toureiro; o primeiro nome de Cayetano Sanz, o maior dos mestres de antigamente. A frase percorreu a Espanha inteira. Numa tradução livre, seria o mesmo que dizer de um grande golfista que surgisse no futuro que ele é de Atlanta e se chama Bobby Jones. Cayetano Ordóñez tinha a aparência de um toureiro, a atitude de um toureiro e, ao longo de uma temporada, ele foi um toureiro. Eu o vi em quase todas as suas lutas e o vi em todas as suas melhores lutas. No fim da temporada, ele foi grave e dolorosamente ferido na coxa, bem perto da artéria femoral.

Esse foi o seu fim. No ano seguinte, ele assinou o maior número de contratos que um matador já viu graças a um esplêndido primeiro ano, e seu desempenho na arena foi uma série de desastres. Ele mal conseguia olhar para um touro. Era penoso de ver o medo que sentia quando entrava na arena para matar o touro, e passou a temporada inteira assassinando touros do jeito que oferecia menos perigo para ele, escapando da linha de ataque do animal e fincando a espada no pescoço para atingir os pulmões, ou em qualquer lugar que pudesse alcançar sem ficar muito perto dos chifres. Foi a temporada mais vergonhosa de um matador até então. O problema foi o ferimento causado pelos chifres, o seu primeiro ferimento de verdade, que acabou com sua bravura. E ele nunca mais a recuperou. Ele tinha muita imaginação. Várias vezes, nos anos seguintes, ele teve a coragem de dar boas performances em Madri e ainda conseguir contratos a partir da publicidade que recebia na imprensa. Os jornais de Madri são distribuídos e lidos na Espanha inteira e o triunfo de um toureiro na capital percorre toda a Península, enquanto um triunfo nas províncias não vai além da cidade vizinha e não é levado a sério em Madri porque os empresários dos toureiros sempre anunciam os triunfos por telegrama e telefone, seja do lugar que for nas províncias, mesmo que o toureiro tenha sido quase linchado por um público indignado. Mas essas performances corajosas eram os atos de bravura de um covarde.

Agora, os atos de bravura de um covarde são muito valiosos em romances psicológicos e são extremamente valiosos para o homem que os executa, mas eles não são valiosos para o público que, uma temporada depois da outra, paga para ver um toureiro. O que eles fazem é dar ao toureiro um valor aparente que ele não tem. Às vezes, ao ir à igreja usando trajes de tourada antes da luta, suando debaixo dos braços, para rezar e pedir que o touro embista, e que faça isso de maneira direta seguindo a trajetória da capa; ó Virgem Maria, dai-me um bom touro que embista, dai-me esse touro, Virgem Maria, e que eu possa encostar nesse touro hoje em Madri num dia sem vento; ao prometer alguma coisa de valor ou uma romaria, ao rezar pedindo sorte, morrendo de medo, para que talvez à tarde esse touro entre na arena e o matador fique exaurido com o esforço de manter a aparência de bravura, simulando de vez em quando a alegria de uma grande faena; o toureiro covarde, num esforço de exibir a coragem que não tem, anula sua imaginação e tem uma performance esplêndida e brilhante. Basta uma dessas por ano em Madri, na primavera, para ele conseguir os contratos que permitem que siga lutando, mas na verdade essa performance não tem importância nenhuma. Você tem sorte se presenciar uma dessas, mas você pode voltar outras vinte vezes e nunca mais ver outra performance parecida.

Pensando nisso tudo, ou você adota o ponto de vista do toureiro ou o ponto de vista do público. A questão da morte é o que deixa tudo um pouco confuso. A tourada é a única arte em que o artista corre risco de vida e o grau de genialidade da performance está relacionado à honra do lutador. Na Espanha, a honra é algo muito importante. Chamada de pundonor, que significa honra, probidade, coragem, respeito próprio e honra, tudo numa palavra só. O orgulho é a característica mais forte do povo e é uma questão de pundonor não demonstrar covardia. Uma vez demonstrada, verdadeira e inegavelmente, o lutador perde a honra e passa a fazer apresentações meramente cínicas, sem muito esforço, criando perigo para si mesmo só como uma forma de tirar vantagem financeira, a fim de assinar contratos no futuro. Não se espera que um toureiro seja sempre bom, apenas que dê o melhor de si. Ele é perdoado por um trabalho ruim se o touro for muito difícil, ele deve ter dias de folga, mas todos esperam que ele dê o melhor de si com o touro que lhe foi dado. Mas quando a honra já não está mais em jogo, você já não sabe mais se ele dará tudo de si ou se fará qualquer coisa que valha a pena, além de cumprir suas obrigações e matar o touro da maneira mais segura, monótona e desonesta que puder. Ao perder sua honra, ele continua vivendo em função dos contratos, odiando o público diante do qual se apresenta, dizendo para si mesmo que as pessoas não podem dar um pio nem zombar de alguém que encara a morte enquanto elas ocupam cadeiras confortáveis e seguras, dizendo para si mesmo que pode sempre fazer um trabalho incrível se quiser, e que o público espere. Então, um ano depois, ele descobre que não consegue mais fazer um bom trabalho, mesmo quando tem um bom touro e faz um esforço enorme de coragem e, no ano seguinte, ele se aposenta. Porque um espanhol precisa ter honra e, quando ele deixa de ter honra, quando perde a capacidade de pensar que para ser bom basta acreditar, é quando ele se aposenta e recupera a honra a partir dessa decisão. Esse negócio de honra não é uma fantasia que estou tentando empurrar para você, do mesmo jeito que os escritores da Península têm teorias sobre o seu povo. Juro que é verdade. Honra para um espanhol, não importa o quão desonesto ele seja, é uma coisa tão real quanto a água, o vinho, ou o azeite de oliva. Existe honra entre o batedores de carteira e honra entre as prostitutas. O que muda é a referência.

A honra de um toureiro é tão necessária para uma tourada quanto touros bons, e isso funciona assim porque existe meia dúzia de toureiros, alguns deles muito talentosos, sem honra nenhuma; isso acontece quando o toureiro é explorado no início da carreira e como consequência ele fica cínico, ou às vezes fica covarde para sempre por causa de ferimentos, o que é diferente da perda temporária de coragem que sempre ocorre depois que o toureiro é chifrado, e isso pode render touradas muito ruins, sem considerar os toureiros que são fracos ou sem treinamento suficiente.

Além disso, a senhora tem mais alguma dúvida? Quer que explique mais alguma coisa?

Senhorinha: Percebi que quando um dos cavalos foi atingido pelo touro, saiu uma serragem de dentro dele. Como o senhor explica isso?

Minha senhora, a serragem foi colocada dentro do cavalo por um bondoso veterinário a fim de preencher o vazio deixado pela perda de alguns órgãos.

Senhorinha: Muita obrigada. O senhor me explicou tudo que eu precisava saber. Mas com certeza o cavalo não duraria muito com aquela serragem dentro dele, certo?

Minha senhora, é apenas uma solução temporária, e bastante controversa.

Senhorinha: E no entanto ela me pareceu muito limpa, como se a serragem fosse algo bom e agradável.

Minha senhora, não existe serragem mais agradável do que aquela usada nos cavalos das arenas de Madri.

Senhorinha: Fico feliz em saber disso. Quem é aquele cavalheiro fumando charuto e o que são aquelas coisas que ele está comendo?

Minha senhora, aquele é Dominguin, um promotor de touradas bem-sucedido. Ele foi matador e hoje é empresário de Domingo Ortega, e ele está comendo camarões.

Senhorinha: Vamos pedir uns camarões também, se não for muito difícil, só para experimentar. Ele tem o rosto de um homem bom.

É, ele tem, mas nunca empreste dinheiro para ele. Os camarões daqui são muito bons, mas do outro lado da rua eles são maiores, e são chamados de lagostins. Garçom, três porções de gambas.

Senhorinha: Como é que o senhor chamou os camarões?

Gambas.

Senhorinha: Em italiano, essa palavra quer dizer membro, se não me engano.

Autor: Se a senhora quiser, podemos ir a um restaurante italiano perto daqui.

Senhorinha: Ele é frequentado pelos toureiros?

Autor: Nunca, minha senhora. Lá só se veem políticos ambiciosos.

Senhorinha: Então vamos jantar em outro lugar. Onde os matadores comem?

Autor: Eles comem em pensões muito simples.

Senhorinha: O senhor conhece alguma dessas pensões?

Autor: Conheço, sim.

Senhorinha: Eu gostaria de conhecer melhor.

Autor: As pensões?

Senhorinha: Não, senhor. Os toureiros.

Autor: Minha senhora, muitos deles vivem doentes.

Senhorinha: O senhor me conte que doenças são essas e eu digo o que penso. Eles têm caxumba?

Autor: Não, senhora. Poucos deles sofreram de caxumba.

Senhorinha: Eu tive caxumba, então isso não me assusta. Mas essas doenças de que o senhor fala, elas são estranhas e diferentes como os trajes que eles usam?

Autor: Não, elas são bem comuns. Podemos falar delas outra hora.

Senhorinha: Mas me conte uma coisa antes de ir embora; esse Maera foi o toureiro mais corajoso que o senhor já viu?

Autor: Sim, senhora, ele foi. Porque, entre os toureiros corajosos de nascença, ele era o mais inteligente. É mais fácil ser um idiota corajoso do que ser extremamente inteligente e ainda assim totalmente corajoso. Ninguém negaria que Marcial Lalanda é corajoso, mas sua coragem está toda ligada à inteligência, e ela foi adquirida. Ignacio Sánchez Mejías, que se casou com a irmã de Joselito e era um banderillero excelente, apesar de ter um estilo violento, era muito corajoso, mas ele usava sua coragem da mesma forma que um pedreiro usa uma trolha. É como se estivesse o tempo todo mostrando os pelos do peito para o público ou as características de suas partes íntimas. Não é assim que a bravura funciona nas touradas. Deveria ser uma qualidade cuja existência permita ao toureiro executar todas as ações que quiser sem nenhuma apreensão. Não é algo que você deva esfregar na cara do público.

Senhorinha: Comigo isso nunca aconteceu.

Autor: Vai acontecer no dia em que a senhora vir uma tourada com Sánchez Mejías.

Senhorinha: Quando posso ver uma tourada com ele?

Autor: No momento, ele está aposentado, mas se ficar sem dinheiro, a senhora terá chance de vê-lo numa tourada.

Senhorinha: Parece que o senhor não gosta dele.

Autor: Embora eu respeite sua bravura, sua habilidade com os bastões e sua insolência, não gosto dele como matador, nem como banderillero, nem como pessoa. Por isso dedico pouco espaço para ele neste livro.

Senhorinha: O senhor é preconceituoso?

Autor: É difícil a senhora encontrar um homem que seja mais preconceituoso do que eu e que seja também capaz de ter a cabeça mais aberta do que a minha. Mas talvez eu seja assim porque a parte preconceituosa da minha mente, aquela que orienta as minhas ações, seja influenciada pela experiência e não afete a parte completamente aberta, que continua existindo para fazer observações e avaliações.

Senhorinha: Não faço ideia.

Autor: Minha senhora, eu também não faço ideia e é bem possível que a gente esteja falando merda.

Senhorinha: Esse é um termo que eu não costumava usar na minha juventude.

Autor: Minha senhora, agora usamos esse termo para descrever algo infundado numa conversa qualquer, ou, na verdade, para se referir a qualquer conversa que se volte demais para o metafísico.

Senhorinha: Preciso aprender a usar esses termos direito.

10

Existem três atos no confronto com cada touro e, em espanhol, eles são chamados de los tres tercios de la lidia, ou os três terços do combate. O primeiro ato, em que os touros atacam os picadores, é a suerte de varas, ou o teste das lanças. Suerte é uma palavra importante em espanhol. Ela significa, de acordo com o dicionário: Suerte, sf., acaso, oportunidade, destino, fortuna, sorte, casualidade; coincidência, contingência, eventualidade, acidente, imprevisto, sina, fado, achado; espécie, condição, nível, categoria, êxito; percalço, revés, transtorno, e pedaço de terra separado por um marco divisório. Então a tradução como teste ou manobra é bem arbitrária, como deve ser toda tradução do espanhol.

A ação dos picadores na arena e o trabalho dos matadores responsáveis por protegê-los com as capas quando eles descem dos cavalos compõem o primeiro ato da tourada. Quando sopram as cornetas e o presidente faz um sinal indicando o fim desse ato, os picadores saem da arena e começa o segundo ato. Depois do primeiro ato, não fica nenhum cavalo na arena, a não ser os cavalos mortos cobertos com lona. O primeiro ato é o das capas, dos picadores e dos cavalos. Ele representa a melhor oportunidade que o touro tem de mostrar se é corajoso ou covarde.

O segundo ato é das banderillas. Os bastões com quase um metro de comprimento, setenta centímetros para ser exato, e uma ponta de aço que lembra um arpão e tem quatro centímetros de comprimento. Elas devem ser inseridas, duas de cada vez, no músculo da corcova que fica no alto do pescoço do touro, no instante em que o touro avança sobre o homem que as segura. Elas servem para diminuir a velocidade do touro e para ajustar a postura da cabeça, algo que começa a ser feito pelos picadores assim que o ataque do animal fica mais lento, porém mais confiante e certeiro. Em geral, são usados quatro pares de banderillas. Cravadas pelos banderilleros ou pelos peones, elas devem ser inseridas com rapidez e na posição certa. Se o próprio matador fizer o serviço, ele pode optar por uma preparação antes, em geral acompanhada de música. Essa é a parte mais pitoresca da tourada e a parte favorita de muitos espectadores que veem uma tourada pela primeira vez. A missão dos banderilleros não é só cansar os músculos do pescoço do touro para que ele ataque com a cabeça mais baixa, mas também, ao colocar os bastões de um lado ou de outro, corrigir a tendência que o animal tem de atacar usando só um dos chifres. O ato inteiro das banderillas não deve demorar mais do que cinco minutos. Se demorar muito, o touro fica alterado e a luta perde o ritmo, e se o touro for instável ou perigoso, ele acaba tendo muitas chances de ver e atacar homens sem nenhum recurso para distrair o animal, e assim desenvolve a tendência de perseguir os homens atrás dos panos, de perseguir a cuadrilla, como os espanhóis a chamam, quando o matador entra na arena para o último ato com a espada e a muleta.

O presidente encerra o ato depois de três ou no máximo quatro pares de banderillas serem cravados e o terceiro e último ato é o sacrifício. Ele é formado por três partes. Primeiro, os brindis ou saudações do presidente, seguida da dedicatória da morte do touro, feita pelo matador para o presidente ou para outra pessoa, depois disso o matador começa os trabalhos com a muleta. Ela é um tecido de sarja escarlate dobrado sobre um bastão com ponta afiada numa extremidade e um punho na outra. A ponta atravessa o tecido que é preso no punho com um parafuso manual, assim o pano pende com pregas ao longo do bastão. Muleta significa, literalmente, bengala, mas na tourada ela se refere ao bastão envolvido pelo pano escarlate com o qual o matador deve dominar o touro, prepará-lo para o sacrifício e, por fim, com o bastão na mão esquerda, para baixar a cabeça do touro e mantê-la abaixada enquanto ele mata o animal com um golpe de espada entre as escápulas.

Esses são os três atos na tragédia da tourada, e é o primeiro ato, o do cavalo, que dá o tom para os outros dois, é na verdade o que torna todo o resto possível. É no primeiro ato que o touro entra na arena em posse de todas as suas capacidades: confiante, feroz, arrogante e rápido. Todas as suas conquistas ficam no primeiro ato. No fim do primeiro ato, ele parece ter vencido. Ele botou para fora os homens a cavalo e agora está sozinho na arena. No segundo ato, ele é totalmente surpreendido por um homem desarmado e é punido muito cruelmente com as banderillas, assim a confiança e o ódio cego do animal dão lugar a uma raiva concentrada num único objeto. No terceiro ato, ele é enfrentado por um homem que deve, sozinho, dominar o touro com um pedaço de pano pendurado num bastão, e matá-lo pela frente, atacando por cima do chifre direito do touro para matá-lo com uma espada fincada no meio do arco entre as escápulas.

Nas minhas primeiras touradas, a única parte que me incomodava era a das banderillas. Elas pareciam causar uma mudança cruel e enorme no touro. Ele se torna um animal muito diferente atingido pelas banderillas e eu lamentava a perda da liberdade e da impetuosidade que ele tinha ao entrar na arena; essas características ficam bem evidentes quando ele encara os picadores. Com as banderillas, ele já era. Elas o condenam. O primeiro ato é o julgamento, o segundo ato é a condenação e o terceiro é a execução. Mais tarde, ao aprender que o touro se torna muito mais perigoso quando fica na defensiva, que, depois de ficar mais controlado e lento por causa das banderillas, ele usa os chifres do mesmo modo que um caçador mira num pássaro específico dentro de um bando em vez de atirar a esmo e não acertar nenhum, e quando fiquei sabendo, por fim, o que era possível fazer com o touro do ponto de vista artístico quando ele fica mais lento, porém ainda com coragem e força, minha admiração pelo touro só aumentou, mas senti tanta simpatia por ele quanto sentiria pela tela de um quadro ou pelo mármore de uma escultura ou pela neve seca que é cortada pelos esquis.

Não sei de nenhuma escultura moderna, à exceção das obras de Brancusi, que seja de alguma forma equivalente à escultura da tourada moderna. Mas ela é uma arte impermanente como o canto e a dança, uma das que Leonardo sugeriu que os homens evitassem, e quando o artista sai de cena, a arte existe apenas na memória daqueles que a viram e ela morre com eles. Olhar para fotografias, ler descrições ou tentar lembrar do que viu com muita frequência pode corromper a memória do fato. Se a tourada fosse permanente, poderia ser uma das grandes artes, mas ela não é e assim deixa de existir com quem a executa, diferente das grandes artes que não podem ser julgadas até que o desimportante corpo putrefato de quem quer que seja o responsável pela arte esteja muito bem enterrado. A tourada é uma arte que lida com a morte e a morte encerra sua existência. Mas nunca está perdida de verdade, você diz, porque em todas as artes as descobertas e os incrementos evidentes são levados adiante por alguém; então nada se perde, na verdade, a não ser o próprio homem. Sim, e na hipótese de que todas as pinturas desaparecessem com o pintor no momento da sua morte, seria reconfortante saber que as descobertas feitas por Cézanne, por exemplo, não estariam perdidas porque seriam usadas pelos seus imitadores? Reconfortante coisa nenhuma.

Vamos supor que a obra de um pintor desapareça com ele e que os livros de um escritor sejam automaticamente destruídos quando ele morre e passassem a existir somente na memória dos leitores. É isso que acontece com a tourada. A arte, o método, os incrementos, as descobertas permanecem; mas a pessoa que tornou tudo isso possível, que era a pedra de toque, a origem, desaparece e, até que surja outra pessoa tão importante quanto, as coisas, ao serem imitadas, logo são distorcidas, prolongadas, encurtadas, enfraquecidas até perderem a referência original. Toda arte é feita por uma pessoa. A pessoa é só o que você tem e todas as escolas servem apenas para classificar seus integrantes como fracassados. A pessoa, quando é uma grande artista, usa tudo que se sabe ou foi descoberto sobre sua arte até aquele ponto, sendo capaz de selecionar o que lhe interessa de forma tão rápida que é como se tivesse nascido já com o conhecimento, como se absorvesse instantaneamente o que alguém comum levaria uma vida inteira para conhecer, e então a grande artista vai além do que foi feito ou daquilo que se sabe e cria algo próprio. Mas às vezes há um longo intervalo entre um grande artista e outro, e aqueles que conheceram os grandes do passado raramente reconhecem os novos quando surgem. Eles querem o antigo, tudo do jeito como era antes, como eles se lembram. Porém, os outros, os contemporâneos, reconhecem os novos grandes artistas quando surgem por causa da habilidade que têm de aprender muito rápido, e por fim até aqueles que lembram dos grandes do passado também os reconhecem. Eles são perdoados por não os terem reconhecido de primeira porque, no período de espera, veem tantos artistas falsos e se tornam tão cuidadosos que não confiam mais em seus instintos; confiam apenas na memória. E a memória, claro, nunca é verdadeira.

Assim que surge um grande toureiro, você pode perdê-lo fácilmente por causa de uma doença; muito mais fácil do que por morte. Dos dois únicos grandes toureiros que surgiram desde que Belmonte se aposentou, nenhum deles teve uma carreira completa. A tuberculose acabou com um deles e a sífilis afetou o outro. Essas são as duas doenças ocupacionais do matador. Ele começa a corrida debaixo do sol quente, tão quente que mesmo as pessoas com pouco dinheiro gastam três vezes mais num ingresso apenas para se sentar na sombra. Ele usa uma jaqueta pesada de brocado dourado que o faz transpirar no sol feito um boxeador pulando corda num treinamento. Nesse sol, suando em bicas, sem nenhuma chance de tomar uma ducha ou de esfregar álcool para fechar os poros, o matador, à medida que o sol se põe e a sombra do anfiteatro alcança a areia, fica de pé parecendo imóvel, mas pronto para fazer sua parte, enquanto os colegas matam seus últimos touros. Com frequência, no fim do verão e no início do outono, em cidades que ficam nos planaltos mais altos da Espanha, o frio obriga você a usar um sobretudo no fim de uma tourada que tinha começado sob um sol tão forte que, se estivesse com a cabeça descoberta, você corria o risco de sofrer uma insolação. A Espanha é um país de montanhas e boa parte é africana e no outono e no fim do verão, depois do pôr do sol, o frio chega rápido e mortal para qualquer um que esteja exposto a ele, molhado de suor, incapaz de se enxugar. Um boxeador faz de tudo para evitar um resfriado quando está transpirando, enquanto um toureiro não pode fazer nada. Isso basta para explicar o número de toureiros que sofrem de tuberculose mesmo sem a fadiga das viagens noturnas, da poeira e das touradas diárias durante a temporada de ferias em agosto e setembro.

Sífilis é outra coisa. Boxeadores, toureiros e soldados contraem sífilis pelas mesmas razões que os levam a escolher suas profissões. No boxe, as mudanças mais repentinas na forma física de um atleta, a maioria dos casos chamados de demência pugilística e o ato de "andar nos calcanhares" são resultados da sífilis. Você não pode citar nomes num livro porque é difamatório, mas qualquer um na profissão pode dar uma dúzia de exemplos recentes. Há sempre casos recentes. A sífilis foi a doença das Cruzadas na

Idade Média. Os cruzados teriam sido responsáveis pela chegada dela à Europa e é uma doença de pessoas que levam uma vida sem regras e não se importam com consequências. É um destino certo para aqueles com vidas sexuais impróprias, que preferem se arriscar em vez de se prevenir, e é um fim previsível, ou melhor, uma fase da vida de todos os fornicadores que seguem nessa carreira por tempo suficiente. Alguns anos atrás, tive a oportunidade de observar a evolução de alguns libertinos que eram referências de moral na universidade e, depois de caírem no mundo, descobriram os prazeres da imoralidade que, como adeptos de Yale numa terra estranha, eles nunca tinham experimentado até então e, ao se entregarem a esses prazeres, sentiram como se tivessem descoberto, ou até mesmo inventado, as relações sexuais. Eles acreditavam que se tratava de uma grande novidade que tinham acabado de descobrir e eram prazerosamente promíscuos até ficarem doentes pela primeira vez, com uma doença que eles também acreditavam ter descoberto e inventado. É claro que eles não tinham como saber dessa coisa terrível, assim como não poderiam ter sofrido suas consequências, caso contrário jamais permitiriam que isso acontecesse, e com isso eles se tornam mais uma vez, por um tempo, os defensores e praticantes da vida mais íntegra que existe ou, no mínimo, limitam suas atividades a um círculo social mais restrito. Houve várias mudanças nos costumes morais e muitos que estavam destinados a dar aulas na escola dominical se tornaram notáveis pervertidos. Assim como os toureiros que são arruinados ao sofrer sua primeira chifrada, eles não têm nenhuma vocação para pervertidos, mas é um teste ver e ouvir o que eles fazem e dizem quando descobrem o que Guy de Maupassant classificou como uma das doenças da adolescência, e que, a propósito, para justificar seu ponto de vista, foi a razão da sua morte. Eles dizem, "Ele brinca com cicatrizes que nunca sentiram a dor de uma ferida". Mas ele brinca muito bem com cicatrizes que estão cobertas de feridas, ou ao menos é o que os homens costumavam fazer, embora os brincalhões de hoje façam mais graça com qualquer coisa que acontece a qualquer um que não seja ele mesmo, e no momento que sofrem qualquer coisa, eles reclamam, "Você não está entendendo. Isso é muito sério!", e se tornam grandes moralistas ou desistem de tudo apelando para algo tão banal quanto um suicídio. Talvez as doenças venéreas tenham de existir assim como os touros têm de ter chifres, para manter as coisas em seus devidos lugares, senão todos seriam Casanovas e matadores. Mas eu daria tudo para que as doenças venéreas desaparecessem da Espanha, por causa do mal que elas fazem aos matadores. Mesmo que elas não existissem na Espanha, ainda poderiam ser contraídas em outros países, ou os homens sairiam numa cruzada e voltariam doentes de algum lugar.

Você não pode esperar de um matador que tenha assumido riscos para triunfar à tarde que ele não assuma riscos também à noite e "mas cornadas dan las mujeres". Três coisas ajudam os jovens a evitar relações promíscuas: crença religiosa, timidez e medo de doenças venéreas. A última é com frequência a base dos apelos feitos pela YMCA. e por outras instituições que defendem uma vida regrada. Contra esses apelos, o que pesa para um toureiro é a tradição que manda um toureiro ter muitas amantes, suas predisposições, o fato de que sempre haverá mulheres atrás dele, algumas interessadas nele, outras interessadas no dinheiro dele e muitas interessadas nas duas coisas, e sua relutância em encarar as doenças venéreas como um perigo. Mas, diz a senhorinha, existem muitos toureiros que contraem essas doenças?

Minha senhora, eles contraem essas doenças assim como todos os homens que se envolvem com mulheres pensando só na mulher e não na sua saúde.

Senhorinha: Mas por que eles não pensam na saúde?

Minha senhora, essa é uma pergunta difícil de responder. Na verdade, um homem que tem seus desejos satisfeitos não pensa. Mesmo quando uma mulher é uma prostituta, se ela for uma boa prostituta, um homem não vai pensar na sua saúde na hora nem depois.

Senhorinha: E essas doenças são todas de mulheres profissionais?

Não, senhora. Com frequência, elas são contraídas de amigas, ou de amigas de amigas, e de qualquer mulher com quem você possa dormir aqui, lá ou em qualquer lugar.

Senhorinha: Como deve ser arriscada a vida de um homem.

Ela é, minha senhora, realmente, e apenas uns poucos sobrevivem. É um caminho difícil que termina sempre no túmulo.

Senhorinha: Não seria melhor se esses homens se casassem e dormissem apenas com suas esposas?

Para suas almas, sim, e também para os seus corpos. Mas, como toureiros, depois que se casam, muitos ficam arruinados porque amam suas esposas de verdade.

Senhorinha: E as esposas? O que elas pensam?

Quem nunca foi uma esposa de toureiro não pode falar por elas. Se o marido não tem nenhum contrato, ele não consegue ganhar a vida. Mas, a cada contrato, ele corre o risco de morrer e nenhum homem pode entrar na arena e dizer com certeza que vai sair dela vivo. Não é como ser esposa de um soldado, pois um soldado ganha a vida mesmo quando não há guerra; e o marinheiro tem o barco para se proteger; e mesmo o boxeador não encara a morte. É uma situação única e, se eu tivesse uma filha, não desejaria isso para ela.

Senhorinha: O senhor tem uma filha?

Não, senhora.

Senhorinha: É uma preocupação a menos. Mas gostaria que os toureiros não pegassem essas doenças.

Ah, minha senhora, não é possível encontrar um homem que seja homem e não carregue marcas de desventuras passadas. Ou ele sofreu de alguma coisa, ou quebrou isso, ou contraiu aquilo, mas um homem sobrevive a muitas coisas e conheço um campeão de golfe que nunca jogou tão bem como quando estava com gonorreia.

Senhorinha: Então não há remédio que resolva?

Minha senhora, não há remédio para tudo nessa vida. A não ser a morte, que é um remédio soberano para todos os infortúnios, e o melhor a fazer agora é parar de conversar e começar a comer. Não vai demorar para os cientistas descobrirem a cura para essas doenças antigas e viveremos para ver o fim de todas as moralidades. Mas, até lá, prefiro comer um leitão no restaurante do Botin a ficar pensando nas desgraças vividas por meus amigos.

Senhorinha: Então vamos comer. Amanhã poderemos conversar mais sobre as touradas.

11

O touro bravo está para o bovino domesticado assim como o lobo está para o cachorro. Um bovino domesticado pode ser mal-humorado e violento assim como um cachorro pode ser mau e perigoso, mas ele nunca terá a velocidade, a quantidade de músculos e tendões, e a constituição física peculiar do touro bravo, da mesma forma que um cachorro não tem o mesmo físico de um lobo, nem a astúcia, nem a largura da mandíbula. Os touros usados na arena são animais selvagens. Eles são criados a partir de uma linhagem que descende diretamente dos touros selvagens que percorriam a Península e são criados em fazendas com milhares de hectares de extensão onde vivem soltos. Até entrarem numa arena, os touros têm pouquíssimo contato com homens.

As características físicas do touro bravo são o couro grosso e muito forte com uma pelagem brilhante, a cabeça pequena e a testa larga; a força e o formato dos chifres, curvados para a frente; pescoço curto e grosso com uma corcova grande que se enrijece quando o touro está bravo; ombros largos, cascos muito pequenos e um rabo fino e comprido. A fêmea do touro bravo não é tão forte como o macho; tem uma cabeça menor; chifres mais curtos e mais finos; pescoço mais alongado, uma papada mais discreta debaixo da mandíbula; o peito não é tão largo e o úbere não é visível. Já vi algumas vezes essas vacas na arena de lutas amadoras em Pamplona, atacando feito touros, arremessando longe os toureiros amadores, e os visitantes se referem a elas como se fossem machos, pois não há nenhuma característica evidente de sua condição de fêmeas e elas não dão nenhum sinal de feminilidade. É na fêmea do touro bravo que você consegue enxergar melhor a diferença entre o animal selvagem e o domesticado.

Uma das coisas que mais se ouve dizer a respeito das touradas é a afirmação de que uma vaca é muito mais perigosa ao atacar do que o touro, porque o touro fecha os olhos enquanto a vaca mantém os olhos abertos. Não sei de onde veio essa história, mas ela não é verdade. As fêmeas usadas em lutas amadoras quase sempre atacam o homem em vez da capa, viram na direção do homem em vez de seguir em linha reta, e com frequência escolhem um homem ou um garoto específico e o perseguem no meio de uma multidão de cinquenta pessoas, mas não fazem por causa de uma suposta inteligência superior das fêmeas, como Virginia Woolf poderia supor, mas porque as vacas, como não devem entrar na arena em lutas normais e como não existe nenhuma objeção para que aprendam tudo sobre todas as fases da tourada, são usadas exclusivamente para que os toureiros possam treinar a capa e a muleta. Tanto um touro quanto uma vaca, depois de alguns passes de capa ou de muleta, aprendem o movimento, lembram dele e, se for um touro, consequentemente se torna inútil para uma tourada oficial em que tudo depende do fato de ser o primeiro encontro do touro com um homem a pé. Se o touro não está familiarizado com a capa e a muleta e ataca em linha reta, o homem consegue controlar o perigo trabalhando o mais próximo possível do touro e terá condições de tentar uma série de passes à sua escolha e organizá-los numa sequência que faça sentido em vez de apelar para os passes como uma forma de se defender. Se o touro já lutou antes, ele vai mirar o homem, vai retalhar o pano tentando acertar o homem e vai controlar todo o perigo sozinho, fazendo o homem recuar e colocando-o numa posição defensiva, tornando impossível qualquer sequência de passes e acabando com o brilho da luta.

A tourada se desenvolveu e se organizou de tal forma que o touro, com tempo limitado na arena e sem nunca ter visto um homem desprovido de montaria, aprende a desconfiar de todos os artifícios que usam contra ele justamente no ápice do perigo que enfrenta, no momento do sacrifício. O touro aprende tudo tão rápido na arena que, se a tourada for arrastada, mal executada ou estendida por mais dez minutos, ele se torna quase impossível de matar pelos meios previstos nas regras do espetáculo. É por isso que os toureiros praticam e treinam com as fêmeas do touro e, dizem os toureiros, elas se tornam tão espertas depois de algumas sessões que são capazes de falar grego e latim. Depois de educadas, elas vão para as arenas lutar contra amadores; às vezes com os chifres nus, às vezes com as pontas cobertas por uma bola de couro, elas entram na arena rápido e são tão ágeis como um cervo para praticar com os amadores e suas capas e com todo tipo de aspirante a toureiro nas capeas; para arremessar, rasgar, chifrar, perseguir e apavorar esses amadores até que, quando as vacas se cansam, deixam que os bois entrem na arena e levem as vacas para descansar nos currais até a próxima apresentação. As vacas bravas, ou vaquillas, parecem gostar dessas apresentações. Elas não são aguilhoadas, nenhuma divisa é colocada nos seus ombros, elas não precisam ser provocadas para atacar e parecem gostar de atacar e arremessar homens tanto quanto um galo de briga gosta de brigar. Enquanto elas não sofrem nenhuma punição, a bravura dos touros é julgada pela maneira como eles se comportam quando punidos.

As manobras necessárias para uma tourada são possíveis graças ao instinto de manada que permite conduzir touros em grupos de seis ou mais, ao passo que um touro, destacado da manada, ataca instantânea e repetidamente qualquer coisa, homem, cavalo ou objeto, ou veículo que se mova, até que seja morto; e com o uso de bois treinados ou cabestros para conduzir e arrebanhar touros bravos da mesma forma que elefantes selvagens são pegos e arrebanhados por elefantes que foram domados. É uma das coisas mais interessantes da tourada ver os bois trabalharem nas operações de carregar, separar e conduzir os touros para jaulas de transporte, e em todas as operações relacionadas à criação, ao transporte e ao descarregamento de touros bravos.

Antigamente, quando eles ainda não eram transportados em jaulas por meio de ferrovias ou, agora, com a construção de boas estradas na Espanha, por meio de caminhões, uma maneira excelente e muito menos desgastante, os touros eram conduzidos pelas estradas espanholas, com os touros bravos cercados de bois e a manada protegida por homens a cavalo carregando lanças para proteção, muito parecidas com as que os picadores usam, erguendo uma nuvem de poeira à medida que avançavam e fazendo os habitantes dos vilarejos correrem para suas casas para fechar e trancar as portas, e olhar pelas janelas para as costas largas e empoeiradas, os chifres grandes, os olhos rápidos e os focinhos úmidos, os cabestros com sinos, e as jaquetas curtas, rostos marrons e chapéus cinza de aba larga e copa alta dos homens que conduzem a manada pelas ruas. Quando os touros estão juntos, no meio do rebanho, eles ficam em silêncio porque a sensação do conjunto passa confiança e o instinto de manada faz com que sigam o líder. Os touros ainda são conduzidos dessa forma nas províncias sem acesso a ferrovias e há o risco de um deles desmandar ou se desgarrar do rebanho. Num ano em que estávamos na Espanha, isso aconteceu na frente da última casa de um pequeno vilarejo nos arredores de Valência. O touro tropeçou e caiu de joelhos e, quando ele conseguiu se levantar, os outros já estavam à frente. A primeira coisa que ele viu foi um homem de pé na soleira de uma porta aberta. Ele atacou na mesma hora, arrancou o homem da porta e o girou sobre a cabeça. Ele não viu mais ninguém e avançou para dentro da casa. No quarto, encontrou uma mulher sentada numa cadeira de balanço. Ela era velha e não tinha ouvido nenhum barulho. O touro destruiu a cadeira e matou a mulher. O homem que tinha sido arrancado da porta voltou para dentro de casa com uma espingarda para proteger sua esposa, que já estava morta num canto do quarto. Ele disparou à queima-roupa contra o touro, mas só atingiu o ombro do animal. O touro atacou e matou o homem, viu um espelho e atacou, atacou e destruiu um armário alto e antigo, e depois saiu da casa. Ele desceu um trecho da estrada, encontrou um cavalo puxando uma carroça, atacou e matou o cavalo e virou a carroça. O condutor ficou dentro dela. A essa altura, os responsáveis pelo rebanho voltavam pela estrada, os cavalos erguendo uma nuvem de poeira. Eles trouxeram dois bois e, assim que os bois se posicionaram cada qual num lado do touro, o touro se acalmou, baixou a cabeça e trotou, entre os dois bois, na direção do rebanho.

Na Espanha, touros atacam automóveis e até sobem em trilhos para enfrentar trens, sem recuar ou sair dos trilhos mesmo depois que o trem já parou, e quando o trem por fim avança depois de soar o apito muitas vezes, eles atacam a locomotiva com uma violência cega. Um touro bravo que seja corajoso de verdade não tem medo de absolutamente nada e, em diversas cidades da Espanha, durante exibições especiais e brutais, um touro atacou um elefante repetidas vezes; outros mataram leões e tigres, atacando despreocupadamente, como se estivessem indo atrás dos picadores. Um verdadeiro touro bravo não teme coisa nenhuma e, na minha opinião, é o melhor de todos os animais para se ver em ação ou em repouso. Numa disputa de velocidade, o touro bravo é mais rápido do que o cavalo numa distância de vinte metros, embora o cavalo vença o touro numa distância de quarenta e cinco metros. O touro consegue girar o corpo quase como se fosse um gato, ele consegue girar muito mais rápido do que um pônei e, aos quatro anos, tem força suficiente no pescoço e nos ombros para levantar um cavalo com um cavaleiro e arremessá-los por sobre o seu lombo. Muitas vezes vi um touro atacar as tábuas de madeira das barreras, com três centímetros de espessura, usando os chifres, ou melhor, o chifre, pois ele usa ou um ou outro, e deixar as tábuas em pedaços, e o museu da arena em Valência exibe um pesado estribo de ferro com um furo de dez centímetros de profundidade, resultado da chifrada de um dos touros criados na fazenda de Don Esteban Hernández. O estribo está em exposição não porque é uma peça única depois de ter sido perfurada por um chifre de touro, mas porque, na ocasião, o picador saiu miraculosamente sem nenhum arranhão do ataque.

Existe um livro, que está fora de catálogo na Espanha, chamado *Toros Celebres*, que narra os feitos e as mortes de touros célebres, seguindo a ordem alfabética dos nomes escolhidos pelos criadores, em trezentas e vinte e duas páginas. Você pode ler sobre Hechicero, o feiticeiro, da fazenda de Concha y Sierra, um touro cinza que lutou em Cádiz em 1844 e mandou para o hospital todos os picadores de todos os matadores da luta, foram pelo menos sete homens, além de ter matado sete cavalos. Víbora, da fazenda de Don José Bueno, um touro preto que lutou em Vista Alegra, no dia 9 de agosto de 1908, e que, ao entrar na arena, saltou a barrera e chifrou o carpinteiro Luis Gonzales, fazendo um ferimento enorme na coxa direita. O toureiro tentou matar Víbora, não conseguiu e o touro foi levado de volta para o curral. Esse não é o tipo de coisa que costuma ser lembrada, a não ser talvez pelo carpinteiro, e Víbora fez parte do livro mais pelo inusitado do ataque, e pela influência que ele teria sobre possíveis compradores do livro, e menos por qualquer motivo duradouro. Se houvesse algum registro do que teria acontecido com o matador chamado Jaqueta, cujo único feito registrado na história é esse, antes de não conseguir matar Víbora, talvez o touro fosse lembrado por algo mais do que a chifrada banal no carpinteiro. Eu mesmo vi dois carpinteiros serem chifrados e nunca escrevi uma linha sobre isso.

O touro Zaragoza, criado pela fazenda Lesireas, ao ser levado para a arena de Moetia, em Portugal, no dia 2 de outubro de 1898, escapou da jaula, perseguiu e feriu muitas pessoas. Ele perseguiu um menino que correu para dentro da prefeitura e o touro, indo atrás do menino, subiu as escadas até o primeiro andar e, de acordo com o livro, causou uma destruição imensa. É bem provável mesmo.

Comisario, da fazenda de Don Victoriano Ripamilan, um touro vermelho com olhos de perdiz e chifres enormes, foi o terceiro touro a lutar em Barcelona, no dia 14 de abril de 1895. Ele saltou a barrera, chegou às tribunas e, abrindo caminho pelo público, diz o livro, causou estragos e confusão. O guarda civil Isidro Silva cravou seu sabre no touro e o cabo da guarda civil Ubaldo Vigueres atirou no touro com sua carabina, a bala atravessou os músculos do pescoço do touro e se alojou no lado esquerdo do peito do funcionário da arena Juan Recaseus, que morreu no local. Por fim, Comisario foi laçado e morto com golpes de punhal.

Nenhum desses eventos faz parte do domínio da tourada pura e simples, a não ser o primeiro, assim como também não faz parte o episódio de Huron, um touro da fazenda de Don Antonio Lopez Plata, que lutou contra um tigre-de-bengala no dia 24 de julho de 1904, na Plaza de San Sebastin. Eles lutaram numa jaula de aço e o touro derrotou o tigre, mas acabou destruindo a jaula num de seus ataques e os dois animais saíram para a arena, no meio do público. A polícia, tentando acabar com o tigre moribundo e com o touro completamente vivo, disparou várias salvas de tiros que "causaram ferimentos graves em vários espectadores". Devo dizer que, a partir da história dos diversos encontros entre touros e outros animais, o melhor a fazer é evitar esses espetáculos, ou então vê-los de um camarote bem alto.

O touro Oficial, da fazenda dos irmãos Arribas, lutou em Cádiz no dia 5 de outubro de 1884, conseguiu chifrar um banderillero, saltou a barrera e chifrou o picador Chato três vezes, chifrou um guarda civil, quebrou a perna e três costelas de um guarda municipal, e o braço de um vigia noturno. Ele seria o animal perfeito para soltar na frente da prefeitura quando a polícia está batendo em manifestantes. Se ele não tivesse sido morto, poderia ter dado origem a uma linhagem de touros com aversão a policiais, o que daria ao populacho a vantagem que eles perderam nas lutas de rua desde o fim das ruas de pedra. A uma distância pequena, uma pedra é mais eficaz do que um porrete ou uma espada. O fim das ruas de pedra foi mais eficaz para impedir a derrocada de governos do que metralhadoras, bombas de gás lacrimogêneo e pistolas automáticas. Porque é nos confrontos em que o governo não quer matar os cidadãos, mas dar pauladas, passar por cima e controlá-los que um governo perde a autoridade. Qualquer governo que recorra ao uso de metralhadoras contra os cidadãos vai cair automaticamente. Porretes e cassetetes servem para a manutenção dos regimes, e não as metralhadoras ou as baionetas, e enquanto houvesse ruas de pedra, as multidões estariam sempre armadas para enfrentar a polícia.

O tipo de touro que é lembrado pelos aficionados das touradas e não pelas multidões que tomam pauladas é Hechicero, cujas façanhas ocorrem na arena contra toureiros treinados que podem puni-lo. É a diferença entre brigas de rua, que são infinitamente mais emocionantes, formidáveis e úteis, mas que não têm lugar aqui, e a conquista de um campeonato de boxe. Qualquer touro fugitivo pode matar pessoas e destruir propriedades sem ser punido por isso, mas quando um touro causa alvoroço e confusão nas tribunas, nesse caso as pessoas enfrentam um perigo muito menor do que o toureiro no momento do sacrifício, porque um touro, quando está confuso e no meio de uma multidão, ataca cegamente e não mira os chifres em ninguém. Um touro que salta pela barrera, a menos que faça isso enquanto persegue um homem, não é um touro corajoso. Ele é um touro covarde que está, simplesmente, tentando escapar da arena. O touro corajoso de verdade aceita a luta, responde a cada convite para lutar, não luta porque se sente encurralado, ele luta porque quer e essa bravura é medida, e só pode ser medida, pelo número de vezes que ele, livre e voluntariamente, sem bater as patas no chão, sem fazer ameaças ou blefar, aceita combater o picador e, quando a ponta de aço da lança perfura os músculos do pescoço e do ombro, também pela forma como o touro resiste ao metal e continua a avançar mesmo sendo castigado de verdade até derrubar o homem e o cavalo. Um touro corajoso é aquele que, sem hesitar e sem deixar seu espaço na arena, vai atacar os picadores quatro vezes, sem se importar com os castigos que recebe, e cada vez vai investir contra a ponta de aço até que o cavalo e o cavaleiro recuem.

É unicamente pela conduta contra o picador que a bravura de um touro pode ser julgada e reconhecida, e a bravura do touro está na raiz da tourada espanhola. A bravura de um touro corajoso de verdade é algo inacreditável e sobrenatural. Essa bravura não tem a ver só com a violência, a ferocidade e a coragem causada pelo pânico de um animal encurralado. Embora o touro seja um animal combativo e sua linhagem tenha se mantido pura eliminando toda a covardia, quando está em repouso, ele se torna um dos animais mais quietos e tranquilos. Não são os touros mais difíceis de lidar que fazem as melhores lutas. Os melhores touros bravos têm uma característica, chamada de nobreza pelos espanhóis, que é a parte mais extraordinária das touradas. O touro é um animal selvagem, seu maior prazer é a luta e ele jamais vai recusar uma chance de lutar; e no entanto os melhores touros bravos com frequência reconhecem e sabem quem é o mayoral, ou o vaqueiro responsável por eles na fazenda e na viagem até a arena, e não se importam de receber agrados e tapinhas dele. Já vi um touro que, no curral, deixou o vaqueiro agradar o seu focinho, escová-lo como se fosse um cavalo e até montar no seu lombo, e depois o touro entrou na arena sem nenhum preparo preliminar ou aguilhões, atacou os picadores várias vezes, matou cinco cavalos, fez de tudo para matar os banderilleros e o matador, e foi, na arena, tão feroz como uma cobra e tão corajoso como uma leoa.

É claro que nem todos os touros são nobres e, para cada um que vira amigo do mayoral, existem cinquenta que atacam mesmo quando ele está trazendo comida e por qualquer motivo faz os touros pensarem que estão sendo desafiados. Nenhum desses touros é nobre. Quando os touros têm dois anos de idade, os criadores fazem um teste de bravura e os animais são confrontados por um picador a cavalo num curral fechado ou numa área aberta da fazenda. No ano anterior, para serem marcados, eles tiveram de ser derrubados no chão por homens a cavalo equipados com bastões longos sem ponta, e quando, aos dois anos de idade, eles são testados contra as lanças com ponta de aço dos picadores, eles já têm nome e número, e o criador registra as manifestações de coragem dadas pelos touros. Aqueles que não são corajosos, se o criador for criterioso, são vendidos como carne. Os outros são registrados de acordo com a bravura que demonstram para que o criador possa dosar a qualidade dos touros quando vender uma corrida de seis touros para uma arena qualquer.

A marcação dos touros ocorre da mesma forma como é feita nas fazendas de gado no oeste dos Estados Unidos, a não ser pelas precauções necessárias ao separar o bezerro da mãe, a necessidade de não ferir os chifres nem os olhos e as complicações decorrentes da marcação. Os ferros de marcação são aquecidos numa grande fogueira e consistem em um ferro com a marca do criador do touro, que normalmente é uma combinação de letras ou um escudo, e dez ferros com os números 0, 1, 2, 3, 4, 5, 6, 7, 8, 9. Os ferros de marcação têm um cabo de madeira e as pontas que ficam no fogo são aquecidas até ficarem vermelhas. Os bezerros ficam num curral, o fogo e os ferros ficam em outro; e os dois são conectados por uma porta de vaivém e, quando a porta está aberta, os vaqueiros conduzem um de cada vez para o curral de marcação, onde são derrubados e segurados. São necessários quatro ou cinco homens para segurar um novilho de touro bravo e eles precisam ter cuidado para não ferir os chifres que estão nascendo, porque um touro com os chifres danificados jamais será aceito numa tourada oficial e o criador deve então vendê-lo para uma novillada ou para uma tourada irregular, perdendo algo como dois terços do provável valor do animal. Além disso, eles devem ter muito cuidado com os olhos, porque uma haste de palha no olho pode gerar um defeito de visão que torna o touro inapropriado para a arena. Quando eles são marcados, um homem segura a cabeça e os outros seguram as pernas, o corpo e o rabo. A cabeça do novilho é colocada sobre um saco de palha para protegê-la o máximo possível, as pernas são amarradas e o rabo é colocado entre as pernas. A marca principal é colocada do lado direito do traseiro e os números vão ao longo do flanco. Tanto os machos quanto as fêmeas são numerados. Depois que as marcas foram colocadas, as orelhas são cortadas ou grampeadas com o símbolo da fazenda e os pelos na ponta do rabo dos machos são cortados com tesoura para que cresçam mais longos e sedosos. Depois disso, os homens soltam o novilho, que levanta furioso, ataca tudo e qualquer coisa que vê até sair pela porta do curral de marcação. O herradero ou dia de marcação é a atividade mais barulhenta, confusa e suja das touradas. Quando um espanhol quer descrever a confusão extrema de uma tourada ruim, ele a compara com um herradero.

O verdadeiro teste de bravura, a parte dele que acontece dentro de um curral fechado, é a mais silenciosa das atividades. Touros são testados quando eles têm dois anos de idade. Com um ano, eles são muito novos e ainda não têm força suficiente para suportar o teste, e aos três anos eles são fortes demais, perigosos demais e têm uma boa memória. Eles são testados em um curral fechado, redondo ou quadrado, munido de burladeros, ou abrigos de madeira para que os homens com capas possam se proteger. Esses são toureiros profissionais, ou amadores que foram convidados para o teste, em troca da oportunidade de praticar com as fêmeas, e nos treinos com os novilhos eles pegam um de cada vez.

O curral inteiro tem cerca de 27 metros de largura, ou a metade do tamanho de uma arena grande, os touros de dois anos ficam num curral adjacente e entram no curral de teste um por vez. Quando eles entram na arena, um picador, que usa calças de couro e jaqueta curta de vaqueiro, espera por eles, segurando uma lança de quase quatro metros e com uma ponta triangular de metal um pouco menor do que aquela usada na luta de verdade. Ele posiciona o cavalo com as costas viradas para o portão por onde passou o jovem touro e espera em silêncio. Ninguém abre a boca no curral e o picador não faz nada para provocar o touro, pois a parte mais importante do teste é a disposição com que o touro ataca sem ser provocado ou irritado.

Quando o jovem touro ataca, todo mundo presta atenção em seu estilo; se ele ataca de uma certa distância, sem bater as patas no chão antes ou sem nenhum brado preliminar; quando ele avança na direção do cavalo, se mantém as patas para trás e se impulsiona com força total, se continua avançando contra o homem e o animal depois que o aço perfurou seu músculo, usando toda a força das pernas traseiras e de parte das costas; ou se ele coloca as patas na frente e usa o pescoço para tentar se livrar do bastão, virando-se rápido e desistindo de atacar quando é castigado. Se ele não ataca de maneira nenhuma, se o proprietário for criterioso, o touro é certificado para castração e para o mercado de carne. Se esse for o veredito, o proprietário diz "buey", ou boi, em vez de dizer "toro", que significa que o touro foi aprovado para lutar numa arena.

Se o touro derruba o cavalo e o homem, e às vezes eles conseguem fazer isso mesmo com apenas dois anos de idade, os toureiros precisam tirá-los do curral usando suas capas, mas normalmente não é permitido que os touros vejam as capas de jeito algum. Nos casos em que eles atacaram o picador uma vez, ou no máximo duas, e não é possível avaliar o estilo e a bravura no primeiro ataque, o portão é aberto e os touros podem sair do curral com liberdade. A forma como aceitam essa liberdade, se mostram interesse ou relutância, correndo para fora ou parando no portão e olhando para trás, dispostos a atacar mais uma vez, são indicações valiosas de como eles vão agir na arena.

A maioria dos criadores não gosta de deixar os touros atacarem mais de uma vez. Eles pensam que existe um número limitado de lanças que um touro suporta ao longo da vida. Se ele leva duas ou três durante um teste, são três a menos que vai suportar na arena, então eles preferem acreditar na linhagem dos touros e fazem os testes de verdade naqueles que devem ser usados para reprodução. Eles acreditam que qualquer touro adequado pode ser um touro excepcional ou uma fêmea muito corajosa, e eles chamam de "toro" qualquer touro de dois anos com chifres e corpo perfeitos sem fazer nenhum teste de bravura.

Às vezes, vacas que serão usadas para reprodução são autorizadas a atacar o picador durante um teste algo como doze ou quinze vezes e sofrem passes de capa e de muleta feitos pelos toureiros para testar a qualidade de seu ataque e sua aptidão para seguir o pano. É crucial que as vacas sejam corajosas e lidem bem com o pano, pois essas são qualidades que serão herdadas por seus descendentes. Elas devem ser fortes e robustas, com uma boa estrutura física. Por outro lado, se elas têm chifres com defeitos, isso não importa, porque não se trata de uma característica que costuma ser herdada. Uma propensão para chifres curtos pode ser herdada e produtores preocupados em criar touros que tenham uma boa aceitação entre os toureiros, de modo que eles escolham os touros criados por esse produtor quando tiverem chance de especificar num contrato os animais contra os quais desejam lutar, com frequência tentam diminuir o comprimento dos chifres ao mínimo permitido pelos representantes do governo e preferem os chifres voltados para baixo, que ficam numa altura entre o chão e os joelhos do matador durante um ataque do touro com a cabeça baixa, em vez de chifres voltados para cima que passam a uma altura mais perigosa sempre que o touro enfrenta o matador.

Touros para reprodução são testados com o máximo de rigor. Depois de terem sido usados na reprodução por alguns anos, quando eles são mandados para a arena, quase sempre é possível reconhecê-los. Eles parecem saber tudo sobre os picadores. Com frequência, eles atacam corajosamente, além de serem capazes de usar os chifres para arrancar a lança da mão do homem, e já vi um touro ignorar completamente o cavalo e a lança para atingir o homem e arrancá-lo da sela. Se eles foram testados também com capas e muletas, geralmente se tornam absolutamente impossíveis de matar, e um toureiro que tenha assinado um contrato para matar dois "touros novos" tem todo o direito de recusar esses touros ou de matar esses animais instruídos da melhor maneira que conseguir. Por lei, todo touro que tenha entrado numa arena deve ser morto imediatamente após sair dela para evitar que seja usado mais de uma vez. Mas essa lei nem sempre é respeitada nas províncias e é sempre desrespeitada nas capeas, ou lutas amadoras, que foram proibidas por lei há bastante tempo. Um touro que tenha sido testado rigorosamente não tem as habilidades desses animais criminosos, mas fica óbvio que lutou antes e qualquer espectador inteligente é capaz de perceber a diferença. No teste de touros, é importante não confundir a força do touro jovem com sua bravura. Num único ataque, se a lança escapar, um touro pode ser forte o suficiente para derrubar o cavaleiro e o cavalo, fazendo um bom espetáculo disso; por outro lado, se a lança ficar firme, o touro pode ser contido pelo castigo, deixar de insistir e, por fim, desviar a cabeça. Touros são testados em currais em Castela, uma região nos arredores de Salamanca, Navarra e Estremadura, mas na Andaluzia eles são testados em áreas abertas.

Os que defendem o teste em áreas abertas dizem que a verdadeira bravura de um touro só pode ser manifestada dessa forma, pois no curral ele se sente encurralado, e qualquer animal encurralado vai lutar. No entanto, nos testes em áreas abertas, os touros são perseguidos e derrubados pelas lanças longas usadas pelos cavaleiros, ou provocados de alguma forma para atacar o picador, enquanto no curral eles não são provocados de maneira nenhuma; então os dois jeitos mais ou menos se equivalem; o teste em área aberta, com uma multidão de convidados a cavalo, é mais pitoresco, e o método do curral se aproxima mais das condições reais do touro na arena.

Para alguém que ama touradas, todas as atividades que envolvem a criação de um touro são fascinantes e, nos testes, você desfruta de comida, bebida e boas companhias, de situações engraçadas na exibição amadora que a aristocracia faz com a capa, da surpreendente exibição com a capa feita por engraxates que sonham em ser toureiros e de dias longos com um ar fresco de outono, de poeira, couro e cavalos limpos, e de touros grandes que, a uma distância razoável, parecem enormes no meio do campo, calmos, confiantes e pesados, e senhores da paisagem.

Touros bravos são criados nas províncias de Navarra, Burgos, Palência, Logroño, Zaragoza, Valladolid, Zamora, Segóvia, Salamanca, Madri, Toledo, Albacete, Estremadura e Andaluzia, mas as principais são Andaluzia, Castela e Salamanca. Os maiores e melhores touros vêm da Andaluzia e de Castela, e aqueles que são feitos sob medida para os toureiros vêm de Salamanca. Navarra ainda cria muitos touros, mas de espécie, tipo e bravura que se deterioraram bastante nos últimos vinte anos.

Todos os touros bravos podem ser a grosso modo divididos em duas categorias: aqueles que são concebidos, criados e cultivados para toureiros, e aqueles que são criados para agradar seus criadores. Salamanca ocupa um desses extremos e Andaluzia ocupa o outro.

Mas, você diz, tem muito pouco diálogo neste livro. Por que isso? Num livro escrito por este cidadão, nós queremos que as pessoas conversem; essa é a única coisa que ele sabe fazer e que agora se recusa a fazer. O sujeito não é nenhum filósofo, nenhum sábio, não entende de animais, bebe demais e não usa pontuação direito, e agora largou mão de escrever diálogos. Alguém tem de dar um jeito nele. Ele só fala de touros. Meu caro, talvez você tenha razão. Vamos providenciar um pouquinho de diálogo.

O que a senhora gostaria de perguntar? Existe mais alguma coisa que queira saber sobre os touros?

Sim, senhor.

O que a senhora gostaria de saber? Eu responderei a todas as suas perguntas.

É uma coisa difícil de perguntar, senhor.

Não se preocupe com isso; pode ser sincera comigo; como a senhora seria com um médico, ou com outra mulher. Não tenha receio de perguntar o que a senhora realmente gostaria de saber.

Eu gostaria de saber sobre a vida amorosa deles.

Pois a senhora veio ao lugar certo.

Então me conte.

Minha senhora, eu vou contar. É um bom assunto. Tem uma combinação de apelo popular, um pouco de sexo, um mundo de informações úteis e é um tema ótimo para uma conversa. Minha senhora, a vida amorosa deles é formidável.

Eu já imaginava, mas o senhor poderia fornecer alguns números?

É para já. Os bezerrinhos nascem nos meses de inverno.

Não era dos bezerrinhos que eu estava falando.

Mas a senhora precisa ter paciência. Tudo isso tem a ver com os bezerrinhos e, por isso, preciso começar falando deles. Os bezerrinhos nascem nos três meses de inverno e, usando os dedos para contar os nove meses no sentido inverso, como alguém casado que calculou nove meses nos dedos várias vezes, você descobre que, se os bezerros nascem em dezembro, janeiro e fevereiro, os touros foram levados até as vacas nos meses de abril, maio e junho, que é, de fato, quando eles costumam ser levados. Uma boa fazenda tem algo entre duzentas e quatrocentas vacas e quatro touros reprodutores. Esses touros têm entre três e cinco anos de idade ou mais. Quando um touro é deixado pela primeira vez com as vacas, ninguém sabe muito bem como ele vai agir, mas se houvesse um agente de apostas presente, ele diria que são grandes as chances de o touro se animar com suas companhias. Mas às vezes um touro não dá a mínima para as vacas, nem as vacas para o touro, e eles brigam selvagemente trocando chifradas que podem ser ouvidas a quilômetros de distância. Às vezes, um touro nessa situação pode mudar de atitude em relação a uma das vacas, mas é raro. Ou o touro percorre o pasto em silêncio em meio às vacas para depois trocá-las pela companhia de outros touros que, destinados para a arena, jamais são deixados com as vacas. Porém, o resultado mais comum é aquele com as maiores chances descrito pelo agente de apostas, e um touro consegue reproduzir com mais de cinquenta vacas, mas se houver vacas demais, eventualmente ele fica fraco e acaba impotente. Eram esses detalhes que a senhora queria saber ou estou sendo muito ousado?

Não é o que parece. O senhor lista os fatos com uma sinceridade cristã, e é tudo muito esclarecedor.

Para mim, é uma satisfação, mas me deixe falar sobre um acontecimento curioso. O touro é um animal poligâmico, mas às vezes surge um que se revela monogâmico. Há casos em que as atenções de um touro se concentram numa das cinquenta vacas que estão no pasto, de tal forma que ele não dá a mínima para as outras vacas e fica só com a sua, e não há nada que faça a vaca sair de perto dele. Quando isso acontece, eles tiram a vaca do meio do rebanho, e, se mesmo assim o touro não assume sua poligamia, ele é enviado para o grupo de touros de arena.

Que história mais triste essa que o senhor contou.

Minha senhora, todas as histórias, se continuarem por tempo suficiente, terminam em morte, e nenhum contador de histórias que seja bom no que faz vai esconder isso da senhora. Isso é particularmente verdade nas histórias de monogamia, pois o homem que é monogâmico, apesar de viver uma vida feliz na maior parte do tempo, morre da maneira mais solitária que existe. Não existe um homem que seja mais solitário na morte, a não ser o suicida, do que o homem que viveu muitos anos ao lado de uma boa esposa e depois ficou viúvo dela. Se duas pessoas se amam, o fim nunca será feliz.

Não sei o que o senhor quer dizer com amor. Da maneira como o senhor fala, não parece algo bom.

Minha senhora, essa é uma palavra antiga e cada um que faz uso dela acaba usando até ela não significar mais nada. É uma palavra tão cheia de sentido quanto uma bexiga é cheia de ar, e as duas se esvaziam rápido. Ela pode ser perfurada como uma bexiga é perfurada, remendada e enchida mais uma vez, e se a pessoa nunca experimentou o amor, a palavra não existe para ela. Todas as pessoas falam dele, mas aquelas que experimentaram o amor ficam marcadas por ele e eu não gostaria de continuar falando disso porque amor é o tema de conversa mais ridículo que existe e somente os tolos ficam falando dele. Prefiro pegar varíola a me apaixonar por outra mulher enquanto tenho uma mulher que amo.

O que isso tem a ver com os touros?

Nada, minha senhora, nada mesmo, estou só fazendo valer o seu dinheiro.

Acho o assunto interessante. De que forma uma pessoa fica marcada por essa coisa ou foi só uma maneira de dizer?

Todos aqueles que experimentam o amor, depois que ele acaba, ficam marcados por uma sensação de finitude. Digo isso como um naturalista e não como um romântico.

Isso não me parece agradável.

E não é para ser, minha senhora. É só para fazer valer o seu dinheiro.

Mas, com frequência, o senhor é muito agradável.

Minha senhora, com um pouco de sorte, posso ser agradável mais vezes.

12

Ninguém é capaz de dizer, ao ver um touro bravo no curral, se esse touro será corajoso na arena, apesar disso, normalmente, quanto mais quieto um touro for, menos irritado e mais calmo ele parece, e maiores serão as chances de ele ser corajoso. A razão disso é que, normalmente, quanto mais corajoso ele for, mais confiante ele é e menos ele blefa. Todos os supostos sinais externos de perigo que um touro dá, como bater a pata no chão, ameaçar com os chifres ou mugir, são formas de blefar. São sinais dados para indicar que o combate pode ser evitado, se possível. O touro corajoso de verdade não dá sinais antes de atacar, a não ser por fixar os olhos no inimigo e enrijecer o músculo da corcova, por um espasmo na orelha e por erguer o rabo ao atacar. Um touro completamente corajoso, se estiver em perfeitas condições físicas, jamais vai abrir a boca nem deixar a língua de fora ao longo da luta inteira e, ao fim, com a espada cravada no corpo, vai na direção do homem enquanto suas pernas permitirem com a boca bem fechada para segurar o sangue.

O que constitui um touro corajoso é, primeiro, a linhagem da qual ele descende, que é mantida pura por meio de testes rigorosos nas tientas e, segundo, sua própria saúde e condição física. Elas não substituem uma criação cuidadosa, mas a falta delas destrói a bravura natural herdada pelo animal, torna seu corpo incapaz de responder a elas, ou faz a bravura se extinguir como um fogo de palha, queimando tudo de uma vez e deixando o touro oco e vazio. A saúde e as condições físicas são determinadas, considerando que não houve doenças na fazenda, pelo pasto ou pela água.

São as diferenças de pasto e água em partes diferentes da Espanha, causadas por variações climáticas, que mudam a composição do solo, e as distâncias que o gado percorre entre o pasto e a fonte de água que dão origem a tipos muito diferentes de touro. A Espanha é mais um continente do que um país no que diz respeito ao clima, pois o clima e a vegetação do norte, de Navarra, por exemplo, não têm nada em comum com os de Valência ou da Andaluzia, e nenhum desses três, a não ser por parte de Navarra, tem qualquer semelhança com o planalto de Castela. Assim os touros criados nas regiões de Navarra, Andaluzia e Salamanca são muito diferentes entre si, e isso não se deve ao fato de virem de linhagens diferentes. Touros navarros são quase uma raça diferente, menores e quase sempre de uma cor avermelhada, mas quando os criadores de Navarra decidiram usar para reprodução touros e vacas de uma fazenda andaluza, e levaram esses animais para Navarra, eles invariavelmente levaram também os vícios dos touros do norte, nervosismo, indecisão no ataque e falta de coragem, e perderam seu caráter original sem ganhar nada da velocidade, da coragem e da elegância que definem as linhagens de Navarra. Os touros em Navarra estão quase degenerados devido à endogamia da linhagem navarra original, à venda de suas melhores vacas para a França, muitos anos atrás, para serem usadas na *Course Landaise*, uma corrida de touros à francesa, e à inabilidade das linhagens andaluza e castelhana de conservar seu biótipo e bravura nos campos do norte apesar dos muitos experimentos dispendiosos que foram feitos para desenvolver uma nova e corajosa linhagem navarra. Os melhores touros bravos vêm da Andaluzia, Colmenar, Salamanca e, excepcionalmente, de Portugal. Os touros mais emblemáticos vêm da Andaluzia. As espécies andaluzas foram levadas para Salamanca e desvirtuadas por terem seus tamanhos diminuídos e seus chifres encurtados a fim de agradar os toureiros. Salamanca é uma província ideal para a criação de touros. O pasto e a água são bons e os touros da região são vendidos com menos de quatro anos de idade e, para fazer os touros parecerem maiores e mais velhos, eles quase sempre são alimentados por um tempo com cereais, o que faz os animais desenvolverem um tamanho que é falso, cobre a musculatura natural com gordura, dá a eles uma aparência de bem-estar que é falsa, faz os touros perderem o fôlego e se cansarem mais rápido. Muitos touros de Salamanca, se enfrentados com quatro anos e meio ou cinco anos, tendo então o tamanho natural e não precisando de cereais para atingir o peso exigido pelo governo, com um ano a mais no campo e a maturidade que resulta disso, seriam os touros bravos ideais a não ser pela tendência que eles têm de perder a determinação e a bravura quando passam dos quatro anos. Às vezes, você vê uma corrida dessas em Madri, mas com a publicidade que eles recebem de um lote esplêndido de touros e com a conivência dos toureiros, os mesmos criadores que mandaram uma corrida perfeita para a capital acabam vendendo quinze ou vinte corridas nas províncias numa mesma temporada, todas feitas de touros abaixo com a idade mínima, entupidos de cereais para que pareçam maiores do que são, touros que representam o mínimo de perigo por serem inexperientes no uso dos chifres e que, ao privar o espetáculo daquilo que faz parte de sua essência, o verdadeiro touro bravo, contribuem de todas as formas possíveis para a decadência das touradas.

O terceiro fator determinante para um touro, depois da criação e das condições físicas, é a idade. Se qualquer um desses três fatores não for respeitado, não é possível ter um touro bravo que seja completo. Um touro não se torna adulto antes de completar quatro anos. É verdade que, depois do terceiro ano, ele parece adulto, mas não é. A maturidade dá ao touro força, resistência e, acima de tudo, conhecimento. O conhecimento de um touro é formado, principalmente, da memória de experiências, ele não se esquece de nada; e da noção e da habilidade que mostra ao usar os chifres. As touradas existem por causa dos chifres e o touro ideal é aquele com uma memória tão clara quanto possível de qualquer experiência de tourada, de modo que ele aprenda tudo que precisa aprender na arena; que se deixe dominar pelo toureiro se o homem fizer um bom trabalho e que domine o toureiro se o trabalho do homem for ruim ou se ele for um covarde; e para que esse touro represente o máximo de perigo possível e seja capaz de testar o conhecimento do toureiro de como lutar dignamente com um touro, ele precisa saber usar os chifres. Aos quatro anos, o touro tem esse conhecimento, que ele adquiriu ao lutar no campo, a única forma possível de adquiri-lo. Dois touros lutando é algo bonito de se ver. Eles usam os chifres como um espadachim usa sua arma. Eles atacam, bloqueiam, defendem, desviam e têm uma mira incrível. Quando ambos sabem usar os chifres, o combate chega ao fim da mesma maneira como normalmente termina uma luta entre dois boxeadores muito habilidosos, com todos os golpes perigosos neutralizados, sem derramamento de sangue e com respeito mútuo. Eles não precisam matar um ao outro para chegar a uma decisão. O touro que perde é o primeiro a interromper a luta e se afastar, reconhecendo a superioridade do outro. Vi touros lutarem vezes seguidas por motivos pequenos que não consegui decifrar; atacarem de frente, defenderem usando o chifre mestre, o barulho dos chifres batendo um no outro, os golpes defendidos e respondidos até que, de repente, um touro se vira e vai embora. No entanto, uma vez nos currais, depois de uma luta em que um touro se virou para ir embora, admitindo a derrota, o outro foi atrás e o atacou, cravando o chifre no flanco do touro derrotado e derrubando-o no chão. Antes que o touro derrubado pudesse se levantar, o outro estava em cima dele, cravando o chifre com golpes violentos no pescoço e na cabeça; sem parar. O touro derrotado conseguiu se levantar uma vez, se posicionou para atacar de frente, mas na primeira troca de golpes, ele foi atingido no olho e, depois de outro ataque do adversário, foi ao chão mais uma vez. O touro o matou sem deixar que ele se levantasse uma segunda vez. Antes da tourada, dois dias depois, esse mesmo touro matou outro nos currais, mas quando ele entrou na arena, foi um dos melhores animais que já vi, tanto para os toureiros quanto para o público. O conhecimento que ele tinha de como usar os chifres foi adquirido da maneira certa. Ele não tinha vícios com os chifres, ele simplesmente sabia usá-los, e o matador Félix Rodríguez dominou o touro, fez um trabalho esplêndido com a capa e a muleta, e o matou de maneira perfeita.

Um touro de três anos pode até saber usar os chifres, mas é uma exceção. Ele ainda não tem experiência suficiente. Touros com mais de cinco anos sabem usar bem demais seus armamentos. Eles têm tanta experiência e são tão habilidosos com os chifres que colocam o toureiro numa posição defensiva e impossibilitam qualquer manobra brilhante. Eles rendem lutas interessantes, mas você precisa ter um conhecimento profundo de touradas para apreciar o trabalho do matador. Quase todos os touros têm um chifre de preferência e esse chifre é chamado de chifre mestre. Eles são destros ou canhotos assim como pessoas são destras ou canhotas, mas não existe uma predominância de touros destros. Tanto o chifre esquerdo quanto o direito podem ser o chifre mestre. Você consegue ver qual dos chifres é o mestre quando os banderilleros fazem o touro correr atrás da capa no começo da tourada, mas existe outra maneira de descobrir. Quando um touro que está prestes a atacar, ou quando está irritado, ocorre um espasmo numa das orelhas e, às vezes, nas duas. A orelha em que ocorre o espasmo geralmente fica no mesmo lado do chifre que ele mais usa.

Varia bastante a maneira como os touros usam os chifres; alguns são chamados de assassinos pela maneira como, ao enfrentar os picadores, eles não investem com o chifre até terem certeza de que estão numa distância favorável; e quando eles chegam perto, atacam as partes vulneráveis do cavalo com a precisão de um punhal. É comum touros como esses terem atacado vaqueiros ou matado um cavalo antes, quando ainda estavam no campo, e eles se lembram de como fazer. Eles não atacam a distância nem tentam derrubar o cavalo e o homem, mas, quando dão um jeito de chegar bem perto do picador, investindo contra a lança, eles conseguem encaixar um golpe com os chifres. Por esse motivo, o número de cavalos mortos por um touro não é indicativo de sua bravura nem de sua força, pois um touro com um chifre mortal vai matar cavalos, enquanto um touro mais forte e mais corajoso talvez apenas derrube o cavalo e o homem e, num ímpeto de violência, raramente mire com o chifre.

É quase certo que um touro que tenha chifrado um homem será capaz de chifrar de novo. Muitos matadores que foram chifrados e mortos na arena foram pegos e arremessados antes pelo mesmo touro que os matou. É claro que as chifradas repetidas dentro de uma mesma tourada se devem ao fato de o homem estar grogue, sem agilidade ou capacidade de julgar a distância depois do primeiro golpe, mas também é verdade que um touro que tenha descoberto o homem por trás do pano, ou que tenha sido alvo de um par de banderillas, vai repetir o procedimento que usou para pegar o toureiro. Ele vai dar um golpe súbito com a cabeça enquanto passa pelo homem perseguindo a capa ou a muleta, ou vai frear no meio do ataque, ou dar uma guinada para desviar do pano e acertar o homem com o chifre, ou repetir qualquer ato que tenha funcionado para pegar o homem na primeira vez. De maneira similar, existem certas linhagens de touros em que a habilidade de aprender rápido na arena é bastante desenvolvida. Esse tipo de touro deve ser enfrentado e sacrificado o mais rápido possível e o homem deve se expor o mínimo possível, porque os animais aprendem numa velocidade maior do que a progressão normal da luta e se tornam exageradamente difíceis de combater e matar.

Um exemplo de touros assim são os de uma casta antiga de touros bravos criados pelos filhos de Don Eduardo Miura, de Sevilha, embora os filhos desse criador de touros extremamente criterioso tenham tentado criar touros que fossem menos perigosos e mais adequados para os toureiros ao fazer cruzamentos com touros da linhagem Vista Hermosa, a mais nobre, corajosa e honesta de todas as linhagens, e foram bem-sucedidos em entregar touros imponentes fisicamente, nos chifres e em todas as outras características do antigo Miura assassino, mas sem a ferocidade e a inteligência que fez dessa raça uma maldição para todos os toureiros. Existe uma raça de touros que tem o sangue, a estatura, a força e a agressividade do antigo Miura, e ela é criada em Portugal por Don José Palha, e se você alguma vez for a uma luta com um desses animais, vai ver um touro feroz, poderoso e perigoso. Dizem que a fazenda de Palha onde os touros adultos pastam fica a doze quilômetros da água. Quem me contou isso foi o primo de Palha, mas nunca fui confirmar essa informação.

Assim como certas linhagens são de touros particularmente estúpidos e corajosos, e outras são de touros inteligentes e corajosos, outras ainda têm características diferentes, que podem ser muito específicas e mesmo assim estar presentes na maioria dos touros dessa raça. Os touros criados pelo duque de Veragua eram exemplos disso. No início do século e ao longo de anos, eles estavam entre os mais corajosos, fortes, rápidos e bonitos touros da Península. Mas, vinte anos depois, as características que pareciam sutis se tornaram dominantes em toda a linhagem. Quando eles eram touros quase perfeitos, uma de suas primeiras características era uma velocidade enorme no primeiro terço da luta, que deixava o touro sem fôlego e lento no fim. Outra característica era que, uma vez que um Veragua conseguisse chifrar um homem ou um cavalo, ele não pararia de atacar até que destruísse a vítima por completo; mas eles eram muito corajosos, dispostos a atacar e seguiam bem a capa e a muleta. Em vinte anos, a linhagem perdeu quase todas as qualidades originais a não ser a velocidade, enquanto a tendência de se cansarem e adotarem uma postura pesada à medida que a luta avança se tornou tão preponderante que um touro Veragua ficava quase morto em pé depois do primeiro contato com os picadores. A tendência de insistir num ataque se tornou muito exacerbada, mas a velocidade, a força e a bravura eram mínimas. Dessa forma, ótimas linhagens de touros acabam perdendo o valor para uma luta, apesar dos cuidados e dos esforços do criador. Ele vai tentar cruzar com outras linhagens, única solução possível, e isso às vezes funciona e assim surge uma nova boa linhagem, mas com frequência a linhagem se desintegra ainda mais rápido, perdendo todas as qualidades que tinha.

Um criador de touros inescrupuloso pode comprar os touros de uma boa raça e lucrar com sua reputação de bravura e boas apresentações vendendo como touro qualquer coisa que tenha chifres e não seja uma vaca, destruindo assim o bom nome dessa raça em troca de uma certa quantia de dinheiro em poucos anos. Ele não vai destruir a importância da raça desde que o sangue se mantenha bom e os touros tenham pasto para comer e água para beber, ambos de qualidade boa. Um criador escrupuloso pode pegar os mesmos touros e fazer testes cuidadosos a fim de vender para as lutas somente os touros que sejam corajosos, recuperando a raça em pouco tempo. Mas quando afina o sangue responsável pela reputação da raça, e defeitos que eram características secundárias se tornam dominantes, então uma raça, a não ser por um ou outro touro bom que seja produzido eventualmente, está acabada a menos que seja recuperada com um perigoso cruzamento bem-sucedido. Presenciei o derradeiro touro bom, a rápida decadência e o fim da raça Veragua, e foi triste de ver. Por fim, o atual duque vendeu os touros e os novos proprietários estão tentando recuperar a raça de novo.

Touros mestiços ou touros em que há um pouco do sangue do touro bravo, chamados de moruchos em espanhol, são quase sempre corajosos quando jovens, exibindo as melhores características da raça brava, mas à medida que ficam adultos, perdem a bravura e a classe e se tornam totalmente inadequados para a arena. Essa perda de bravura e classe na idade adulta é uma característica de todos os touros em que a raça brava é misturada com sangue comum e é a principal dificuldade enfrentada pelos criadores de Salamanca. Lá, não é o resultado da criação mestiça, mas sim uma característica que parece inerente a touros que foram criados e que pastaram naquela região. Como consequência, se o criador em Salamanca deseja vender seus touros no ápice da bravura, ele precisa vendê-los jovens. Mais do que qualquer outra coisa, foram esses touros imaturos que prejudicaram as touradas de todas as formas possíveis.

As raças que fornecem hoje os melhores touros que existem, de modo direto ou por meio de vários cruzamentos, são as de Vasquez, Cabrera, Vista Hermosa, Saavedra, Lesaca e Ibarra.

Hoje, os criadores que fornecem os melhores touros são os filhos de Pablo Romero, de Sevilla; o conde de Santa Coloma, de Madri; o conde de la Corte, de Badajoz; Dona Concepción de la Concha y Sierra, de Sevilha, filha da famosa viúva de Concha y Sierra; Dona Carmen de Federico, de Madri, atual proprietária da raça Murube; os filhos de Don Eduardo Miura, de Sevilha; o marquês de Villamarta, de Sevilha; Don Argimiro Perez Tabernero, Don Gracialano Perez Tabernero e Don Antonio Perez Tabernero, todos de Salamanca; Don Francisco Sanchez de Coquilla, na província de Salamanca; Don Florentino Sotomayor, de Córdoba; Don José Pereira Palha, de Villafranca de Xifra, em Portugal; a viúva de Don Félix Gómez, de Colmenar Viejo; Dona Enriqueta de la Cova, de Sevilha; Don Félix Moreno Ardanuy, de Sevilha; o marquês de Albayda, de Madri; e Don Julian Fernández Martínez, de Colmenar Viejo, que é proprietário da raça de Don Vicente Martínez.

Não há uma linha de diálogo neste capítulo, minha senhora, ainda assim chegamos ao fim. Sinto muito.

Pode ter certeza de que eu sinto mais.

A senhora gostaria do quê? Mais verdades fundamentais sobre as paixões da raça? Uma diatribe contra doenças venéreas? Algumas ideias inteligentes sobre a morte e a decomposição? Ou a senhora gostaria de ouvir o autor falar sobre a experiência que teve na infância com um porco-espinho nos condados de Emmett e Charlevoix, no estado do Michigan?

Por favor, prefiro que o senhor não fale mais de animais hoje.

E o que a senhora acha de um daqueles sermões sobre a vida e a morte que fazem a alegria de qualquer autor?

Também não sei se isso me interessa. O senhor não teria alguma coisa para me contar que fosse divertida e, apesar disso, instrutiva? Não estou nos meus melhores dias.

Tenho a coisa perfeita para a senhora. Não é um texto sobre animais selvagens nem touros. É escrito de maneira acessível, como se Whittier tivesse criado um *Snow-Bound* para os nossos tempos, e no fim ele é simplesmente cheio de diálogos.

Se tem diálogos, eu gostaria de ler.

Fique à vontade, o texto se chama:

UMA HISTÓRIA NATURAL DOS MORTOS

Senhorinha: Não gostei do título.

Autor: Eu não disse que a senhora iria gostar. A senhora pode muito bem não gostar de nada no texto. Mas aqui está:

UMA HISTÓRIA NATURAL DOS MORTOS

Minha impressão é de que a guerra tem sido ignorada como um campo fértil para as observações de um naturalista. Temos relatos cativantes e consistentes feitos pelo falecido W. H. Hudson sobre a fauna e a flora da Patagônia; o reverendo Gilbert White escreveu de maneira muito interessante sobre o Hoopoe em suas visitas ocasionais e nada triviais a Selborne; e o bispo Stanley nos deu uma valiosa, porém popular, *História familiar dos pássaros*. Será que não podemos fornecer ao leitor alguns fatos interessantes e lógicos a respeito dos mortos? Espero que sim.

Quando aquele persistente viajante Mungo Park, a certa altura de sua trajetória, estava quase perdendo os sentidos no vasto território selvagem de um deserto africano, sozinho e nu, achando que seus dias estavam contados e com a impressão de que não havia mais nada para fazer a não ser deitar e morrer, ele reparou numa florzinha de beleza extraordinária. "Embora a planta toda", diz ele, "não fosse maior do que um dos meus dedos, eu não conseguia contemplar a configuração delicada das raízes, das folhas e dos brotos sem admiração. O Ser que plantou, regou e aperfeiçoou uma coisa que parece ter tão pouca importância nessa parte tenebrosa do mundo pode considerar irrelevante a situação e o sofrimento de uma criatura feita à Sua imagem e semelhança? Certamente, não. Reflexões como essa me impedem de entrar em desespero. Reagi e, ignorando a fome e o cansaço, segui viagem certo de que a ajuda viria; e não me decepcionei."

Com disposição tanto para admirar quanto para imaginar, como diz o bispo Stanley, não é possível estudar qualquer ramo da História Natural sem reforçar a fé, o amor e a esperança de que nós também precisamos, cada um de nós, para seguir nossa jornada no território selvagem da vida. Portanto, vejamos que tipo de inspiração podemos ter com os mortos.

Numa guerra, normalmente os mortos são os machos da espécie humana, embora isso não seja verdade com outros animais, e com frequência entre os cavalos mortos vejo várias éguas. Outro aspecto interessante da guerra é que somente nela o naturalista tem a oportunidade de observar as mulas mortas. Em vinte anos de observação na vida civil, nunca vi uma mula morta e comecei a me perguntar se esses animais eram mesmo mortais. Em raras ocasiões, vi o que pareciam ser mulas mortas e que, mais de perto, eram na verdade criaturas vivas que pareciam mortas, mas estavam apenas em repouso. Porém, na guerra, esses animais sucumbem da mesma maneira que os cavalos mais comuns e menos resistentes.

Senhorinha: Mas você disse que o texto não era sobre animais.

Autor: Logo ele muda de assunto. Tenha paciência, sim? É muito difícil escrever desse jeito.

A maior parte das mulas que encontrei mortas estava ao longo de estradas montanhosas ou caídas na base de declives acentuados, onde elas foram empurradas para liberar a estrada. A visão desses animais fazia sentido nas montanhas, onde se está acostumado à sua presença e parecia algo menos incongruente do que o ocorrido em Smyrna, onde os gregos quebraram as pernas de todos os animais de carga e os empurraram do cais para que se afogassem na água rasa. As mulas e os cavalos com as pernas quebradas que se afogaram na água rasa pediam um quadro de Goya. No entanto, ao pé da letra, não se pode dizer que pediam um quadro de Goya porque existiu apenas um Goya, morto há bastante tempo, e é extremamente improvável que esses animais, caso fossem capazes de pedir qualquer coisa, pedissem uma representação pictórica do seu sofrimento, mas, se eles fossem articulados, é mais provável que pedissem para alguém acabar com seu sofrimento.

Senhorinha: O senhor escreveu sobre essas mulas antes.

Autor: Eu sei e sinto muito. Pare de me interromper. Não vou escrever sobre elas de novo. Prometo.

No que diz respeito ao sexo dos mortos, é fato que a pessoa se acostuma tanto a ver homens mortos na guerra que fica muito chocada quando vê uma mulher morta. A primeira vez que vi uma inversão desses papéis foi depois da explosão de uma fábrica de munição que ficava numa zona rural, perto de Milão, na Itália. Fomos até o local do desastre em caminhões que viajavam por uma estrada ladeada por valas repletas de vidas microscópicas e por álamos que eu não conseguia enxergar direito por causa das imensas nuvens de poeira criadas pelos caminhões. No local onde ficava a fábrica de munição, alguns foram direcionados para patrulhar os estoques enormes de munição que por algum motivo não explodiram, enquanto outros foram colocados para apagar um fogo que consumia a grama de um campo adjacente, com as tarefas concluídas, recebemos a ordem de vasculhar os arredores em busca de corpos. Encontramos uma boa quantidade deles e os carregamos para um mortuário improvisado e, devo admitir que, sinceramente, foi um choque descobrir que esses mortos eram mulheres ao invés de homens. Naquela época, as mulheres ainda não tinham começado a usar o cabelo curto, como fizeram depois por vários anos nos Estados Unidos e na Europa, e o mais perturbador, talvez por ser mais incomum, foi encontrar cabelos compridos e, mais perturbador ainda, dar por falta deles. Lembro que, depois de uma busca exaustiva pelos corpos, começamos a recolher os fragmentos dos corpos. Muitos foram tirados de uma cerca pesada de arame farpado que protegia a fábrica e, dos pedaços de cerca que ainda existiam, nós coletamos vários desses fragmentos que ilustravam muito bem a potência dos explosivos. Encontramos muitos fragmentos a uma distância considerável dos campos, que foram mais longe por serem mais leves. Na volta para Milão, me lembro de um ou dois de nós discutindo o ocorrido e concordando que aquilo parecia irreal e que o fato de não haver feridos impediu que o desastre fosse ainda mais horroroso. Além disso, o fato de tudo ter sido tão rápido e o trabalho de carregar e lidar com os corpos ter se revelado não tão desagradável, dadas as circunstâncias, contribuíram para que a situação tivesse pouco a ver com a experiência de um campo de batalha. A viagem agradável, apesar da poeira, pelo belo interior da Lombardia foi também uma compensação pela tarefa desagradável e, na volta, ao falarmos sobre o que tínhamos visto, todos concordamos que foi sorte o fogo que havia começado pouco antes de chegarmos ter sido controlado rápido como foi e antes de atingir os enormes estoques de munição que não tinham explodido. Concordamos também que recolher os fragmentos foi um negócio extraordinário; é incrível como o corpo humano explode em pedaços que não respeitam nenhuma linha anatômica, mas que se divide de maneira tão aleatória quanto a fragmentação de um artefato altamente explosivo.

Senhorinha: Isso não tem nada de divertido.

Autor: Então pare de ler. A senhora não é obrigada. Mas, por favor, não me interrompa.

Para trabalhar com rigor, um naturalista pode delimitar suas observações a um período específico, e vou usar primeiro o período após a ofensiva austríaca em junho de 1918, na Itália, como exemplo de quando houve um número enorme de mortos, forçando uma retirada e mais tarde um avanço para recuperar a área perdida de modo que as posições depois da batalha eram as mesmas de antes, a não ser pela presença dos mortos. Até que o mortos sejam enterrados, a aparência deles muda um pouco a cada dia. A cor em raças caucasianas vai do branco para o amarelo, depois para um amarelo-esverdeado e para o preto. Se ficar exposta ao calor por muito tempo, a carne fica com uma cor semelhante à do carvão ou do alcatrão, sobretudo nas partes laceradas ou quebradas, e tem um brilho visível que lembra o alcatrão. Os mortos ficam maiores a cada dia até que, às vezes, se tornam grandes demais para o uniforme, inflando as roupas até o limite, como se estivessem prestes a explodir. A circunferência de cada membro pode aumentar de maneira inacreditável e o rosto fica tão inchado quanto um balão. Outra coisa surpreendente, além dessa corpulência progressiva, é a quantidade de papel espalhada ao redor dos mortos. O modo como são encontrados, antes de se cogitar um enterro, é influenciado pelo lugar que os bolsos ocupam no uniforme. No exército austríaco, os bolsos ficavam na parte de trás das calças e os mortos, depois de um tempo, passaram a cair com os rostos virados para o chão, os dois bolsos arrancados na altura dos quadris e todos os papéis que estavam nos bolsos espalhados ao redor deles na grama. O calor, as moscas, a posição dos corpos na grama e a quantidade de papel espalhada pela grama são as imagens que ficam na memória. Não é possível se lembrar do cheiro de um campo de batalha num dia quente. Você consegue lembrar que havia um cheiro, mas não há nada que se possa fazer para lembrar como ele era. É diferente do cheiro de uma multidão, que pode surgir de repente quando você está num bonde e, olhando para o lado, você vê o homem responsável pelo cheiro. Porém, o outro cheiro é impossível de lembrar, como quando você está apaixonada; você se lembra de coisas que aconteceram, mas não consegue se lembrar da sensação.

Senhorinha: Gosto quando o senhor escreve sobre o amor.

Autor: Obrigado, minha senhora.

Muitos se perguntam o que o persistente viajante Mungo Park teria visto no campo de batalha num dia quente para recuperar a confiança. Havia sempre papoulas em meio ao trigo no fim de junho e em julho, e as amoreiras estavam repletas de folhas e era possível ver as ondas de calor emanando das barricas de armas onde o sol batia depois de atravessar a peneira de folhas; a terra ganhava um tom amarelo vibrante ao redor dos buracos onde ficavam as bombas de gás mostarda e era mais comum ver casas destruídas do que uma que nunca tivesse sido bombardeada, mas poucos viajantes respirariam profundamente aquele ar do começo do verão e teriam pensamentos como os de Mungo Park sobre aqueles feitos à Sua imagem e semelhança.

A primeira coisa que você aprendeu sobre os mortos era que, com ferimentos graves, eles morriam como animais. Alguns morriam rápido de um ferimento tão pequeno que parecia incapaz de matar um coelho. Eles morriam de ferimentos pequenos como coelhos às vezes morrem com três ou quatro bagos de chumbo que, aparentemente, são incapazes de atravessar a pele. Outros morriam como gatos, com o crânio perfurado e fragmentos de metal no cérebro, ficavam vivos por dois dias como gatos que se escondem no caixote de carvão com uma bala no cérebro e não morrem até que você corte fora a cabeça deles. Talvez gatos não morram, dizem que eles têm nove vidas, eu não sei, mas muitos homens morrem como animais, e não como homens. Eu nunca tinha visto uma morte natural, como dizem, e culpava a guerra por isso e, assim como o persistente viajante Mungo Park, eu sabia que havia algo mais, aquele algo mais que sempre faz falta, até que vi uma morte natural.

A única morte natural que vi, sem contar aquelas causadas por perda de sangue, que não são tão ruins, foi a morte causada pela gripe espanhola. Nela, você morre afogado em muco, engasgando, e a forma como você sabe que o paciente está morto é que, no fim, ele caga na cama. Então o que quero ver agora é a morte de qualquer um que se autodenomine um humanista porque um persistente viajante como eu ou como Mungo Park segue vivendo e talvez viva para ver a morte efetiva de membros da facção literária e assistir às suas dignas saídas de cena. Nas minhas reflexões enquanto naturalista, me dei conta de que, apesar de o decoro ser uma coisa excelente, às vezes é preciso ser indecoroso para dar continuidade à raça, pois a posição indicada para a procriação é indecorosa, muito indecorosa, e me dei conta de que talvez seja isto que defina essas pessoas, ou que definia; elas eram crianças nascidas de um convívio cheio de pudor. Mas não importa como eles começaram, espero ver o fim de alguns e especular sobre o que os vermes vão achar de toda aquela esterilidade preservada; com seus exóticos panfletos malsucedidos e todos os seus desejos reprimidos.

Senhorinha: Essa é uma bela frase sobre desejo.

Autor: Eu sei. Ela veio de Andrew Marvell. Aprendi a fazer isso lendo T. S. Eliot.

Senhorinha: Os Eliots eram velhos amigos da minha família. Eles tinham uma madeireira, se não me engano.

Autor: Meu tio se casou com uma garota cujo pai tinha uma madeireira.

Senhorinha: Que interessante.

Ao passo que talvez seja legítimo lidar com esses autodenominados cidadãos numa história natural dos mortos, muito embora essa designação possa não significar nada quando este trabalho for publicado, contudo é injusto para com os outros mortos, que não estavam mortos na juventude que tinham escolhido, que não eram donos de revista, que com certeza nunca chegaram a ler uma resenha, que foram vistos num dia quente com um punhado de vermes no lugar onde antes ficava a boca. Nem sempre o dia estava quente para os mortos, muitas vezes eles tomavam chuva e eram lavados por ela, e a terra ficava macia quando eles eram enterrados na chuva e, às vezes, chovia tanto que a terra virava lama e era levada pelas águas e era preciso enterrá-los de novo. O mesmo acontecia durante o inverno nas montanhas, você tinha de colocar os mortos na neve e, quando a neve derretia na primavera, alguém tinha de enterrá-los novamente. Eles tinham uns terrenos bonitos para enterrar os mortos nas montanhas, a guerra nas montanhas é a mais bonita de todas as guerras, e numa dessas guerras, num lugar chamado Pocol, eles enterraram um general que levou um tiro na cabeça, morto por um atirador. É nesse ponto que erram aqueles escritores que escrevem livros como *Generais morrem na cama*, porque esse general morreu numa trincheira cavada na neve, no alto das montanhas, usando um chapéu de alpini com uma pena de águia e um buraco na frente menor que a unha do dedo mindinho e um buraco atrás do tamanho de um punho, que dava para colocar seu punho dentro, se tivesse o punho pequeno, e você ficou com vontade de enfiar o punho pelo buraco do chapéu, e havia muito sangue na neve. Ele era um general bom demais, assim como o general von Behr, que comandou as tropas *alpenkorps* bavárias na batalha de Caporetto e foi morto em seu veículo corporativo pela retaguarda italiana enquanto ia para Udine à frente de suas tropas, e os títulos de livros assim deveriam ser *Generais geralmente morrem na cama*, se você se preocupa com um mínimo de exatidão.

Senhorinha: Quando é que a história começa?

Autor: Agora, minha senhora, neste exato momento. A senhora não perde por esperar.

Nas montanhas, às vezes, a neve também encobria os mortos que ficavam fora do posto de atendimento no lado da montanha protegido dos bombardeios. Os mortos eram carregados até uma gruta que tinha sido cavada na montanha antes que a terra congelasse. Nessa gruta estava um homem que teve o crânio rachado como se fosse um vaso de flor, embora os pedaços estivessem unidos pelas membranas e por um curativo bem-feito que agora estava empapado e endurecido, com a estrutura do cérebro atingida por um fragmento de metal que passou ali um dia, uma noite e mais outro dia. Os homens com a maca pediram aos médicos para dar uma olhada nele. Toda vez que chegavam com a maca, davam uma olhada nele e, em outras vezes, eles o ouviam respirar. O médico tinha os olhos vermelhos e os lábios inchados, quase fechados, por causa do gás lacrimogêneo. Ele viu o homem duas vezes; uma à luz do dia, outra usando uma lanterna. Isso também teria rendido uma gravura de Goya, quero dizer, a visita com a lanterna. Depois de ver o homem pela segunda vez, o médico acreditou nos homens da maca quando disseram que o homem ainda estava vivo.

"O que vocês querem que eu faça?", perguntou ele.

Não havia nada que eles quisessem do médico. Mas, depois de um tempo, eles pediram permissão para carregar o homem até a área dos feridos.

"Não. Não. Não!", disse o médico, que estava ocupado. "Qual é o problema? Vocês têm medo dele?"

"Nós não gostamos de saber que ele está vivo no meio dos mortos."

"Não se preocupem. Se vocês tirarem o homem daqui, depois vão ter que carregar o corpo de volta para cá."

"Isso não seria um problema, capitão."

"Não", disse o médico. "Não. Vocês ouviram o que eu disse? Não."

"Por que você não dá uma superdose de morfina para ele?", perguntou o oficial de artilharia que estava esperando para fazer um curativo no braço.

"Tenho coisa melhor para fazer com a morfina. Você ia gostar se eu fizesse uma operação em você sem morfina? Você tem uma arma. Por que não dá um tiro nele?"

"Ele já levou um tiro", disse o oficial. "Se um dos médicos levasse um tiro, você agiria diferente."

"Quanta consideração", disse o médico, gesticulando com um fórceps na mão. "Quanta consideração. E os meus olhos?", ele apontou o fórceps na direção deles. "O que você tem a dizer sobre isso?"

"Gás lacrimogêneo. Que bom que foi só gás lacrimogêneo."

"Porque você abandonou sua posição", disse o médico. "Porque você chegou correndo aqui usando gás lacrimogêneo para fazer todo mundo evacuar. Você esfrega cebola nos próprios olhos."

"Você está fora de si. Não entendo de onde vêm esses insultos. Você está maluco."

Os homens da maca chegaram.

"Capitão", disse um deles.

"Saiam daqui!", disse o médico.

Eles saíram.

"Vou dar um tiro no pobre coitado", disse o oficial de artilharia. "Eu sou humano. Não vou deixar o homem sofrer."

"Dê um tiro nele, então", disse o médico. "Dê um tiro. Assuma a responsabilidade. Vou fazer um relatório. Homem ferido executado pelo tenente de artilharia em posto de atendimento. Dê um tiro nele. Vai, quero ver."

"Você não é um ser humano."

"Meu trabalho é cuidar dos feridos, não matá-los. Matar é com os senhores da artilharia."

"Então por que você não cuida dele?"

"Eu cuidei. Fiz tudo o que podia fazer por ele."

"Por que você não manda o homem para a área dos feridos?"

"Quem é você para questionar o meu trabalho? Você é meu superior, por acaso? Você está no comando deste posto de atendimento? Faça o favor de me responder."

O tenente de artilharia não disse nada. Os outros ao redor eram soldados e não havia nenhum outro oficial presente.

"Responda", disse o médico, segurando uma agulha com o fórceps. "Quero uma resposta."

"Vá se f***r", disse o oficial de artilharia.

"Ah", disse o médico. "Então é assim? Tudo bem. Tudo bem. Vamos ver."

O tenente de artilharia ficou de pé e foi andando na direção do médico.

"Vá se f***r", disse ele. "Você. Sua mãe. Sua irmã..."

O médico arremessou o recipiente cheio de iodo no rosto do oficial de artilharia. Ainda andando na direção do médico, sem enxergar direito, o oficial se atrapalhou para sacar a arma. O médico se moveu rápido, chegou por trás e derrubou o oficial no chão, deu vários chutes e pegou a arma com as luvas de borracha. O tenente se sentou no chão usando a mão boa para esfregar os olhos.

"Vou matar você!", disse ele. "Vou matar você assim que conseguir enxergar alguma coisa."

"Quem manda aqui sou eu", disse o médico. "Está tudo resolvido agora que você sabe disso. Você não tem como me matar porque sua arma está comigo. Sargento! Ajudante! Ajudante!"

"O ajudante está na área dos feridos", disse o sargento.

"Limpe os olhos desse oficial com álcool e água. Ele está com iodo nos olhos. Me traga a bacia para eu lavar as minhas mãos. Vou atender esse oficial em seguida."

"Você não vai encostar em mim."

"Pode segurá-lo firme. Ele está delirando."

Um dos homens da maca chegou.

"Capitão."

"O que você quer?"

"O homem que está no meio dos mortos..."

"Suma daqui."

"...está morto, capitão. Achei que o senhor gostaria de saber."

"Está vendo, tenente? Algumas coisas não se discutem. Em tempo de guerra, algumas coisas não se discutem."

"Vá se f***r", disse o tenente de artilharia. Ele ainda não conseguia enxergar direito. "Você me deixou cego."

"Isso não é nada", disse o médico. "Seus olhos já voltam ao normal. Não é nada. Algumas coisas não se discutem."

"Ai! Ai! Ai!", gritou o tenente, de uma hora para outra. "Você me deixou cego! Você me deixou cego!"

"Pode segurá-lo firme", disse o médico. "Ele está com muita dor. Segure bem firme."

Senhorinha: Mas acaba assim? Você tinha dito que era parecido com *Snow-Bound*, de John Greenleaf Whittier.

Minha senhora, me enganei de novo. Nós almejamos tanta coisa e acabamos sem nada.

Senhorinha: Fique sabendo que gosto do senhor cada vez menos.

Minha senhora, é sempre um erro conhecer um autor.

13

Tudo numa tourada depende da bravura do touro, de sua simplicidade e de sua falta de experiência. Existem meios de se lutar contra touros covardes, touros experientes e touros inteligentes, mas o princípio da tourada, da tourada ideal, tem a ver com a bravura do touro e com um cérebro livre de qualquer lembrança da arena. É difícil de lutar contra um touro covarde porque ele, se receber qualquer forma de castigo, não vai atacar os picadores mais de uma vez, e assim ele não se esforça e não recebe nenhum castigo e, por consequência, o plano original da tourada não pode ser seguido, pois o touro chega intacto e veloz ao último terço da luta, quando ele deveria estar com o ritmo mais lento. Ninguém sabe com certeza quando um touro covarde vai atacar. Ele vai se afastar do homem com mais frequência do que investir contra ele, mas não é sempre que ele age assim, e o espetáculo se torna inviável a menos que o matador tenha a técnica e a coragem de chegar tão perto do touro que o animal se torna confiante e segue os instintos em vez de ceder à covardia, e assim, quando o toureiro consegue fazer o touro atacar algumas vezes, ele o domina e quase o hipnotiza com a muleta.

O touro covarde subverte a ordem da luta porque ele desrespeita a regra das três etapas pelas quais um touro deve passar ao longo do encontro entre o touro e o homem; as três etapas que compõem a sequência da corrida. Cada ato de uma tourada é tanto o resultado quanto a solução para cada uma das etapas enfrentadas pelo touro, e quanto mais perto do normal ele for, menos as circunstâncias terão de ser exageradas e mais notável será a tourada.

As três fases enfrentadas pelo touro na luta são chamadas em espanhol de levantado, parado e aplomado. Levantado, ou altivo, é quando o touro entra na arena de cabeça erguida, ataca sem mirar em nada específico e, em geral, confiante em sua força, tenta expulsar da arena todos os seus adversários. É nessa hora que o touro é menos perigoso e o toureiro pode tentar passes com a capa como quando se ajoelha no chão, provoca o touro com a capa bem aberta na mão esquerda e, quando o touro se aproxima da capa e baixa a cabeça para chifrá-la, vira a capa com a mão esquerda em direção à mão direita sem mudar a posição da mão direita, de modo que o touro, que teria passado à esquerda do homem ajoelhado, acompanha a virada da capa e passa à direita. Esse passe é chamado de cambio de rodillas e seria impossível, ou suicida, tentar esse passe quando o touro aumenta a precisão de seus ataques depois dos castigos que recebe e da desilusão crescente do animal com seu poder, que é quando ele vai de levantado a parado.

Quando o touro está parado, sua velocidade diminui e ele mantém distância. Nesse ponto, ele não ataca livre e selvagemente em qualquer direção reagindo a qualquer movimento ou distúrbio; ele se sente desiludido com seu poder de destruir ou expulsar da arena qualquer coisa que pareça desafiá-lo, seu ardor inicial passou, ele reconhece o inimigo, ou vê a isca que o inimigo coloca diante do corpo, e morde a isca, atacando de maneira direta com o propósito de matar e destruir. Só que agora ele mira com cuidado e ataca num arranque rápido. É comparável com a mudança de um ataque de cavalaria, em que toda a confiança é depositada no ímpeto e no choque, e na manutenção do choque, cujo efeito sobre o indivíduo é imprevisível, para uma ação defensiva da infantaria em que cada indivíduo dispara contra, supostamente, um objeto específico. É quando o touro está parado, ou mais lento, e ainda com sua força e sua vontade, que o toureiro consegue exibir a sua genialidade ao trabalhar com o touro. Um toureiro pode arriscar e executar algumas suertes, uma suerte nesse caso sendo qualquer ação deliberada do lutador e não uma reação que ele tem ao se defender, com um touro que está mais lento, o que seria impossível com um touro que ainda estivesse levantado, pois um touro que ainda não tenha sido controlado por meio de castigos não vai prestar a atenção necessária, estando ainda com toda a sua força e determinação, ou dar o devido interesse e atacar de maneira consistente a manobra do toureiro. É a diferença entre jogar cartas com um indivíduo que, sem dar importância ao jogo e sem nenhum dinheiro apostado, ignora as regras e torna o jogo impossível, e jogar com outro que conhece as regras, porque ele as aprendeu na marra, perdendo partidas; e agora, com todo seu dinheiro e sua vida em jogo, ele dá muita importância ao jogo e às regras, se sente submetido a elas, e faz o melhor que pode com o máximo de seriedade. Está a cargo do toureiro fazer o touro entrar no jogo e impor as regras. O touro não quer jogar, quer apenas matar.

Aplomado é a terceira e última fase enfrentada pelo touro. Quando está aplomado, ele já está pesado, ele está como chumbo; ele perdeu o fôlego e, embora a força ainda esteja intacta, a velocidade já era. Ele não anda mais de cabeça erguida; se provocado, vai atacar; mas quem for provocá-lo precisa se aproximar cada vez mais. Porque, nesse estado, o touro não quer atacar, a menos que tenha certeza de seu objetivo, pois ele já foi castigado, algo que fica óbvio tanto para o touro quanto para o público, em tudo que tentou até aquele momento; mas ele ainda é extremamente perigoso.

É quando está aplomado que o touro, geralmente, é morto; ainda mais na tourada moderna. O grau de desgaste, desânimo e cansaço do touro varia de acordo com o número de vezes que ele atacou e foi castigado pelos picadores, o número de vezes que ele seguiu as capas, o quanto de vigor perdeu por causa das banderillas e o efeito que o trabalho do matador com a muleta teve sobre ele.

Todas as fases tiveram como objetivo prático alterar a forma como o touro ataca usando a cabeça, a redução de sua velocidade e a correção de qualquer tendência que o animal tenha de chifrar mais com um lado do que com o outro. Se essas fases foram executadas de maneira adequada, o touro chega à fase final da luta com os músculos cansados no enorme pescoço e assim a cabeça não fica nem muito alta nem muito baixa, com a velocidade reduzida pela metade em relação ao início da luta, com a atenção fixada no objeto que é apresentado a ele, e com qualquer tendência de chifrar mais com um lado do que com outro, mas especialmente com o chifre direito, corrigida.

Essas são as três principais fases que o touro enfrenta ao longo de uma luta; elas representam o processo natural de fadiga do touro, se a fadiga tiver sido induzida da maneira correta. Se o touro não for enfrentado da maneira correta, ele poderá chegar instável à hora do sacrifício cabeceando, incapaz de se concentrar num ponto específico, puramente na defensiva; seu espírito ofensivo, que é tão fundamental para uma boa tourada, desperdiçado. Assim ele não demonstra disposição para atacar e se torna completamente inadequado, prejudicando a apresentação do toureiro. Ao longo da luta, ele pode ser arruinado por um picador que crava a ponta da lança numa escápula ou mais atrás, no meio da coluna do touro, e não nos músculos do pescoço, aleijando o touro ou ferindo sua coluna; ele pode ser arruinado por um banderillero que prega as banderillas num ferimento causado pelo picador tão fundo que os bastões chegam a ficar espetados em vez de dependurados no flanco do touro apenas com as pontas perfurando a pele, que é a maneira certa de colocá-los; ou o touro pode ser aniquilado pela maneira como os banderilleros usam as capas com ele, acabando com qualquer chance de uma boa luta. Se eles fazem o touro se dobrar vezes seguidas, torcendo a espinha dorsal, forçando os tendões e os músculos das pernas, às vezes apertando a bolsa escrotal entre as pernas traseiras, eles podem acabar com sua força e com boa parte de sua bravura, arruinando o animal com as viradas repentinas e os giros, em vez de fazer o touro se cansar de maneira honesta com os esforços que faz ao atacar em linha reta. Mas se o touro for enfrentado da maneira correta, ele vai passar pelas três fases, mesmo que elas sofram alterações por causa de sua força individual e do seu temperamento, e vai chegar com a velocidade reduzida, porém intacto, ao último terço da luta, quando o próprio matador deve usar a muleta para extenuar o touro até certo ponto antes de sacrificá-lo.

 A primeira razão para tornar o touro mais lento é para que se possa usar a muleta da maneira correta, com o homem planejando e executando os passes, e aumentando o perigo de acordo com sua vontade, assim ele pode ir ao ataque em vez de meramente assumir uma posição defensiva contra o touro e, em segundo lugar, é para que se possa matar o touro com a espada da maneira correta. A única forma de tornar o touro mais lento naturalmente, sem que ele perca a bravura e sem machucar a estrutura muscular do animal, causada pelo mau uso da capa, é fazê-lo investir contra os cavalos de modo que ele se desgaste ao atacar um objeto que está ao seu alcance, assim ele acha que sua bravura é recompensada e não vai se sentir constantemente ludibriado. Um touro que foi bem-sucedido em atacar os cavalos, e que matou ou feriu um ou mesmo vários oponentes, segue pelo resto da luta acreditando que seus ataques têm resultado e que, se ele continuar atacando, vai conseguir chifrar alguma coisa de novo. Um touro desses permite que o toureiro explore suas habilidades artísticas assim como um organista consegue tocar um órgão de tubos que é bombeado para ele. Um órgão de tubos, ou um calíope a vapor; se as comparações estão se tornando muito específicas é porque, acredito, esses são os únicos instrumentos que o músico, ao tocá-los, usa uma força que já existe e simplesmente libera essa força como quiser em vez de ele mesmo exercer uma força de graus diferentes para criar música. Assim o órgão de tubos e o calíope a vapor são os únicos instrumentos que permitem uma comparação entre o músico e o matador. Um touro que não ataca é como um órgão de tubos que não é bombeado ou um calíope sem vapor, e o desempenho que um toureiro pode ter com um touro desses só pode ser comparado em quesitos como genialidade e lucidez com aquele que seria dado por um organista que tivesse também que bombear seu órgão de tubos ou por um tocador de calíope que ao mesmo tempo tivesse que alimentar seu calíope.

Além das fases física e psíquica que todo touro experimenta na arena, cada touro passa por alterações individuais do estado psíquico ao longo da tourada. A coisa mais comum e, para mim, a mais interessante, que acontece com o cérebro do touro é a formação de querencias. Uma querencia é o lugar que o touro procura naturalmente na arena; é um lugar de sua preferência. Uma querencia natural é bem marcada e conhecida, mas uma querencia acidental é mais do que isso. É um lugar que ao longo da luta o touro adota como lar. Esse lugar, em geral, não surge rápido, mas se estabelece aos poucos no cérebro do animal à medida que a tourada se desenrola. Nesse lugar, ele sente que está próximo do muro e, na sua querencia, ele é incalculavelmente mais perigoso e quase impossível de matar. Se um toureiro, em vez de tirar o touro da querencia, tenta matá-lo dentro dela, é quase certo que será chifrado. O motivo disso é que o touro, quando está na querencia, fica totalmente na defensiva, e sua chifrada vira uma forma de defesa e não de ataque, uma forma de contra-ataque e não uma investida, e a velocidade com que o touro percebe a situação e reage é muito maior no contra-ataque do que no ataque, pois ele percebe quando o ataque virá e se defende na mesma hora. Quem ataca precisa dar abertura para o touro e é certo que o contra-ataque virá tão rápido quanto o ataque, pois existe a abertura necessária, enquanto o ataque precisa criar essa abertura. No boxe, Gene Tunney era um exemplo de lutador que preferia contra-atacar; todos os boxeadores que duraram mais e que foram castigados menos também preferiam contra-atacar. O touro, quando está na querencia, contra-ataca o golpe da espada com os chifres assim que percebe o golpe vindo na sua direção, assim como o boxeador contra-ataca um soco, e muitos homens perderam a vida, ou sofreram ferimentos graves, porque não atraíram o touro para fora da querencia antes do sacrifício.

As querencias costumeiras de todos os touros são o portão no fim do corredor de acesso à arena e o muro da barreira. O primeiro por ser familiar para o touro; é o último lugar que ele tem guardado na memória; e o segundo porque serve como algo que protege as costas do animal, então ele se sente seguro. Essas são as querencias conhecidas e um toureiro pode usá-las de várias formas. Ele sabe que o touro, no fim de um passe ou de uma série de passes, provavelmente vai buscar a querencia e com isso vai prestar pouca ou nenhuma atenção no que está pelo caminho. Um toureiro pode, portanto, executar um passe ensaiado e escultural quando o touro cruzar com ele a caminho de seu refúgio. Passes assim podem ser geniais; o homem inabalável na sua posição, com os pés juntos, como se não desse importância para o ataque do touro, deixando o touro inteiro passar por ele sem nenhum movimento, por menor que seja, e sem recuar, os chifres às vezes passam a milímetros de seu peito; mas para quem conhece as touradas, esses passes não servem para nada, são apenas artifícios. Eles só parecem perigosos porque na verdade o touro procura a querencia e o homem apenas se posicionou perto da linha traçada pelo animal. E o touro que controla a direção, a velocidade e o objetivo, portanto, para o verdadeiro apreciador de touradas, essa manobra não tem valor nenhum, pois na verdadeira tourada, não nessas touradas de circo, o homem deve controlar o touro na hora do ataque; deve obrigar o animal a fazer uma curva em vez de ir reto, deve controlar sua direção, e não simplesmente tirar proveito dos ataques para fazer uma pose enquanto o touro passa. Os espanhóis dizem que torear es parar, templar y mandar. Isto é, na tourada de verdade o matador deve ficar parado, deve determinar a velocidade do touro pelo movimento de seus pulsos e braços enquanto segura o pano e deve controlar e direcionar o percurso do touro. Qualquer outra forma de lutar, como fazer passes esculturais no meio da trajetória natural do touro, não importa o quão brilhantes sejam, não é tourear de verdade porque é o animal que está no controle, e não o homem.

Uma querencia acidental que surge para o touro no meio de uma luta pode ser, e com frequência é, o lugar onde ele foi bem-sucedido de alguma forma; onde ele matou um cavalo, por exemplo. Essa é a querencia mais comum de um touro bravo, embora outra querencia bem normal num dia quente seja qualquer lugar da arena onde a areia tenha sido molhada e refrescada, geralmente na boca da tubulação subterrânea onde fica a mangueira que é usada durante o intervalo para assentar a poeira da arena; é onde o touro sente que a areia está mais fria debaixo dos cascos. O touro pode também adotar como querencia um lugar onde um cavalo tenha sido morto numa luta anterior, onde ele consegue sentir o cheiro de sangue; um lugar onde ele tenha atingido um toureiro, ou qualquer parte da arena sem nenhum motivo aparente; apenas porque ele se sente em casa. Você pode ver a ideia de querencia se estabelecendo no cérebro do touro ao longo da luta. Primeiro, o touro vai para o lugar escolhido com cautela, depois ele vai mais decidido e, por fim, a menos que o toureiro tenha notado essa tendência no animal e tenha, deliberadamente, mantido o touro longe do ponto escolhido, o touro vai para sua querencia sempre que tiver chance, vai assumir seu lugar com as costas ou com o flanco voltado para a barreira e vai se recusar a sair. É nesse momento que os toureiros mais trabalham. O touro deve ser atraído para fora; mas ele está completamente na defensiva e não vai responder à capa, e vai rasgá-la com os chifres, se recusando completamente a atacar. A única forma de tirá-lo da querencia é se aproximar muito, a ponto de o touro ter certeza absoluta de que pode atingir o homem, e com movimentos curtos da capa, largando o pano debaixo do focinho do touro, no chão, e dando pequenos puxões, provocando o animal aos poucos, dentro da querencia. Não é nada bonito de se ver, é apenas perigoso e, geralmente, os quinze minutos previstos para o matador matar o touro estão correndo, ele está cada vez mais irritado, os banderilleros estão se arriscando cada vez mais e o touro está cada vez mais entrincheirado. Mas se por fim o matador diz, impaciente, "Está certo, se ele quer morrer ali, que morra ali", e prossegue com o sacrifício, essa talvez seja a última coisa de que ele vai se lembrar até aterrissar no chão com ou sem um ferimento por chifrada. Pois o touro vai observar o homem à medida que ele se aproxima, não vai tomar conhecimento da muleta nem da espada, e vai atingir o homem, todas as vezes. Quando as capas e a muleta são inúteis para fazer o touro sair da querencia, às vezes há uma tentativa com banderillas de fogo, cravadas no seu traseiro a partir das barreras, para queimar em brasa até detonar uma série de explosões com cheiro de pólvora negra e papelão queimado; mas já vi um touro, com as banderillas explosivas dependuradas, se afastar não mais do que seis metros da querencia, provocado pelo barulho, e voltar de repente sem se importar com nenhuma outra tentativa de expulsá-lo dali. Num caso como esse, o matador tem motivos para matar o touro sem se colocar em risco. Ele pode começar de um lado do touro e fazer um semicírculo em torno da cabeça do animal, apunhalando-o enquanto um banderillero atrai a atenção do animal com a capa, ou ele pode matá-lo de qualquer outra forma menos eficaz que, no caso de um touro bravo, significa correr o risco de deixar o animal ser linchado pela multidão. O melhor a fazer é matar rápido, e não bem, pois um touro que sabe usar os chifres e que se recusa a sair da querencia é tão perigoso para um homem quanto uma cascavel e inviabiliza a tourada. Mas o homem não deveria ter permitido que o touro se apegasse à querencia dessa forma. Ele deveria ter mantido o touro longe da querencia, atraído o animal para o meio da arena e dado um fim à sensação de segurança proporcionada pelo muro, e deveria ter feito isso muito antes do touro escolher uma posição definitiva na arena. Uma vez, cerca de dez anos atrás, vi uma luta em que todos os seis touros, um depois do outro, definiram suas querencias, se recusaram a sair delas e morreram dentro delas. Foi numa corrida com touros da raça Miura, em Pamplona. Eles eram enormes e eram touros ruanos, com pernas compridas, altos, com ombros e pescoço enormes, e chifres formidáveis. Eram os touros mais bonitos que já vi e cada um deles lutou na defensiva a partir do momento em que entrou na arena. Você não podia chamá-los de covardes porque eles defendiam sua vidas seriamente, desesperadamente, sabiamente e violentamente, adotando uma querencia pouco depois de entrarem na arena e se recusando a sair dela. A corrida continuou até anoitecer e não houve nenhum momento bonito ou criativo, foi uma tarde e um início de noite com touros se defendendo de um homem e um homem tentando matar touros enfrentando riscos e dificuldades enormes. Foi um evento tão brilhante quanto a batalha de Passchendaele; com minhas desculpas por traçar uma comparação entre um espetáculo comercial e uma batalha. Estavam presentes, pela primeira vez numa tourada, algumas pessoas com que tive conversas profundas sobre a genialidade, a arte e tudo o mais relacionado à tourada. Falei por muito tempo, com minha eloquência estimulada por dois ou três absintos no Café Kutz, e antes de eles irem embora, todos ficaram muito ansiosos para ver uma tourada e, especificamente, essa tourada. Ninguém veio falar comigo depois da luta e dois homens, incluindo um sujeito que eu estava tentando impressionar, passaram muito mal. Gostei demais da tourada porque aprendi mais sobre a mentalidade do touro que não é covarde, mas que mesmo assim não ataca, algo raro em touradas, do que eu aprenderia numa temporada inteira, mas na próxima vez que presenciar uma luta como essa, espero estar sozinho. Também espero não admirar nem ser amigo de nenhum dos toureiros envolvidos.

Fora o impacto ruim sobre o cansaço natural do touro causado pelo abuso do trabalho com a capa, pelo erro ao cravar as banderillas e pelos danos causados à coluna e às escápulas do touro por um bastão mal inserido, de propósito ou por falta de habilidade, o touro pode ficar imprestável pelo restante da luta se o picador que atua sob as ordens do matador fizer um uso maldoso da lança. São três as principais formas de prejudicar um touro e acabar com sua força. Submetê-lo demais à capa, fazê-lo sangrar com um corte causado pelo bastão e feri-lo cravando uma lança no meio das costas, acertando a espinha dorsal, ou mais para um dos lados acertando o alto da escápula. Todas essas formas de acabar com um touro são usadas deliberadamente pelos peões que atuam sob as ordens do matador, com todos os touros que intimidam o matador. Ele pode ter medo do touro porque o animal é muito grande, muito rápido ou muito forte e, se estiver com medo, vai mandar os picadores e os banderilleros atacarem o touro com tudo. Hoje em dia, a ordem é quase desnecessária, e os picadores, por uma questão de disciplina, atacam todos os touros com tudo, a menos que o matador se sinta confiante, queira preservar o animal para que possa dar o máximo de si e assumir os créditos no fim, e diga para os seus ajudantes, "Cuidado, não vamos desperdiçar esse touro". Mas geralmente os picadores e banderilleros já sabem antes da luta se devem fazer de tudo para acabar com o touro e ignorar qualquer ordem contrária dada pelo matador dentro da arena, uma ordem que, frequentemente, é enfática e entremeada de palavrões, e serve só para animar o público.

Mas fora o estrago deliberado que pode ser causado fisicamente a um touro, acabando com as chances de uma luta brilhante, com o único objetivo de entregá-lo meio morto para o matador, um estrago incalculável pode ser causado mentalmente a um touro por falta de habilidade dos banderilleros. Quando eles enfrentam o touro com as banderillas, seu trabalho é cravar os bastões o mais rápido possível, pois qualquer demora causada por tentativas malsucedidas, oitenta em cem tentativas malsucedidas têm a ver com covardia, acaba irritando o touro, deixando-o nervoso e inseguro, quebrando o ritmo da luta e perdendo, através da experiência que o touro adquire ao perseguir um homem a pé e desarmado, a vantagem da falta de experiência que foi cuidadosamente preservada no passado.

O homem que geralmente falha na tentativa de cravar as banderillas quase sempre tem uns quarenta e poucos, cinquenta anos. Ele é mantido na cuadrilla como o banderillero confidencial do matador. Ele está lá por causa de seu conhecimento dos touros, de sua honestidade e de sua sabedoria. Ele representa o matador na classificação e no sorteio dos touros, e é seu conselheiro em todas as questões técnicas. Mas porque ele já passou dos quarenta, suas pernas já não são as mesmas, ele não confia mais nelas como um meio de se salvar caso o touro decida persegui-lo, e assim, quando é a vez dele cravar o par de banderillas, se o touro for difícil, o velho banderillero demonstra uma prudência exagerada que é indistinguível da covardia. No trabalho malfeito com os bastões, ele destrói o efeito gerado por sua habilidade e sabedoria com a capa, e as touradas ganhariam muito se esses senhores sábios, velhos e paternais, porém decrépitos, fossem proibidos de cravar banderillas e fizessem parte da cuadrilla apenas pelo trabalho oportuno com as capas e pelo intelecto.

Cravar as banderillas é a parte da tourada que mais exige esforço físico de um homem. Um ou dois pares podem ser cravados por um homem que, por ter alguém que prepare o touro para ele enquanto fica esperando, quase não consegue atravessar a arena correndo. Mas cravá-las com eficácia, ir atrás do touro, preparar o animal e pregar os bastões corretamente exigem boas pernas e um bom condicionamento físico. Por outro lado, um homem pode ser matador e não cravar as banderillas, e ainda assim lutar contra o touro de maneira correta usando a capa e a muleta, e matar o animal minimamente bem mesmo que suas pernas estejam estropiadas e tortas de tanto levar chifradas, e mesmo que ele não consiga atravessar a arena correndo e que esteja, talvez, nos últimos estágios de uma tuberculose. Pois um matador não deve correr nunca, exceto quando crava as banderillas, e ele deve ser capaz de obrigar o touro a fazer todo o trabalho, até mesmo no golpe da espada. Quando El Gallo passou dos quarenta anos, alguém perguntou que tipo de exercício ele fazia, e ele respondeu que fumava charutos cubanos.

"Hombre, exercício para quê? Força para quê? Deixe o exercício para o touro, deixe a força para o touro! Agora, eu estou com quarenta anos, mas os touros têm sempre 4 anos, e a metade deles, quase 5."

Ele foi um grande toureiro e o primeiro a admitir que tinha medo. Antes de El Gallo, era considerada uma tremenda vergonha admitir o medo, mas quando El Gallo tinha medo, ele largava a muleta e a espada, e se atirava atrás da cerca, de cabeça. Um matador não deve correr nunca, mas El Gallo corria se o touro olhasse para ele de um jeito peculiar. Ele foi o primeiro a se recusar a matar o touro, se o touro olhasse para ele de um jeito específico, e quando levavam El Gallo para a cadeia, ele dizia que era melhor assim, "todos nós, artistas, temos dias ruins. O público vai me perdoar assim que eu tiver um dia bom".

Ele fez mais apresentações de despedida do que Patti e agora, perto dos cinquenta anos, ele ainda se apresenta. Sua primeira despedida oficial foi em Sevilha. Ele estava muito emocionado e, quando chegou a hora de dedicar o último touro que mataria como toureiro, ele quis dedicá-lo a seu velho amigo, Señor Fulano. Ele tirou o chapéu e, com um brilho na careca bronzeada, disse, "Para ti, Fulano, meu amigo de infância, meu maior motivador, príncipe dos aficionados, dedico o último touro da minha vida como toureiro". Mas assim que ele terminou de falar, El Gallo reconheceu mais um velho amigo no público, um compositor, e caminhou ao longo da barrera até ficar de frente para o outro amigo, olhou para o alto com os olhos marejados e disse, "Para ti, ó excelente amigo, tu que és uma das glórias no olimpo da música espanhola, dedico o último touro que devo matar na minha vida como toureiro". Porém, ao se virar, ele viu Algabeno, o pai, um dos melhores matadores da Andaluzia, sentado próximo da barrera, e parou bem na frente dele e disse, "Para ti, velho camarada, que sempre empunhaste a espada com bravura, que foste o melhor matador de touros que conheci, dedico o derradeiro touro da minha vida de toureiro e espero que meu trabalho faça jus à tua grandeza". Ele se virou todo imponente e foi na direção do touro, que estava parado encarando-o, olhou o touro com cuidado, e se virou para o irmão, Joselito: "Mate o touro para mim, José. Mate o touro para mim. Não gosto do jeito como esse touro está me olhando."

A última vez que vi El Gallo foi em Valência, antes de ele ir para a América do Sul. Ele parecia uma borboleta muito, muito velha. Aos quarenta e três anos, ele tinha mais elegância, mais presença e era mais distinto do qualquer outro toureiro que eu tenha visto, de qualquer idade. Ele não era um tipo fotogênico. El Gallo jamais apareceu bonito numa fotografia. Não tinha nada do encanto da juventude; era algo mais duradouro, e ao vê-lo lutar contra um enorme touro cinza Concha y Sierra, que ele controlou com a delicadeza de quem toca uma espineta, você sabia que, se um touro fosse chifrá-lo e matá-lo em algum momento, e você presenciasse esse momento, você deixaria de ver touradas para sempre. Joselito morreu para provar que ninguém está seguro na arena e porque ele estava engordando. Belmonte morreu porque flertava com a tragédia e não podia culpar ninguém além de si mesmo. Todos os novilleros que morrem são vítimas da economia, e os melhores amigos que você faz nessa profissão morrem de doenças ocupacionais, o que é compreensível e coerente, mas se Rafael El Gallo fosse morto na arena, isso não seria irônico, não seria trágico, pois não haveria nenhuma dignidade; El Gallo ficaria amedrontado demais para ser digno; ele nunca admitiu o risco de morrer e ele nem sequer conseguiu ver o corpo de Joselito na capela; a morte de El Gallo seria uma infelicidade e provaria que a tourada é um equívoco, não moral, mas estético. El Gallo foi importante para as touradas e foi importante para todos nós que o admiramos; é possível que ele tenha corrompido as touradas, mas não como Guerrita as corrompeu; certamente, ele é o avô do estilo moderno, assim como Belmonte é o pai. Ele não é totalmente desonrado como Cagancho, ele só não tinha muita coragem e era um pouco ingênuo; mas que toureiro espetacular ele era e como, na verdade, demonstrava segurança; os mergulhos para trás das barreras eram acessos de pânico em momentos de perigo, nunca uma necessidade. El Gallo, em pânico, ainda ficava mais perto do touro do que muitos toureiros com pose de dominador em meio à tragédia da tourada, e a elegância e a excelência de seu trabalho eram tão delicadas quanto aquela bela obra mexicana feita de penas que está guardada no El Escorial. Você sabe que seria um pecado grave bagunçar a disposição das penas no pescoço de um gavião se elas nunca mais pudessem voltar ao arranjo original? Tão grave quanto o pecado de matar El Gallo.

14

O ideal para o toureiro, o que ele sempre espera que saia do toril e entre na arena, é um touro que ataque numa linha reta perfeita e que faça a volta sozinho ao fim de cada investida e ataque de novo numa linha reta perfeita; um touro que ataque em linha reta como se ele estivesse andando sobre trilhos. Ele espera sempre por esse touro, mas um animal assim surge uma vez a cada trinta ou quarenta. Os toureiros chamam esses touros de vaivém, de ida e volta, ou cariles, ou touros sobre trilhos, e aqueles toureiros que nunca aprenderam a dominar um touro difícil e que não sabem corrigir os defeitos do animal simplesmente se defendem na maioria dos casos e esperam pelos touros que atacam em linha reta para tentar qualquer coisa mais ousada. Esses toureiros são aqueles que nunca aprenderam a lutar contra touros, que encurtaram o período de aprendizado porque foram promovidos a matadores depois de uma tarde extraordinária em Madri, ou de uma série nas províncias, com touros que atacavam a favor deles. Esses toureiros conhecem a arte, têm personalidade, quando não a perdem por causa do medo, mas não dominam o métier e, como a coragem depende da confiança, eles ficam assustados com frequência simplesmente porque não conhecem sua profissão direito. Eles não são covardes por natureza, ou jamais teriam se tornado toureiros, mas eles se tornam covardes por ter de enfrentar touros difíceis sem ter o conhecimento, a experiência e o treinamento necessários para lutar com eles, e uma vez que, de cada dez touros que enfrentam, não chega a ter um que eles considerem ideal para lutar, na maioria das vezes que aparecem na arena, o trabalho deles será monótono, defensivo, ignorante, covarde e insatisfatório. Se aparecer um animal que seja como eles querem, você vai achar esses toureiros maravilhosos, excelentes, corajosos, criativos e, às vezes, quase inacreditáveis na proximidade e na tranquilidade com que enfrentam o touro. Mas se, dia após dia, eles parecerem incapazes de ter um desempenho competente com qualquer touro que ofereça alguma dificuldade, você vai sentir falta dos bons e velhos tempos em que havia toureiros diligentemente treinados e desejar que os artistas e os fenômenos se explodam.

O maior problema da técnica moderna das touradas é ser perfeita demais. Ela é desempenhada tão próximo do touro, muito lentamente e completamente sem defesa ou movimento por parte do matador que só pode ser executada com um touro feito sob medida. Sendo assim, para que possa ser desempenhada com regularidade e consistência, existem apenas duas maneiras possíveis. Primeiro, ela pode ser desempenhada por grandes gênios como Joselito e Belmonte, que conseguem dominar os touros com técnica, usam seus reflexos excepcionais para se defender e aplicar seus talentos sempre que possível, ou ela só pode ser desempenhada com o toureiro à espera do touro perfeito ou com acesso a touros feitos sob medida. Os toureiros modernos, com exceção de talvez três, ou aguardam pelo touro perfeito ou fazem o melhor que podem, recusando raças difíceis ou pedindo touros sob medida.

Lembro de uma corrida de touros da raça Villar em Pamplona, em 1923. Eles eram touros ideais, os mais corajosos que já vi, rápidos, ferozes, mas atacavam o tempo todo; eles nunca ficavam na defensiva. Eles eram grandes, mas não a ponto de serem pesados demais, e eles tinham belos chifres. A fazenda Villar criava touros esplêndidos, mas os toureiros não queriam saber deles. Os touros eram um pouquinho esplêndidos demais. A linhagem foi vendida para outro homem, que se deu o trabalho de diminuir essas qualidades o suficiente para que os toureiros tivessem interesse neles. Vi o primeiro resultado disso em 1927. Os touros tinham a aparência da raça Villar, mas eram menores, tinham chifres mais curtos e ainda eram bem corajosos. Um ano depois, eles ficaram ainda menores, com chifres mais curtos e não tão corajosos. No ano passado, eles estavam um pouquinho menores, com os chifres iguais e sem nenhuma coragem. Uma esplêndida linhagem original de touros bravos foi arruinada e liquidada ao se cultivar defeitos, ou fraquezas, para tornar a raça popular entre os toureiros, a fim de rivalizar com os touros feitos sob medida de Salamanca.

Depois de frequentar as touradas por um tempo, quando você entende o potencial delas, e quando elas enfim passam a ter algum valor para você, é quando se torna necessário assumir uma posição em relação às touradas. Ou você defende os touros de verdade, a tourada como um todo, e torce para que surjam bons toureiros que saibam lutar, como por exemplo Marcial Lalanda, ou torce para que surja um grande toureiro capaz de quebrar as regras como Belmonte, ou então você aceita as condições atuais da fiesta, conhece os toureiros e entende o ponto de vista deles; na vida, há sempre boas desculpas, que são válidas, para cada fracasso; e você se coloca no lugar do toureiro, tolera os absurdos que eles cometeram com certos touros, e espera até que eles tenham o touro feito sob medida. Uma vez que faça isso, você se torna tão culpado quanto qualquer outra pessoa que vive para destruir as touradas, e você tem mais culpa porque está financiando essa destruição. Certo, mas o que você pode fazer? Largar mão das touradas? Você pode, mas corre o risco de machucar o nariz ao empiná-lo desse jeito. Desde que você tenha algum prazer com a fiesta, você tem o direito de ir às touradas. Você pode protestar, pode falar, pode convencer os outros de como eles são idiotas, mas essas coisas são todas um tanto inúteis de se fazer, embora protestos sejam necessários e úteis na arena. Mas existe uma coisa que você pode fazer e é saber diferenciar o que é ruim e o que é bom, dar valor ao que é novo, mas não deixar nada confundir os seus padrões. Você pode continuar indo às touradas mesmo quando elas são ruins; mas nunca aplauda o que não é bom. Você deve, como espectador, mostrar que valoriza o trabalho bom e valioso que é fundamental para as touradas, mas que não é brilhante. Você deve valorizar o trabalho bem-feito e o sacrifício correto de um touro que é impossível de explorar com brilhantismo. Um toureiro não vai ser melhor do que o seu público por muito tempo. Se o público prefere ver truques em vez de uma apresentação de verdade, ele vai ver truques. Se surgir um bom toureiro de verdade, que se mantenha honesto e sincero, que não recorra a artimanhas ou mistificações, é preciso haver um número significativo de espectadores que valorize o que ele faz. Se isso soa como um evento de Devoção Cristã, me deixe dizer que acredito piamente no arremesso de coisas como almofadas de pesos variados, pedaços de pão, laranjas, vegetais, pequenos animais mortos de todo tipo incluindo peixes e, se for preciso, garrafas, desde que não sejam arremessadas contra a cabeça dos toureiros, e sou a favor de um incêndio ocasional na arena, caso não se obtenha nenhum efeito com um protesto correto e decente.

Um dos principais males das touradas na Espanha não é o veneno de críticos que conseguem fazer a fama de um toureiro, ao menos temporariamente, nos jornais diários de Madri, mas sim o fato de o ponto de vista desses críticos ser o mesmo do matador, porque eles vivem basicamente do dinheiro que recebem dos matadores. Em Madri eles não conseguem distorcer tanto um relato favorecendo o trabalho de um homem na arena como eles fazem quando mandam despachos de Madri para as províncias ou quando editam o relato de um correspondente que está na província, porque o público que lê o relato da luta de Madri, ao menos uma parte significativa dele, também viu a luta. Mesmo com toda a sua influência, com todas as suas interpretações, com todas as suas críticas aos touros e aos toureiros, eles são influenciados pelo ponto de vista do matador; o matador que mandou o responsável pelas espadas entregar um envelope contendo cem ou duzentas pesetas, ou mais, e um cartão. O responsável pelas espadas entrega esses envelopes para os críticos de cada um dos jornais de Madri e o valor varia de acordo com a importância que tem o jornal e o crítico. Mesmo os mais honestos e os melhores críticos recebem um envelope, e não se espera deles que transformem os desastres de um matador em triunfos, ou que distorçam os relatos a favor dos toureiros. É apenas um agrado que os matadores fazem a eles. Lembre que este é um país de honra. Porém, como uma boa parte do seu sustento vem dos matadores, no fundo, os críticos adotam o ponto de vista deles. É também uma perspectiva fácil de adotar e ela é também suficiente, pois é o matador que arrisca a vida, e não o espectador. Mas o espectador precisa impor as regras, respeitar as referências, evitar abusos e pagar pelas lutas para que a tourada profissional e os matadores possam existir.

O touro é o que determina se uma fiesta será boa ou ruim. Se o público, na figura do espectador que paga para ver a tourada, exige bons touros, touros grandes para tornar a luta uma luta séria, touros entre quatro e cinco anos de idade para que sejam grandes e fortes o suficiente para suportar as três fases da luta; não necessariamente touros enormes, touros gordos ou touros com chifres gigantes, mas animais bons e adultos; assim os criadores terão de manter os animais no pasto pelo tempo apropriado antes de vendê-los, e os toureiros terão de aceitar os touros como eles são e aprender a lutar contra eles. Algumas lutas podem ser bem ruins de ver no período em que toureiros despreparados estiverem sendo eliminados à medida que falharem com esses animais, mas, no fim, será pelo bem da fiesta. O touro é o principal elemento da fiesta e são os touros que os toureiros muito bem pagos estão sempre tentando sabotar, exigindo touros menores, mais jovens e com chifres mais curtos. Apenas os melhores toureiros conseguem impor suas condições. Os toureiros malsucedidos e os aprendizes precisam aceitar os touros grandes que as estrelas recusam. É isso que explica o aumento constante no número de mortos entre os matadores. E quem morre mais são os de talento medíocre, os iniciantes e os que fracassaram como artistas. Eles são mortos porque eles tentam, e o público exige que eles tentem, lutar contra os touros usando as técnicas que os astros das touradas usam. Mas eles são forçados a executar essas técnicas, se quiserem se sustentar com a tourada, nos touros recusados pelos astros, ou com os que nunca são oferecidos para eles porque quase com certeza seriam recusados por serem muito perigosos e por inviabilizarem uma apresentação brilhante. Isso explica as chifradas constantes e o desaparecimento de muitos novilleros promissores, algo que no fim vai produzir toureiros ótimos, se o período de aprendizado tiver a duração apropriada e se o aprendiz tiver um bom dinheiro. Um jovem toureiro que tenha aprendido a lutar com animais jovens e que tenha sido cuidadosamente protegido e só tenha lutado com touros jovens em toda a sua carreira vai se dar muito mal com touros grandes. É a mesma diferença entre atirar num alvo e atirar num jogo que envolva perigo ou num inimigo que também está atirando em você. Mas um aprendiz que tenha aprendido a lutar contra animais jovens, que tenha desenvolvido um estilo bom e próprio, e que depois disso aperfeiçoe sua técnica e aprenda a lutar com touros passando pelo inferno que é enfrentar os animais enormes, rejeitados, às vezes defeituosos, e extremamente perigosos que fazem parte das novilladas, isso quando ele não é protegido por um desses empresários da arena de Madri, vai ter a educação perfeita para um toureiro se o seu entusiasmo e a sua coragem não forem arrancados a chifradas.

Manuel Mejías, conhecido como Bienvenida, um toureiro das antigas que treinou os três filhos usando animais jovens, fazendo deles toureiros em miniatura, habilidosos e completos; como crianças extraordinárias trabalhando apenas com bezerros, os dois garotos mais velhos lotavam as praças de touros da Cidade do México, do sul da França e da América do Sul, durante o tempo em que foram proibidos de lutar na Espanha por uma lei que regra as performances de crianças; ele lançou o filho mais velho, Manolo, como um matador profissional aos dezesseis anos; ele foi de uma criança que lutava contra animais de dois anos para um matador profissional, pulando a etapa infernal de ser um novillero. O pai acreditava, e com razão, que se o filho se apresentasse como matador, não teria de encarar os touros grandes e perigosos que enfrentaria como novillero; que ele faria mais dinheiro como um matador profissional, e que se fosse para ele perder a paixão e a coragem trabalhando com touros adultos, o melhor seria lidar com isso sendo muito bem pago.

No primeiro ano, o garoto foi um fiasco. A transição entre touros jovens e touros adultos; a diferença na velocidade do ataque; a responsabilidade; em resumo, o perigo constante de morte acabou com seu estilo e com sua elegância de menino. Ele deixava claro que estava resolvendo problemas e que estava impressionado demais com a responsabilidade que tinha para fazer uma boa apresentação com os touros. Mas, no segundo ano, amparado por uma boa educação técnica em touradas, um treinamento que começou quando tinha quatro anos de idade, um conhecimento integral de como executar todas as suertes de uma tourada, ele solucionou o problema dos touros adultos e triunfou em Madri em três eventos sucessivos, triunfou nas províncias sempre que passava por elas, com touros de todas as raças, tamanhos e idades. Ele não demonstrava medo algum dos touros por causa do tamanho do animal, ele sabia como corrigir os defeitos de um touro e como dominá-los e ele enfrentava os maiores touros, executava o trabalho com maestria, coisa que os astros decadentes das touradas só eram capazes de fazer, ou de tentar fazer, com touros que fossem menores e tivessem menos força, menos idade e chifres menores. Havia uma coisa que ele não tentava, matar do jeito certo: mas ele fazia todo o restante direito. Ele foi o badalado messias de 1930, mas falta uma coisa para que ele possa ser julgado como toureiro: seu primeiro ferimento grave causado pelos chifres de um touro. Todos os matadores são chifrados violenta e dolorosamente, quase fatalmente, mais cedo ou mais tarde em suas carreiras, e até que um matador sofra seu primeiro ferimento grave, não é possível dizer qual será sua relevância para a posteridade. Porque mesmo que ele permaneça corajoso, é preciso ver como os seus reflexos serão afetados. Um homem pode ser tão corajoso como um touro para enfrentar qualquer perigo e, ainda assim, por causa do nervosismo, ser incapaz de enfrentar o perigo com frieza. Quando um toureiro não consegue manter a calma e afastar o perigo assim que a luta começa, ele se torna incapaz de encarar o touro com calma e passa a controlar o nervosismo, então esse toureiro chegou ao fim. É triste de ver um toureiro controlando o nervosismo. O público não quer isso. Ele paga para ver a tragédia do touro, não a do homem. Joselito sofreu apenas três chifradas graves e matou mil e quinhentos e cinquenta e sete touros, mas na quarta vez que foi chifrado, ele foi morto. Belmonte sofria ferimentos várias vezes ao longo de uma temporada e nenhum desses ferimentos alterava sua coragem, sua paixão pelas touradas, nem seus reflexos. Espero que o jovem Bienvenida nunca seja chifrado, mas se ele tiver sido depois da publicação deste livro e não se importar com o ferimento, então será hora de falar sobre o legado de Joselito. Pessoalmente, acredito que ele jamais será o herdeiro de Joselito. Ele tem um estilo bem acabado e uma facilidade para executar tudo menos o sacrifício, ainda assim, ao vê-lo em ação, fico com a impressão de estar num teatro. Muito do que ele faz tem a ver com artifícios, mas são os artifícios mais sutis que existem e são bem agradáveis de se ver; eles deixam tudo mais leve e divertido. Mas fico receoso de que o primeiro ferimento grande acabe com a leveza e deixe os artifícios mais visíveis. Bienvenida, o pai, ficou tão abatido quanto Niño de la Palma depois de sofrer seu primeiro ferimento, mas na criação de toureiros talvez a lógica seja a mesma dos touros e a coragem venha da mãe, enquanto a classe venha do pai. É bem antipático prever uma futura perda de coragem, mas na última vez que vi o badalado Bienvenida, seu sorriso estava muito forçado, e tudo que posso dizer agora é que não acredito nesse messias em particular.

Em 1930, Manolo Bienvenida era o redentor das touradas, mas surgiu outro em 1931: Domingo Lopez Ortega. Os críticos de Barcelona, que foi onde se gastou mais dinheiro com seu lançamento, escreveram que Ortega começava onde Belmonte havia parado; que ele era o melhor de Belmonte e de Joselito juntos, e que nunca houve ninguém como Ortega em toda a história das touradas, nenhum homem que tivesse as qualidades de artista, dominador e assassino. Ortega não impressiona tanto quanto os seus elogios. Ele tem trinta e dois anos e já se apresenta nos vilarejos de Castela, sobretudo naqueles próximos de Toledo, faz tempo. Ele vem de uma cidadezinha com menos de quinhentos habitantes, que fica na região seca entre Toledo e Aranjuez, chamada Borox, e seu apelido era o Caipira de Borox. No outono de 1930, ele teve um bom desempenho numa arena de quinta categoria em Madri, chamada Tetuan de las Vitorias, que tinha Domingo Gonzales como diretor e promotor, mais conhecido como Dominguin, um ex-matador. Dominguin levou Ortega para Barcelona e alugou a arena da cidade depois do fim da temporada para realizar uma luta com Ortega e um toureiro mexicano chamado Carnicerito de Mexico. Combatendo touros jovens, ambos tiveram dias bons e lotaram a arena de Barcelona três vezes sucessivas. Com uma fama habilidosamente construída por Dominguin durante os meses de inverno, lançando mão de elaboradas campanhas de imprensa e burburinhos, Ortega estreou em Barcelona como matador profissional na abertura da temporada de 1931. Cheguei à Espanha pouco depois da revolução e descobri que, nas mesas de cafés, ele era tão comentado como os temas políticos. Ele ainda não tinha lutado em Madri, mas todas as noites os jornais madrilenhos publicavam notícias sobre seus triunfos nas províncias. Dominguin estava gastando muito dinheiro em publicidade e Ortega estava cortando orelhas e rabos em todos os jornais vespertinos. O mais perto que ele chegou de lutar em Madri foi em Toledo, e encontrei bons aficionados que viram o desempenho dele e não concordaram com o que foi publicado a respeito. Todos concordavam que havia certos detalhes que eram bem exacutados, mas os aficionados mais inteligentes diziam que não estavam convencidos de seu talento. No dia 30 de maio, eu e Sidney Franklin, que tinha acabado de chegar a Madri depois de uma campanha mexicana, fomos para Aranjuez ver o grande fenômeno. Ele foi péssimo. Marcial Lalanda fez ele de bobo, assim como Vicente Barrera.

Naquele dia, Ortega demonstrou frieza e habilidade para manusear a capa bem e devagar, sem erguê-la muito, com o touro se mantendo imponente. Ele mostrou habilidade para alterar a trajetória natural do touro e fazer o animal se dobrar com um passe de duas mãos com a muleta que foi muito eficiente como castigo e ele fez um bom passe usando apenas a mão direita. Usando a espada, ele matou rápido e foi esperto ao preparar o sacrifício com grande estilo, para depois romper com a atitude arrogante do preparo e matar sem floreios. De resto, ele era ignorante, esquisito, desajeitado, não sabia usar a mão esquerda, era presunçoso e vaidoso. Era muito óbvio que ele tinha lido e acreditado em tudo que escreveram sobre ele nos jornais.

No que diz respeito à aparência, tinha um físico bom, maduro, mas com juntas grossas, e parecia feliz consigo mesmo, como se fosse um ator famoso. Sidney, que sabia ser capaz de fazer uma tourada muito melhor, reclamou muito de Ortega na volta para casa. Eu queria julgá-lo de maneira imparcial, sabendo que não se pode avaliar um toureiro a partir de uma única performance, então prestei atenção nas qualidades e nos defeitos que ele tinha e mantive minha cabeça aberta.

À noite, quando chegamos ao hotel, os jornais falavam sobre mais um triunfo de Ortega. Na verdade, fomos vaiados e zombados na última tourada, mas lemos no *Heraldo de Madrid* que ele tinha cortado as orelhas do touro depois de um grande triunfo e saiu da arena carregado nos ombros da multidão.

Depois, eu o vi em Madri numa apresentação oficial como matador profissional. Seu desempenho foi idêntico ao de Aranjuez, fora o dom de matar rápido, que ele tinha perdido. Ele lutou outras duas vezes em Madri sem mostrar nada que justificasse a propaganda que recebia e, além disso, ele começou a ter episódios de covardia. Em Pamplona, ele se apresentou tão mal que chegou a ser revoltante. Ele estava recebendo vinte e três mil pesetas por luta e tudo o que fazia era absolutamente ignorante, de baixo nível e vulgar.

Juanito Quintana, um dos maiores aficionados do norte da Espanha, escreveu para mim enquanto eu estava em Madri falando sobre Ortega, contando que todos estavam felizes de ter conseguido levá-lo para Pamplona e sobre o preço que o empresário dele estava cobrando por isso. Ele estava muito ansioso para vê-lo, e meu relato sobre os desempenhos tristes do toureiro em Madri e nos arredores pareceu deprimi-lo apenas por um momento. Depois da primeira vez, ele ficou decepcionado; mas depois de três vezes, Juanito não aguentava mais ouvir falar de Ortega.

No verão, vi Ortega várias vezes e ele foi bom em apenas uma delas, mesmo para os seus padrões. Isso aconteceu em Toledo com touros escolhidos a dedo, que eram tão pequenos e inofensivos que não dava para levar em conta nada do que ele fazia. Mesmo quando ele se sai bem, ele não consegue se movimentar direito e lhe falta tranquilidade. O melhor passe que ele consegue fazer é com duas mãos, usado para encurtar a trajetória do touro e fazê-lo dobrar o corpo, mas como esse é o melhor passe que ele faz, é só o que ele faz todas as vezes com todos os touros que enfrenta, independente de se o touro precisa ser castigado dessa forma ou não, e consequentemente estraga o animal até o fim da tourada. Ele faz muito bem um passe com a muleta usando a mão direita, inclinando o corpo na direção do touro, mas ele não dá continuidade com outros passes e é incapaz de fazer passes eficazes com a mão esquerda. Ele é muito bom girando entre os chifres do touro, uma manobra ridícula, e abusa das vulgaridades que substituem as manobras perigosas da tourada sempre que nota que o público é ignorante a ponto de aceitá-las. Ele tem muita coragem, força e saúde, e amigos em quem confio me dizem que ele foi bom de verdade em Valência, e se ele fosse mais jovem e menos convencido, sem dúvida se tornaria um matador excelente, bastava aprender a usar a mão esquerda; ele pode, assim como Robert Fitzsimmons, romper com todos os padrões de idade e ainda ser um toureiro, mas ele não tem nada de messias. Eu não queria dedicar tanto espaço assim para ele, mas como Ortega teve milhares de colunas de publicidade paga nos jornais, algumas delas muito habilidosas, sei que se estivesse fora da Espanha e acompanhando as touradas apenas pelos jornais, ele provavelmente pareceria ser mais importante do que é.

Um toureiro herdou as qualidades de Joselito e perdeu tudo por causa de uma doença venérea. Outro morreu da outra doença ocupacional relacionada às touradas, e um terceiro se revelou um covarde no primeiro ferimento causado por uma chifrada a testar sua coragem. Dos dois novos messias, Ortega não me convence, nem Bienvenida, mas desejo toda a sorte para Bienvenida. Ele é um garoto bem treinado, simpático e sem vaidade, e está enfrentando uma fase ruim.

Senhorinha: O senhor sempre deseja sorte para as pessoas e fala sobre os erros que elas cometeram, e me parece que suas críticas são muito maldosas. Meu jovem, como é que o senhor, apesar de não ser um toureiro, fala tanto de touradas e escreve longamente sobre elas? Por que não assumiu essa profissão se o senhor gosta tanto dela e a conhece tão bem?

Minha senhora, experimentei as fases mais simples da tourada, mas não tive o menor sucesso. Eu era velho demais, pesado demais e desajeitado demais. Além disso, meu tipo físico não é adequado porque sou pesado em vez de ser flexível e, dentro da arena, eu não seria nada mais do que um alvo ou do que um saco de pancadas para o touro.

Senhorinha: O senhor chegou a se machucar? Como é que o senhor ainda está vivo?

Minha senhora, a ponta dos chifres estava protegida ou cega, caso contrário eu teria sido rasgado como um cesto de palha.

Senhorinha: Então o senhor lutou contra touros com chifres protegidos. Achei que o senhor era melhor do que isso.

Dizer que lutei é um exagero, minha senhora. Não cheguei a lutar, fui mais arremessado por eles de um lado para o outro.

Senhorinha: O senhor teve alguma experiência com touros de chifres desprotegidos? Chegou a se machucar com eles?

Entrei na arena com touros assim e não me machuquei muito, só saí com algumas escoriações por causa da minha falta de jeito. Eu era atingido pelo focinho do touro e agarrava nos chifres igual àquelas imagens que remetem à Idade da Pedra, e com o mesmo desespero. Isso fez os espectadores rirem muito.

Senhorinha: E o que o touro fez nessa situação?

Fosse ele forte o suficiente, ele me arremessava longe. Senão, eu era arrastado por um trecho, com o touro tentando me chifrar o tempo todo, até que os outros amadores agarravam o rabo dele.

Senhorinha: Houve testemunhas dessas histórias que o senhor está contando? Ou é tudo invenção de escritor?

Existem milhares de testemunhas, embora muitas possam ter morrido desde então com lacerações no diafragma ou em outras partes internas do corpo, causadas por um excesso de gargalhadas.

Senhorinha: Foi por causa disso que o senhor desistiu de seguir a profissão de toureiro?

Tomei minha decisão depois de considerar a minha incompetência física, o conselho bem-vindo de amigos e o fato de que se tornou cada vez mais difícil, à medida que fiquei mais velho, entrar feliz na arena, a não ser quando tomava três ou quatro doses de absinto, que, apesar de inflamar minha coragem, distorcia um pouco os meus reflexos.

Senhorinha: Então posso considerar que o senhor abandonou as praças de touros também como amador?

Minha senhora, nenhuma decisão é irrevogável, mas à medida que envelheço, sinto que devo me dedicar mais e mais à literatura. Minhas fontes me dizem que, graças ao bom trabalho de Mr. William Faulkner, agora os editores publicam qualquer coisa em vez de insistir para você eliminar as partes boas do seu trabalho, e não vejo a hora de escrever sobre os dias da minha juventude que passei nos melhores prostíbulos do país em meio às pessoas mais geniais que conheci. Estou guardando essas lembranças para escrever sobre elas na minha velhice, quando terei condições de examiná-las de maneira mais clara, com a ajuda da distância.

Senhorinha: Esse Mr. Faulkner falou bem desses lugares?

Esplendidamente, minha senhora. Mr. Faulkner escreve sobre eles com admiração. Dos escritores que li nos últimos anos, ele é o que melhor escreve sobre eles.

Senhorinha: Preciso comprar os livros dele.

Minha senhora, com Faulkner, não tem erro. Além disso, ele é prolífico. A senhora compra os livros que existem e os novos não param de sair.

Senhorinha: Se eles forem bons como o senhor diz, nunca serão demais.

A senhora tirou as palavras da minha boca.

15

A princípio, a capa era um recurso na tourada para se defender do perigo do animal. Depois, com a fiesta regularizada, ela passou a servir para fazer o touro correr ao entrar na arena, para afastar o touro de um picador que tivesse caído e para posicioná-lo diante do próximo picador a ser atacado pelo touro, e também para colocá-lo em posição para as banderillas, colocá-lo em posição para o matador e para distraí-lo quando qualquer toureiro se encontra numa posição difícil. O objetivo e ponto culminante da tourada era o golpe final com a espada, a hora da verdade, e a capa era apenas um acessório usado para fazer o touro correr e que ajudava no preparo desse desfecho.

Na tourada moderna, a capa se tornou cada vez mais importante e o seu uso, cada vez mais perigoso, e a hora da verdade, ou o momento crucial, o sacrifício, passou a ser um negócio bem complicado. O matador é um dos responsáveis por afastar o touro do picador e de sua montaria, e por proteger o homem e o cavalo depois do ataque do touro. Esse ato de atrair o touro para o centro da arena e para longe do homem e do cavalo e, em seguida, presumidamente, colocá-lo em posição para atacar o próximo picador é chamado de quite, ou retirada. Os matadores ficam em fila à esquerda do cavalo e do cavaleiro, e aquele que atraiu o touro para longe do homem e do cavalo caídos vai para o fim da fila quando ele termina de fazer o quite. O quite, que se pronuncia quí-te, deixou de ser um mero ato de defesa para o picador, realizado da forma mais rápida, corajosa e elegante possível, para se tornar uma obrigação do matador, que o desempenha depois de ter executado passes com a capa no estilo de sua preferência, geralmente lançando mão de veronicas, pelo menos quatro vezes da forma mais próxima, tranquila e perigosa possível. Hoje, um toureiro é julgado, e pago, muito mais pela habilidade de executar passes tranquilos com a capa próximo do touro e com calma do que pela habilidade com a espada. A importância e a demanda crescentes pela elegância no trabalho com a capa e com a muleta começaram, ou ganharam força, com Juan Belmonte; as principais mudanças ocorridas com a tourada moderna são a expectativa e a exigência de que cada matador execute passes com o touro, realizando uma performance completa com a capa, nos quites; e a tolerância com o matador que é um artista com a capa e a muleta, mas péssimo na hora do sacrifício.

Na verdade, o quite como é feito hoje se tornou quase tão decisivo quanto o sacrifício costumava ser. O perigo é tão real, tão controlado e calculado pelo homem, e tão visível, que qualquer simulação ou artifício para acentuar o perigo fica evidente; nos quites modernos, os matadores rivalizam uns com os outros para ver quem é mais criativo e quem tem mais controle sobre o touro, quem faz os chifres passarem mais perto da cintura, e mais lentamente, mantendo o touro dominado e reduzindo sua velocidade ao fazer a capa varrer o chão com um movimento dos pulsos; a massa ardente do touro passando pelo homem que olha para baixo, no ponto em que os chifres do touro quase tocam, e às vezes tocam, suas coxas, enquanto os ombros do touro tocam o seu peito, sem poder fazer qualquer movimento para se defender do animal e sem nenhum recurso para se defender da morte simbolizada pelos chifres, a não ser pelo movimento lento dos braços e pelo cálculo que faz da distância; esses passes são melhores do que qualquer trabalho com a capa que era feito no passado e mais emocionantes do que tudo. É por isso que os toureiros rezam para ter um touro que ataque em linha reta, para ter um animal que permita a eles se aproximar dos chifres cada vez mais até que os chifres realmente encostem no homem, e é o trabalho moderno com a capa, extremamente bonito, extremamente perigoso e extremamente arrogante, que manteve as touradas populares e cada vez mais prósperas numa época em que a decadência era dominante e a capa era a única hora da verdade. Hoje em dia os matadores são capazes de torear como nunca antes, os bons pegaram a ideia que Belmonte teve de se posicionar perto do território do touro, manter a capa baixa e usar só os braços, e a executam até melhor do que o próprio Belmonte, melhor do que Belmonte se eles tiverem o touro ideal.

Não houve qualquer decadência na tourada no que diz respeito ao uso da capa. Não houve um renascimento, mas sim uma melhora generalizada, estável e constante.

Não vou descrever as muitas formas de se usar a capa, a gaonera, a mariposa, o farol, ou as formas mais antigas, os cambios de rodillas, os galleos, as serpertinas, com tantos detalhes como descrevi a veronica porque, quando você nunca viu nenhuma delas antes, uma descrição em palavras não é suficiente para fazer você identificá-las, diferente do que acontece com uma fotografia. A fotografia evoluiu tanto que se tornou irrisório tentar descrever alguma coisa que pode ser comunicada instantaneamente, bem como estudada, numa imagem. Porém, a veronica é a pedra de toque no trabalho com a capa. É quando você tem acesso ao máximo de beleza, perigo e controle. É na veronica que o touro passa com o corpo inteiro muito perto do homem, e a competência mais valorizada das touradas está nessas manobras em que o touro passa muito perto do homem. Quase todos os passes com a capa são variações pitorescas do mesmo princípio ou são, em maior ou menor grau, artifícios. A única exceção a essa regra é o quite da mariposa, ou da borboleta, inventado por Marcial Lalanda. Isso, as fotografias deixam claro, tem mais a ver com os fundamentos da muleta do que com os da capa. Essa manobra tem valor quando é executada lentamente e quando as dobras da capa que lembram as asas de uma borboleta se afastam do touro num movimento suave e não num ímpeto, enquanto o toureiro recua devagar de um lado para o outro. Quando é executada da maneira correta, cada movimento lento das asas da capa é como um passe natural com a muleta e é perigoso igual. Nunca vi ninguém executar esse movimento tão bem quanto Marcial Lalanda. Os imitadores, em especial o narigudo, de pernas nervosas e tendões de aço Vicente Barrera, de Valência, fazem a mariposa arrancando com tudo a capa do focinho do touro. Existe uma razão para eles não fazerem o movimento devagar. Se fizerem devagar, correm o risco de morrer.

Originalmente, os quites eram feitos de preferência por meio de largas. Nessas manobras, a capa ficava totalmente estendida e uma das extremidades era oferecida ao touro, atraindo a atenção do animal, que seguia a capa estendida, dobrava o corpo e estacava com um movimento feito pelo matador, que jogava a capa no ombro e ia embora. Esses movimentos podiam ser executados com uma elegância enorme. Com muitas variações possíveis. Largas podiam ser feitas com o homem ajoelhado e a capa sendo balançada no ar num movimento de serpente, fazendo assim as serpentinas e outras fantasias que Rafael El Gallo realizava tão bem. Porém, em todas as largas, o princípio era o de fazer o touro seguir a capa estendida, dobrar o corpo e estacar com um movimento da extremidade da capa gerado pelo homem que segura a extremidade oposta. A vantagem era fazer o corpo dobrar de uma maneira menos brusca do que nos passes de capa feitos com as duas mãos e assim manter o animal em condições melhores para atacar durante o ato final.

Hoje, a quantidade de trabalho com a capa feita apenas pelos matadores é, claro, muito destrutiva para o touro. Se o objetivo da luta continua sendo, como era originalmente, preparar o touro da melhor maneira possível para o sacrifício, o tanto que os matadores usam a capa com as duas mãos é insustentável. Entretanto, como as touradas progrediram ou decaíram de modo que agora o sacrifício representa apenas um terço da luta em vez de ser o objetivo principal, e o trabalho com a capa e o trabalho com a muleta são outros dois longos terços, os tipos de toureiros acabaram mudando. É raro, extremamente raro, encontrar um matador que seja bom no sacrifício do touro e também um grande artista com a capa e a muleta. É tão raro quanto encontrar um bom boxeador que seja também um pintor de categoria. Para ser um artista com a capa, para usá-la da melhor maneira possível, é preciso ter um senso estético incompatível com o papel de um grande matador. Um grande matador tem de amar matar. Ele precisa de uma coragem extraordinária e habilidade para executar duas ações muito diferentes usando as duas mãos ao mesmo tempo, ações muito mais difíceis do que dar tapinhas na cabeça com uma das mãos e esfregar a barriga com a outra, ele precisa ter um senso de honra primitivo e dominante, pois existem muitas formas de lograr o sacrifício do touro sem matá-lo de maneira humilde; mas acima de tudo ele precisa matar com prazer. Para a maioria dos matadores que são artistas, de Rafael El Gallo até Chicuelo, a obrigação de matar parece quase triste. Eles não são matadores, e sim toureiros, manipuladores da capa e da muleta com sensibilidade e muita habilidade. Eles não gostam de matar, eles têm medo de matar e, de cada cem touradas, eles não matam direito em noventa. As touradas ganharam muito com a arte que eles desenvolveram e um desses grandes artistas, Juan Belmonte, aprendeu a matar bem o suficiente. Embora nunca tenha se tornado um grande matador, ele tinha um instinto natural de matador que pôde ser desenvolvido e um orgulho tão grande de fazer tudo com perfeição que por fim se tornou um matador seguro e aceitável depois de ser, por muito tempo, inadequado. Mas Belmonte sempre teve um instinto animal e não há nenhum instinto animal nos outros artistas que surgiram na mesma época, e como eles não conseguem matar de maneira honesta, como eles seriam expulsos das touradas se tivessem de sacrificar touros do modo como deveriam ser sacrificados, o público passou a exigir o máximo deles no trabalho com a capa e a muleta, sem se importar com a morte do touro no fim, e assim a tourada se transformou.

A senhora deve estar achando todo este texto sobre as touradas cansativo.

Senhorinha: Não, senhor. De maneira nenhuma, mas minha leitura avança devagar.

Entendo. Uma explicação técnica não é uma leitura fácil. É como o manual incompreensível que vem com qualquer brinquedo mecânico.

Senhorinha: Eu não diria que o seu livro não é tão ruim assim.

Obrigado pelo incentivo, mas existe alguma coisa que eu possa fazer para a senhora não perder o interesse?

Senhorinha: Não vou perder o interesse. É só que às vezes eu fico cansada.

E existe alguma coisa que eu possa fazer para agradar a senhora?

Senhorinha: O senhor já me agrada.

Obrigado, minha senhora, mas eu estava me referindo ao texto ou à conversa.

Senhorinha: Bom, como nós paramos mais cedo hoje, por que o senhor não me conta uma história?

Sobre o quê?

Senhorinha: Sobre qualquer coisa que o senhor queira me contar. Só não quero mais histórias sobre os mortos. Estou um pouco cansada dos mortos.

Ah, minha senhora, os mortos também estão cansados.

Senhorinha: Não mais do que eu, de tanto ouvir falar deles, e agora o senhor já sabe. O senhor sabe alguma história como aquelas que Mr. Faulkner escreve?

Sei algumas, mas se eu não contar as histórias direito, é possível que a senhora não goste delas.

Senhorinha: Então conte direito.

Vou tentar. Vamos ver se consigo contar uma ou duas que não sejam muito longas nem muito velhas. Que tipo de história a senhora quer ouvir primeiro?

Senhorinha: O senhor sabe alguma história real com aquelas pessoas azaradas?

Sei algumas, mas em geral elas não têm muito drama, assim como todas as histórias que falam sobre pessoas anormais. Porque ninguém consegue prever o que acontece com uma pessoa normal, enquanto todas as histórias com pessoas anormais terminam do mesmo jeito.

Senhorinha: Ainda assim, eu gostaria de ouvir uma história dessas. Tenho lido sobre umas pessoas azaradas e as tenho achado muito interessantes.

Tudo bem, vou contar uma história curta, mas se eu escrever direito, ela pode ficar bem trágica. Na verdade, não vou escrevê-la, só vou contá-la de um jeito rápido. Eu estava almoçando na Associação de Imprensa Anglo-Americana em Paris e me sentei do lado do homem que me contou essa história. Ele era um jornalista sem dinheiro, um ignorante, que virou meu amigo, tagarelava sem parar e era chato, e morava num hotel caro demais para o salário que recebia. Ele ainda tinha emprego porque as circunstâncias que fariam dele um jornalista miserável ainda não tinham surgido. No almoço, ele me contou que tinha dormido muito mal na noite anterior por causa de uma algazarra que durou a noite inteira no quarto ao lado do dele. Por volta das duas manhã, alguém bateu na porta e implorou para que ele abrisse. O jornalista abriu a porta e um jovem de cabelo escuro que tinha uns vinte anos, usando pijama e um roupão que parecia novo, entrou no quarto chorando. No começo, ele estava descontrolado demais para se explicar, só passou a impressão de que alguma coisa terrível não tinha acontecido por pouco. Parece que esse jovem tinha chegado com o amigo em Paris naquele mesmo dia de trem. O amigo, que era um pouco mais velho, ele conhecia havia pouco tempo, mas os dois se tornaram grandes amigos e ele tinha aceitado o convite do amigo de viajar para o exterior. Esse amigo tinha bastante dinheiro e ele não, e a amizade dos dois tinha sido boa e bonita até aquela noite. Para ele, estava tudo acabado agora. Ele estava sem dinheiro, não veria a Europa, e aqui ele começou a chorar de novo, mas ele não voltaria para aquele quarto de jeito nenhum. Ele estava decidido. Preferia morrer a voltar para o quarto. E ele se mataria de verdade. Foi quando outra pessoa bateu na porta e era o amigo, um jovem americano de boa aparência que também usava um roupão novo que parecia caro. O jornalista queria saber o que estava acontecendo e o amigo disse que não era nada; que era só cansaço da viagem. Ao ouvir isso, o primeiro jovem começou a chorar de novo e disse que não voltaria para aquele quarto por nada nesse mundo. Preferia morrer, disse ele. Preferia se matar. No entanto, ele voltou para o quarto, finalmente, depois dos esforços do amigo mais velho de tranquilizá-lo e depois que o jornalista serviu um conhaque com soda para cada um deles e disse para os dois largarem mão daquilo e dormirem um pouco. O jornalista ficou sem saber qual era o problema, disse ele, mas achou tudo meio engraçado, e de qualquer forma ele voltou a dormir e pouco depois acordou com o que parecia ser uma briga no quarto ao lado e alguém dizendo, "Eu não sabia que era isso. Ah, eu não sabia que era isso! Eu não! Não!", seguido pelo que o jornalista descreveu como sendo um grito de desespero. Ele esmurrou a parede e o barulho parou, mas dava para ouvir um dos amigos chorando. Ele achou que devia ser o mesmo que estava chorando antes.

"Precisa de ajuda?", perguntou o jornalista. "Quer que eu chame alguém? O que está acontecendo aí?"

A única resposta que ele teve foi o choro de um dos amigos. Então o outro amigo disse, em alto e bom som, "Por favor, não se meta onde não é chamado".

O jornalista ficou irritado com isso e pensou em ligar para a recepção para ver se os dois não seriam expulsos do hotel, e ele teria ligado se o barulho não tivesse parado. Ele disse para eles pararem com aquilo, voltou para a cama e ficou por isso mesmo. Ele não conseguiu dormir direito porque o amigo ficou chorando por muito tempo até que, enfim, parou. Na manhã seguinte, ele viu os dois no lado de fora do Café de la Paix, conversando bem felizes e lendo a versão parisiense do *New York Herald*. Um ou dois dias depois, o jornalista me mostrou quem eram os amigos, eles estavam num táxi e, depois disso, vi os dois várias vezes sentados no terraço do Café Les Deux Magots.

Senhorinha: A história acaba assim? Não ficou faltando o que, na minha juventude, a gente chamava de final arrebatador?

Ah, minha senhora, faz anos que não escrevo uma história com um final arrebatador. A senhora acha mesmo que faz falta um final arrebatador?

Senhorinha: Sinceramente, senhor, gosto de ser arrebatada.

Sendo assim, não vou negar à senhora um final arrebatador. Na última vez que vi os dois, eles estavam sentados no terraço do Café Les Deux Magots, usando roupas elegantes, alinhados como sempre, a não ser pelo fato de que o mais jovem deles, aquele que preferia morrer a voltar para o quarto, tinha pintado o cabelo com hena.

Senhorinha: Isso não é nada arrebatador.

Minha senhora, todo esse episódio não tem nada de arrebatador e não faria sentido pesar a mão no final. A senhora gostaria de ouvir outra história?

Senhorinha: Obrigada, mas acho que já basta de histórias por hoje.

16

Você lê sobre como, antigamente, os touros levavam trinta, quarenta, cinquenta e até setenta estocadas dos picadores, enquanto hoje um touro capaz de aguentar sete estocadas é considerado um animal incrível, e tem a impressão de que as coisas eram muito diferentes naquela época e de que os toureiros deviam ter sido homens exemplares, tão exemplares quanto os jogadores de futebol americano no time do ensino médio eram para as crianças do ensino básico. As coisas mudaram bastante e agora, em vez de grandes atletas, as escolas só têm crianças jogando no time de futebol e, se você for ao bar para bater um papo com alguém das antigas, o comentário é de que hoje não existem bom toureiros; eles são só crianças sem nenhuma honra, habilidade ou virtude, assim como as crianças que hoje jogam futebol americano no time do ensino médio, que se tornou um esporte medíocre, e que não têm nada dos atletas bons, maduros e sofisticados, com seus uniformes característicos e cheiro avinagrado do suor nos protetores de ombro, carregando os capacetes de couro, sujos de lama, e andando com chuteiras de couro que deixavam marcas na terra à medida que caminhavam na luz do fim da tarde, muito tempo atrás.

Naqueles tempos, havia sempre grandes atletas e os touros realmente aguentavam muitas estocadas, como atestam os relatos contemporâneos, mas as lanças eram diferentes. No passado distante, a lança tinha uma ponta triangular muito pequena e era decorada e protegida de modo que apenas a pontinha penetrava no touro. Os picadores encaravam o touro com o cavalo em rota de colisão, fincavam a lança e, ao conseguir conter o touro, viravam o cavalo para a esquerda, livrando-o do embate e libertando o touro. Um touro, mesmo um touro moderno, poderia aceitar um número grande dessas lanças, uma vez que o aço não perfurava muito fundo, e era um enfrentamento por parte do picador e não um choque deliberado ou uma punição.

Não há consenso entre os criadores de touros e os picadores em relação à sua forma, uma vez que a forma determina a letalidade e a quantidade de vezes que o touro pode investir contra ela sem ser arruinado, tanto no aspecto físico quanto no de bravura.

A lança de hoje é nociva mesmo quando fincada do jeito certo. Ela é especialmente nociva porque o picador não a introduz, ou não a crava, como dizem, até que o touro se aproxime do cavalo. Então o touro precisa fazer o esforço de erguer o cavalo ao mesmo tempo que o homem está colocando seu peso na lança e fincando a ponta de aço no pescoço do touro ou na cernelha. Se todos os picadores fossem habilidosos como alguns poucos são, não haveria necessidade de deixar o touro se aproximar do cavalo antes de cravar a lança. Mas a maioria dos picadores, numa profissão mal paga que acaba sempre em concussão cerebral, quase não consegue fincar a lança direito. Eles dependem de um lance de sorte e do esforço que o touro precisa fazer para arremessar o cavalo e o cavaleiro até cansar os músculos do pescoço e fazer o trabalho que um picador de verdade consegue executar sem perder seu cavalo e sem ser derrubado da sela. O uso de colchões de proteção nos cavalos tornou o trabalho dos picadores muito mais difícil e perigoso. Sem o colchão, o touro consegue cravar os chifres no cavalo e levantá-lo, ou, às vezes, satisfeito com o estrago que está causando com os chifres, acaba sendo contido pela lança do picador; com o colchão, ele dá uma chifrada que não penetra em nada e acaba derrubando o cavalo e o cavaleiro. Os cavalos que não morrem na arena podem ser usados outras vezes. Eles têm tanto medo e ficam tão tomados pelo pânico ao sentir o cheiro dos touros que se tornam quase impossíveis de controlar. Pelas novas regras do governo, os picadores podem recusar cavalos assim, que devem ser marcados pelos fornecedores para que não sejam mais usados na arena, porém, como os picadores são mal pagos, essas regras também serão provavelmente burladas pelo pagamento de propina, ou suborno, que se tornou uma parte importante dos ganhos de um picador e que ele recebe dos fornecedores para montar os animais que teria o direito e o dever de recusar, pelas regras do governo.

A propina é responsável por quase todas as barbaridades nas touradas. As regras estipulam o físico, o tamanho e o vigor dos cavalos usados na praça de touros, e se cavalos adequados fossem usados e os picadores fossem bem treinados, os cavalos não precisariam morrer a não ser por acidente e contra a vontade dos cavaleiros, como acontece, por exemplo, na corrida de obstáculos para cavalos. Mas a aplicação dessas regras criadas para proteger os picadores depende de cada picador, que é a parte interessada, mas o picador é tão mal pago para correr perigo que, em troca de um pequeno aumento no salário, ele se dispõe a usar cavalos que vão tornar seu trabalho ainda mais difícil e perigoso. O responsável pelos cavalos deve fornecer ou ter à disposição trinta e seis cavalos para cada luta. Ele recebe um valor fixo, independente do que aconteça aos cavalos. O melhor para ele é fornecer os animais mais baratos que conseguir e usar a menor quantidade possível de animais.

Funciona assim: um dia antes da luta ou na manhã da luta, os picadores chegam aos currais da arena para escolher e testar os cavalos que vão usar. Uma peça de ferro fica fixada ao muro de pedras do curral a fim de marcar a altura mínima medida pelo ombro que um cavalo deve ter para ser aceito. Um picador prepara o cavalo com uma sela grande, monta, testa para ver se o cavalo se incomoda com a embocadura, as esporas e o freio, aí faz o cavalo dar meia-volta e cavalgar na direção do muro do curral e crava a lança no muro para ver se o cavalo é saudável e forte. Então ele apeia e diz para o fornecedor, "Eu não arriscaria a minha vida com esse pangaré nem por mil dólares".

"Qual é o problema com o cavalo?", pergunta o fornecedor. "Não é fácil achar um cavalo como esse."

"Melhor seria não achar esse cavalo nunca", diz o picador.

"Mas qual é o problema com ele? É um cavalo bonitinho."

"Ele não responde direito", diz o picador. "Não faz meia-volta. Além disso, ele não tem altura."

"Ele tem a altura certa. Olhe pra ele. A altura certinha."

"Altura certa para o quê?"

"Altura certa para uma montaria."

"Não para mim", diz o picador, dando as costas para o cavalo.

"Você não vai achar um cavalo melhor do que esse."

"Acredito nisso", diz o picador.

"O que está te incomodando de verdade?"

"Ele está com mormo."

"Que absurdo. Isso não é mormo. É só caspa."

"Você tem que usar inseticida nele", diz o picador. "Isso resolveria o problema, matando o bicho."

"O que está te incomodando de verdade?"

"Tenho uma esposa e três filhos. Eu não montaria esse cavalo nem por mil dólares."

"Seja sensato", diz o fornecedor. Eles baixam a voz. Ele dá quinze pesetas para o picador.

"Tudo bem", diz o picador. "Pode separar o cavalo para mim."

Horas depois, naquela mesma tarde, o picador monta o cavalo e, caso o cavalo seja ferido, se você perceber que, em vez de matar o animal, o funcionário da arena vestido de vermelho o conduz até o portão dos cavalos, onde ele será remendado de modo que possa ser usado de novo pelo fornecedor, pode ter certeza de que o funcionário da arena recebeu ou vai receber uma propina para cada cavalo que conseguir tirar vivo da arena, em vez de matá-los com misericórdia e humildade quando são feridos.

Conheci alguns bons picadores, honestos, respeitáveis e corajosos, que desempenhavam esse trabalho ruim, mas todos os fornecedores de cavalo que conheci não valiam nada, embora alguns deles fossem bons sujeitos. Os funcionários de arena também não valem nada. Eles são as únicas pessoas que conheci nas touradas que foram embrutecidas pela luta e são os únicos que desempenham um papel ativo sem correr nenhum perigo. Eles são vários, mas há um pai e um filho em especial que eu gostaria de fuzilar. Se um dia fosse permitido, por alguns dias, matar qualquer pessoa que você quisesse, acredito que, antes de liquidar uns policiais, uns políticos italianos, uns funcionários públicos, uns juízes de Massachusetts e alguns colegas da minha juventude, eu usaria parte da minha munição para dar cabo desses dois funcionários de arena. Não quero identificá-los com mais detalhes porque, se um dia eu der um fim neles, este texto pode servir como evidência de premeditação. Mas de todas as crueldades nojentas que já vi, eles foram responsáveis pelas piores. O lugar onde se vê violência gratuita com mais frequência é na polícia; e isso em todas as polícias de todos os países que visitei, incluindo, e principalmente, o meu próprio país. Com certeza, esses dois monosabios de Pamplona e San Sebastián deviam ser policiais da pior espécie, mas eles fazem o melhor que podem com as ferramentas que têm dentro da arena. Eles carregam na cinta suas puntillas, que são facas de ponta larga usadas para sacrificar um cavalo que esteja gravemente ferido, mas nunca vi nenhum dos dois matar um cavalo que fosse capaz de ficar em pé para ser conduzido até os currais. Não é só uma questão do dinheiro que eles poderiam ganhar salvando cavalos que seriam empalhados vivos para que pudessem voltar à arena, pois vi esses sujeitos se recusarem, até serem forçados pelo público, a matar um cavalo que não conseguia ficar em pé e que não tinha a menor chance de voltar para a arena, e eles fizeram isso pelo puro prazer de negar um ato de misericórdia pelo máximo de tempo possível. A maior parte dos funcionários de arena são uns pobres coitados que desempenham uma função miserável por um salário baixo e que estão autorizados a demonstrar piedade, se não houver compaixão. Se eles salvam um ou dois cavalos que deveriam ser mortos, eles o fazem com um medo que é maior do que qualquer prazer que possam sentir com isso, e ganham seu dinheiro tão bem quanto, por exemplo, os homens que catam guimbas de charuto. Mas esses dois de quem falei são gordos, bem alimentados e arrogantes. Certa vez, consegui acertar uma almofada de couro grande e pesada, de uma peseta e cinquenta cêntimos, na cabeça do mais jovem durante uma cena repugnante que havia fugido do controle, numa praça de touros no norte da Espanha, e, como nunca vou a uma arena sem uma garrafa de manzanilla, espero ainda ser capaz de acertar a garrafa vazia em um deles assim que a confusão ficar tão generalizada que uma garrafada acaba passando despercebida pelas autoridades. Depois que alguém, no contato com os administradores, deixa de acreditar nas leis como uma forma de combater abusos, é quando a garrafa se torna um meio supremo de ação. Se você não conseguir arremessar a garrafa, pode ao menos tomar alguma coisa.

Agora, nas touradas, um bom golpe do picador não é aquele que, com um movimento giratório, protege totalmente o cavalo. É assim que deveria ser, mas é raro ver isso acontecer. O que se espera de um bom picador agora é que ele seja capaz de cravar a lança do jeito certo, inserindo a ponta no morillo, a corcova que fica no alto do pescoço do touro entre os ombros, que ele tente conter o touro e que não torça nem vire a lança para não fazer um ferimento profundo capaz de sangrar e enfraquecer o touro, diminuindo o perigo para o matador.

Um golpe mau dado pelo picador é aquele que atinge qualquer lugar que não seja o morillo, um que provoque ou aumente um ferimento profundo, ou um em que o picador deixe o touro cravar os chifres no cavalo para só então fincar, empurrar e torcer a lança que está dentro do touro, tentando dar a impressão de que está protegendo o cavalo quando, na verdade, está somente ferindo o touro sem nenhum propósito.

Se os picadores tivessem de usar seus próprios cavalos e fossem bem pagos, eles protegeriam os animais e a parte da tourada que envolve os cavalos seria uma das mais brilhantes e engenhosas, e não um mal necessário. Da minha parte, se os cavalos têm de morrer, quanto pior o cavalo for, melhor. Da parte dos picadores, considerando a forma como eles trabalham com a lança hoje, um cavalo velho com patas grandes seria muito mais útil do que um puro-sangue em boas condições. Para ser útil numa arena, um cavalo precisa ser velho ou cansado. É para cansar os cavalos e fornecer transporte para os picadores que os animais são usados para ir da arena até a pensão dos picadores na cidade e voltar. Nas províncias, os funcionários da arena passeiam com os cavalos pela manhã só para cansá-los. O cavalo passou a desempenhar o papel de alvo para o ataque do touro, cansando os músculos do pescoço do animal e servindo de apoio ao homem que crava a lança também com o propósito de extenuar esses músculos. O dever do picador é o de cansar o touro e evitar ferimentos que possam enfraquecê-lo. O ferimento causado por uma lança é um incidente, não um fim. Sempre que se tornar um fim, ele é censurável.

Com esse objetivo, o melhor é usar os piores cavalos à disposição, que são aqueles que já não servem para mais nada, mas que ainda têm pernas fortes e podem ser controlados. Já presenciei puros-sangues serem mortos no ápice da forma física em outros lugares que não uma arena e é sempre triste e perturbador de se ver. A praça de touros é uma sentença de morte para os cavalos, e quanto pior o cavalo for, melhor.

Como eu disse, se os picadores usassem seus próprios cavalos, isso mudaria a lógica do espetáculo. Mas prefiro ver uma dúzia de cavalos velhos e inúteis serem mortos com um propósito a ver um bom cavalo morto por acidente.

E que fim levou a senhorinha? Ela já era. Enfim, nós a expulsamos do livro. Foi tarde, você diz. Sim, talvez tenha demorado um pouco. E os cavalos? Eles são o tema favorito das pessoas quando conversam sobre touradas. Faltou falar alguma coisa sobre os cavalos? Não faltou nada, você diz. As pessoas gostam de tudo, menos dos coitados dos cavalos. Devemos tentar mudar o tom da conversa? Falar de coisas mais nobres?

Mr. Aldous Huxley, num ensaio intitulado "De testa pequena", começa: "Em [nome do livro escrito por este autor], Mr. Hemingway se arrisca a nomear uma vez um grande mestre da pintura. Há uma frase expressiva e verdadeiramente admirável [aqui Mr. Huxley faz um elogio], uma única frase, nada mais que isso, sobre 'A lamentação sobre o Cristo morto', de Mantegna; mas em seguida, chocado com a própria ousadia, o autor muda de assunto rápido, muito rápido (tão rápido quanto Mrs. Gaskell mudaria de assunto caso mencionasse, sem querer, o banheiro), e passa a falar, de novo e envergonhadamente, sobre assuntos menores.

"Houve um tempo, mais ou menos recente, em que os estúpidos e os incultos aspiravam passar uma imagem de inteligentes e cultos. As aspirações deixaram de ser o que eram. Hoje não é incomum encontrar pessoas inteligentes e cultas que se esforçam para parecerem estúpidas e para esconderem o fato de que são educadas", e continua; continua no jeito educado do Mr. Huxley, que é sem dúvida um jeito extremamente educado.

E agora, você diz? Mr. Huxley mandou ver no argumento. O que você tem a dizer em sua defesa? Me permita responder honestamente. Ao ler isso no livro do Mr. Huxley, peguei uma cópia da obra a que ele se refere, revirei o livro e não consegui encontrar a citação que ele menciona. Deve estar lá, mas não tive a paciência nem o interesse de achá-la, uma vez que o livro estava concluído e não havia mais nada que pudesse fazer a respeito disso. Parece muito o tipo de coisa que alguém tentaria eliminar na revisão do manuscrito. Acredito que é mais do que uma questão de simular ou de esconder o verniz de cultura. Ao escrever um romance, um autor deve criar pessoas que têm vida; pessoas, não personagens. Um personagem é uma caricatura. Se um autor consegue criar pessoas que têm vida, talvez isso não signifique criar grandes personagens, mas é possível que o livro se sustente como um todo; como uma entidade; como um romance. Se as pessoas que o autor está criando são do tipo que fala sobre os grandes mestres; sobre música; sobre pinturas modernas; sobre cartas; ou sobre ciência, então elas devem falar desses assuntos no romance. Se as pessoas são do tipo que não fala sobre esses assuntos e o autor força a mão para que elas falem, ele é um falsificador, e se fala sobre esses assuntos para mostrar que tem conhecimento, ele é um vaidoso. Não importa o quão boa seja uma frase ou uma comparação, se ele não usa esses recursos apenas quando são absolutamente necessários e insubstituíveis, ele estraga o próprio trabalho por uma questão de ego. Prosa é arquitetura e não decoração de interiores, e o barroco já acabou. Um escritor que coloca os seus exercícios intelectuais, que valeriam pouco como ensaios, na fala de personagens construídos artificialmente dentro de um romance talvez esteja ganhando algum dinheiro, mas não está fazendo literatura. As pessoas num romance, diferentes de personagens construídos com habilidade, devem ser reflexos da experiência assimilada pelo escritor, do seu conhecimento, da sua cabeça, do seu coração e de tudo que existe nele. Se ele tiver sorte e for um escritor sério, e as pessoas saírem completas, elas terão mais de uma dimensão e vão resistir ao tempo. Um bom escritor deve ser capaz de escrever sobre quase qualquer coisa. Naturalmente, ele não é. Um escritor bom o bastante parece ter nascido com conhecimento. Mas ele não nasceu; ele só nasceu com a habilidade de aprender mais rápido do que os outros homens e sem consciência disso, e com uma inteligência capaz de aceitar ou de rejeitar o que é apresentado como conhecimento. Existem algumas coisas que demoram para ser aprendidas, e o tempo, que é a coisa mais valiosa que nós temos, é um valor alto a se pagar pela aquisição de conhecimento. Elas podem ser as coisas mais simples, mas porque um homem leva uma vida inteira para aprendê-las, o pouco que cada um consegue descobrir de novo é muito custoso e é o único legado que resta. Todo romance autêntico contribui para o acervo de conhecimento disponível para o próximo escritor que aparecer, mas o próximo escritor tem de dar em troca, sempre, um certo percentual de experiência para conseguir entender e assimilar o que estava disponível, que é seu direito de nascença e também seu ponto de partida. Se um escritor de prosa escreve sobre algo que conhece, pode querer omitir certas coisas, e o leitor, se o escritor for autêntico, vai ter uma percepção dessas coisas tão forte quanto teria se o escritor tivesse de fato escrito sobre elas. A dignidade no movimento de um iceberg se deve ao fato de apenas um oitavo dele estar acima da superfície da água. Um escritor que omite coisas porque não sabe escrever sobre elas deixa lacunas no texto. Um escritor que não compreende como escrever é um trabalho sério e que fica ansioso para mostrar às pessoas como é culto, educado ou sofisticado não passa de um papagaio. E lembre-se de uma coisa: um escritor sério não deve ser confundido com um escritor solene. Um escritor sério pode ser um falcão, uma águia ou até mesmo um papagaio, mas um escritor solene é sempre uma maldita coruja.

17

Para quem está vendo uma fiesta pela primeira vez, nada chama mais atenção do que a parte com as banderillas. O olhar de uma pessoa que não está acostumada com as touradas não consegue acompanhar o trabalho com a capa; há o choque de ver o cavalo ser atingido pelo touro e não importa o efeito que isso tenha sobre o espectador, ele vai ficar olhando para o cavalo e perder o quite feito pelo matador. O trabalho com a muleta é um pouco confuso; o espectador não sabe quais passes são difíceis de fazer e, como tudo é novo, seu olhar não consegue distinguir um movimento do outro. Ele vê a muleta como algo pitoresco e o sacrifício pode ser tão repentino que, a menos que o espectador tenha um olhar treinado, ele não vai conseguir distinguir uma coisa da outra e ver o que acontece de verdade. E também, quase sempre, o sacrifício é tão sem estilo e sem honra, com o matador fazendo o menor esforço possível a fim de diminuir a importância do momento, que o espectador não faz ideia da emoção e do espetáculo que é um touro sacrificado da maneira correta. Mas a parte das banderillas ele consegue ver nitidamente, ele acompanha todos os detalhes com facilidade e quase invariavelmente, quando o trabalho é bem-feito, ele gosta.

Na parte das banderillas, o espectador vê um homem carregando dois bastões finos com a ponta farpada; é o primeiro homem que vai na direção do touro sem uma capa nas mãos. O homem atrai a atenção do touro — estou descrevendo a maneira mais simples de fincar banderillas —, corre na direção do touro ao mesmo tempo que o animal ataca e, quando homem e touro ficam próximos, e o touro baixa a cabeça para chifrar, o homem junta os pés, ergue os braços bem alto e crava os bastões no pescoço do touro.

É mais ou menos isso que o espectador consegue ver.

"Por que o touro não consegue acertá-lo?", pode perguntar alguém que está vendo sua primeira tourada, ou mesmo depois de ver várias touradas. A resposta é que o touro não consegue se virar num espaço menor do que o próprio corpo. Sendo assim, quando o touro ataca, uma vez que o homem desvie dos chifres, o homem estará seguro. Ele pode desviar dos chifres adotando uma rota que faça um ângulo com a rota do touro, determinando o momento do embate quando junta os pés e o touro baixa a cabeça, fincando os bastões e girando o corpo para desviar dos chifres. Essa manobra é chamada de poder a poder, ou de força a força. O homem começa numa posição de modo que possa fazer um quarto de círculo ao desviar do ataque do touro, fincando os bastões al cuarteo, o modo mais comum, ou ele pode ficar parado e esperar que o touro ataque, a melhor maneira de cravar, e quando o touro está prestes a atingir o homem e começa a baixar a cabeça para chifrar, o homem ergue o pé direito e inclina o corpo para a esquerda, fazendo o touro seguir seu movimento, e depois retoma a posição, baixando o pé direito e cravando os bastões. Esse movimento é chamado de fincar as banderillas al cambio. Ele pode ser executado tanto para a direita quanto para a esquerda. Da maneira como descrevi, o touro passaria pela esquerda.

Existe uma variação desse movimento chamada de al quiebro, na qual o homem, em vez de levantar qualquer um dos pés enganando o touro com o movimento do corpo, deixa os pés imóveis; mas nunca vi alguém fazer esse movimento. Vi muitas banderillas serem cravadas da forma que os críticos chamam de al quiebro, mas nunca vi um homem fazer isso sem levantar um dos pés.

Em todas essas formas de cravar as banderillas, existem dois homens munidos de capa em partes diferentes da arena, em geral é um matador no centro e outro, um matador ou banderilleiro, atrás do touro para que, quando o homem que cravou as banderillas e escapou dos chifres do touro, usando a técnica de sua escolha, o touro, quando se vire para persegui-lo, veja uma capa antes de fazer a volta e perseguir o homem. Existe um lugar específico na arena onde dois ou três homens com capas se ocupam em todas as técnicas de se cravar as banderillas. As formas que descrevi, o cuarteo ou quarto de círculo, da força a força e suas variações, em ambos os casos tanto o homem quanto o touro estão correndo, e o cambio e suas variações, em que o homem fica parado e espera pela investida do touro, são as maneiras mais comuns de cravar as banderillas, em que o homem procura desempenhar seu papel com excelência. Elas são as maneiras mais usadas pelo matador quando ele mesmo assume a responsabilidade de cravar as banderillas, e o resultado depende da elegância, da pureza, da escolha e do domínio que o homem demonstra ao cravar as banderillas corretamente. Elas devem ser cravadas acima dos ombros, atrás do pescoço do touro, as duas devem ser colocadas ao mesmo tempo, não muito longe uma da outra, e elas não devem ser colocadas num lugar que possa atrapalhar o golpe com a espada. Banderillas não devem nunca ser colocadas nos ferimentos feitos pelos picadores. Uma banderilla colocada corretamente perfura somente o couro e o peso do bastão faz com que ela fique pendurada no flanco do touro. Se a banderilla for fundo, ela fica espetada e inviabiliza completamente um trabalho brilhante com a muleta, e em vez de um pequeno furo sem maiores consequências, ela causa um ferimento que machuca e mexe com o touro, tornando-o imprevisível e difícil de lidar. Nenhuma manobra na tourada tem o objetivo de causar dor ao touro. Se houver dor, ela é imprevista e não proposital. O objetivo de todas as manobras, além de oferecer um espetáculo brilhante, é cansar o touro e torná-lo mais lento para o sacrifício. Acredito que a parte da tourada que causa mais dor e sofrimento ao touro, de forma um tanto inútil, é a das banderillas. No entanto, é a parte da luta que causa menos repugnância a espectadores norte-americanos e britânicos. Acredito que seja porque é a parte mais fácil de acompanhar e de entender. Se a tourada inteira fosse tão fácil de acompanhar, valorizar e entender como é a parte das banderillas, a atitude de todo mundo fora da Espanha em relação às touradas seria diferente. Ao longo da minha vida, vi que a reação dos jornais norte-americanos e das revistas populares mudou muito em relação às touradas pela forma como ela passou a ser apresentada exatamente como é, ou passou a ser objeto de tentativas honestas por parte da ficção; e isso antes de o filho de um policial do Brooklyn se tornar um matador popular e competente.

Além das três formas que descrevi de se colocar as banderillas, existem pelo menos outras dez; algumas se tornaram obsoletas, como aquela em que o homem responsável pelas banderillas provoca o touro com uma cadeira na mão, para esperar sentado pelo ataque do touro, levantando da cadeira para atrair o touro para o lado com uma finta, cravando as banderillas e depois voltando a se sentar na cadeira. Isso quase não existe mais, assim como várias outras formas de cravar as banderillas que foram inventadas por certos toureiros e que raramente são bem executadas, a não ser pelos próprios inventores, e que caíram em desuso.

Num touro que assuma uma querencia perto da barrera, não é possível cravar banderillas usando o método do quarto de círculo ou de meio círculo para escapar do ataque do touro, cravando os bastões no momento em que a trajetória do homem se cruza com a do touro, sendo que após desviar do chifre do touro, o homem ficaria entre o touro e a barreira, e em touros assim, as banderillas devem ser cravadas com um golpe enviesado, ou al sesgo. Nessa manobra, se o touro estiver perto da barrera, um homem deve se posicionar com uma capa para atrair a atenção do touro até que o homem com as banderillas faça uma trajetória oblíqua a partir da barrera, crave as banderillas ao passar diante do touro sem parar, da melhor maneira que puder. Com frequência, ele tem de saltar a barrera se o touro vem na sua direção. Existe um homem munido de capa numa posição mais distante na arena que tenta provocar o touro enquanto ele se vira, mas como os touros que exigem essa manobra são quase sempre aqueles mais suscetíveis a perseguir o homem em vez da isca, é comum que o homem com a capa seja, por comparação, inútil.

Touros que não atacam, ou que, ao atacar, miram no homem, ou aqueles que não enxergam direito, recebem as banderillas num movimento chamado de media vuelta, ou meia-volta. Nesse método, o banderillero se aproxima do touro por trás, chama a atenção dele e, enquanto o animal se vira e baixa a cabeça para atacar o homem que está em movimento, o homem crava as banderillas.

Esse é apenas um método emergencial de cravar as banderillas, pois ele desrespeita o princípio da tourada segundo o qual o homem deve, ao executar qualquer manobra com o touro, se aproximar dele pela frente.

Outra forma de cravar as banderillas que ainda existe é a chamada de relance; que é quando o touro ainda está correndo e cabeceando depois de ter recebido o primeiro par de banderillas, o homem aproveita essa corrida do touro, que é diferente de um ataque que tenha sido provocado deliberadamente, para fazer um movimento de um quarto de círculo ou de meia-volta para cravar outro par.

É normal que o matador assuma as banderillas quando ele achar que o touro tem potencial para uma performance brilhante. Em outros tempos, um matador só assumia as banderillas se o público pedisse. Agora, as banderillas fazem parte do repertório rotineiro de todos os matadores que tenham o físico adequado e que tenham aprendido a cravar as banderillas direito. Apenas na preparação do touro, às vezes atraindo-o ao correr de costas fazendo zigue-zagues, essas mudanças repentinas de direção sendo a defesa de um homem a pé contra um touro, dando a impressão de que está brincando com o animal enquanto o coloca no lugar onde quer, depois provocando-o com arrogância, com passos firmes e devagar na direção do touro e então, quando o touro ataca, ele espera pelo touro ou corre na direção dele, um matador tem a oportunidade de exibir sua personalidade e seu estilo em todos os movimentos nesse terço da luta. Um banderillero, no entanto, mesmo quando é mais habilidoso do que seu mestre, segue apenas uma ordem, fora a orientação sobre em que parte do animal inserir o bastão, e essa ordem é cravar rápido e corretamente para entregar o touro rápido e na melhor forma possível para o seu mestre, o matador, para o último e derradeiro ato. A maioria dos banderilleros é boa em cravar os bastões por um lado ou por outro. É muito raro existir um homem capaz de cravar bem as banderillas por ambos os lados. Por esse motivo, um matador tem sempre um banderillero que é bom pela direita e outro que é bom pela esquerda.

O melhor banderillero que já vi foi Manuel Garcia Maera. Ele, com Joselito e Rodolfo Gaona, o mexicano, eram os melhores da era moderna. Uma coisa peculiar é a qualidade impressionante dos toureiros mexicanos com as banderillas. Nos últimos anos, em toda temporada, surgem de três a seis mexicanos desconhecidos que atuam como ajudantes de toureiro e todos eles são tão bons quanto ou até melhores do que os banderilleros mais talentosos da Espanha. Eles têm um estilo no preparo e na execução, e têm algo de dramático, porque assumem riscos inacreditáveis, que são a marca e a característica da tourada mexicana, além da frieza que demonstram em todo o resto do trabalho.

    Rodolfo Gaona foi um dos melhores toureiros que já existiu. Ele cresceu sob o regime de Don Porfírio Diaz e trabalhou na Espanha somente nos anos em que as lutas foram suspensas enquanto o México passava por uma revolução. Ele mudou seu estilo logo no início, influenciado por Joselito e Belmonte, e competiu com eles quase de igual para igual na temporada de 1915; de igual para igual em 1916, mas depois disso um ferimento de uma chifrada e um casamento infeliz acabaram com sua carreira na Espanha. O seu desempenho foi ficando cada vez pior como toureiro, enquanto Joselito e Belmonte foram se aperfeiçoando. O ritmo, que ele já não acompanhava por não ser tão jovem quanto eles, o novo estilo e a perda de ânimo causada pelas dificuldades em casa foram demais para ele, que voltou para o México, onde era dominante entre os toureiros e serviu de modelo para toda a safra atual de elegantes toureiros mexicanos. A maioria dos toureiros espanhóis nunca viu Joselito nem Belmonte, viu somente os seus imitadores, mas todos os mexicanos viram Gaona. No México, ele era também mestre de Sidney Franklin e o estilo de Franklin com a capa, que confundia e maravilhava os espanhóis quando ele surgiu, foi elaborado e influenciado por Gaona. Hoje, num período sem guerra civil, o México produz uma quantidade grande de toureiros que podem se tornar grandes se souberem aprender com os touros. As artes nunca florescem em tempos de guerra, mas com a paz no México, a arte das touradas está florescendo muito mais no México do que na Espanha. A dificuldade é a diferença no tamanho, no temperamento e na coragem dos touros espanhóis com os quais os jovens mexicanos que vêm para a Espanha não estão acostumados e por isso são, com frequência e depois de um trabalho brilhante, pegos e chifrados não por um defeito em suas técnicas, mas simplesmente porque eles estão trabalhando com animais mais nervosos, poderosos e difíceis de avaliar do que aqueles que existem no seu país. Não se pode ter um grande toureiro sem que ele seja chifrado cedo ou tarde, mas se ele for chifrado cedo demais, repetidas vezes e quando ainda é jovem demais, ele jamais será o toureiro que poderia ter sido se os touros tivessem demonstrado respeito por ele.

Quando você avalia a colocação de um par de banderillas, deve prestar atenção na altura que o homem consegue erguer os braços quando ele crava os bastões, pois quanto mais alto elevar os braços, mais ele vai permitir que o touro se aproxime do seu corpo. Perceba também quantos círculos ou cuarteos ele usa para se desviar do ataque do touro, quanto mais cuarteos usar, mais segurança ele tem. Em um par de banderillas bem colocado, o homem junta os pés e ergue as mãos, e nos cambios e nos chamados quiebros, você deve ver como ele espera pelo touro e deixa que o animal se aproxime antes de mudar a posição dos pés. O mérito das banderillas colocadas próximo das barreras depende totalmente do quanto a manobra precisa ou não das capas agitadas atrás das barreras para atrair a atenção do touro. Quando o homem trabalha no centro da arena, ao se aproximar do touro, ele conta com dois homens munidos de capas posicionados a uma certa distância, um de cada lado; o papel desses homens é atrair a atenção do touro caso ele persiga o toureiro depois de receber os bastões. Na colocação das banderillas próximo das barreras, talvez seja necessário agitar uma capa depois que as banderillas foram colocadas, para proteger o homem se ele estiver numa posição complicada. Mas uma capa agitada no instante da colocação dos bastões é apenas um artifício.

Entre os matadores em atividade, os que têm o melhor desempenho com as banderillas são Manolo Mejías ("Bienvenida"), Jesus Solorzano, José González ("Carnicerito de Mexico"), Fermín Espinosa ("Armillita II") e Heriberto Garcia. Antonio Márquez, Félix Rodríguez e Marcial Lalanda fazem trabalhos muito interessantes com as banderillas. Às vezes, Lalanda coloca pares excelentes, mas com frequência faz um quarto de círculo grande demais para desviar da cabeça do touro. Márquez tem dificuldade para dominar e posicionar o touro e, quando coloca as banderillas próximo das barreras, o touro quase sempre é levado a investir contra as tábuas e isso o deixa desconfiado da barrera e, no instante em que crava o par de banderillas, há sempre um peón agitando uma capa atrás da barrera para distrair o touro enquanto Márquez escapa. Félix Rodríguez é um banderillero esplêndido, mas tem estado doente e não tem mais a força física necessária para executar bem a função. Quando está na sua melhor forma, ele é perfeito.

Fausto Barajas, Julián Saiz ("Saleri II") e Juan Espinosa ("Armillita") eram banderilleros excelentes, mas estão em decadência. Talvez Saleri tenha se aposentado até a publicação deste livro. Ignacio Sánchez Mejías era um banderillero muito bom, que também se aposentou como matador, mas ele tinha um estilo pesado e deselegante.

Existe meia dúzia de jovens mexicanos que são tão bons quanto qualquer um desses matadores e que, até a publicação deste livro, podem estar mortos, arruinados ou famosos.

Dos banderilleros trabalhando como peones sob as ordens de um matador, os melhores com os bastões são Luis "Magritas" Suárez, Joachin "Mella" Manzanares, Antonio Duarte, Rafael "Rafaellillo" Valera, Mariano Carrato, Antonio "Bombita IV" Garcia, e, com a capa, Manuel "Rerre" Aguilar e Bonifacio "Boni" Perea, o peón de confiança, ou banderillero particular, de Bienvenida. O melhor peón com a capa que já vi foi Enrique "Blanquet" Berenguet. Os melhores banderilleros são, muitas vezes, homens que tentaram ser matadores, fracassaram no uso da espada e acabaram se resignando a um trabalho assalariado numa cuadrilla. É comum que eles saibam mais sobre os touros do que os próprios matadores e é comum que tenham mais personalidade e estilo, mas eles estão numa posição servil e precisam ter cuidado para não chamar mais atenção do que o chefe. O único homem que, de fato, ganha dinheiro nas touradas é o matador. Isso faz sentido porque ele assume o maior risco, mas bons picadores, que recebem apenas duzentos e cinquenta pesetas, são ridiculamente mal pagos em comparação ao matador, que recebe dez mil pesetas ou mais. Se não forem bons no que fazem, eles definitivamente representam um risco para o matador e recebem mais do que valem, mas do modo como as coisas são, por melhores que sejam na sua profissão, comparados aos matadores, eles nunca deixarão de ser trabalhadores pagos com diárias. Existe uma demanda alta pelos melhores banderilleros e picadores, e meia dúzia de cada deve atuar em até oitenta lutas numa temporada, mas existem muitos profissionais bons e capazes que quase não conseguem se sustentar. Eles são sindicalizados e os matadores devem pagar para eles um salário mínimo; esse valor varia de acordo com a posição do matador no ranking; existem três categorias divididas de acordo com o valor que os banderilleros recebem por luta, mas existem muito mais banderilleros do que oportunidades de lutar, e um matador consegue contratá-los pelo valor que quiser, se ele for bem mesquinho, fazendo-os assinar um recibo de um determinado valor em dinheiro e descontando o valor do recibo na hora de fazer o pagamento. Apesar de ser uma profissão muito mal paga, esses homens persistem, vivendo abaixo da linha da pobreza, iludidos que ganham a vida trabalhando com os touros e do orgulho de serem toureiros.

Por vezes, os banderilleros são magros, morenos, jovens, corajosos, habilidosos e confiantes; muito mais homens do que o matador, do tipo capaz de dormir com a mulher do chefe, levando o que parece ser uma boa vida ao menos para eles; aproveitando a vida; outras vezes, eles são respeitáveis pais de família que entendem de touros, gordos porém ágeis, pequenos empresários que trabalham no ramo de touros; outras vezes, eles são durões, pouco inteligentes, mas capazes e corajosos, com carreiras tão longas quanto a de um jogador de beisebol, desde que suas pernas aguentem; outros podem ser corajosos, mas não ter a menor habilidade, trabalhando duro para ganhar a vida, ou eles podem ser velhos e inteligentes, mas sem pernas, procurados pelos jovens toureiros pela autoridade que têm na arena e pela habilidade de posicionar os touros corretamente.

Blanquet era um homem muito pequeno, muito sério e honesto, com um nariz romano e um rosto meio acinzentado, dono da maior inteligência que já vi no quesito touradas e com um trabalho de capa que parecia mágico ao corrigir as falhas de um touro. Ele era o peón particular de Joselito, Granero e Litri. Todos eles foram mortos por touros e, nos três casos, sua capa, sempre providencial quando necessária, não serviu para nada no dia em que eles morreram. O próprio Blanquet morreu de um ataque cardíaco ao entrar num quarto de hotel depois de ter saído da arena, antes de tirar as roupas para tomar um banho.

Dos banderilleros em atividade, o que tem mais estilo com os bastões é, possivelmente, Magritas. No trabalho com a capa, ninguém tem o estilo que Blanquet tinha. Ele manuseava a capa usando apenas uma das mãos com o mesmo tipo de delicadeza de Rafael El Gallo, mas com a modéstia habilidosa de um peón. Foi ao ver a curiosidade e as ações de Blanquet, quando nada em particular parecia estar acontecendo, que aprendi sobre a importância dos detalhes invisíveis de uma tourada.

Você quer ver uma conversa? Sobre o quê? Algo a ver com pinturas? Algo para agradar Mr. Huxley? Algo que faça o livro valer a pena? Tudo bem, este é o fim de um capítulo, podemos dar um jeito. Bom, quando Julius Meier-Graefe, o crítico alemão, veio à Espanha, ele queria ver obras de Goya e de Velázquez em busca de êxtases sobre os quais pudesse escrever depois, mas ele gostava mais de El Greco; ele não estava contente por gostar mais de El Greco; ele não podia gostar de mais ninguém, então escreveu um livro para provar como Goya e Velázquez eram pintores pobres, e para exaltar El Greco, e o critério que ele usou para julgar os pintores foi suas respectivas pinturas da crucificação de Nosso Senhor.

A essa altura, seria difícil fazer alguma coisa mais estúpida do que isso porque, dos três, apenas El Greco acreditava em Nosso Senhor ou demonstrava qualquer interesse em sua crucificação. Você só pode julgar um pintor pela forma como ele pinta as coisas em que acredita ou as coisas com que se importa e também as coisas que odeia; e julgar Velázquez, que valorizava as indumentárias e acreditava na importância da pintura como pintura, pelo retrato de um homem quase nu em uma cruz que já tinha sido pintado, Velázquez deve ter pensado, muito satisfatoriamente na mesma posição outras vezes, e por quem Velázquez não tinha interesse nenhum, não é inteligente.

Goya era como Stendhal; a imagem de um padre bastava para lançar essas duas figuras anticlericais num furor criativo. A crucificação, de Goya, é uma oleografia de madeira cinicamente romântica que poderia servir de cartaz para um anúncio de crucificações no estilo dos cartazes das touradas. A crucificação de seis Cristos cuidadosamente selecionados vai ocorrer a partir das cinco da tarde no Monumental Golgotha, de Madri, com a autorização do governo. Crucificadores reconhecidos e credenciados vão realizar o trabalho, cada um deles acompanhado por sua cuadrilla munida de pregos, martelos, cruz, pás etc.

El Greco gostava de pintar quadros religiosos porque, evidentemente, ele era religioso e porque sua arte incomparável, na época, não era limitada a reproduzir de maneira precisa os rostos de fidalgos que sentavam para os retratos, e ele poderia ir tão longe quanto quisesse nesse outro mundo e, consciente ou inconscientemente, pintar santos, apóstolos, Cristos e Virgens com os rostos andróginos e com as formas que animavam sua imaginação.

Certa vez, em Paris, eu estava conversando com uma garota que escrevia uma versão ficcional da vida de El Greco e eu perguntei para ela: "Você falou que El Greco era um maricón?"

"Não", ela disse. "Por que eu faria isso?"

"Você chegou a ver os quadros que ele pintou?"

"Sim, claro."

"Você chegou a ver em alguma parte exemplos mais clássicos do que aqueles que ele pintou? Você acha que foi acidente ou aqueles cidadãos todos são mesmo homossexuais? O único santo que sei que é universalmente representado dessa forma é San Sebastián. El Greco pintou todos eles da mesma maneira. É só você ver os quadros. Não precisa acreditar em mim."

"Não tinha pensado nisso."

"Pois então pense", eu disse, "se você está escrevendo sobre a vida dele."

"Tarde demais", ela disse. "O livro está pronto."

Para Velázquez, o que importava era a pintura, as indumentárias, os cachorros, os anões e a pintura de novo. Goya não valorizava as indumentárias, mas valorizava os tons de preto e cinza, a poeira e a luz, os lugares elevados em meio às planícies, a região ao redor de Madri, o movimento, os seus próprios cojones, a pintura, a gravura, e tudo aquilo que ele tinha visto, sentido, tocado, manuseado, cheirado, desfrutado, bebido, cavalgado, sofrido, cuspido, acariciado, suspeitado, observado, amado, odiado, cobiçado, temido, detestado, admirado, abominado e destruído. Naturalmente, nenhum pintor jamais conseguiu pintar tudo isso, mas ele tentou. El Greco valorizava a cidade de Toledo, a sua localização e a sua construção, algumas pessoas que moravam nela, o azul, o cinza, o verde e o amarelo, o vermelho, o espírito santo, a comunhão e a fraternidade de santos, a pintura, a vida após a morte e a morte após a vida, e os homossexuais. Se é verdade que ele era um deles, ele devia ser redimido pela sua tribo, pelo exibicionismo afetado de uma tia velha, pela arrogância moral de um Gide, que lembrava a de uma solteirona enrugada; pela preguiça e pela libertinagem afetada de um Wilde, que traiu uma geração; pela humanidade sentimental de um Whitman e de toda a aristocracia que foi triturada. Viva El Greco, el rey de los maricones.

A habilidade de um toureiro com a muleta é o que, no fim, determina sua posição no ranking, porque ela é a etapa mais difícil de se dominar na tourada moderna e é quando o matador tem mais liberdade para mostrar seu talento. A muleta pode estabelecer uma reputação e o valor pago para um matador depende de sua habilidade de apresentar um desempenho completo, criativo, artístico e emocional com a muleta, considerando que ele tenha um bom touro. Conseguir um touro corajoso em Madri, fazê-lo chegar ao ato final em condições ideais e então, devido a um repertório limitado, não conseguir tirar vantagem de sua bravura e de sua coragem para fazer uma brilhante faena acaba com a chance de um toureiro ter uma carreira de sucesso. Pois agora os toureiros são divididos, classificados e pagos, curiosamente, não pelo que eles de fato fazem, já que o touro pode atrapalhar no desempenho do toureiro, eles mesmos podem ficar doentes, podem não ter se recuperado direito de uma chifrada, ou estar num dia ruim; mas pelo que eles são capazes de fazer em condições ideais. Se os espectadores sabem que o matador é capaz de executar uma série de passes completos e consecutivos com a muleta, demonstrando coragem, talento, habilidade e, acima de tudo, beleza e emoção, eles vão tolerar um trabalho medíocre, um trabalho covarde, um trabalho desastroso porque eles têm esperança de ver, cedo ou tarde, uma faena completa; a faena faz com que um homem se supere e se sinta imortal, entrando numa espécie de êxtase que, embora momentâneo, é tão profundo quanto um êxtase religioso; um sentimento que envolve todas as pessoas dentro da arena e o toureiro, que dialoga com o público por meio do touro e recebe como resposta um êxtase cada vez mais intenso, ordenado, solene, passional, capaz de aumentar o desprezo pela morte que, no fim, quando o animal que tornou tudo possível é submetido à morte, deixa você com uma sensação de vazio, de mudança e de tristeza, assim como acontece com toda emoção forte.

Um toureiro que sabe fazer uma bela faena tem uma posição dominante na profissão, desde que seja capaz de repetir o feito, se as condições forem favoráveis; mas um toureiro que se mostrou incompetente ao tentar uma faena nas condições certas, desprovido de criatividade e habilidade com a muleta, mesmo sendo corajoso, honesto, experiente e conhecedor do ofício, será sempre um mero operário das touradas pago de acordo com esse papel.

É impossível acreditar na intensidade espiritual e emocional, e na beleza clássica e pura, que podem ser produzidas por um homem, um animal e um pedaço de pano escarlate envolvido num bastão. Se escolher não acreditar e preferir encarar a coisa toda como um absurdo, você pode provar que tem razão indo a uma tourada em que nada especial acontece; e muitas delas são assim; e você poderá sempre confirmar seu ponto de vista. Mas se um dia você presenciar uma faena de verdade, precisa ter condições de reconhecê-la. E é o tipo de experiência que não permite um meio-termo, ou você reconhece ou não reconhece. No entanto, não há como ter certeza de que você vai ver uma bela faena a menos que vá a muitas touradas. Mas se um dia você presenciar uma faena finalizada com uma bela estocada, você não vai se esquecer dela tão fácil.

Tecnicamente, a muleta serve para o homem se defender do ataque do touro e para regular a altura da cabeça do animal, para corrigir a tendência que o touro às vezes tem de usar um ou outro chifre, para cansar o animal e posicioná-lo antes do sacrifício, e para que o touro tenha algo contra o que investir que não seja o corpo do homem, no instante em que o matador crava a espada.

Em princípio, a muleta é carregada na mão esquerda e a espada na direita, e os passes feitos com a muleta na mão esquerda são uma virtude maior do que aqueles executados com a direita, uma vez que com a mão direita, ou com ambas as mãos, ela fica mais estendida com a ajuda da espada e assim o touro tem um alvo maior para atacar, podendo passar a uma distância maior do corpo do homem e também, com o movimento desse alvo maior, parar mais longe antes de atacar de novo, dando ao homem mais tempo para preparar o próximo passe.

O melhor passe com a muleta, o mais perigoso de se fazer e mais bonito de se ver, é o natural. Nele, o homem encara o touro com a muleta na mão esquerda, a espada na direita, o braço esquerdo pendendo naturalmente ao lado do corpo e o pano escarlate dobrado e pendurado no bastão que o sustenta. O homem anda na direção do touro e o provoca com a muleta, e quando ele ataca, o homem simplesmente desvia do touro, movendo o braço esquerdo na frente dos chifres, o corpo do homem seguindo o movimento do ataque, os chifres na frente do corpo do toureiro, que tem os pés imóveis, ele move lentamente o braço que segura o pano diante do touro e gira, fazendo uma volta de um quarto de círculo com o animal. Se o touro parar, o homem provoca o touro de novo e realiza mais um quarto de círculo com ele, e de novo, e de novo, e de novo. Já vi fazerem isso seis vezes consecutivas; o homem controlando o touro com a muleta como se fizesse mágica. Se, em vez de parar de atacar, e o que faz o touro parar é um derradeiro movimento rápido na extremidade mais baixa da muleta no fim de cada passe e a torção da coluna causada pela curva que o matador obriga o touro a fazer, o animal se vira e ataca mais uma vez, o homem pode responder com um pase de pecho, ou passe de peito. Esse é o oposto do passe natural. Em vez de o touro vir pela frente, com o homem movendo a muleta devagar antes do ataque, no pase de pecho o touro, depois de fazer a curva, vem por trás ou pelo lado, e o homem balança a muleta para a frente, deixa o touro passar próximo do peito e o manda para longe varrendo o chão com o pano. O passe de peito é ainda mais impressionante quando completa uma série de passes naturais ou quando é forçado por um giro inesperado do touro, seguido de um ataque, e é usado pelo homem para se salvar, não como uma manobra planejada. A habilidade de executar uma série de passes naturais e de finalizá-los com um passe de peito é a marca de um toureiro de verdade.

Primeiro, é preciso coragem para provocar o touro em um bom passe natural, sendo que existem muitos outros passes em que o toureiro fica menos exposto; é preciso serenidade para aguardar a aproximação do touro com a muleta baixada e dobrada na mão esquerda, sabendo que se ele não morder a isca pequena que foi oferecida, ele vai avançar no homem; em seguida é preciso uma habilidade enorme para mover a muleta diante do ataque, mantendo o animal centralizado no pano, o cotovelo reto enquanto o braço se mexe, movendo o pano em linha reta e acompanhando a curva com o corpo sem mexer os pés. É um passe difícil de fazer corretamente quatro vezes seguidas diante de um espelho numa sala de visitas sem nenhum touro, e sete vezes seguidas bastam para deixar qualquer um atordoado. Existem muitos toureiros que nunca chegam a aprender como fazer esse passe de um jeito apresentável. Para fazê-lo bem, sem contorções, mantendo a linha e com os chifres do touro tão próximos da cintura que bastaria que subissem uns 4 ou 5 centímetros para atingir o homem, controlando o ataque do touro com o movimento do braço e do pulso, mantendo-o centralizado no pano, e parando o animal com um movimento rápido do pulso na hora exata, para repetir isso três ou quatro ou cinco vezes seguidas é preciso ser um toureiro e um artista.

O passe natural pode ser logrado com a mão direita, com a muleta bem aberta pela espada e com o touro fazendo uma meia-volta traçada pelo movimento do homem girando sobre os pés e não pelo movimento lento feito apenas com o braço e o pulso. Existem muitos passes com a mão direita que têm mérito, mas em quase todos o punho da espada fica na mesma mão que segura o bastão da muleta, com a ponta da espada espetando o tecido e estendendo a muleta e, por aumentar a extensão do pano, permitindo que o toureiro faça o touro passar mais longe de seu corpo, se quiser assim. Ele pode fazer o touro passar perto, mas tem meios para afastá-lo caso seja necessário, uma opção que o homem que trabalha com a muleta na mão esquerda não tem.

Além do passe natural e do passe de peito, os principais passes com a muleta são os ayudados, feitos com a espada espetada na muleta e com ambas seguradas pelas duas mãos. Esses passes podem ser chamados de por alto ou por bajo, dependendo do local por onde a muleta passa sobre os chifres do touro, ou pela forma como é agitada diante do focinho do animal.

Todos os passes feitos com a muleta, e os meios-passes, que são aqueles em que o touro não passa completamente pelo homem, têm um propósito definitivo. Para um touro que é forte e tem disposição para o ataque, nada pune mais do que uma série de passes naturais que, ao mesmo tempo que cansam e contorcem o touro, fazem o animal acompanhar o pano e o homem com o chifre esquerdo, treinando o touro para seguir a direção que o homem quer que ele siga enquanto se encaminha para o sacrifício. Um touro com músculos do pescoço que não tenham sido cansados o suficiente e que mantenha a cabeça erguida vai baixar a cabeça depois de uma série de ayudados por alto; passes feitos com a muleta e a espada seguradas alto por ambas as mãos, obrigando o touro a atacar algo quando passa pelo homem, cansam os músculos do pescoço e ele vai deixar a cabeça bem mais baixa. Se ele está cansado e a cabeça está baixa demais, o matador pode fazê-lo erguer a cabeça, temporariamente, com o mesmo passe, se ele o modificar e não esperar a cabeça baixar de novo para matar o touro. Os passes baixos, feitos com um giro e um movimento preciso da muleta, às vezes com um giro lento e um movimento curto da parte baixa do pano, e os cortes rápidos para a frente e para trás, servem para os touros que ainda estão muito fortes ou que resistem a ficar no lugar. Eles devem ser executados de frente para o touro que não quer passar, e a virtude do toureiro consiste no trabalho com os pés sem nunca perder sua posição diante do animal, sem nunca recuar mais do que o necessário, dominando o animal com os movimentos da muleta, obrigando-o a fazer curvas acentuadas, cansando-o rápido e deixando-o em posição. Um touro que se recusa a passar, isto é, que se recusa a atacar de uma certa distância com força suficiente de modo que, se o homem ficar parado e mover a muleta corretamente, o touro passa por ele de corpo inteiro; um touro assim ou é covarde ou foi tão desgastado pela luta que perdeu toda a energia e não consegue mais atacar. Um matador habilidoso pode, usando alguns passes suaves a curta distância, com cuidado para não deixar o animal se virar demais nem torcer as pernas, fazer o touro covarde acreditar que a muleta não é um castigo; que ele não será ferido se atacar, e assim dar confiança ao touro covarde e convertê-lo num touro pretensamente corajoso. Da mesma forma, ao trabalhar com delicadeza e sabedoria, ele pode dar nova vida ao touro que perdeu a habilidade de atacar e tirá-lo da defensiva, deixá-lo mais agressivo. Para fazer isso, a única forma possível para um toureiro é correr riscos enormes, para forçá-lo a atacar quando está na defensiva e para controlá-lo é preciso trabalhar o mais próximo possível, deixando um espaço mínimo para que ele possa ficar em pé, como diz Belmonte, e ao provocar o ataque de uma distância tão pequena, o toureiro não tem como evitar ser atingido se ele errar o cálculo e não tem tempo para preparar os passes. Seus reflexos precisam ser perfeitos e ele precisa entender de touros. Se, ao mesmo tempo, ele for elegante, você pode ter certeza de que elegância é uma qualidade inerente, e não uma pose. Você pode fazer uma pose enquanto os chifres vêm de longe, mas não há tempo para posar quando você está a um palmo dos chifres, nem tempo de escapar buscando um lugar seguro ao lado do pescoço do touro, como acontece quando se usa a muleta de um lado para escapar do outro, cutucando o touro com a ponta da espada ou com o bastão da muleta para fazê-lo se virar, ou para cansá-lo, ou para estimulá-lo quando ele não quer atacar.

Existe uma escola de tourada, inaugurada e desenvolvida por Rafael El Gallo, que cultiva a elegância até ela se tornar algo essencial e que reduz ao máximo o risco dos chifres do touro passarem perto da barriga do homem. El Gallo era um artista importante e sensível demais para se tornar um toureiro completo, então ele foi evitando, o tanto que pôde, aquelas partes da tourada que tinham a ver com ou apresentavam o risco de morte, tanto para o homem quanto para o touro, mas principalmente para o homem. Assim ele desenvolveu uma forma de trabalhar com o touro na qual a elegância, a criatividade e a verdadeira beleza do movimento substituíam e evitavam o perigoso classicismo da tourada praticada até então. Juan Belmonte pegou algumas invenções de El Gallo e as combinou com o estilo clássico e depois transformou as duas no seu próprio estilo revolucionário. El Gallo era um inventor tanto quanto Belmonte, mas de uma elegância maior, e se ele tivesse demonstrado a coragem animal, fria e dedicada de Belmonte, ele seria um toureiro imbatível. O mais próximo que alguém chegou dessa combinação foi Joselito, irmão de Rafael, e seu único defeito tinha a ver com o fato de tudo na tourada ser tao fácil para ele que ele sentia dificuldade de demonstrar a emoção que Belmonte sempre demonstrava para compensar suas limitações físicas, não apenas para o animal que enfrentava, mas também para todos que estavam trabalhando com ele e para a maioria do público. Observar Joselito era como ler sobre D'Artagnan quando menino. No fim das contas, você não se preocupava com ele porque D'Artagnan era muito habilidoso. Ele era bom demais, talentoso demais.

Para ser morto, ele teria de ser pego de surpresa. A essência do principal sentimento inspirado pelas touradas tem a ver com a sensação de imortalidade que o toureiro experimenta no meio de uma bela faena, uma sensação que proporciona para os espectadores. Seu desempenho é uma obra de arte e ele desafia a morte, se aproximando dela mais e mais, uma morte que você entende estar ligada aos chifres do touro por causa das proteções usadas pelos cavalos. Ele proporciona a sensação de imortalidade e, enquanto você observa, esse sentimento passa a ser seu. Por fim, quando a sensação de imortalidade é mútua, ele a comprova com a espada.

Quando a tourada é fácil para um toureiro como era para Joselito, fica difícil proporcionar a sensação de perigo que Belmonte proporcionava. Mesmo se você visse o toureiro morrer, seria difícil ter compaixão, seria como ver a morte de um deus. Com El Gallo era muito diferente. Era um espetáculo perfeito. Não havia nada de trágico nele, mas nenhuma tragédia seria capaz de superá-lo. Mas só funcionava quando ele estava na arena. Seus imitadores serviam apenas para mostrar o quanto ele era único.

Uma das invenções de El Gallo foi o pase de la muerte, ou o passe da morte. Ele usava esse passe para começar as faenas e isso acabou sendo adotado pela maioria dos toureiros como o primeiro passe em quase todas as faenas. É o passe numa tourada que qualquer toureiro capaz de controlar o nervosismo ao ver o touro se aproximar poderia aprender, no entanto, é muito impressionante de ver. O matador vai na direção do touro e o provoca, depois fica parado de perfil, com a muleta estendida pela espada, levantada pelas duas mãos, mais ou menos do mesmo jeito que um jogador de beisebol segura o taco quando enfrenta o arremessador. Se o touro não atacar, o matador avança dois ou três passos e para mais uma vez, os pés unidos, a muleta bem estendida. Quando o touro ataca, o homem fica imóvel, como se estivesse morto, até o momento em que o touro alcança a muleta, então ele ergue o pano devagar e o touro passa por ele, quase sempre levantando a cabeça para acertar a muleta, de modo que é possível ver o homem imóvel e o touro quicando no ar, num ângulo que o afasta do homem. É um passe fácil e seguro porque geralmente permite que o touro avance na direção de sua querencia, passando pelo homem como se estivesse escapando do fogo; e porque, em vez de um pequeno pedaço de pano escarlate como no passe natural, quando o toureiro precisa atrair a atenção do touro, um grande pedaço de pano é oferecido aqui, como se fosse uma bujarrona, e é só o que o touro vê. O animal não está controlado nem dominado, o homem apenas tira vantagem de seu ataque.

El Gallo também era um mestre em fazer passes elegantes diante dos chifres do touro, usando ambas as mãos e também passando a muleta de uma das mãos para a outra, às vezes pelas costas; alguns passes começavam como se fossem naturais, mas viravam outra coisa, com o homem fazendo a muleta dar voltas ao redor do próprio corpo e o touro acompanhando a ponta solta do pano; outros passes eram com o homem girando no próprio eixo próximo do pescoço do touro, com o animal dando voltas ao redor do homem; havia ainda passes de joelhos, usando as duas mãos na muleta para obrigar o touro a traçar uma curva; todos esses passes exigiam um grande conhecimento da mentalidade do touro e muita confiança para executá-los com segurança, mas que, quando as exigências eram cumpridas, eram bonitos de se ver e muito gratificantes para El Gallo, embora fossem contra a ideia de uma verdadeira tourada.

Chicuelo é um toureiro contemporâneo que domina boa parte do repertório de El Gallo no trabalho que se faz próximo do touro. Vicente Barrera também sabe fazer todos esses passes, mas seus pés nervosos e sua velocidade de execução não têm nada a ver com a elegância sincera de El Gallo nem com a habilidade de Chicuelo, apesar de Barrera estar aprimorando bastante seu estilo e seu método.

Todos esses floreios funcionam com touros que recusam os passes ou para a segunda parte de uma faena, e servem para o matador mostrar o controle que tem sobre o animal e sua elegância criativa. Trabalhar apenas com a cabeça de um touro que aceita os passes, não importa o quão bom, elegante ou criativo seja o toureiro, é privar os espectadores da parte mais real de uma tourada, quando o homem faz passar deliberadamente os chifres do touro o mais devagar e o mais próximo possível do seu corpo, e é substituir uma série de artifícios elegantes, que servem de enfeite para uma faena, pelo perigo sincero de uma faena em si.

O toureiro contemporâneo que mais consegue dominar os touros com a muleta, que consegue controlar os touros mais rápido, sejam eles corajosos ou covardes, e que executa com mais frequência todos os passes clássicos e perigosos, como o passe natural com a mão esquerda e o pase de pecho, ambos essenciais numa tourada honesta, e no entanto é excelente no trabalho elegante e criativo diante dos chifres do touro, é Marcial Lalanda. No início de carreira, seu estilo tinha problemas, ele torcia a capa como se fosse um saca-rolhas e seus passes naturais não eram nada naturais, eram forçados, tendenciosos e afetados. Ele passou por uma melhora constante de estilo e hoje é excelente com a muleta, sua saúde ficou muito mais robusta e, com o conhecimento que tem dos touros, e com sua inteligência ímpar, ele consegue ter um desempenho adequado e interessante com qualquer touro que entre na arena. Ele perdeu quase toda a apatia que marcou seu início de carreira, foi chifrado gravemente três vezes e sua coragem aumentou ao invés de diminuir, e ele foi um grande toureiro nas temporadas de 1929, 1930 e 1931.

Tanto Manuel "Chicuelo" Jiménez quanto Antonio Márquez são capazes de fazer uma faena clássica, completa e perfeita usando a muleta quando o touro não oferece dificuldade e o homem consegue controlar o nervosismo. Félix Rodríguez e Manolo Bienvenida são mestres no uso da muleta, capazes de controlar um touro difícil e de tirar proveito da inocência e da coragem de um touro fácil, mas Rodríguez não anda bem de saúde e Bienvenida, como expliquei em outro capítulo, não pode ser julgado até que prove ser capaz de controlar o nervosismo e os reflexos depois de um primeiro ferimento grave. Vicente Barrera é um hábil dominador de touros, com um estilo complicado naqueles movimentos em que o touro passa de corpo inteiro pelo homem, mas a cada dia está melhor e pode, se continuar assim, se tornar um toureiro muito competente. Ele tem potencial para ser um dos grandes. Ele tem talento, uma compreensão natural da tourada reforçada pela habilidade de enxergar a luta com perspectiva, reflexos extraordinários e um bom físico, mas durante muito tempo ele demonstrou tamanha presunção que era mais fácil ele reunir a imprensa para enaltecer seus defeitos do que encarar esses defeitos com o propósito de corrigi-los. Ele é o melhor na parte criativa do trabalho feito próximo do touro e, em especial, num ayudado por bajo em que imita Joselito, segurando a espada e a muleta juntas e apontadas para baixo, e o homem controlando o touro com um movimento delicado e um pouquinho ridículo, como se estivesse com as mãos estendidas e unidas mexendo uma grande caldeira de sopa com um guarda-chuva fechado.

Joaquin Rodríguez, conhecido como Cagancho, é um cigano considerado o herdeiro de El Gallo no que se refere à elegância, à criatividade e ao pânico, mas sem herdar nada do grande conhecimento que El Gallo tinha de touros e dos princípios da tourada. Cagancho tem uma elegância escultural, uma lentidão majestática e movimentos suaves, mas se encarar um touro que o impeça de unir os pés e preparar seus passes, fica claro que ele não tem recursos suficientes; e nos casos em que o touro não realiza movimentos perfeitos, o cigano é tomado pelo pânico e evita se aproximar do touro segurando a muleta o mais longe possível do seu corpo. Ele é o tipo de toureiro que, se você vir com um touro que o deixa confiante, pode proporcionar uma tarde inesquecível, mas você corre o risco de vê-lo sete vezes consecutivas em touradas completamente decepcionantes.

Francisco Vega de los Reyes, chamado de Gitanillo de Triana, é um primo de Cagancho que pode ser muito bom com a capa e, embora não tenha a elegância de Cagancho com a muleta, ele é muito mais hábil e corajoso com ela, apesar de seu trabalho ser, no fundo, inconsistente. Enquanto executa uma faena, ele parece incapaz de controlar o touro devidamente e seus passes deixam o animal sempre a uma distância muito curta, e devido à própria inépcia já foi chifrado muitas vezes. Assim como Chicuelo e Márquez, ele não anda muito saudável e perdeu o vigor, e embora a saúde não seja uma desculpa aceita pelo público para justificar o mau desempenho de um toureiro muito bem pago, pois não existe nenhuma lei determinando que ele só lute contra touros se estiver em condições de fazer isso, a condição física de um toureiro é uma das coisas que devem ser levadas em conta ao fazer uma crítica de seu trabalho, muito embora ele não possa usar esse argumento como uma desculpa dada ao público pagante. Gitanillo de Triana é alegremente corajoso e sincero por natureza na arena, mas a inconsistência de sua técnica dá a impressão de que ele pode ser chifrado a qualquer momento durante uma tourada.

Depois de escrever essas linhas sobre Gitanillo de Triana, pude vê-lo ser destruído por um touro em Madri, numa tarde de domingo, no dia 31 de maio de 1931. Fazia mais de um ano desde a última vez que tinha visto uma luta com ele e, num táxi a caminho da arena, fiquei me perguntando se ele teria mudado e se eu teria de revisar o que tinha escrito a seu respeito. Ele surgiu no paseo caminhando com tranquilidade, o rosto moreno, mais bonito do que antes e sorrindo para todo mundo que ele reconhecia no percurso até a barrera para trocar de capa. Tinha uma aparência saudável; a pele era de um marrom-claro que lembrava tabaco; o cabelo, que tinha sido descolorido pela água oxigenada que usaram para limpar o sangue coagulado depois de um acidente de carro que o deixou gravemente ferido no mesmo ano em que o vi pela última vez, voltara a ser preto e reluzente como o ébano; e ele usava um traje brilhante para destacar todo esse preto e esse marrom, e parecia muito feliz com tudo.

Ele mostrou segurança com a capa, manuseando o pano devagar e lindamente; lembrava o estilo de Belmonte, a não ser pelo fato de estar sendo feito por um cigano de pele escura, pernas compridas e quadris estreitos. Seu primeiro touro foi o terceiro daquela tarde e, depois de um trabalho ótimo com a capa, ele observou as banderillas serem colocadas; em seguida, antes de entrar na arena com a espada e a muleta, ele fez um sinal para os banderilleros indicando que queria o touro mais perto da barrera.

"Cuidado; ele ataca um pouco mais com o chifre esquerdo", disse o responsável pelas espadas ao entregar a espada e o pano.

"Deixe atacar do jeito que for; eu dou conta dele", disse Gitanillo e sacou a espada da bainha de couro que ficou vazia e flácida, e foi a passos largos, as pernas compridas, na direção do touro. Ele deixou o touro atacar uma vez e deu um pase de la muerte. O touro se virou muito rápido e Gitanillo preparou a muleta para fazer o touro passar pela esquerda; ele levantou a muleta e foi levantado pelo touro, com as pernas bem abertas, as mãos ainda segurando a muleta, de cabeça para baixo, o chifre esquerdo do touro em sua coxa. O touro fez Gitanillo girar sobre o chifre e o arremessou contra a barrera. Com o chifre, o touro o encontrou de novo e o colheu do chão para arremessá-lo contra a madeira mais uma vez. Em seguida, com o homem caído de bruços, o touro cravou os chifres nas suas costas. Tudo isso não demorou mais do que três segundos e no instante em que Gitanillo foi levantado do chão pela primeira vez, Marcial Lalanda correu na direção do touro com a capa. Os outros toureiros tinham suas capas bem estendidas e acenavam para o touro. Marcial investiu contra a cabeça do touro, dando uma joelhada no focinho e um tapa na cara do animal na tentativa de fazê-lo largar o homem e se afastar; Marcial correu de costas até o centro da arena com o touro seguindo a capa. Gitanillo tentou ficar de pé, mas não conseguiu. Os funcionários da arena tiveram de carregá-lo, com a cabeça balançando, até a enfermaria. Um banderillero tinha sido chifrado pelo primeiro touro e ainda estava na mesa de operação quando chegaram com Gitanillo. O médico encerrou o atendimento do banderillero porque viu que não havia nenhuma hemorragia grave e a artéria femoral estava intacta, e começou a atender Gitanillo. Havia um ferimento em cada perna, ambos causados pelos chifres, e em cada ferimento os músculos do quadríceps e o abdutor tinham sido rasgados. Mas no ferimento das costas, o chifre tinha atravessado a pélvis, rasgado o nervo ciático e arrancado o nervo pela raiz, como se fosse uma minhoca arrancada do gramado por um passarinho.

Quando seu pai foi vê-lo, Gitanillo disse: "Pai, não chore. Lembra como foi feio o acidente de carro e todo mundo disse que a gente não sobreviveria? É isso que vai acontecer de novo." Mais tarde, ele disse: "Sei que não posso beber nada, mas diga pra eles umedecerem minha boca. Só umedecer um pouco."

Aquelas pessoas que dizem que pagariam para ver uma tourada em que o homem fosse chifrado, em vez de sempre ter o touro morto pelo homem, deveriam ter visto o que aconteceu na arena, na enfermaria e, mais tarde, no hospital. Gitanillo sobreviveu ao calor de junho e julho e às duas primeiras semanas de agosto, morrendo de meningite causada por um ferimento na base da coluna vertebral. Ele pesava cinquenta e oito quilos quando foi chifrado e vinte e oito quilos quando morreu e, ao longo do verão, sofreu três rupturas diferentes da artéria femoral, enfraquecida pelas úlceras causadas pelos tubos de drenagem inseridos no ferimento da coxa e que rompia sempre que ele tossia. Enquanto ele estava no hospital, Felix Rodríguez e Valência II também deram entrada com ferimentos quase idênticos na coxa e, muito embora os ferimentos ainda estivessem abertos, ambos receberam alta para voltar a lutar antes de Gitanillo morrer. O azar de Gitanillo foi que o touro o arremessou contra a base da cerca de madeira, então ele estava apoiado em algo sólido quando sofreu a chifrada nas costas. Se estivesse caído na areia, no meio da arena, o mesmo golpe que causou o ferimento fatal provavelmente o arremessaria para o alto em vez de atravessar sua pélvis. Quem diz que pagaria para ver um toureiro ser morto ficaria satisfeito de saber que Gitanillo começou a delirar no calor com a dor causada pelo nervo. Dava para ouvi-lo da rua. Parecia um crime mantê-lo vivo, e ele teria sido muito mais sortudo se tivesse morrido logo depois da luta, enquanto ainda tinha algum controle sobre si mesmo e ainda tinha sua coragem, em vez de passar pelo terror cada vez maior da humilhação espiritual e física imposta a alguém que suporta por muito tempo uma dor que é insuportável. Ver e ouvir um ser humano nessas condições deveria, imagino, fazer alguém ter mais consideração pelos cavalos, pelos touros e por outros animais, mas basta puxar as orelhas do cavalo para esticar a pele sobre as vértebras na base do crânio e dar um golpe simples com a puntilla entre as vértebras e assim resolver todos os problemas do cavalo, que morre instantaneamente. O touro morre em quinze minutos contando a partir do momento em que o homem começa a lutar contra ele e todos os ferimentos que sofre ao longo da tourada são superficiais e, assim como os ferimentos superficiais de um homem, não devem doer tanto. Mas enquanto se acreditar que o homem é dono de uma alma imortal, os médicos vão fazer de tudo para mantê-lo vivo mesmo nos casos em que a morte pareceria a maior dádiva que um homem poderia dar para o outro, então são os cavalos e os touros que recebem o melhor tratamento, enquanto o homem é aquele que mais se arrisca.

 Heriberto Garcia e Fermín Espinosa, mais conhecido como Armillita Chico, são dois toureiros mexicanos, ambos artistas completos e capazes com a muleta. Heriberto Garcia é tão bom quanto os melhores toureiros e seu trabalho não tem aquela frieza típica dos índios que extrai toda a emoção da maioria das touradas mexicanas. Armillita é frio; um pequeno indígena sem queixo e de pele marrom, com uma coleção estranha de dentes, um perfil bonito para um lutador, com as pernas mais compridas do que o tronco, e é sem dúvida um dos grandes artistas com a muleta.

 Com um touro que ataque em linha reta permitindo que o matador deixe os pés unidos, Nicanor Villalta trabalha mais próximo do touro, fica mais exaltado, mais animado, fazendo uma curva com o próprio corpo de modo a projetar a cintura na direção dos chifres e o belo trabalho que faz com os pulsos ao manusear a muleta faz o touro andar em círculos ao redor dele vezes seguidas. Os chifres passam tão perto da sua barriga que, mais tarde, já no hotel, é possível ver os vergões no seu abdome, sem exagero; eu vi os vergões, mas achava que eles tinham sido feitos pelos bastões das banderillas que o acertaram quando o touro passou por ele tão perto que sua camisa ficou manchada com o sangue do animal; mas os vergões podem ter sido feitos pelas pontas cegas dos chifres, os chifres passavam tão perto que eu nem quis ver. Quando ele faz uma boa faena, ele mostra que tem coragem; coragem e um pulso mágico que faz você perdoar toda a falta de jeito que ele pode demonstrar com touros que não atacam em linha reta. Você pode ver uma bela faena de Villalta em Madri; nunca nenhum matador teve tanta sorte para sortear touros bons como ele tem em Madri. Pode ter certeza de que ele vai ser desajeitado, feito um louva-a-deus, sempre que pegar um touro difícil, mas lembre que a falta de jeito é causada por sua estrutura física, e não por covardia. Por causa de sua estrutura física, ele só consegue ser elegante se puder juntar os pés e, embora a falta de jeito seja um sinal de pânico num toureiro naturalmente elegante, no caso de Villalta significa apenas que ele sorteou um touro que o obrigará a afastar os pés para poder lutar. Mas se você puder vê-lo numa tourada em que ele consiga juntar os pés, inclinar o corpo antes do ataque do touro como se fosse uma árvore no meio de uma tempestade; controlar o touro que dá uma, duas, três voltas ao seu redor; animado a ponto de se ajoelhar diante do touro já dominado e morder o chifre, você vai perdoá-lo pelo pescoço que Deus lhe deu, por usar uma muleta que mais parece um lençol de tão grande e pelas pernas que lembram dois postes telefônicos, e você vai perdoá-lo porque esse corpo incomum tem mais coragem e honra do que uma dúzia de toureiros.

Cayetano Ordóñez, o Niño de la Palma, sabia manusear a muleta perfeitamente com qualquer uma das mãos, era um toureiro que desempenhava seu papel lindamente, fazia faenas com um grande senso artístico e dramático, mas depois de entender que um touro poderia levar um homem ao hospital, o que era inevitável, ou à morte, o que era provável, e que cravar a espada no meio da cernelha valia cinco mil pesetas para o toureiro, ele nunca mais foi o mesmo. Ele queria as cinco mil pesetas, mas não tinha disposição para se aproximar do touro quando entendeu o estrago que os chifres podiam fazer. A coragem percorre um caminho curto: do coração até a cabeça, mas quando desaparece, ninguém sabe direito para onde ela vai; talvez se esgote numa hemorragia ou acabe por causa de uma mulher, mas é um mau negócio trabalhar no ramo das touradas quando a coragem desaparece sem deixar rastros. É possível recuperá-la com outro ferimento, quando o primeiro deixa o toureiro com medo da morte, o segundo pode botar um fim a esse medo. Os toureiros continuam no ramo contando com seu conhecimento e com sua habilidade de controlar o perigo, torcendo para que a coragem volte e às vezes ela volta, mas na maioria das vezes, não volta.

Enrique Torres e Victoriano Roger Valência II não são bons com a muleta e essa é a maior limitação que eles enfrentam no trabalho, pois ambos são habilidosos com a capa num dia bom. Luis Fuentes Bejarano e Diego Mazquarián, mais conhecido como Fortuna, são dois toureiros muito corajosos, ambos têm um bom conhecimento da profissão, são capazes de controlar touros difíceis e apresentam desempenhos competentes com qualquer tipo de touro, mas sem nenhum estilo aparente. Fortuna é mais tradicional do que Bejarano, cujo estilo baseia-se em artifícios modernos e ruins, mas ambos são corajosos, competentes, sortudos e banais. Eles são o tipo de matador bom de se ver com touros comuns ou com touros difíceis. Numa situação em que um toureiro criativo não faria nada, eles conseguem proporcionar uma tourada competente com todas as emoções baratas e a teatralidade misturadas com um ou dois momentos de emoção verdadeira. Dos três melhores matadores das touradas, que são Antonio "Zurito" de la Haba, Martín Agüero e Manolo Martínez, apenas Martínez chega perto de executar uma faena com a muleta e, quando ele consegue executá-la, é muito mais por causa da coragem e dos riscos que assume do que por uma habilidade verdadeira em manusear o pano.

Dos outros trinta e quatro matadores em atividade, apenas uns poucos merecem ser mencionados. Um deles, Andrés Mérida, de Málaga, é um cigano alto, magro e de olhar vago que manuseia a capa e a muleta com criatividade e é o único toureiro de que se tem notícia que parece totalmente distraído na arena, como se estivesse pensando em outra coisa muito distante e muito diferente. Ele é suscetível a ataques de medo tão intensos que são difíceis de descrever, mas quando se sente confiante com um touro, ele consegue ser maravilhoso. Dos três ciganos de verdade, Mérida, Cagancho e Gitanillo de Triana, o meu preferido é Mérida. Ele tem a mesma elegância dos outros, mas com algo de grotesco que, somado ao seu olhar vago, na minha opinião, faz dele o cigano mais interessante de todos, logo depois de El Gallo. De todos eles, Cagancho é o mais talentoso. Gitanillo de Triana é o mais corajoso e o mais digno. No último verão, ouvi várias pessoas de Málaga dizerem que Mérida não era cigano de verdade. Se esse for o caso, ele é ainda melhor como uma imitação do que seria como um cigano.

Saturio Torón é um banderillero excelente, muito valente, com os modos mais ignorantes, perigosos e ruins que já vi num matador. Depois da prática como banderillero, ele assumiu a espada como aprendiz de matador em 1929 e teve uma temporada excelente, sendo bem-sucedido graças à coragem e à boa sorte. Ele foi oficialmente designado como matador em 1930 por Marcial Lalanda em Pamplona e foi gravemente ferido nas suas três primeiras lutas. Se ele evoluísse, talvez conseguisse se livrar de algumas pequenas vulgaridades típicas de cidade pequena que marcam seu estilo e se tornasse um bom toureiro, mas pelo que vi em 1931, ele parecia um caso perdido e eu torço muito para que os touros não acabem com ele.

Na lista daqueles que começaram com potencial para serem bons matadores e terminaram sendo fracassos ou tragédias, as duas principais causas de fracasso, sem contar má sorte, são a falta de habilidade artística, que não tem como ser compensada por coragem, e medo. Dois matadores que eram corajosos de verdade, mas que falharam em conquistar espaço por causa de um repertório limitado, foram Antonio "Zurito" de la Haba e Bernardo "Carnicerito" Muñoz. Outro que é muito corajoso e com mais repertório que Carnicerito e Zurito, e que mostra potencial para se tornar um bom matador, apesar da baixa estatura, é Julio "Palmeno" García.

Além de Domingo Ortega, sobre quem já escrevi neste livro, entre os novos matadores com alguma fama estão José Amoros, cujo estilo é mais elástico e peculiar, e ele parece se esticar para longe do touro como se fosse feito de borracha, mas não tem categoria nenhuma e seu único talento é a elasticidade; José González, o Carnicerito do México, um indígena mexicano que pertence à escola dos prodígios destemidos capazes de devorar um touro vivo e, apesar de ser muito corajoso, um bom banderillero e um artista competente e emocionante, ele não deve durar muito se correr com os touros adultos os mesmos riscos que corre com os touros jovens e, como ele deixou o público mal-acostumado a experimentar emoções fortes, as pessoas certamente vão perder o interesse se ele deixar de correr riscos; e Jesús Solorzano, o mais promissor de todos os novos toureiros. Jesús, também chamado de Chucho, caso você não conheça o diminutivo desse nome cristão, é um mexicano que não tem sangue indígena e é um toureiro perfeito, corajoso, criativo, inteligente e tem pleno domínio de todos os aspectos de sua arte, à exceção de um detalhe bem pequeno, o de executar o descabello, ou *coup de grâce*, e no entanto ele não tem personalidade nenhuma. Essa falta de personalidade é difícil de analisar, mas até então parece estar relacionada a uma maneira de se comportar que é arrogante, desleixada, negligente e provocadora toda vez que não está lidando diretamente com o touro. Os toureiros dizem que o medo do touro pode alterar a personalidade de um toureiro, isto é, se ele é arrogante e controlador, ou afável e elegante, o medo elimina essas características; mas Solorzano não tem nenhuma personalidade para ser alterada. No entanto, quando ele se sente confiante com um touro, faz tudo com perfeição e já cravou um belo par de banderillas caminhando devagar na direção do touro, no mesmo estilo de Gaona, exibiu o melhor e mais vagaroso trabalho com a capa, e com a muleta executou a faena mais emocionante e mais próxima do touro que vi em toda a temporada de 1931. A parte ruim do seu trabalho é que o seu desempenho com o touro é lindo, mas assim que ele se afasta do animal, assume uma posição meio corcunda e uma expressão apática, mas com ou sem personalidade ele é um toureiro maravilhoso que tem conhecimento, além de coragem e criatividade.

Outros dois matadores novos são José Mejías, conhecido como Pepe Bienvenida, o irmão caçula de Manolo, que é mais corajoso e mais nervoso que o irmão mais velho, tem um repertório pitoresco e variado, e uma personalidade muito sedutora, mas não tem a mesma habilidade artística nem o conhecimento que Manolo tem para dominar os touros com segurança, embora possa desenvolver isso com o tempo; e David Liceaga, um jovem toureiro mexicano que é bastante habilidoso com a muleta, sem nenhum estilo nem habilidade com a capa e, o que é estranho para um mexicano, medíocre com as banderillas. Escrevo isso de Liceaga sem ter lido nada sobre ele nos textos escritos por pessoas que respeito e que o viram trabalhar. Ele lutou apenas duas vezes em Madri em 1931; uma vez como novillero no dia em que viajei para Aranjuez a fim de ver Ortega, e de novo em outubro, para se tornar oficialmente um matador, depois que fui embora da Espanha. Mas ele é muito popular na Cidade do México, e qualquer um que queira conferir o seu trabalho provavelmente consegue vê-lo no México nos meses de inverno.

Minha lista não inclui nenhum prodígio, pois optei por não avaliar ninguém que não tenha conquistado o direito de ser julgado. Existem prodígios aos montes nas touradas. Até este livro sair, os prodígios já serão outros. Cultivados pela publicidade, eles brotam todas as temporadas com a força de uma boa tarde de tourada em Madri com um touro gentil; mas a flor glória-da-manhã é um monumento de resistência comparada com esses toureiros de uma vitória só. Daqui a cinco anos, você vai encontrá-los comendo esporadicamente num café, usando seu único terno apresentável, e poderá ouvi-los falar sobre como, naquela tarde em Madri, eles foram melhores do que Belmonte. Pode até ser verdade. "E como foi a sua última apresentação?", você pergunta. "Não tive muita sorte na hora de matar o touro. Só me faltou um pouquinho de sorte", diz o antigo prodígio, e você diz: "Que pena. É difícil um homem sempre ter sorte para matar os touros", e você imagina o prodígio suando, pálido e doente de medo, incapaz de olhar para os chifres ou de se aproximar deles, algumas espadas no chão, capas espalhadas por toda parte, o toureiro correndo na direção do touro em diagonal esperando que a espada atinja um ponto vital, almofadas arremessadas dentro da arena e os bois prontos para entrar. "Só me faltou um pouquinho de sorte." Isso foi dois anos atrás e ele não lutou nenhuma vez desde então, a não ser deitado na cama, quando acorda suando de medo, e ele não vai lutar de novo a menos que sinta gana de lutar, porque todo mundo sabe que ele é covarde e imprestável, ele talvez tenha de encarar alguns touros que ninguém mais quer e, se criar coragem para fazer isso, como não tem treinado, é possível que o touro o mate. Ou talvez, de novo, ele "não tenha muita sorte na hora de matar o touro".

Existem mais de setecentos e sessenta toureiros malsucedidos que ainda tentam praticar a arte da tourada na Espanha; os habilidosos se deram mal por sentirem medo e os corajosos se deram mal por falta de talento. Às vezes, quando você não tem sorte, acaba vendo um toureiro corajoso morrer. No verão de 1931, assisti a uma luta com touros de cinco anos de idade enormes e muito rápidos e três aprendizes de matador. O mais experiente entre eles era Alfonso Gómez, conhecido como Finito de Valladolid, e tinha pelo menos trinta e cinco anos, dava para ver que tinha sido um homem bonito e agora era um fracasso em sua profissão, ainda assim muito digno, inteligente e corajoso, que tinha passado dez anos lutando em Madri sem nunca chamar a atenção do público o suficiente para avançar de novillero a matador. O mais velho era Isidoro Todo, conhecido como Alcalareno II, com trinta e sete anos e um pouquinho mais do que um metro e meio de altura, um homenzinho animado e corpulento que sustentava quatro crianças, a irmã viúva e a mulher com quem vivia com o pouco de dinheiro que ganhava nas touradas. Tudo que ele tinha como toureiro era uma coragem enorme e o fato de ser muito baixinho, um defeito que impossibilitava sua carreira como matador, mas que fez dele uma atração, uma curiosidade na arena. O terceiro lutador era Miguel Casielles, um perfeito covarde, mas essa é uma história enfadonha e desagradável. A coisa mais marcante foi a maneira como Alcalareno II morreu, e essa morte foi desagradável demais, analisando agora, para falar dela a menos que seja necessário. Cometi o erro de falar dela para o meu filho. Quando voltei para casa depois de ter assistido à tourada, ele queria saber tudo que tinha acontecido na luta e, como um idiota, contei para ele o que eu tinha visto. A única coisa que ele fez foi me perguntar se o toureiro tinha sobrevivido porque ele era pequeno demais. Meu filho também era pequeno. Eu disse que sim, ele era pequeno, mas ele não sabia como usar a muleta. Eu não disse que ele tinha morrido; disse apenas que tinha se ferido; pelo menos tive essa presença de espírito, embora não fosse grande coisa. Então alguém na sala, acho que foi Sidney Franklin, disse em espanhol: "Ele morreu."

"Você não me contou que ele tinha morrido", disse o menino.

"Eu não tinha certeza."

"Não gosto que ele tenha morrido", disse o menino.

No dia seguinte, ele disse: "Não consigo parar de pensar no homem que morreu porque era muito pequenininho."

"Não pense nisso", eu disse, desejando pela milésima vez na vida que eu pudesse retirar o que tinha dito. "É besteira pensar nisso."

"Não quero pensar nisso, mas queria que você não tivesse me contado porque, toda vez que fecho os olhos, vejo o toureiro morrendo."

"Pense no Pinky", eu disse. Pinky é um cavalo em Wyoming. Depois disso, foi preciso ter cuidado com a morte. Meus olhos estavam muito ruins para ler e minha mulher estava lendo em voz alta o romance mais sangrento que Dashiell Hammett já escreveu, *Maldição em família*, e quando Mr. Hammett matava um personagem ou um grupo de personagens, ela substituía por *na-na-na* todas as vezes que apareciam as palavras morto, garganta cortada, tiro na cabeça, espalhado pelo quarto, e assim por diante, e logo a diversão do *na-na-na* conquistou o menino de tal maneira que, quando ele disse: "Sabe aquele cara que foi *na-na-na* porque era muito pequenininho? Eu não me lembro mais dele", eu sabia que estava tudo bem.

Houve quatro toureiros que foram promovidos a matador em 1931, dois deles merecem ser citados como promessas e um como curiosidade, e um nem precisa ser citado porque era um prodígio. As duas promessas são Juanito Martín Caro, conhecido como Chiquito de la Audiencia, e Luis Gómez, conhecido como El Estudiante. Chiquito, aos vinte anos, tinha experiência porque lutava contra touros jovens desde os doze. Com um estilo elegante, gracioso, consistente, inteligente e competente, ele era tão bonito que parecia uma garota, mas na arena ele era dominante e sério, e não havia nada de afeminado nele a não ser seu rosto, e não havia nada da aparência frágil e derrotada de Chicuelo. Sua desvantagem era que o seu trabalho, embora fosse inteligente e bonito de ver, era frio e desapaixonado; faz tanto tempo que ele luta que parece ter o cuidado e os recursos de defesa de um matador em fim de carreira, em vez de agir como um garoto que arrisca de tudo para conquistar espaço. Mas ele tem uma habilidade artística enorme e é esperto, e vai ser muito interessante acompanhar a carreira dele.

Luis "El Estudiante" Gómez é um jovem estudante de medicina com um rosto bonito e moreno, passa a impressão de ser ávido, e tem um bom físico que pode servir de referência para um biótipo do jovem matador típico, dono de um eficiente estilo de manusear a capa e a muleta que é ao mesmo tempo clássico e moderno, e capaz de fazer um sacrifício bom e rápido. Depois de três temporadas lutando nas províncias durante o verão e estudando medicina em Madri no inverno, ele estreou no outono passado em Madri como um novillero e fez um sucesso enorme. Ele se tornou um matador profissional em Valência, durante as corridas de San José em março de 1932 e, de acordo com aficionados em quem confio, era muito bom e parecia promissor, embora às vezes, trabalhando com a muleta, sua coragem e seu desejo de fazer uma faena acabavam colocando ele em situações difíceis das quais não se dava conta e se salvava porque tinha sorte e reflexos bons. Na superfície, parecia que ele dominava os touros, mas na verdade a sorte o salvou mais de uma vez; contudo, com inteligência, coragem e um bom estilo, é uma esperança legítima como matador se continuar com sorte ao longo de sua primeira campanha inteira.

Alfredo Corrochano, filho de Gregorio Corrochano, o influente crítico de touradas do jornal monarquista de Madri, *ABC*, é um matador feito sob encomenda pelo pai sob a influência de Ignacio Sánchez Mejías, o cunhado de Joselito, que Corrochano atacou de maneira tão severa e com uma virulência enorme durante a temporada em que acabou morrendo. Alfredo é um garoto magro, moreno, desprezível e arrogante, com uma expressão majestática que lembra a de Alfonso XIII quando criança. Ele estudou na Suíça e foi treinado como matador nos testes dos novilhos e dos bois das fazendas de touros nos arredores de Madri e Salamanca por Sánchez Mejías, seu pai e todos aqueles que bajulavam seu pai. Ele lutou como profissional nos últimos três anos, primeiro como um artista-mirim ao lado dos filhos de Bienvenida, depois como um novillero, no ano passado. Devido à influência do pai, sua apresentação em Madri deu o que falar e ele foi alvo da amargura de todos os inimigos que seu pai fez com textos sarcásticos extremamente bem escritos, assim como de todos aqueles que o odiavam por ser um filho da classe média monarquista que estava privando garotos que não tinham o que comer de uma chance de ganhar a vida na arena. Ao mesmo tempo, ele lucrava com a publicidade e a curiosidade que esses sentimentos geravam e, em suas três aparições como novillero em Madri, ele se entediou de maneira atrevida, arrogante e muito masculina. Ele demonstrou ser um bom banderillero, um dominador excelente com a muleta, com inteligência e perspectiva na hora de lutar com o touro, mas revelou um estilo lamentavelmente ruim com a capa e uma inabilidade absoluta de executar o touro de maneira adequada ou mesmo decente. Em 1932, ele recebeu a alternativa em Castellon de la Plana na primeira corrida do ano e, de acordo com os meus informantes, ele não mudou desde a última vez que o vi, a não ser pelo fato de que estava tentando corrigir a maneira vulgar com que fazia uma veronica, substituindo vários truques pitorescos com a capa por essa manobra insubstituível que demonstra a serenidade e a habilidade artística de um toureiro. Sua carreira deve chamar atenção como uma curiosidade, mas acredito que, a menos que ele demonstre mais segurança para matar o touro, o público vai acabar perdendo o interesse, uma vez que o fato de ser filho de quem é deixe de ser uma novidade.

Victoriano de la Serna era um jovem novillero que teve aquela necessidade de mostrar trabalho típica dos prodígios, de apresentar uma grande tarde de tourada em Madri, em setembro de 1931. Ele foi levado, exibido e explorado nos arredores de Madri, com touros pequenos escolhidos a dedo, como uma forma de minimizar os riscos de um desastre e de aumentar as chances de um triunfo, inclusive nos relatos dos críticos de Madri pagos para assistir, então ele foi levado para uma segunda aparição em Madri como um matador profissional, no fim da temporada. Ele mostrou que sua profissionalização foi precoce, que ainda era imaturo, tinha pouca experiência para ir para a arena de forma segura com os touros mais velhos. Nessa temporada, ele contou com uma certa quantidade de contratos assinados no ano passado, antes de fracassar em Madri, mas, apesar de sua indubitável e extraordinária habilidade natural, sua oficialização precoce como matador parece ter sido o início de sua queda, uma situação conhecida por todos os outros prodígios que o antecederam. Como sempre, em nome do toureiro, que tem menos culpa do que os seus aproveitadores, espero estar errado e que ele seja, miraculosamente, capaz de aprender seu ofício enquanto o pratica como um matador, mas isso é uma forma tão evidente de enganar o público que mesmo quando um matador consegue aprender sua arte nessas circunstâncias, o público raramente o perdoa e, quando ele se torna confiante o suficiente para satisfazer as pessoas, elas já perderam o interesse.

19

Existem apenas duas formas corretas de matar touros com a espada e a muleta e, como ambas se valem de um momento em que a chifrada é inevitável caso o touro não siga o pano direito, os matadores recorrem a artifícios naquela que é a parte mais importante de uma tourada, e assim noventa em cada cem touros mortos são sacrificados de uma maneira que mais parece uma paródia do modo certo de matar um touro. Uma razão para isso é que as chances de um grande artista com a capa e a muleta ser também um assassino são muito baixas. Um bom assassino precisa amar o ato de matar; ele precisa sentir que é a melhor coisa que pode fazer, que é algo digno e que é uma espécie de recompensa, caso contrário ele não terá o desprendimento necessário para matar. O verdadeiro assassino deve ter um senso de honra e um senso de glória muito maior do que um toureiro comum. Em outras palavras, ele precisa ser um homem mais simples. Ele também precisa sentir prazer com a morte, e não executá-la apenas como um movimento que envolve o pulso, a visão, e um controle da mão esquerda superior ao de outros homens, pois essa é a forma mais simples desse orgulho, um orgulho que sentirá naturalmente por ser um homem simples, mas ele deve ter um prazer espiritual na hora de matar. Matar de maneira limpa e de um modo que inspire prazer estético e orgulho sempre foi um dos maiores prazeres de uma parte da raça humana. Por causa da outra parte, a parte que não gosta de matar, que é mais articulada e forneceu a maioria dos bons escritores que existem, nós não temos muitos relatos sobre o autêntico prazer de matar. Um dos maiores prazeres do homem, além dos meramente estéticos como atirar em pássaros, e dos prazeres vaidosos como caçar por esporte, marcado pela importância desproporcional da fração de segundo necessária para dar um tiro, é a sensação de se rebelar contra a morte ao poder administrá-la. Uma vez que você aceita isso, o mandamento não matarás é fácil de obedecer. Mas quando um homem ainda é capaz de se rebelar contra a morte, ele sente prazer em assumir um dos atributos de Deus: o de proporcionar a morte. Esse é um dos sentimentos mais profundos nos homens que sentem prazer matando. Essas coisas são feitas por orgulho e o orgulho, obviamente, é um pecado capital e uma virtude pagã. Mas é o orgulho que está por trás da tourada e o prazer verdadeiro de matar que está por trás de um grande matador.

É claro que essas qualidades espirituais necessárias não fazem de um homem um bom matador, a menos que ele tenha o talento físico para desempenhar o ato; uma boa visão, um pulso forte, coragem e uma boa mão esquerda para controlar a muleta. Ele precisa ter essas qualidades em um grau excepcional, ou sua honestidade e seu orgulho vão levá-lo para o hospital. Hoje, não existe na Espanha um matador que seja bom de verdade. Existem matadores bem-sucedidos que podem matar com perfeição, quando querem e se têm sorte, mas sem muito estilo e que geralmente nem tentam muito porque não precisam disso para cativar o público; existem toureiros que teriam sido bons matadores no passado, que começaram suas carreiras matando touros tão bem quanto possível, mas que, por não terem habilidade com a capa e a muleta, logo deixaram de atrair a atenção do público e assim tiveram poucos contratos e menos oportunidades de desenvolver sua habilidade com a espada ou de seguir praticando; e existem matadores que estão no início de carreira e matam bem, mas que ainda não passaram pelo teste do tempo. Mas não existe um matador que seja excelente e que, dia após dia, consiga matar direito, com facilidade e orgulho. Os principais matadores desenvolveram um jeito artificial e simples de matar que subverteu aquele que deveria ser o momento de mais emoção da tourada, tornando-o uma decepção. Agora, a emoção é proporcionada pela capa, de vez em quando pelas banderillas e quase sempre pelo trabalho com a muleta, e o melhor que você pode esperar da espada é um fim que seja rápido e que não estrague o efeito de tudo que veio antes. Acho que vi mais de cinquenta touros serem mortos com graus diferentes de dificuldade até ver um touro ser morto do jeito certo. Eu não tinha nenhuma reclamação da tourada até então, ela era bem interessante, melhor do que qualquer outra coisa que eu tenha visto; mas eu achava que a parte da espada não era particularmente interessante, mas sim um anticlímax. Ainda assim, sem saber nada sobre touradas, pensei que talvez fosse mesmo um anticlímax e que as pessoas que falavam e escreviam bem sobre as mortes estavam mentindo. Meu ponto de vista era bastante simples; eu gostava do fato de ele ser morto com uma espada porque é raro qualquer coisa ser morta com uma espada; mas a forma como ele era morto parecia artificial e não me comovia nem um pouco. Assim é uma tourada, pensei, com um final não muito bom, mas talvez seja isso mesmo e eu ainda não tenha entendido direito. De qualquer forma, foram os dois dólares mais bem gastos da minha vida. Ainda assim, lembrei da minha primeira tourada, antes de eu entender como funcionava, antes até de eu entender o que se passava na arena, em meio à novidade, à multidão, à confusão, ao vendedor de cervejas com casaco branco, dois cabos de aço entre os meus olhos e a arena logo abaixo, o lombo do touro coberto de sangue, as banderillas batendo umas nas outras enquanto o touro se movia, deixando um rastro de poeira atrás de si, os chifres com uma aparência sólida como se fossem de madeira, mais grossos do que um braço na parte curvada; eu me lembro de, no meio dessa confusão animada, ter vivido um momento de grande emoção quando o homem fincou a espada. Mas não consegui ver exatamente o que aconteceu e em que parte, mas no touro seguinte, prestei atenção e não senti nada, e entendi que tinha sido um artifício. Vi outros cinquenta touros serem mortos depois disso até sentir a mesma emoção de novo. Mas nesse ponto eu já entendia como eles faziam e sabia que tinha visto uma morte bem executada naquela primeira vez.

Quando testemunhar a morte de um touro pela primeira vez, se for uma morte comum, é mais ou menos isso que você vai ver. O touro imóvel sobre as quatro patas encarando o homem a uma distância de mais ou menos cinco metros, com os pés unidos, a muleta na mão esquerda e a espada na direita. O homem ergue a muleta com a mão esquerda para ver se o touro segue o pano com os olhos; depois ele baixa o pano e o segura junto com a espada, vira o corpo de modo que fique de lado em relação ao touro, faz um giro com a mão esquerda para enrolar o pano no bastão da muleta, saca a espada da muleta baixada e mira o touro, a cabeça, com a lâmina da espada e o seu ombro esquerdo apontando para o animal, a muleta ainda na mão esquerda baixada. Você vai ver o toureiro deixar o corpo tenso e caminhar na direção do touro e, muito rápido, ele cruza o caminho do animal, ou a espada vai voar longe e cair no chão, ou você vai ver o punho envolvido com flanela vermelha, ou o punho e uma parte da lâmina despontando do lombo ou do pescoço do touro e o clamor da multidão em aprovação ou desaprovação, dependendo da maneira como o homem executou o movimento e da posição da espada.

Isso é tudo que você vai ver no sacrifício; mas há uma mecânica própria dele. Não é correto tentar matar um touro com um golpe da espada no coração. A espada não é longa o suficiente para alcançar o coração, se for cravada no lugar certo, que é entre as escápulas. O certo é ela passar pelas vértebras no alto das costelas e cortar a aorta para matar instantaneamente. Esse é um golpe perfeito com a espada e, para executá-lo, um homem precisa ter sorte para que a ponta da espada não atinja a coluna vertebral ou as costelas ao ser cravada. Nenhum homem consegue ir na direção de um touro, passar por cima da cabeça do animal se ela estiver erguida e cravar a espada no lombo. Quando a cabeça do touro está erguida, a espada não é longa o suficiente para ir da cabeça até o lombo. Para que o homem consiga inserir a espada no lugar certo para matar o touro, a cabeça do touro deve estar baixada para que o lugar certo fique exposto, e mesmo assim o homem deve inclinar o corpo para a frente, sobre a cabeça do touro, para fazer a espada entrar. Agora, se o touro erguer a cabeça enquanto a espada está entrando, duas coisas podem acontecer, e nenhuma delas é o homem ser arremessado no ar: ou o touro estará em movimento passando pelo homem, perseguindo a muleta que está no braço esquerdo enquanto a espada é cravada com o braço direito, ou o homem estará em movimento passando pelo touro, que é desviado para longe pela muleta na mão esquerda, que baixada cruza a frente do corpo do homem, da direita para a esquerda, enquanto ele crava a espada sobre a cabeça do touro e escapa ao longo do flanco do animal. O sacrifício pode ser deturpado quando tanto o homem quanto o touro estão em movimento.

Estes são os fundamentos mecânicos das duas maneiras de se matar um touro corretamente: ou o touro deve vir na direção do homem e, provocado, avançar controlado pelo homem, que faz o animal passar por ele e se afastar com um movimento da muleta enquanto a espada é cravada no lombo do touro; ou o homem deve posicionar o touro com as patas dianteiras em paralelo e as traseiras formando um quadrado com as dianteiras, a cabeça não pode estar nem muito baixa nem muito alta, deve testar o animal erguendo e baixando o pano para ver se ele segue o movimento com os olhos e, em seguida, com a muleta na mão esquerda cruzando na frente do corpo de modo que o touro, se acompanhar o pano, vai passar pela direita do homem, que avança sobre o touro, que baixa a cabeça para acompanhar o pano e se afastar do homem, que crava a espada e escapa ao longo do flanco do animal. Quando o homem espera pelo ataque do touro, é chamado de matar recibiendo.

Quando o homem avança sobre o touro, é chamado de volapié, ou pés alados. A preparação para o ataque, com o ombro esquerdo e a espada apontando para o touro, a muleta na mão esquerda, é chamada de perfilagem. Quanto mais perto do animal o homem estiver, menores serão as chances de ele desviar e escapar do touro se ele não seguir o pano durante a aproximação. O movimento feito com a muleta no braço esquerdo, que passa na frente do corpo do homem, da esquerda para a direita, para se livrar do touro, é chamado de cruzamento. Sempre que o homem não cruzar o pano, o touro ficará em cima dele. Se o homem não conseguir afastar o touro o suficiente, é certeza que o chifre vai acertá-lo. Para um cruzamento bem-sucedido, é preciso fazer um movimento do pulso que balança as pregas da muleta dobrada e também um movimento simples do braço que passa pela frente do corpo do homem e se afasta. Os toureiros dizem que um touro é morto mais pela mão esquerda, que controla a muleta e conduz o animal, do que pela mão direita, que crava a espada. Não é preciso fazer força para fincar a espada, a menos que a ponta atinja um osso; se for guiado corretamente pela muleta, e se o homem inclinar o corpo sobre a espada, às vezes parece que o touro arranca a espada da mão do toureiro. Outras vezes, quando acerta um osso, parece que o toureiro cravou a espada num muro de borracha e cimento.

No passado, os touros eram mortos recibiendo, com o matador provocando e esperando pelo ataque, e os touros que eram pesados demais para atacar tinham os tendões das pernas cortados por uma lança com uma lâmina na ponta, no formato de meia-lua, e depois eram mortos com um punhal cravado entre as vértebras do pescoço quando já estavam nas últimas. Esse esquema repugnante se tornou desnecessário quando Joachín Rodríguez, conhecido como Costillares, inventou o volapié, no fim do século XVIII.

No sacrifício do touro recibiendo, o homem fica parado com o corpo reto e os pés ligeiramente separados depois de ter provocado o ataque do touro dobrando uma de suas pernas e agitando a muleta na direção do animal, o homem deixa o touro se aproximar até que ele e o touro se tornam um só no momento do golpe da espada; e o choque do encontro separa os dois; esse momento, em que eles estão unidos pela espada, que parece entrar um centímetro de cada vez, é a forma mais arrogante de lidar com a morte e é uma das melhores coisas que você pode ver numa tourada. Você talvez nunca veja porque o volapié, que é bem perigoso quando executado corretamente, é muito menos perigoso do que a suerte de recibir, tanto que hoje é muito raro ver um toureiro matar recibiendo. Presenciei a morte de mais de mil e quinhentos touros e vi o movimento ser executado corretamente apenas quatro vezes. Você vai ver o movimento ser tentado, mas ele só será um recibiendo se o homem realmente esperar pelo touro e depois se livrar dele com um movimento do braço e do pulso, sem deturpar a manobra dando um passo para o lado. Maera fazia, Niño de la Palma fez uma vez em Madri e simulou a manobra várias vezes, Luis Freg fazia. Poucos touros chegam ao fim de uma luta em condições de fazer um recibiendo, mas existem ainda menos toureiros capazes de executá-lo. Uma razão para a decadência dessa forma de matar é que, se o touro ignorar o pano e atacar o homem, o chifre estará na altura do peito. Ao lutar com a capa, o primeiro ferimento, a primeira chifrada será na perna, na altura da coxa. Enquanto o segundo ferimento, se o touro passar pelo homem com um ou outro chifre, será uma questão de sorte. Na muleta ou na morte pelo volapié, o ferimento é quase sempre na coxa direita, pois é a região por onde os chifres do touro passam quando ele baixa a cabeça, embora um homem que tenha passado bem por cima dos chifres possa ser atingido debaixo do braço ou mesmo no pescoço se o touro levantar a cabeça antes que o homem termine o movimento. Mas ao matar recibiendo, se alguma coisa der errado, o chifre acerta o peito do homem e por isso você dificilmente vê alguém tentar esse movimento, a não ser por um toureiro que tenha sorteado um ótimo touro e que tenha feito uma esplêndida faena, e que no fim queira fazer um clímax formidável, sendo assim, ele tenta matar recibiendo, mas geralmente o touro foi castigado com a muleta, ou o homem não tem experiência para fazer a manobra corretamente, e a faena termina com um anticlímax ou com uma chifrada.

O volapié, se executado do jeito certo, de maneira lenta, próxima e sincronizada, é uma boa maneira de matar. Vi toureiros serem chifrados no peito, ouvi a costela quebrar, de verdade, com o impacto e vi um homem ser girado pelo chifre com o chifre completamente dentro dele, muleta e espada no ar, depois no chão, o touro dando cabeçadas e o homem no alto e o homem preso no chifre quando é arremessado para o alto, e ele se livrou de um chifre para cair no outro, até cair no chão, tentar se levantar, colocar as mãos no buraco do peito e ser carregado para fora, com os dentes quebrados, para morrer uma hora depois na enfermaria ainda usando os trajes de tourada, os ferimentos grandes demais para fazer qualquer coisa. Vi a expressão no rosto desse homem, no rosto de Isidoro Todo, quando ele ainda estava no ar, consciente de tudo que estava acontecendo e também depois, conseguindo falar quando estava na enfermaria e antes de morrer, embora o sangue que tinha na boca deixasse as palavras ininteligíveis, então entendo a preocupação dos toureiros em relação a matar recibiendo quando se sabe que a chifrada vem na altura do peito.

De acordo com historiadores, Pedro Romero, um matador na Espanha na época da revolução americana, matou cinco mil e seiscentos touros recibiendo entre os anos de 1771 e 1779, e viveu para morrer deitado na sua cama aos noventa e cinco anos. Se isso for verdade, vivemos numa época muito decadente em que é um evento ver um matador tentar um recibiendo, mas não sabemos quantos touros Romero teria vivido para matar se ele tivesse tentado executar passes como Juan Belmonte fazia com a capa e a muleta, tão próximo do touro. E também não sabemos quantos desses cinco mil ele matou direito, esperando com calma e cravando a espada no alto, bem no meio das escápulas, ou quantos ele não matou direito, dando um passo para o lado e deixando a espada entrar no pescoço. Os historiadores falam bem de todos os toureiros mortos. Ao ler histórias sobre os grandes toureiros do passado, fica a impressão de que eles nunca tinham um dia ruim e de que o público jamais ficava insatisfeito com eles. Talvez o público nunca ficasse insatisfeito com eles antes de 1873 porque não tive tempo para ler relatos contemporâneos que falassem sobre uma época anterior a essa data, mas a partir dela as touradas passam a ser consideradas decadentes por cronistas contemporâneos. Durante o período que agora é descrito como a era de ouro de todas as eras de ouro, a época de Lagartijo e Frascuelo, que foi uma era de ouro de verdade, havia a opinião geral de que as coisas não iam bem; de que os touros eram muito menores e mais jovens, ou eram grandes e covardes. Lagartijo não gostava de matar; Frascuelo, sim, mas ele era maldoso com sua cuadrilla e impossível de conviver; Lagartijo saiu da arena com uma multidão atrás dele no dia de sua última apresentação em Madri. Quando os relatos chegam a Guerrita, outro herói da era de ouro, que corresponde ao período antes, durante e depois da Guerra Hispano-Americana, já se falava sobre como os touros eram pequenos e jovens; os animais gigantes de coragem fenomenal que havia na época de Lagartijo e Frascuelo já não existiam mais. Lemos sobre como Guerrita não chega aos pés de Lagartijo. É um sacrilégio comparar os dois e as touradas fuleiras de hoje fazem aqueles que se lembram da honestidade (não mais da terrível maldade) de Frascuelo se revirarem no caixão; El Espartero não era bom e a prova disso é que ele morreu; por fim, Guerrita se aposenta e todo mundo respira aliviado; ninguém mais o aguenta, embora as touradas, assim que Guerrita se foi, tenham entrado numa depressão profunda. Os touros, estranhamente, ficaram menores e mais jovens, ou eles são grandes e covardes; Mazzantini não é bom, ele ainda mata, sim, mas não recibiendo, e ele se atrapalha todo com a capa e é uma negação com a muleta. Felizmente, ele se aposenta e, assim que o grande Don Luis Mazzantini sai de cena, os touros ficam menores e mais jovens, embora existam alguns covardes que são enormes e que seriam mais úteis puxando carroças do que dentro de uma arena, e quando aquele colosso da espada saiu de cena, assim como, lamentavelmente, Guerrita, o mestre dos mestres, novatos como Ricardo Bombita, Machaquito e Rafael El Gallo, todos toureiros de araque, dominaram as touradas. Bombita controla os touros com a muleta e tem um sorriso agradável, mas ele não consegue matar como Mazzantini; El Gallo é ridículo, um cigano maluco; Machaquito é corajoso mas ignorante, ele só se salva porque tem sorte e pelo fato de que os touros são muito mais jovens e menores do que os gigantes corajosos da época de Lagartijo, Salvador Sanchez e Frascuelo, que hoje é carinhosamente chamado de Negro e amado por todos. Vicente Pastor é honesto e corajoso na arena, mas ele dá um pulinho quando mata e quase passa mal de medo antes de entrar na arena. Antonio Fuentes ainda é elegante, um belo toureiro com os bastões e tem um bom estilo de matar, mas isso não conta porque quem é que não seria elegante com os touros de hoje em dia, tão mais jovens e menores do que os touros na época de colossos como Lagartijo, Frascuelo, o heroico Espartero, o mestre dos mestres Guerrita, e aquele deus da espada Don Luis Mazzantini. A propósito, nessa época, quando Don Indalecio Mosquera promoveu a Arena Madri sem se importar nem um pouco com a qualidade das touradas, só com o tamanho dos touros, estatísticas mostram que esses eram, consistentemente, os maiores touros jamais enfrentados em Madri.

Por volta da mesma época, Antonio Montes morreu no México e no mesmo instante foi considerado o melhor toureiro de sua geração. Sério e magistral, sempre fazendo valer o dinheiro do ingresso, Montes foi morto por um pequeno touro mexicano, magro e de pescoço longo, que ergueu a cabeça em vez de acompanhar a muleta no momento em que a espada foi cravada, e quando Montes tentou se virar e escapar dos chifres, o chifre direito encaixou no meio das nádegas, o touro levantou Montes e o carregou por quatro metros, como se ele estivesse sentado numa banqueta (o chifre perfurou o toureiro e sumiu de vista), e depois caiu morto por causa da espada. Montes levou quatro dias para morrer.

Então surge Joselito, chamado de Pasos Largos no início de carreira e atacado por todos os admiradores de Bombita, Machaquito, Fuentes e Vicente Pastor, todos esses aposentados, felizmente, e todos considerados incomparáveis. Guerrita disse que, se você quisesse ver Belmonte, precisava se apressar porque ele não duraria muito; nenhum homem consegue trabalhar tão perto do touro. Quando ele continuou trabalhando cada vez mais perto, descobriram, claro, que os touros eram paródias dos animais gigantes que ele, Guerrita, tinha matado. A imprensa admitia que Joselito era muito bom, mas observava que ele só conseguia cravar banderillas de um lado, o direito (óbvio que os touros eram muito pequenos), ele mesmo insistia nesta ideia: ele matava erguendo a espada tão alto que alguns diziam que ele a tirava do chapéu e outros afirmavam que ele usava a espada como se fosse um prolongamento do próprio nariz, e juro por Deus: vaiaram, xingaram e jogaram almofadas na última vez que ele lutou em Madri, no dia 15 de maio de 1920, enquanto enfrentava seu segundo touro, depois de ter cortado a orelha do primeiro, e alguém o acertou no rosto com uma almofada enquanto a multidão gritava "Que se vaya! Que se vaya!", que pode ser traduzido como "Suma daqui e nunca mais me apareça!". No dia seguinte, 16 de maio, ele morreu em Talavera de la Reina, chifrado na parte baixa do abdome. Seus intestinos ficaram à mostra (ele não conseguiu segurá-los com as mãos, mas morreu de choque hemorrágico causado pela força da cornada enquanto os médicos trabalhavam no ferimento, e sua expressão era muito tranquila na mesa de operação depois de ter morrido, como mostra uma foto de seu cunhado cobrindo seus olhos com um lenço, e do lado de fora uma multidão de ciganos chorando com El Gallo andando de um lado para o outro, num estado lamentável, aterrorizado pela ideia de entrar e ver o irmão morto, e o banderillero Alamendro dizendo: "Se eles mataram esse homem, então conseguem matar qualquer um! Qualquer um!") e na imprensa, imediatamente, ele se tornou e continua sendo o maior toureiro de todos os tempos; maior que Guerrita, Frascuelo e Lagartijo, de acordo com os mesmos homens que o tinham atacado quando ele era vivo. Belmonte se aposentou e se tornou maior até do que José, voltou a lutar depois que Maera morreu, e descobriram que ele explorava a antiga fama porque estava mais interessado no dinheiro (ele só lutou com touros selecionados naquele ano), lutou por mais um ano, juro que foi o melhor de sua carreira, ele lutou contra todos os touros, não fez nenhuma exigência relacionada a tamanhos e foi triunfante em todas as etapas da tourada, inclusive no sacrifício, algo que ele não dominava antes, e foi atacado pela imprensa durante a temporada inteira. Ele se aposentou de novo depois de ter sofrido um ferimento terrível causado por uma chifrada e todos os relatos contemporâneos concordam que ele é o maior toureiro vivo. Então é assim que funciona, e não tenho como saber como era Pedro Romero até que eu leia os relatos contemporâneos sobre sua carreira antes, durante e depois, e duvido que existam muitos relatos assim, mesmo em correspondências, para respaldar um julgamento correto.

De acordo com todas as fontes diferentes que li e de todos os relatos contemporâneos, a época dos maiores touros e a verdadeira era de ouro em Madri foi a de Lagartijo e Frascuelo, que foram os maiores toureiros dos últimos sessenta anos até Joselito e Belmonte. A época de Guerrita não foi uma era de ouro e ele foi responsável por introduzir touros mais jovens e menores (pesquisei os pesos e conferi fotografias), e nos doze anos em que lutou, ele teve apenas um ano bom de verdade como toureiro, que foi 1894. Touros grandes voltaram às arenas na época de Machaquito, Bombita, Pastor e El Gallo, e o tamanho dos touros diminuiu consideravelmente na era de ouro de Joselito e Belmonte, embora eles tenham enfrentado várias vezes os maiores touros que existiam. Hoje os touros são grandes e velhos para os matadores que não são influentes, e pequenos e jovens quando o toureiro é poderoso o suficiente para influenciar na seleção. Os touros são sempre tão grandes quanto as raças permitem ser em Bilbao, pouco importa o que querem os matadores, e geralmente os criadores andaluzes enviam os maiores e melhores touros para a feria de julho em Valência. Vi Belmonte e Marcial Lalanda triunfarem em Valência com touros tão grandes quanto os maiores registrados na história daquela arena.

Este resumo histórico começou lamentando o desaparecimento do sacrifício de touros recibiendo, que, para recapitular, desapareceu por não ser ensinado nem praticado, porque não havia demanda do público, pois é uma coisa que precisa ser praticada, entendida e dominada, e é muito arriscada quando improvisada. Se ela fosse praticada, poderia ser facilmente desempenhada se permitissem aos touros chegar ao fim da luta em condições adequadas. Mas, numa tourada, qualquer suerte que possa ser substituída por outra com quase o mesmo apelo entre o público, e com menos risco de morrer caso algo dê errado, com certeza vai desaparecer das touradas a menos que haja uma demanda do público para que os lutadores a executem.

Para que um volapié seja executado corretamente, o touro precisa estar aprumado e com as patas dianteiras alinhadas e próximas uma da outra.

Se uma pata estiver mais para a frente, isso afeta a altura da escápula e a abertura por onde a espada deve entrar, que é do tamanho do espaço entre as mãos quando você toca apenas a ponta dos dedos e deixa os pulsos um pouco afastados, a abertura vai fechar do mesmo modo que o espaço entre as mãos fecha se você aproximar um pulso do outro. Se as pernas do touro estiverem bem abertas, essa abertura se fecha porque as escápulas quase encostam uma na outra e, se as patas não estiverem alinhadas, a abertura se fecha totalmente. É por essa abertura que a ponta da espada deve passar para penetrar na cavidade do corpo, e ela só consegue penetrar se não atingir uma costela nem a coluna vertebral. Para melhorar as chances de atingir a aorta, a ponta da espada é vergada de modo que ela faça uma curva para baixo. Se o homem for matar o touro de frente, projetando o ombro esquerdo, se ele cravar a espada entre as escápulas do animal, ele automaticamente se exporá aos chifres; na verdade, o corpo do toureiro deve passar por sobre os chifres no momento em que crava a espada. Se a mão esquerda do toureiro, que cruza diante do corpo segurando a muleta que é quase arrastada no chão, não consegue manter a cabeça do animal baixada até que o homem possa cravar a espada por sobre os chifres e escapar ao longo do flanco do touro, o homem será chifrado. Para evitar esse momento de grande perigo a que o homem se expõe toda vez que mata um touro, de acordo com as regras, os toureiros que querem matar sem se expor devem começar a uma distância considerável do touro de modo que o touro, vendo que o homem se aproxima, também estará em movimento e o homem, que cruza diante da investida do touro com o braço direito projetado para a frente em vez do ombro esquerdo, tenta cravar a espada sem deixar que seu corpo fique ao alcance dos chifres. A forma que acabei de descrever é a maneira mais flagrante que existe para uma má execução do sacrifício. Quanto mais atrás a espada for cravada no pescoço do touro e quanto mais baixo no lombo, menor é o risco para o homem e maior é a certeza de que ele vai matar o touro, uma vez que a espada passa pela cavidade do peito, pelos pulmões, ou corta a jugular e outras veias, ou a carótida e outras artérias do pescoço, todas elas podem ser atingidas pela ponta da espada sem que o homem corra risco nenhum.

É por esse motivo que um sacrifício é julgado pelo lugar onde a espada é cravada e pela maneira como o homem se aproxima para matar, e não pelos resultados obtidos. Matar o touro com apenas um golpe da espada não tem mérito nenhum a menos que a espada seja cravada num ponto alto no lombo do touro e a menos que o homem passe por sobre a cabeça do animal e deixe seu corpo ao alcance dos chifres no momento do ataque.

    Muitas vezes no sul da França e eventualmente em províncias da Espanha, onde acontecem poucas touradas, vi um toureiro ser aplaudido com entusiasmo porque tinha matado o touro com um golpe da espada apesar da manobra ter sido um assassinato sem qualquer risco para o homem; porque ele não se expôs em momento algum e apenas fincou a espada num ponto vulnerável e desprotegido. O motivo para o homem ter de matar o touro cravando a espada num ponto alto no lombo é porque se trata de um lugar que o touro pode defender e que só vai ficar desprotegido se o homem se aproximar dos chifres, contanto que ele lute de acordo com as regras. Matar um touro em pontos que o animal não consegue defender, como o pescoço ou o flanco, é criminoso. Matá-lo num ponto alto no lombo impõe riscos para o homem e exige muita habilidade para evitar o perigo. Se o homem usa essa habilidade para realizar o movimento correto com a espada de maneira tão segura quanto possível, expondo seu corpo ao mesmo tempo que o protege com a destreza da mão esquerda, ele é um bom matador. Se ele usa sua habilidade apenas para trapacear no sacrifício, cravando a espada no lugar certo mas sem nunca expor seu corpo, ele é um carniceiro eficiente, mas não importa o quão rápido e seguro ele consiga matar os touros, ele não é um matador.

    Um grande matador de verdade não é o homem que tem coragem de chegar muito perto do touro para cravar a espada num ponto relativamente alto no lombo, mas sim um homem que consegue chegar muito perto do touro, devagar, movendo primeiro o pé esquerdo e demonstrando uma habilidade tão grande com a mão esquerda que, à medida que se aproxima, com o ombro esquerdo projetado, faz o touro baixar a cabeça e mantê-la baixada enquanto passa por sobre os chifres, crava a espada e, enquanto a espada entra, o homem escapa ao longo do flanco do touro. Um grande matador deve conseguir executar essa manobra com segurança e estilo, e no caso de ele se aproximar do touro com o ombro esquerdo projetado e ao atacar a espada atingir um osso que impeça sua entrada, ou se ela for desviada pelas costelas e só entrar um terço da lâmina, ainda assim o mérito da tentativa de matar será tão grande quanto se a lâmina tivesse entrado inteira e matado o touro, pois o homem se arriscou e o resultado só não foi bom por azar.

Um pouco mais do que um terço da espada, no lugar certo, consegue matar um touro que não seja muito grande. Metade da espada atinge a aorta em qualquer touro, se a espada for direcionada de maneira correta e cravada num ponto alto o suficiente. Muitos toureiros, portanto, não usam o corpo para cravar a espada inteira, eles apenas tentam inserir metade da lâmina, sabendo que isso basta para dar conta do touro se ela entrar no lugar certo e assim eles ficam muito mais seguros se não tiverem de empurrar aqueles dois últimos palmos para dentro. Essa prática de administrar as estocadas, criada por Lagartijo, é o que acabou com a emoção do sacrifício, pois a beleza do momento do sacrifício é aquele instante em que o homem e o touro formam uma figura única, conforme a espada penetra inteira, com o homem se inclinando sobre o touro, e a morte unindo as duas figuras no clímax emocional, estético e artístico da tourada. Esse instante não existe ao cravar apenas metade da espada no touro.

Hoje, Marcial Lalanda é o matador com mais habilidade para cravar a espada, segurando-a na altura dos olhos, enquanto observa o touro, recuando um passo ou mais antes de começar a aproximação e, com a ponta da lâmina apontada para cima, ele chega perto do touro, desvia dos chifres com habilidade e crava a espada quase sempre com perfeição. Entretanto, ele não se expõe em momento algum e não há nenhuma emoção no sacrifício. Ele também sabe como matar. Eu o vi executar um volapié com perfeição; mas ele faz valer o dinheiro do público em outros departamentos da luta e confia na habilidade que tem de se desvencilhar rápido do touro de modo a preservar a memória de seus feitos com a capa, as banderillas e a muleta. Sua maneira convencional de matar, da maneira como a descrevi, é uma paródia infeliz de como um sacrifício pode ser. Depois de ler muitos relatos contemporâneos, acredito que o caso de Marcial Lalanda, no que se refere não aos primeiros julgamentos que sofreu, mas ao domínio constante que exerce no presente, à filosofia que adota em relação às touradas e ao seu método de matar são comparáveis ao que o grande Lagartijo fazia no meio da carreira, embora Lalanda não seja comparável ao cordovês em elegância, estilo e naturalidade; mas ninguém hoje consegue superar a maestria de Lalanda. Acredito que daqui a dez anos as pessoas vão se referir aos anos 1929, 1930 e 1931 como a era de ouro de Marcial Lalanda. Hoje em dia, ele atrai tantos inimigos quanto qualquer outro grande toureiro, mas ele é, sem dúvida, o mestre de todos os toureiros da atualidade.

Vicente Barrera tem um estilo de matar pior do que o de Lalanda, mas ele adota um esquema diferente. Em vez de cravar metade da lâmina com habilidade no lugar certo, ele prefere o movimento traiçoeiro de fincar uma parte da lâmina em qualquer lugar acima do pescoço, respeitando assim a lei que exige ao menos uma estocada do toureiro, tendo em mente que, executando uma estocada, ele pode matar o touro com um descabello. Ele é um virtuoso do descabello, que se trata de um golpe com a ponta da espada no meio da coluna cervical para cortar a medula, supostamente usado como um *coup de grâce* num touro moribundo que já não consegue acompanhar a muleta com os olhos, poupando o matador de atacar o touro pela frente. Barrera usa a primeira estocada, imposta por lei a qualquer matador segundo os regulamentos das touradas, apenas para tentar a sorte de cravar a espada sem se expor ao perigo. Pouco importa o resultado dessa estocada, Barrera opta sempre por matar o touro com um descabello. Ele recorre ao seu trabalho com os pés, usa a muleta para fazer o touro baixar o focinho e expor o ponto entre as vértebras na base do crânio enquanto ergue a espada que estava nas costas, acima da cabeça, com o cuidado de manter a lâmina fora do campo de visão do touro e, em seguida, com a espada apontando para baixo, controlada pelo pulso e com a precisão de um malabarista, ele dá o golpe e acerta a medula espinhal, matando o touro como se estivesse desligando um interruptor de luz. O método de Barrera matar, apesar de estar dentro das regras, é a negação da essência e da tradição de uma tourada. O descabello, que é executado de surpresa como um *coup de grâce* pensado para acabar com o sofrimento de um animal que não consegue mais se defender, é usado por ele para evitar riscos que ele deveria correr ao matar usando a espada. Ele desenvolveu uma precisão tão mortífera no uso da espada, e o público sabe disso por experiência própria, que nada faz Barrera correr qualquer risco por menor que seja, e hoje o público tolera esse uso abusivo do descabello e às vezes até aplaude. Aplaudi-lo por sabotar no sacrifício só porque ele executa uma manobra com habilidade, confiança e segurança, garantida pelo trabalho de pés assertivo diante do touro e pela habilidade de fazer um touro baixar a cabeça como se estivesse morrendo, é quase tão baixo quanto a inteligência de certa parcela do público de arena.

Entre os matadores de primeira categoria, Manolo Bienvenida é o pior na hora de matar o touro, só não é pior do que Cagancho. Nenhum deles finge respeitar as regras do sacrifício e, na verdade, se aproximam do touro correndo com a intenção de dar uma espetada no touro com a espada correndo menos riscos do que um banderillero corre ao colocar as banderillas. Nunca vi Bienvenida matar um touro bem e apenas duas vezes num total de vinte e quatro, em 1931, eu o vi matar touros de maneira decente. A covardia que demonstra no momento do sacrifício é vergonhosa. A covardia de Cagancho quando ele tem de matar é mais do que vergonhosa. Não tem nada a ver com o suor e a boca seca de um garoto de dezenove anos que não sabe matar direito e tem medo demais dos touros grandes e pavor dos chifres e não corre os riscos necessários para tentar a manobra e aprender como executá-la corretamente. É uma artimanha cigana premeditada contra o público, colocada em prática pelo vigarista mais descarado e revoltante que já pisou numa arena. Cagancho sabe matar direito, ele é alto, o que facilita muito o ato de matar o touro e, quando ele quer, consegue matar de maneira competente, eficaz e com estilo. Mas Cagancho nunca faz nada que envolva o risco de levar uma chifrada. Matar é evidentemente perigoso, até para um grande toureiro, então Cagancho, com a espada na mão, evita se aproximar demais dos chifres do touro, a menos que ele perceba que o touro é inocente e inofensivo, e que vai seguir o pano como se o focinho estivesse grudado nele. Se Cagancho comprovou que, para sua alegria, o touro não representa risco nenhum, ele vai matar com estilo, elegância e uma confiança absoluta. Se acha que o touro representa o mais remoto perigo, ele não chega nem perto dos chifres. Essa covardia cínica é a atitude mais repugnante que pode haver numa tourada; pior até do que o pânico de Niño de la Palma, porque Niño de la Palma não consegue mais executar seus passes corretamente, o medo toma conta dele, enquanto quase todas as atitudes de Cagancho poderiam servir de exemplo e modelo de uma tourada artisticamente perfeita. No entanto, ele só tem um desempenho desses se tiver certeza de que não há perigo algum no embate com o touro; mesmo que as chances estejam quase todas a favor do homem, isso não é o suficiente. Ele não se arrisca. Ele precisa ter certeza absoluta de que não há perigo ou ele vai sacudir uma capa a dois metros de distância, balançar a ponta da muleta e assassinar com uma estocada pela lateral. Ele vai fazer isso com touros que não são violentos nem particularmente perigosos para um matador com habilidade razoável e alguma coragem. A coragem dele é menor do que a de um piolho, tendo em vista que seu físico, seu conhecimento e sua técnica permitem que ele se sinta muito mais seguro dentro de uma arena do que qualquer pessoa atravessando uma rua movimentada, desde que ele não chegue perto do touro. Um piolho ainda se arrisca nas costuras de uma roupa. Pode ser que você vá para uma guerra e receba remédio para piolho, ou você pode caçar o piolho com a unha do polegar, mas não existe remédio para Cagancho. Se houvesse uma comissão que regulasse os toureiros e suspendesse matadores como acontece com boxeadores de araque, que perdem o direito de lutar quando não têm as costas quentes, Cagancho poderia ser eliminado das praças de touros ou ele poderia, por medo da suspensão, se tornar um grande toureiro.

Manolo Bienvenida teve uma única grande luta em toda a temporada de 1931 e ela foi no seu último dia em Pamplona, quando ele estava com mais medo do público e da raiva que as pessoas sentiram dos seus desempenhos covardes do que dos touros. Ele tinha pedido para o governo mandar tropas para protegê-lo antes da luta e o governador disse que, se ele tivesse um bom desempenho na arena, não precisaria de proteção. Todas as noites em Pamplona, Manolo fazia chamadas telefônicas de longa distância para saber das notícias que envolviam a derrubada de árvores na fazenda de seu pai por camponeses da Jacquerie na Andaluzia; bosques inteiros sendo cortados e queimados, porcos e galinhas sendo mortos, rebanhos de gado sendo afugentados; a fazenda, que ele ajudava a pagar com o dinheiro que ganhava nas touradas, sendo saqueada um dia após o outro no belo plano de sabotagem agrária da revolta andaluza; e ele com apenas dezenove anos de idade, sabendo pelo telefone que seu mundo estava sendo destruído um pouco a cada noite, o que bastava para deixá-lo bem preocupado. Mas os garotos em Pamplona e os camponeses do interior que estavam gastando suas economias para ver as touradas, e tendo suas expectativas frustradas por causa de matadores covardes, não queriam saber de abstrações envolvendo crises econômicas e a falta de interesse dos matadores no próprio trabalho, e eles se revoltaram contra Manolo de modo tão violento e o deixaram com tanto medo que, enfim, temendo de ser linchado, ele proporcionou uma tarde esplêndida no último dia da feria.

Se uma penalidade pudesse suspendê-lo de seus negócios lucrativos, Cagancho talvez tivesse bons desempenhos com mais frequência. Sua desculpa é que ele corre perigo, e o espectador, não, mas ele é pago de acordo, e o espectador está pagando, e o público protesta quando Cagancho se recusa a aceitar o perigo. É verdade que ele já foi chifrado antes, mas por causa de imprevistos como uma repentina rajada de vento que o deixou desprotegido quando estava muito próximo de um touro que considerava seguro. Existe uma parcela de risco que ele não consegue eliminar e, depois de sair do hospital e voltar para a arena, ele não consegue nem chegar perto de um touro que ele considera inofensivo, uma vez que não há nenhuma garantia de que o vento não sopre enquanto ele estiver trabalhando, ou de que a capa não entre no meio de suas pernas, ou de que ele não pise na capa, ou de que o touro não fique cego. Ele é o único toureiro que me deixou feliz por ter sido chifrado; mas chifrá-lo não é uma solução porque ele sai pior do hospital. No entanto, ele continua assinando contratos e roubando o dinheiro do público porque todo mundo sabe que, quando quer, ele consegue fazer uma faena completa e esplêndida, um exemplo de manobra perfeita, e encerrá-la com um sacrifício lindamente executado.

O melhor matador hoje é Nicanor Villalta, que começou trapaceando na hora de matar o touro, usando sua altura para se inclinar sobre o touro enquanto cegava o animal com uma muleta imensa, e que agora aperfeiçoou, depurou e dominou a arte de tal forma que, pelo menos em Madri, ele mata quase todos os touros que encara de perto com confiança, de maneira correta, segura e emocionante, aprendendo a fazer mágica com seu pulso esquerdo a fim de matar o touro de verdade, sem artimanhas. Villalta é um exemplo do homem simples que citei no início deste capítulo. No que se refere à inteligência e à conversa, ele não é tão esperto quanto uma criança de doze anos de idade se ela tiver problemas de desenvolvimento, e ele se acha tão glorioso e acredita tanto na própria grandiosidade que não parece haver limites para ele. Além disso, ele tem uma bravura meio histérica que supera em intensidade qualquer coragem mais contida. Pessoalmente, eu o considero insuportável, embora ele talvez seja agradável para quem não se importa com pessoas histéricas que ficam se vangloriando, mas com a espada e a muleta em Madri, ele é hoje o matador mais corajoso, mais confiante e mais consistente e emocionante da Espanha.

O homem que melhor manuseava a espada no meu tempo era Manuel Vare, conhecido como Varelito, provavelmente o melhor matador de sua geração, que tinha Antonio de la Haba, conhecido como Zurito; Martín Aguero; Manolo Martínez e Luis Freg. Varelito tinha uma estatura mediana, era simples, sincero e um ótimo matador. Como todos os matadores de estatura mediana, ele era bastante castigado pelos touros. Ainda sem se recuperar dos efeitos de uma chifrada ocorrida no ano anterior, ele estava com dificuldade de matar com seu estilo antigo na feria de abril, em Sevilha, no ano de 1922 e, com um desempenho de má qualidade, a multidão o vaiou e o insultou ao longo de toda a feria. Ao dar as costas para o touro depois de ter cravado a espada, o animal o atacou e causou um ferimento profundo próximo do reto, chegando a perfurar os intestinos. Foi um ferimento semelhante ao sofrido por Sidney Franklin, que se recuperou na primavera de 1930, e foi o mesmo tipo de ferimento que matou Antonio Montes. Ele, Varelito, ao ser chifrado no fim de abril, viveu até o dia 13 de maio. Enquanto o carregavam da arena para a enfermaria, a multidão, que o tinha vaiado um minuto antes, agora estava murmurando como sempre acontece depois de uma chifrada grave, e Varelito dizia, olhando para o público: "Vocês são culpados por isso. Eu sou culpado por isso. Vocês são culpados por isso. Vocês conseguiram o que queriam. Eu sou culpado. Vocês são culpados. Eu sou culpado. Vocês são. Eu sou". Ele levou quase quatro semanas para morrer.

Zurito era filho de um dos últimos e mais importantes picadores do passado. Ele era de Córdoba, moreno e muito magro; sua expressão era muito triste; ele era sério e tinha um profundo senso de humor. Ele matava de modo clássico, lento e bonito, com um senso de honra que o proibia de tirar qualquer vantagem ou usar qualquer artimanha, ou de abandonar a linha reta ao avançar na direção do touro. Ele era um dos quatro novilleros que causavam sensação na turma de 1923 e 1924, e quando os outros três, que eram mais experientes do que ele, embora nenhum deles fosse muito experiente, se tornaram matadores, ele também se tornou um no finzinho da temporada, sem terminar seu aprendizado, no sentido de que um aprendizado deve ocorrer até que um ofício seja dominado.

Nenhum dos quatro passou por um verdadeiro aprendizado. Manuel Baez, conhecido como Litri, o mais sensacional dos quatro, era um prodígio. Era muito corajoso e seus reflexos eram ótimos, mas era de uma bravura insensata e muito ignorante na luta. Ele era um menino de rosto moreno, pernas arcadas e cabelo preto, tinha a expressão de um coelho e um tique nervoso nos olhos que o fazia piscar quando via o touro se aproximar; mas ao longo de um ano ele substituiu coragem, sorte e reflexos por conhecimento e, sempre que era arremessado pelo touro, o que aconteceu, literalmente, centenas de vezes, ele estava tão perto dos chifres que o animal não conseguia acertá-lo direito e sua sorte o salvou em quase todas as situações, menos em uma. Todos nós falávamos dele como carne de touro e, na verdade, não fez nenhuma diferença quando ele recebeu a alternativa, porque ele lutava com uma coragem nervosa que não podia durar, e com seu estilo irregular, ele tinha certeza de que seria destruído por um touro e, quanto mais dinheiro ganhasse antes disso, melhor. Ele sofreu um ferimento grave na primeira luta do ano em Málaga, no início de fevereiro de 1926, depois de ter tido uma temporada completa como matador. Ele não teria morrido se o ferimento não tivesse infeccionado com uma gangrena gasosa e a perna não tivesse sido amputada tarde demais para salvar sua vida. Os toureiros dizem, "Se tiver que ser chifrado, que seja em Madri", ou se eles forem valencianos, eles trocam Madri por Valência, já que essas duas cidades recebem as touradas mais importantes e, portanto, têm a maioria dos ferimentos causados por chifradas e, consequentemente, dois dos melhores especialistas nesse tipo de cirurgia. Não há tempo para um especialista ir de uma cidade a outra para executar a parte mais importante no cuidado de um ferimento, que é a abertura e a limpeza de todas as lacerações causadas por uma chifrada para evitar possíveis infecções. Cheguei a ver um ferimento causado por uma chifrada cuja abertura na coxa não era maior do que uma moeda de um dólar, mas que por dentro havia percorrido cinco trajetórias diferentes causadas pelo giro do corpo do homem sobre o chifre e, às vezes, pela extremidade do chifre, que racha. Esses ferimentos internos precisam ser abertos e limpos e, ao mesmo tempo, todas as incisões precisam ser feitas no músculo de modo que ele cicatrize o mais rápido possível e com a menor perda de mobilidade possível. Um cirurgião da praça de touros tem dois objetivos: salvar o homem, o objetivo de um cirurgião convencional; e devolver o toureiro à arena o mais rápido possível, para que ele possa cumprir seus contratos. É essa habilidade de curar rápido o toureiro que torna valioso o trabalho de um especialista em ferimentos causados por chifrada. É um tipo de cirurgia muito específico, mas sua forma mais simples, que é o tratamento do ferimento causado quase sempre entre o joelho e a virilha ou entre o joelho e o tornozelo, pois é nesses lugares que o touro, de cabeça baixada, atinge o homem numa chifrada, implica costurar a artéria femoral com rapidez se ela estiver rompida e depois, geralmente com o dedo ou com uma sonda, encontrar, abrir e limpar todas as trajetórias que o chifre possa ter percorrido, ao mesmo tempo que mantém o coração do paciente batendo com injeções de cânfora e que repõe o sangue perdido com injeções de uma solução salina e assim por diante. De qualquer forma, a perna infeccionada de Litri em Málaga acabou sendo amputada pelos médicos, que prometeram, antes de sedá-lo, limpar somente o ferimento; e quando ele acordou e viu que estava sem a perna, ele achou que sua vida tinha acabado e entrou num desespero profundo. Eu gostava muito dele e gostaria que tivesse morrido sem sofrer a amputação, uma vez que iria morrer de qualquer forma quando recebeu a alternativa e era certo que seria destruído assim que sua sorte acabasse.

    Zurito nunca teve sorte. Por ter tido uma educação incompleta, seu repertório era bastante limitado com a capa e a muleta, feito sobretudo de passes por alto e do artifício fácil do molinete, e seu trabalho excelente com a espada e sua pureza de estilo ao manuseá-la foram ofuscados pela campanha surpreendente que Litri estava fazendo e pela bela temporada que Niño de la Palma fez. Zurito teve duas boas temporadas depois da morte de Litri, mas antes que tivesse chance de se tornar uma figura dominante de verdade, seu trabalho se tornou antiquado porque ele não buscava se aperfeiçoar com a capa e a muleta e, como ele sempre mirava a espada bem no alto da abertura entre as escápulas e atacava com o ombro esquerdo muito alto, era difícil para ele manter a muleta baixa o suficiente para controlar o touro, e assim ele foi castigado por muitos touros; sofrendo particularmente com golpes terríveis de chifres sem ponta na altura do peito, sendo erguido pelos touros em quase todos os sacrifícios. Depois ele quase perdeu uma temporada por causa de ferimentos internos e de uma espécie de inchaço nos lábios, que também tinham sido atingidos. Em 1927, ele estava lutando em condições físicas tão ruins que era difícil de ver. Ele sabia que perder a competição de uma temporada complicava a vida do toureiro, que ficaria limitado a duas ou três lutas por ano e não conseguiria ganhar a vida, ainda mais com a temporada que Zurito estava tendo; seu rosto, que até então era de um tom moreno saudável, estava tão cinza quanto uma lona desgastada pelo tempo; e ele tinha tão pouco fôlego que dava até dó; ainda assim, conseguia atacar em linha reta, chegando bem perto, com o mesmo estilo clássico e a mesma falta de sorte. Quando o touro o erguia do chão ou dava um daqueles palatazos, ou golpes com o chifre sem ponta que os toureiros dizem machucar tanto quanto feridas abertas porque causam hemorragias internas, ele desmaiava de fraqueza, era carregado até a enfermaria, atendido e liberado para voltar à arena, tão fraco quanto um doente, a fim de matar mais um touro. Devido ao seu estilo de matar, ele se chocava com o touro em quase todos os sacrifícios que executava. Ele lutou vinte e uma vezes, desmaiou em doze delas e matou todos os seus quarenta e dois touros. Porém, isso não foi suficiente porque seu trabalho com a capa e a muleta, que nunca teve estilo, não era nem sequer competente nas condições em que ele estava, e o público não gostava de vê-lo desmaiar. Chegaram a publicar um artigo contra ele num jornal de San Sebastián. Essa cidade, onde ele tinha sido muito bem-sucedido, nunca mais o contratou porque seus desmaios eram considerados revoltantes pelo público padrão e pelos estrangeiros. Então aquela temporada foi difícil para ele, apesar de ter dado a demonstração de coragem mais pungente que já vi. Ele se casou no fim da temporada. Ela queria se casar, segundo disseram, antes que ele morresse, e em vez disso ele se tornou cada vez mais saudável; ele engordou bastante e, como amava sua mulher, evitava atacar o touro em linha reta e lutou apenas mais catorze vezes. No ano seguinte, lutou apenas sete vezes na Espanha e na América do Sul. No ano seguinte, ele voltou a atacar em linha reta como fazia antes, mas tinha apenas dois contratos na Espanha para o ano inteiro; o que não bastava para sustentar sua família. É claro que seus desmaios não eram uma visão agradável, mas ele conhecia apenas uma forma de matar e ela funcionava, e se, ao tentá-la, o chifre ou o focinho o acertasse e ele perdesse a consciência, era um sinal de má sorte, e ele sempre voltava a lutar tão logo ficasse consciente de novo. Mas o público não gostava. Muito rápido, ele virou passado. Eu mesmo não gostava dos desmaios, mas juro por Deus que o admirava. Um excesso de honra pode destruir um homem mais rápido do que qualquer outra característica boa e, com um pouquinho de azar, ela acabou com Zurito em uma única temporada.

O velho Zurito, o pai, criou um filho para ser matador e o ensinou sobre honra, técnica e estilo clássico, e esse garoto é uma negação apesar de ter habilidade e integridade. Ele ensinou o outro filho a ser um picador e ele tem um estilo perfeito, uma coragem enorme, é um cavaleiro esplêndido e seria o melhor picador da Espanha se não fosse por um detalhe. Ele é muito leve para conseguir castigar os touros. Não importa o quão forte ele crave a lança, ele mal consegue fazer o touro sangrar. Então ele, com mais estilo e habilidade do que qualquer outro picador vivo, trabalha em novilladas ganhando entre cinquenta e cem pesetas por touro, quando poderia estar seguindo a grandiosa tradição do seu pai se pesasse vinte quilos mais. Tem mais um filho, que trabalha como picador, mas eu não o conheço; mas me falaram que ele também é muito leve. É uma família sem sorte.

Martín Agüero, o terceiro matador, era um garoto de Bilbao que não tinha nada a ver com um toureiro, ele se parecia mais com um jogador profissional de beisebol, mais robusto e encorpado, um terceira-base ou um interbases. Ele era beiçudo, tinha uma aparência germânica que lembrava o jogador Nick Altrock, e não era criativo com a capa nem com a muleta, embora fosse bom o suficiente com a capa e, às vezes, excelente; entendia de touradas; não era ignorante; e fazia o que fazia com a muleta de maneira competente, embora fosse totalmente sem imaginação e nem um pouco criativo. Em resumo, era capaz de trabalhar com a capa muito perto do touro e era um toureiro eficiente, mas sem brilho. Com a espada, ele era um matador rápido e eficiente. Suas estocadas sempre ficavam maravilhosas em fotografias porque a fotografia não passa nenhuma noção do tempo, mas quando você o via matando, ele atacava tão rápido que, embora matasse de maneira mais eficiente do que Zurito, cruzando o caminho do touro de maneira magnífica, e cravando a lâmina inteira da espada em nove de dez tentativas, uma estocada de Zurito era muito melhor de ver do que uma estocada de Agüero, porque Zurito se aproximava do touro devagar e em linha reta, marcando tão completamente o tempo do sacrifício que ele jamais pegava o touro de surpresa. Agüero matava como um açougueiro, e Zurito, como um padre numa bênção.

Agüero era muito corajoso e muito eficiente e foi um dos melhores matadores em 1925, 1926 e 1927, lutando cinquenta e duas vezes nos dois últimos anos e quase nunca sendo atingido pelo touro. Em 1928, ele foi chifrado gravemente duas vezes, a segunda cornada causada pela decisão de voltar a lutar antes de se recuperar por completo da primeira, e as duas acabaram comprometendo sua saúde e seu físico. Um nervo em uma de suas pernas foi tão gravemente ferido que atrofiou e isso acabou causando uma gangrena nos dedos do pé direito e uma cirurgia para removê-los em 1931. Na última notícia que tive, seu pé tinha sido mutilado de tal forma que sua volta para as touradas foi considerada impossível. Restam os dois irmãos que trabalham como novilleros e têm a mesma aparência, o mesmo físico e, ao que parece, a mesma habilidade com a espada.

Diego "Fortuna" Mazquiarán, de Bilbao, é outro grande matador no estilo açougueiro. Fortuna tem os cabelos cacheados e os pulsos grossos, é robusto, gosta de se gabar, casou com uma mulher rica, luta apenas para ter o próprio dinheiro, é tão corajoso como o touro e um pouquinho menos inteligente. Ele é o homem mais sortudo que já lutou contra touros. Ele conhece apenas uma forma de lutar com um touro, ele se comporta como se todos fossem difíceis e executa manobras bruscas e repentinas com a muleta a fim de posicionar o touro, sem considerar que tipo de faena seria mais apropriada. Se o touro for difícil, isso o satisfaz tremendamente, mas se o animal exigir uma bela faena, não. Uma vez que consiga alinhar as patas dianteiras do touro, Fortuna enrola a muleta, perfila com a espada, olha para os seus amigos por cima do ombro e diz, "Vamos ver se dá para matá-lo assim!" e executa um golpe bom, reto e forte. Ele tem tanta sorte que a espada pode até cortar a medula espinhal e derrubar o touro como se tivesse sido atingido por um raio. Se ele não tiver sorte, ele vai suar e o seu cabelo vai cachear ainda mais, ele vai fazer gestos explicando para o público as dificuldades do animal; vai pedir que o público reconheça que não se trata de um problema com ele, Fortuna. No dia seguinte, ocupando seu lugar de sempre no tendido número dois (ele é um dos poucos toureiros que assiste a touradas com regularidade), quando um touro extremamente difícil entra na arena para outro toureiro, ele diz para todos nós: "Aquele touro não é difícil. Aquele touro é tranquilo. Ele tem que lutar bem contra aquele touro." No entanto, Fortuna é muito corajoso; corajoso e estúpido. Ele não sente nenhum tipo de nervosismo em relação à luta. Eu o ouvi falando com um picador, "Vamos. Anda logo. Rápido. Estou morrendo de tédio aqui. Isso tudo é muito chato. Anda logo." Entre os artistas frágeis, ele se destaca como um sobrevivente de outra época. Mas, se você se sentar perto dele ao longo de uma temporada inteira, é você quem vai morrer de tédio.

Manolo Martínez, do bairro de Ruzafa, em Valência, é ligeiro, tem olhos redondos, o rosto retorcido e o sorriso fino, e parece mais o tipo que aposta em cavalos, ou parece um daqueles sujeitos durões que você via ao redor de mesas de bilhar quando era pequeno. Muitos críticos não o consideram um grande matador porque ele nunca teve sorte em Madri e os editores do jornal francês de touradas *Le Toril*, um periódico muito bom, não o consideram nem um pouco porque ele tem bom senso para não se arriscar quando luta no sul da França, onde qualquer espada que desapareça dentro do touro, independente de como e de onde seja cravada, é aplaudida com entusiasmo. Martínez é tão corajoso quanto Fortuna, e ele nunca morre de tédio. Ele adora matar e não é convencido como Villalta; quando tudo corre bem, ele fica feliz, tanto por você quanto por ele mesmo. Ele já foi muito castigado pelos touros e eu o vi levar uma cornada feia em Valência. Seu trabalho com a capa e a muleta é irregular, mas se o touro for honesto e rápido ao atacar, Martínez trabalhará tão perto do animal quanto qualquer outro toureiro. No dia da cornada, pegou um touro que atacava mais com o chifre direito e, aparentemente, ele não percebeu esse defeito. O touro se chocou com ele uma vez durante um passe com a capa e, na segunda vez, Martínez fez o passe pelo mesmo lado apesar de não ter espaço, e o touro o colheu com o chifre direito e o arremessou. Ele não se feriu, o chifre escorregou ao longo da pele sem enganchar e só rasgou as calças, mas ele caiu de cabeça e ficou grogue e, na virada seguinte com a capa, ele levou o touro até o centro da arena e lá, sozinho, tentou mais uma vez fazer um passe pela direita. É claro que o touro o pegou de novo, o defeito do chifre direito acentuado por ter conseguido pegar o homem antes, e dessa vez o chifre perfurou o corpo e Martínez saiu do chão carregado pelos chifres, o touro o arremessou com tudo e, com ele caído no chão e imóvel, o touro o chifrou várias vezes até que outros toureiros conseguissem chegar ao centro da arena e atrair a atenção do animal. Quando Manolo se levantou, ele viu o sangue jorrando de sua virilha e, sabendo que a artéria femoral tinha sido atingida, ele usou as duas mãos para tentar conter a hemorragia e correu o mais rápido possível na direção da enfermaria. Ele sabia que sua vida estava se esvaindo no sangue que passava por entre os dedos e ele não podia esperar que fosse carregado. Eles se ofereceram para carregá-lo, mas ele fez que não com a cabeça. O dr. Serra veio correndo pelo corredor de acesso à arena e Martínez gritou para ele, "Don Paco, sofri uma baita cornada!" e, com o dr. Serra usando o polegar para tentar conter o sangue que jorrava da artéria, os dois foram para a enfermaria. O chifre tinha atravessado quase completamente a sua coxa, ele estava perdendo tanto sangue e estava tão fraco e prostrado que ninguém acreditava que poderia sobreviver e, a certa altura, quando não conseguiram identificar seus batimentos cardíacos, eles chegaram a anunciar sua morte. A destruição do músculo foi tamanha que ninguém pensou que ele voltaria a lutar se sobrevivesse, mas depois de ter sido chifrado no dia 31 de julho, ele estava bem o suficiente para lutar no México no dia 18 de outubro, graças ao seu físico e à habilidade do dr. Paco Serra. Martínez sofreu ferimentos terríveis causados por chifradas, mas quase nunca ao matar o touro; mas geralmente por gostar de trabalhar perto de touros que não permitem essa proximidade e pela maneira irregular com que manuseia a capa e a muleta e pelo desejo de manter os pés absolutamente unidos enquanto executa o passe; mas os ferimentos parecem reforçar sua coragem. Ele é um toureiro local. Ele só tem desempenhos muito bons em Valência, mas em 1927, numa feria organizada em torno de Juan Belmonte e Marcial Lalanda, e para a qual Martínez não tinha sido contratado, quando Belmonte e Martínez foram chifrados, ele foi chamado para substituí-los e lutou três touradas excepcionais. Ele fez tudo com a capa e a muleta tão perto e tão perigosamente, e assumiu riscos tão grandes, que foi difícil acreditar que os touros não o matariam, e quando chegou a hora do sacrifício, perfilando de perto, com arrogância, se balançando um pouco para se firmar bem no chão, com o joelho esquerdo ligeiramente dobrado, colocando o peso no outro pé, e então avançando e matando de uma maneira que nenhum homem vivo seria capaz de fazer melhor. Em 1931, ele sofreu um ferimento grave em Madri e ainda não havia se recuperado quando lutou em Valência. Hoje, todos os críticos dizem que sua carreira acabou, mas desde o início ele ganhou a vida provando que os críticos estavam errados, e acredito que assim que seus nervos e músculos forem capazes de seguir seu coração, ele voltará a lutar tão bem quanto antes, até um touro acabar com ele. Isso parece inevitável dada sua irregularidade e sua inabilidade de dominar um touro difícil, combinadas com sua enorme coragem. Sua bravura é quase cômica. É um pouco como a coragem de um *cockney*, enquanto a de Villalta é orgulhosa, a de Fortuna é burra e a de Zurito é mística.

 A coragem de Luis Freg é a mais estranha que já vi. Ele não tem nenhuma criatividade, a não ser com a espada. Sua coragem é tão indestrutível quanto o mar, embora seja sem sal, a não ser talvez pelo sal do seu sangue, e o sangue humano tem um gosto doce e enjoativo, apesar de sua qualidade salina. Se Luis Freg tivesse morrido em qualquer uma das quatro vezes que foi dado como morto, eu poderia escrever mais livremente sobre seu caráter. Ele é um índio mexicano, atarracado, de voz macia, mãos leves, nariz adunco, um olhar de soslaio, beiçudo, cabelo muito escuro, o único matador que ainda usa um rabicho na cabeça, e ele é um toureiro profissional no México desde que Johnson lutou contra Jeffries em Reno, Nevada, em 1910, e na Espanha desde o ano seguinte. Nos vinte e um anos que ele trabalhou como matador, os touros lhe deram setenta e dois ferimentos graves causados por chifradas. Nenhum toureiro foi mais castigado pelos touros do que ele. Ele recebeu a extrema-unção em cinco ocasiões diferentes em que sua morte foi dada como certa. Suas pernas são tão marcadas e retorcidas por cicatrizes que mais parecem os galhos de um carvalho velho, e seu peito e seu abdome estão cobertos por cicatrizes de ferimentos que deveriam ter sido fatais. A maioria causada por falta de agilidade e pela inabilidade de controlar os touros com a capa e a muleta. No entanto, ele era um grande matador; lento, seguro e direto, e as poucas vezes que foi chifrado enquanto matava, poucas em relação ao total de vezes que foi ferido, ocorreram porque ele não teve agilidade para sair do meio dos chifres e escapar pelo flanco do animal depois de cravar a espada, e não por qualquer defeito na sua técnica. As chifradas terríveis, os meses em hospitais que consumiam todo o seu dinheiro, não afetavam em nada sua coragem. Mas era uma coragem estranha. Ela nunca entusiasmava ninguém. Não era contagiosa. Você podia vê-la, reconhecê-la e saber que o homem era corajoso, mas de alguma forma era como se a coragem fosse um xarope e não um vinho, ou tivesse o sabor de sal e cinzas na boca. Se as qualidades tivessem odores, para mim, o odor da coragem seria o de couro defumado ou o cheiro de uma estrada no inverno, ou o cheiro do mar quando o vento rasga uma onda, mas a coragem de Luis Freg não tinha esse odor. Ela era azeda e pesada, e debaixo disso havia algo sutil que era desagradável e gosmento, e quando ele estiver morto, vou contar para você tudo o que sei sobre ele e é uma história bem estranha.

A última vez que ele foi dado como morto foi em Barcelona, rasgado com violência, o ferimento cheio de pus, ele delirando e todo mundo acreditando que estava praticamente morto, e ele dizia: "Eu vejo a morte. Vejo bem. Ai. Ai. É uma coisa horrível." Ele viu bem a morte, mas ela foi embora. Hoje, ele está falido e fazendo uma série de apresentações de despedida. Ele flertou com a morte por vinte anos e a morte nunca o pegou.

Esses são os retratos de cinco matadores. Para resumir, após analisar bons matadores, você pode dizer que um grande matador precisa de honra, coragem, um bom físico, um bom estilo, uma ótima mão esquerda e bastante sorte. E também precisa de uma boa propaganda e de muitos contratos. O lugar e o efeito das estocadas, e as várias formas de matar, estão descritos no glossário.

Se há uma característica que o povo da Espanha tem em comum, ela é o orgulho, e se há mais uma, ela é o bom senso, e se há uma terceira, ela é a falta de praticidade. Porque eles são orgulhosos, eles não se abalam com o sacrifício do touro; eles se sentem dignos desse prêmio. Como têm bom senso, eles mostram interesse pela morte e não passam suas vidas evitando pensar nela e torcendo para que ela não exista apenas para descobrir que ela existe quando chega a hora de morrer. Esse bom senso espanhol é tão duro e seco quanto os planaltos e as planícies de Castela, e se torna menos duro e seco à medida que se afasta de Castela. Na sua melhor forma, esse bom senso é associado a uma completa falta de praticidade. No sul, ele se torna pitoresco; ao longo do litoral, ele se torna indistinguível e mediterrâneo; no norte, em Navarra e Aragão, existe uma tradição tão forte de bravura que ele se torna romântico; e ao longo da costa do Atlântico, como acontece em todos os países banhados por um mar frio, a vida é tão prática que não há tempo para o bom senso. A morte, para quem pesca nas áreas frias do oceano Atlântico, é algo que pode surgir a qualquer momento, que surge com frequência e que deve ser evitado como um acidente de trabalho; assim eles não se preocupam com ela e não têm nenhum fascínio por ela.

Duas coisas são necessárias para que um país ame as touradas. Uma é que os touros devem ser criados no país e a outra é que as pessoas devem se interessar pela morte. Os ingleses e os franceses estão mais preocupados com a vida. Os franceses têm um respeito profundo pelos mortos, mas os prazeres ligados às coisas materiais, à família, à segurança, à classe e ao dinheiro são as coisas mais importantes para eles. Os ingleses também se ocupam mais deste mundo e a morte não é algo a ser considerado, lembrado, mencionado, perseguido ou arriscado a menos que seja a serviço do país, ou por esporte, ou em troca de uma recompensa adequada. Caso contrário, é um assunto desagradável que deve ser evitado ou, na melhor das hipóteses, interpretado moralmente, mas nunca estudado. Nunca fale sobre os mortos, eles dizem, e eu os ouvi em alto e bom som. Quando os ingleses matam, eles matam por esporte e os franceses matam por *pot*. Mas é um bom *pot*, o mais lindo do mundo, e vale muito a pena matar por ele. No entanto, qualquer morte que não seja por esporte nem por *pot* é considerada uma morte cruel pelos franceses e pelos ingleses. Como todas as generalizações, as coisas não são assim tão simples como descrevi, mas estou procurando afirmar um princípio e me abster de citar exceções.

Hoje, na Espanha, as touradas não têm mais espaço na Galícia nem na maior parte da Catalunha. Eles não criam touros nessas províncias. Galícia fica ao lado do mar e por ser uma região pobre, onde os homens viajam para fora ou para o mar, a morte não é um mistério a ser perseguido e resolvido, mas sim um perigo cotidiano que deve ser evitado e as pessoas são práticas, ardilosas, com frequência estúpidas, com frequência mesquinhas, e sua diversão favorita é o canto coral. Catalunha faz parte da Espanha, mas as pessoas não são espanholas e, embora as touradas sejam bem-sucedidas em Barcelona, isso ocorre de maneira artificial porque o público lá vai às touradas como se fosse ao circo, em busca de alegria e entretenimento, e é quase tão ignorante quanto o público de Nîmes, Béziers e Arles. Os catalães vivem num território rico, pelo menos a maior parte deles; eles são bons fazendeiros, bons empresários e bons comerciantes; eles são os eleitos da Espanha, do ponto de vista mercantil. Quanto mais rica é uma região, mais simples são os seus camponeses, e eles combinam um campesinato simples e uma língua infantil com uma classe de comerciantes altamente próspera. Para eles, assim como acontece na Galícia, a vida é prática demais para que se tenha o tipo mais duro de bom senso ou qualquer sentimento sobre a morte.

Em Castela, o camponês não tem nada da pobreza de espírito, combinada sempre com a ardileza, dos catalães ou dos galegos. Ele vive numa região com o clima mais severo que há para se cultivar qualquer coisa, mas é uma região muito saudável; ele tem comida, vinho, esposa e filhos, ou ele teve, mas não conta com nenhum conforto, não tem muito dinheiro e esses bens não são fins em si mesmos; eles são apenas uma parte da vida e a vida é uma coisa que vem antes da morte. Um sujeito de sangue inglês escreveu: "A vida é real; a vida é austera, e o túmulo não é seu fim." E onde eles enterraram esse sujeito? E que fim levou a realidade e a austeridade? As pessoas de Castela têm um bom senso enorme. Elas jamais teriam um poeta que escrevesse uma frase como essa. Elas sabem que a morte é uma realidade inescapável, a única coisa certa para todo e qualquer homem; a única convicção que transcende todos os confortos modernos e que, se você a tem, não precisa de uma banheira em cada lar americano e não precisa de rádio. Eles pensam bastante sobre a morte e, quando têm uma religião, eles têm uma que diz que a vida é muito mais curta do que a morte. Com esse sentimento, eles assumem um interesse inteligente na morte e, quando podem ver a morte ser dada, evitada, recusada e aceita ao longo de uma tarde, em troca de um certo valor em dinheiro, eles pagam o preço e vão para a praça de touros, e continuam indo mesmo quando, por motivos que tentei mostrar neste livro, se sentem frequentemente desapontados pela falta de criatividade e enganados pela falta de emoção.

A maioria dos grandes toureiros veio da Andaluzia, onde os melhores touros são criados e onde, com o clima ameno e o sangue mourisco, os homens exibem uma elegância e uma indolência que não têm nada a ver com Castela, embora eles tenham, misturado com o sangue mourisco, o sangue de homens de Castela que expulsaram os mouros e ocuparam aquela região camponesa. Dos grandes toureiros de verdade, Cayetano Sanz e Frascuelo vieram dos arredores de Madri (embora Frascuelo tenha nascido no sul), assim como Vicente Pastor entre os toureiros não tão grandes e Marcial Lalanda, o melhor entre os matadores da atualidade. O número de touradas diminuiu na Andaluzia, devido a problemas agrários, assim como diminuiu o número de grandes toureiros produzidos pela região. Em 1931, dos dez melhores matadores, havia apenas três da Andaluzia, Cagancho e os dois Bienvenidas; e Manolo Bienvenida, embora tenha ascendência andaluza, foi nascido e criado na América do Sul, enquanto seu irmão, nascido na Espanha, também foi criado fora do país. Chicuelo e Niño de la Palma, representando Sevilha e Ronda, estão acabados; e Gitanillo de Triana, de Sevilha, morreu.

Marcial Lalanda veio de uma região perto de Madri, assim como Antonio Márquez, que vai voltar a lutar, e Domingo Ortega. Villalta é de Zaragoza, e Barrera, de Valência, assim como Manolo Martínez e Enrique Torres. Félix Rodríguez nasceu em Santander e cresceu em Valência, e Armillita Chico, Solorzano e Heriberto García são todos mexicanos. Quase todos os melhores novilleros são de Madri ou dos arredores de Madri, do norte, ou de Valência. Desde a morte de Joselito e de Maera, e da aposentadoria de Belmonte, o reinado da Andaluzia na tourada moderna chegou ao fim. Agora, o núcleo das touradas na Espanha, no que diz respeito tanto à produção de toureiros quando ao entusiasmo pelas lutas, é Madri e a região ao redor de Madri. Valência vem em seguida. Hoje, o lutador mais completo e virtuoso das touradas é, indubitavelmente, Marcial Lalanda; e os lutadores jovens mais completos do ponto de vista da coragem e da técnica vêm do México. Sem dúvida, as touradas estão perdendo espaço em Sevilha que, com Córdoba, foi o grande centro de touradas; e, sem dúvida, elas estão ganhando mais espaço em Madri, onde na primavera e no começo do verão de 1931, em dificuldades financeiras, em uma época de instabilidade política, e com somente lutas ordinárias, a arena lotava duas e até três vezes por semana.

Julgando pelo entusiasmo que vi ser demonstrado sob a República, a tourada moderna continuará existindo na Espanha, apesar do enorme desejo que os políticos alinhados com a Europa têm de acabar com elas para que não sofram mais nenhum constrangimento intelectual por serem diferentes dos seus colegas europeus que eles encontram na Liga das Nações, e nas embaixadas e nas cortes estrangeiras. Atualmente, uma campanha violenta está sendo conduzida contra as touradas por certos jornais com subsídios do governo, mas o número de pessoas que tiram o seu sustento das muitas ramificações de criar, transportar, lutar, alimentar e abater os touros bravos é tão grande que eu não acredito que o governo vá acabar com as touradas, mesmo que seja forte o suficiente para fazê-lo.

Um estudo detalhado está sendo feito do uso potencial e verdadeiro de todas as terras usadas como pasto para os touros bravos. Nas reformas agrárias que devem ocorrer na Andaluzia, algumas das maiores fazendas certamente serão divididas, mas como a Espanha é um país de pasto e também de produção agrícola, e uma parte grande das terras é inadequada para o cultivo, e como o gado criado não gera desperdícios, com todos os animais sendo vendidos e abatidos na arena ou no matadouro, a maior parte das terras usadas hoje para o pasto dos touros bravos no sul certamente será mantida. Num país que, para dar emprego aos trabalhadores agrícolas, optou por banir todas as máquinas de colheita e de plantio em 1931, o governo está sendo cuidadoso antes de destinar mais terras para cultivo. Não há dúvida de que as terras nos arredores de Colmenar e Salamanca continuarão servindo de pasto para touros bravos. Vejo uma possível redução nas terras destinadas à criação de touros bravos na Andaluzia e a divisão de algumas fazendas, mas acredito que não haverá nenhuma grande mudança na indústria com o atual governo, embora vários de seus integrantes pudessem ficar orgulhosos de acabar com as touradas e sem dúvida farão de tudo para atingir esse objetivo, e a maneira mais rápida de conseguir isso é acabar com os touros, uma vez que os toureiros surgem, sem nenhum tipo de estímulo, porque têm um talento natural como acrobatas ou jóqueis ou escritores têm, e nenhum deles é insubstituível; mas um touro bravo é resultado de gerações de trabalho cuidadoso na sua criação, como acontece com cavalos de corrida, e quando você manda uma raça para o matadouro, essa raça deixa de existir.

20

Se este livro fosse um livro de verdade, ele teria tudo. O Prado, com a aparência de universidade americana e os aspersores que molham a grama cedo numa manhã ensolarada de verão em Madri; as montanhas nuas e esbranquiçadas que ficam de frente para Carabanchel; os dias passados num trem, no mês de agosto, com as cortinas fechadas para bloquear o sol e o vento fazendo a cortina se mexer; a palha que levanta voo do chão duro de debulha e bate contra o vagão; o cheiro dos cereais e os moinhos de vento. O livro teria a mudança que ocorre na paisagem quando você deixa para trás o verde de Alsasua; teria Burgos do outro lado da planície e o queijo que se come mais tarde no quarto; teria o jovem que embarcou no trem carregando amostras de vinho em jarros cobertos de vime; era sua primeira viagem a Madri e ele compartilhou os jarros com entusiasmo e todo mundo ficou bêbado, incluindo os dois guardas civis que estavam a bordo, e perdi as passagens e os dois guardas civis acabaram nos ajudando (eles nos acompanharam para fora do trem como se fôssemos prisioneiros porque não tínhamos as passagens e depois se despediram como se nada tivesse acontecido assim que embarcamos num táxi); Hadley carregava uma orelha de touro embrulhada num lenço, a orelha era dura e seca e os pelos todos tinham caído e o homem que tinha cortado a orelha também viu seus cabelos caírem e hoje ele tenta disfarçar fazendo uns fios compridos cruzarem o topo da cabeça; ele era vaidoso. Ele era bem vaidoso.

O livro deixaria clara a mudança que ocorre na paisagem quando você desce as montanhas e chega a Valência no entardecer, num trem em que você faz a gentileza de carregar um galo para uma mulher que quer levá-lo para a irmã; e deveria mostrar a arena de madeira em Alciras, onde eles arrastam os cavalos mortos para fora, largam no campo e você precisa passar por eles ao ir embora; e deveria ter o barulho das ruas de Madri depois da meia-noite; a feria que atravessa a noite, no mês de junho; e as caminhadas de domingo de volta para casa depois de sair da arena; ou com Rafael no táxi. Que tal? Malo, hombre, malo; dando de ombros, ou com Roberto, Don Roberto, Don Ernesto, sempre tão educado, tão gentil e um bom amigo. E também a casa onde Rafael vivia, antes que a opção de virar republicano se tornasse respeitável, com a cabeça empalhada do touro que havia matado Gitanillo, um grande jarro de azeite, sempre muitos presentes e refeições de primeira.

O livro teria o cheiro da pólvora queimada e a fumaça e o clarão e o barulho da traca que explode percorrendo as folhas verdes das árvores e deveria ter o sabor da horchata, uma horchata bem gelada, e as ruas recém-lavadas sob o sol, e os melões e as gotas geladas ao redor de um jarro de cerveja; as cegonhas sobre as casas em El Barco de Ávila e fazendo manobras no céu, e a cor vermelha da arena que lembra argila; e a dança ao som de flautas e tambores, à noite, com luzes que escapam por entre as folhas verdes e o retrato de Garilbaldi emoldurado pelas folhas. Para que ficasse completo, o livro deveria ter o sorriso forçado de Lagartijo; o sorriso foi sincero um dia, e os matadores malsucedidos nadando com prostitutas baratas em Manzanares, ao longo da estrada de El Pardo; quem não tem cão, caça com gato, dizia Luis; e os jogos de bola na grama perto do rio, onde o lindo marquês aparecia de carro com seu boxeador, onde a gente fazia paellas; e caminhava para casa no escuro com os carros que passavam voando pela estrada; e as luzes elétricas que passavam por entre as folhas verdes e o orvalho que fazia a poeira assentar, na friagem da noite; e a sidra em Bombilla e a estrada para Pontevedra que parte de Santiago de Compostella com uma curva acentuada na altura dos pinheiros e as amoras à beira da estrada; e Algabeño, o maior impostor de todos os tempos; e Maera no quarto do Hotel Quintana trocando de roupa com o padre naquela vez que todo mundo encheu a cara, mas ninguém passou mal. Houve uma vez que foi bem assim, mas este livro não pode ter tudo.

Reviver tudo isso; arremessar gafanhotos para as trutas no rio Tambre, da ponte, no meio da tarde; ver o rosto sério e bronzeado de Félix Merino no velho Aguilar; ver o corajoso e estranho Pedro Montes, de olhos opacos, ter de se vestir fora de casa porque tinha prometido à mãe que pararia de lutar depois que Mariano, seu irmão, morreu em Tetuan; e Litri, como um coelhinho, piscando os olhos nervosamente ao encarar o touro; ele tinha as pernas bem tortas e era corajoso e os três foram mortos e nunca mais se falou deles na cervejaria que ficava debaixo do Palace, na sombra, que Litri frequentava com o pai e que acabou sendo comprada pela Citroën; e também não se fala sobre como eles carregaram Pedro Carreño, morto, pelas ruas com tochas acesas até a igreja onde o colocaram nu sobre o altar.

Este livro não fala de Francisco Gómez, o Aldeano, que trabalhou em Ohio numa usina siderúrgica e voltou para casa a fim de se tornar matador e hoje carrega marcas e cicatrizes que só não são piores que as de Freg, com um olho tão torto que as lágrimas correm pelo nariz. Não fala de Gavira, que morreu na hora ao sofrer uma chifrada igual à que matou El Espartero. E também não fala da noite em Zaragoza, sobre a ponte, observando o rio Ebro, e do paraquedista no dia seguinte e dos charutos de Rafael; nem da competição de valetes no velho teatro chique e dos belos casais de garotos e garotas; nem de quando mataram o Noy de Sucre em Barcelona, nem nada desse lugar; nem qualquer coisa sobre Navarra; nem sobre como León é uma cidade miserável; nem sobre ficar com um músculo estirado num hotel onde bate sol em Palencia, quando fazia calor e você ainda não sabia o que era calor porque nunca tinha estado lá; nem da estrada entre Requena e Madri, onde os carros afundam na poeira; nem de quando fazia 49°C na sombra em Aragão e o carro, que não tinha nada de errado, precisava ser abastecido de água a cada vinte quilômetros rodados numa superfície plana.

Se este livro fosse mais completo, ele falaria da última noite da feria, quando Maera brigou com Alfredo Davi no Café Kutz; ele mostraria os engraxates. Meu Deus, seria impossível falar de todos os engraxates; e de todas as garotas bonitas que vi passar; e das putas; e de como nós éramos naquela época. Pamplona mudou muito; eles construíram prédios por toda a planície até chegar bem perto do planalto; agora não se veem as montanhas. Eles colocaram abaixo o antigo Gayarre e estragaram a praça para abrir uma via ampla que dá acesso à arena e, nos bons tempos, o tio bêbado de Chicuelo subia no andar de cima do restaurante para ver o povo dançar na praça; Chicuelo ficava sozinho no quarto enquanto a cuadrilla estava no bar ou espalhada pela cidade. Escrevi sobre isso no conto *Falta de entusiasmo*, mas ele não ficou muito bom, com exceção da cena em que a multidão arremessa gatos mortos contra o trem e, em seguida, Chicuelo aparece numa cabine do trem, sozinho; capaz de dar conta de tudo sozinho.

O livro, se falasse da Espanha, deveria falar do garoto magro de dois metros e meio de altura que fazia propaganda para o espetáculo El Empastre antes de ele chegar à cidade, e naquela noite, na feria de ganado, as putas não teriam nada para fazer com o anão, ele era do tamanho normal a não ser pelas pernas, que tinham vinte centímetros de comprimento, e ele disse, "Sou um homem como qualquer outro", e a puta disse, "Não é não, e é aí que mora o problema". Você não acreditaria na quantidade de anões e aleijados que aparecem em todas as ferias da Espanha.

Pela manhã, nós tomávamos café lá e depois nadávamos no Irati em Aoiz, na água transparente cuja temperatura variava de acordo com a profundidade, fresca, fria, gelada e congelada, e ficávamos à sombra das árvores na margem quando o sol ficava muito quente e o vento soprando nos trigais inclinados com a montanha do outro lado do rio. Havia um velho castelo no início do vale por onde o rio passava entre duas pedras; e nós deitamos nus na grama baixa sob o sol e depois à sombra. O vinho em Aoiz não era bom e por isso levamos um dos nossos, e o presunto também não era bom, e na vez seguinte nós compramos comida no Hotel Quintana. Quintana era o mais aficionado de todos e nosso amigo mais fiel na Espanha, e dono de um bom hotel que vivia lotado. Que tal Juanito? Que tal, hombre, que tal?

E por que o livro não teria a cavalaria atravessando o rio a vau, com a sombra das árvores nos cavalos, se trata-se da Espanha, e por que não falaria deles marchando para fora da escola de metralhadoras e cruzando o terreno de calcário, muito pequenos a essa distância, e das montanhas mais ao longe, vistas da janela do Quintanilla. Ou de acordar pela manhã, com as ruas vazias no domingo, e ouvir o grito a distância e depois os disparos. Isso acontece com frequência se você vive o bastante e viaja muito.

E se você cavalga e sua memória é boa, você ainda pode cavalgar pela floresta de Irati com árvores que parecem mais desenhos num livro para crianças. Eles cortaram essas árvores. Eles transportaram troncos rio abaixo e eles mataram os peixes, ou eles bombardearam e envenenaram os peixes, como fizeram em Galícia; os resultados são os mesmos; no fim, não é muito diferente de casa, a não ser pelos arbustos amarelos nas pradarias e pela chuva fina. Há nuvens vindas do mar que passam pelas montanhas, mas quando o vento sopra a partir do sul, Navarra fica tomada pela cor do trigo, com exceção das áreas planas onde ele não cresce, mas sobre as montanhas e ao redor de estradas com árvores e de muitas cidadezinhas com sinos, quadras de pelota, cheiro de esterco de ovelhas e praças com cavalos dormindo em pé.

Se você conseguisse descrever a chama das velas sob o sol; o brilho do metal nas baionetas recém-lubrificadas, o amarelo no cinto de couro envernizado daqueles que defendem o Senhor; ou a caçada em duplas por entre os sobreiros das montanhas atrás daqueles que caíram na armadilha em Deva (foi um caminho longo e difícil para os que saíram do Café de la Rotonde para serem estrangulados numa sala fria por ordem do Estado, tendo apenas o consolo da religião, absolvidos uma vez e presos até que o capitão-general de Burgos revertesse a sentença da corte), e na mesma cidade onde Loyola sofreu o ferimento que o fez pensar na vida, o mais corajoso de todos que foram traídos naquele ano mergulhou do balcão da corte, de cabeça, porque tinha jurado que eles não o matariam (sua mãe quis que ele prometesse não acabar com a própria vida porque ela prezava sua alma, mas ele mergulhou com precisão, mesmo com as mãos atadas, enquanto os outros que estavam com ele rezavam); se eu pudesse descrevê-lo; descrever um bispo; descrever Cándido Tiebas e Torón; descrever nuvens que se movem rápido fazendo sombra sobre os trigais e os cavalos pequenos que caminham com cuidado; o cheiro do azeite de oliva; a sensação do couro; os calçados com sola de corda; as voltas de uma trança de alho; os vasos de cerâmica; os alforjes nos ombros; os odres de vinho; os pedaços de madeira que tinham a forma de forquilhas (as pontas eram parte do galho); os cheiros da manhã; as noites frias nas montanhas e os longos dias de calor no verão, sempre com árvores e com sombras sob as árvores, assim você teria uma ideia de Navarra. Mas não neste livro.

Ele deveria ter Astorga, Lugo, Orense, Soria, Tarragona e Calatayud, os bosques de castanheiras nas montanhas altas, as regiões verdes e os rios, a poeira vermelha, a sombra pequena à beira dos rios secos e as montanhas brancas de calcário; os passeios agradáveis sob as palmeiras na cidade velha que fica no rochedo à beira-mar, com um clima fresco na brisa da tarde; com mosquitos à noite, mas pela manhã com a água limpa e a areia branca; para depois admirar o crepúsculo na casa de Miró; as videiras a perder de vista, delimitadas por sebes e pela estrada; a ferrovia e o mar com a praia de seixos e a grama alta de papiro. Havia recipientes de cerâmica com quatro metros de altura para safras diferentes de vinho, colocados lado a lado dentro de um quarto escuro; havia uma torre na casa onde se subia à tarde para ver as videiras, as cidadezinhas e as montanhas, e para ouvir e escutar como tudo era quieto. Na frente do celeiro, uma mulher segurava um pato cuja garganta tinha sido cortada e ela o agradava com delicadeza enquanto uma menina segurava uma taça para pegar o sangue que seria usado no molho. O pato parecia muito contente e quando elas o colocaram no chão (o sangue todo na taça), ele se mexeu um pouco e descobriu que estava morto. Depois, nós o comemos, recheado e assado; e comemos muitos outros pratos, bebendo o vinho daquele ano e o do ano anterior e o do ótimo ano que tinha sido quatro anos antes, e de outros anos que não guardei enquanto um ventilador para espantar moscas girava no sentido horário sem parar e nós conversávamos em francês. Todos nós éramos melhores em espanhol.

Aqui está Montroig, que se pronuncia Montroich, um dos muitos lugares da Espanha, e também as ruas de Santiago num dia de chuva; a vista da cidade no alto das colinas quando você volta para casa pelos planaltos; e todas as carroças carregadas que percorrem trilhas de chão batido e que, ao longo da estrada para Grau, deveriam ir até a arena temporária feita de madeira em Noya, com o cheiro de madeira recém-cortada; Chiquito com seu rosto delicado, um grande artista, fino muy fino, pero frio. Valência II, com o olho que costuraram errado que deixa à mostra a parte interna da pálpebra, já não pode mais ser arrogante. E também o garoto que errou o touro completamente ao tentar matá-lo e errou de novo numa segunda tentativa. Se conseguisse ficar acordado para ver as fiestas noturnas, veria como elas são divertidas.

Em Madri, depois de ter perdido duas disputas, um toureiro cômico esfaqueou Rodalito na barriga porque não suportava a ideia de perder mais uma vez. Agüero comendo com toda a família na sala de jantar; todos eles parecendo a mesma pessoa com idades diferentes. Ele tinha a aparência de um interbases ou de um *quarterback*, mas não de um matador. Cagancho em seu quarto, comendo com a mão porque não sabia usar o garfo. Ele não conseguia aprender e quando passou a ganhar dinheiro, evitava comer em público. Ortega noivou com a Miss Espanha, o mais feio com a mais bonita, e quem era o mais espirituoso? *Desperdicios*, na *Gaceta del Norte*, era o mais espirituoso; o texto mais espirituoso que li na vida.

E na casa de Sidney, alguns apareciam pedindo trabalho como toureiro, outros pediam dinheiro emprestado, outros pediam uma camisa velha, outros pediam um terno completo; eram todos toureiros, todos conhecidos nos restaurantes da vida, todos muito educados, todos sem sorte; as muletas dobradas e empilhadas; as capas dobradas; as espadas no estojo de couro; tudo guardado no armário; os bastões da muleta na gaveta de baixo, os trajes no baú enrolados num tecido para proteger o brocado; meu uísque num jarro de cerâmica; Mercedes, traga os copos; ela diz que ele teve febre a noite inteira e que só saiu de casa uma hora atrás. Então ele volta. Como você está? Ótimo. Ela disse que você teve febre. Mas me sinto ótimo agora. Doutor, que tal comermos aqui? Ela pode preparar alguma coisa e fazer uma salada. Mercedes, ó Mercedes.

E você podia atravessar a cidade a pé para ir ao café onde dizem que você se informa sobre quem deve dinheiro para quem e quem enganou quem e por que ele mandou o outro para aquele lugar e quem teve filho com quem e quem casou com quem antes e depois do que e quanto tempo levou para isso e aquilo e o que o médico disse. Quem ficou feliz porque os touros estavam atrasados, entregues somente no dia da luta, com as pernas fracas, bastavam dois passes e, bum, era o fim, ele disse, e depois choveu e a luta teve que ser adiada por uma semana e foi aí que ele ficou doente. Quem se recusava a lutar com quem e quando e por que e é sério isso dela, claro que é, sua besta, você não sabia que era sério? De maneira nenhuma e é isso aí mesmo, de qualquer maneira, ela os engole vivos, e informações importantes como essas você fica sabendo nos cafés. Nos cafés, os garotos estão sempre certos; nos cafés, todos são corajosos; nos cafés, onde os pires são empilhados e os drinques são anotados a lápis no tampo de mármore das mesas, em meio aos restos das temporadas perdidas, há uma sensação boa porque ninguém precisa provar nada para ninguém e todo mundo é incrível por volta das oito da noite, se alguém puder pagar a conta no fim.

    O que mais o livro deveria ter sobre um país que você ama muito? Rafael diz que as coisas mudaram muito e ele não vai mais para Pamplona. Acho que *La Libertad* está ficando parecido com *Le Temps*. Ele não é mais o jornal em que você podia publicar uma notificação e sabia que o batedor de carteiras leria, agora que os republicanos se tornaram respeitáveis e que Pamplona mudou, claro, mas não tanto quanto nós que estamos velhos. Eu achava que, se fosse só para tomar um drinque, a cidade seria a mesma de sempre. Sei que as coisas mudaram e não me importo. As coisas mudaram para mim também. Deixe que tudo mude. Nosso fim vai chegar antes que as coisas mudem demais e, se não houver nenhum dilúvio, depois do nosso fim, ainda vai chover no norte durante o verão e os falcões vão fazer ninhos na Catedral de Santiago e em La Granja, onde nós praticamos com a capa nas longas trilhas de cascalho por entre as sombras, não faz diferença nenhuma se as fontes da cidade funcionam ou não. Nós nunca mais vamos voltar de Toledo no escuro, beber Fundador para o tirar o pó da garganta, nem vai haver aquela semana em que aconteceu aquilo à noite naquela feria em Madri. Vimos tudo passar e vamos ver tudo passar mais uma vez. O mais importante é continuar e dar conta do trabalho e ver e ouvir e aprender e entender; e escrever quando você tiver alguma coisa para dizer; e não antes disso; e também não muito tempo depois. Não se preocupe com os outros, se puder, procure ver o mundo como um todo e de maneira clara. Então faça sua parte, ela vai dizer algo sobre o todo se for feita com sinceridade. Trabalhe e aprenda como fazer isso. Não. Este livro não é um livro de verdade, mas havia algumas coisas que precisavam ser ditas. Havia algumas coisas práticas que precisavam ser ditas.

UM GLOSSÁRIO EXPLICATIVO DE CERTAS FRASES, PALAVRAS E TERMOS USADOS NASTOURADAS

A

Abanico: aberto como um leque.
Abano: touro que entra na arena de um jeito covarde, que se recusa a atacar, mas que pode melhorar ao ser castigado.
Abierto de cuerna: de chifres grandes.
Abrir-el-toro: atrair o touro para o centro da arena e para longe da barrera.
Aburrimiento: tédio, a sensação predominante numa tourada ruim. Pode ser um pouco atenuada por uma cerveja gelada. A não ser que a cerveja esteja gelada demais, aí o aburrimiento aumenta.
Acero: aço. Palavra comum para se referir à espada.
Acometida: ataque do touro.
Acornear: chifrar.
Acosar: etapa do teste dos touros jovens na fazenda. O vaqueiro tira o touro jovem ou novilho do rebanho, persegue o animal até que ele se sinta acossado e ataque.
Acoson: quando o toureiro é seguido de perto pelo touro.
Acostarse: tendência do touro de se aproximar do toureiro por um lado ou por outro no momento do ataque. Se o touro tende para um lado, o toureiro deve ceder espaço para ele nesse lado ou será chifrado.
Achuchón: quando o touro tromba com o homem durante um passe.
Adentro: parte da arena entre o touro e a barreira.
Adorno: qualquer floreio inútil executado pelo toureiro para enaltecer seu domínio sobre o touro. Ele pode ser de bom gosto ou de mau gosto, e

vai de se ajoelhar de costas para o animal até pendurar o chapéu de um espectador no chifre do touro. O pior adorno que vi na vida foi de Antonio Marquez, que mordeu o chifre do touro. O melhor foi de Rafael El Gallo, que cravou quatro pares de banderillas no touro e depois, de maneira muito delicada, nas pausas que fazia para se refrescar enquanto trabalhava com a muleta, extraiu as banderillas uma de cada vez.

Afición: amor pelas touradas. A palavra se refere também ao público de uma arena, mas é usado nesse sentido genérico para se referir à parte mais inteligente do público.

Aficionado: alguém que entende de touradas de maneira geral e também específica, e que ainda se importa com elas.

Afueros: parte da arena entre o touro e o centro da arena.

Aguantar: método de matar o touro com a espada e a muleta usado quando o touro ataca inesperadamente enquanto o matador está de lado enrolando a muleta. Nesse caso, o matador espera por ele sem sair do lugar, executa um passe segurando a muleta bem baixo com a mão esquerda enquanto crava a espada com a mão direita. Nove em dez sacrifícios que vi com essa manobra foram malfeitos porque o matador não esperou o touro se aproximar o suficiente para cravar a espada direito e acabou fincando a espada no pescoço, algo que o homem faz quase sem risco nenhum.

Agujas: agulhas, outra palavra usada para se referir aos chifres do touro. Ela também se refere às costelas que ficam no alto, entre as escápulas.

Ahondar el estoque: empurrar ainda mais a espada para dentro depois que ela já foi cravada. Os homens responsáveis pelas espadas geralmente tentam isso quando o touro está próximo da barrera e o matador não consegue matar o touro. Às vezes, a manobra é executada pelos banderilleros, que arremessam uma capa sobre a espada e puxam a capa para baixo.

Ahormar la cabeza: arrumar a cabeça do touro na posição certa para o sacrifício. O matador deve usar a muleta para fazer isso. Ele faz o animal baixar a cabeça com passes mais próximos do chão e o faz erguer a cabeça com passes altos, mas às vezes os passes altos podem fazer baixar uma cabeça que está alta demais, pois obriga o touro a esticar tanto o pescoço que ele acaba se cansando. Se o matador não consegue fazer o touro erguer a cabeça, um banderillero geralmente consegue fazer isso com alguns movimentos da capa. Se o matador vai ter que fazer ajustes maiores ou menores, depende da forma como os picadores trataram o animal e de como as banderillas foram colocadas.

Aire: vento; o pior inimigo de um toureiro. Capas e muletas são molhadas e sujas de areia para que se tornem mais fáceis de controlar no vento. Elas não podem ser mais pesadas do que já são naturalmente, caso contrário acabariam com o pulso do toureiro e, se houver vento demais, o homem não consegue controlar o pano. A capa ou a muleta podem ser sopradas de repente, deixando o homem exposto ao touro. Em toda luta há uma parte da arena onde o vento é mais fraco e o toureiro deve usar esse lugar para fazer o trabalho mais complicado com a capa e a muleta, se for possível lidar com o touro nesse local.

Al Alimón: passe muito bobo feito com dois homens, em que cada um deles segura uma ponta da capa e o touro passa por baixo do pano entre eles. Esse passe não é perigoso e você só vai vê-lo na França, ou num lugar onde o público seja muito ingênuo.

Alegrar al Toro: atrair a atenção do touro quando ele fica lento.

Alegria: significa leveza na tourada; um estilo sevilhano pitoresco e elegante, criado em resposta à maneira trágica e clássica da escola de Ronda.

Alguacil: meirinho a cavalo sob as ordens do presidente que cavalga à frente dos toureiros na entrada, ou paseo, usando um traje do reinado de Filipe II, recebe a chave do toril das mãos do presidente e, durante a tourada, transmite as ordens do presidente aos envolvidos na tourada. Essas ordens costumam ser dadas por um tubo acústico que conecta o camarote do presidente com o corredor entre a arena e os assentos do público. O mais comum é ter dois aguacils em cada tourada.

Alternativa: investidura oficial de um aprendiz de matador ou de um matador de novillos como matador profissional de touros. Nela, o matador veterano abre mão do direito de matar o primeiro touro e faz isso apresentando a muleta e a espada para o toureiro, que assume a alternativa de matar o touro pela primeira vez ao lado de matadores profissionais. A cerimônia ocorre quando soa o trompete para a morte do primeiro touro. O homem que está assumindo a função de matador entra na arena com uma capa dobrada sobre o braço para encontrar o veterano que lhe dá a espada e a muleta, e recebe a capa. Eles trocam um aperto de mãos e o novo matador mata o primeiro touro. No segundo touro, ele devolve a espada e a muleta para seu padrinho, que, por sua vez, mata o segundo touro. Depois disso, eles se alternam da maneira mais tradicional, o quarto touro é morto pelo veterano, o quinto, pelo segundo mais experiente, e o estreante mata o último touro. Uma vez que ele assuma a alternativa na Espanha, seu ranking como matador profissional passa a valer em todas as arenas da Península, com exceção de Madri. Depois de receber a alternativa numa província, ele precisa repetir a cerimônia em sua primeira apresentação em Madri. As alternativas dadas no México ou na América do Sul não são reconhecidas na Espanha até que sejam confirmadas nas províncias ou em Madri.

Alto: *pase por alto* é um passe em que o touro passa por baixo da muleta.

Alto (en todo lo): golpe de espada ou estocada no ponto certo, no alto, entre as escápulas do touro.

Ambos: os dois, as duas; ambas manos, ambas as mãos.

Amor propio: *amour propre*, amor-próprio, algo raro entre os toureiros modernos, sobretudo depois de sua primeira temporada de sucesso ou quando eles têm cinquenta ou sessenta contratos a cumprir.

Anda: vai! Com frequência, as pessoas gritam isso para os picadores que hesitam em se aproximar do touro.

Andanada: assentos baratos que ficam no alto da arena, no lado ensolarado, na mesma altura dos camarotes que estão no lado que pega sombra.

Anillo: praça de touros. E também o anel na base do chifre que revela a idade do touro. O primeiro anel representa três anos. Depois disso, cada anel representa mais um ano.

Anojo: touro jovem.

Apartado: separação dos touros que ocorre geralmente ao meio-dia que antecede a luta, quando os animais são classificados e colocados nos currais na ordem em que devem entrar na arena.

Aplomado: estado em que o touro fica pesado feito chumbo, mais para o fim da luta.

Apoderado: empresário ou agente do toureiro. Diferente dos empresários de boxeadores, ele quase nunca ganha mais do que cinco por cento para cada luta que consegue agendar para o matador.

Apodo: apelido de um toureiro profissional.

Aprovechar: tirar vantagem de, se beneficiar de um bom touro. A pior coisa que um matador pode fazer é não aproveitar ao máximo um touro que seja nobre e fácil, e que permita um desempenho brilhante. Ele vai enfrentar muito mais touros difíceis do que fáceis e, se ele não aprovechar os touros bons para dar o máximo de si, a multidão será muito mais crítica do que se tivesse uma apresentação fraca com um touro difícil.

Apurado: touro que fica desgastado e sem energia por causa de uma luta mal executada.

Arena: a areia do chão da praça de touros.

Arenero: funcionário da praça de touros que alisa a areia depois que cada touro é morto e retirado da arena.

Armarse: quando o matador enrola a muleta e posiciona a espada na altura dos olhos, alinhando o rosto, o braço e a lâmina, na preparação para o sacrifício.

Arrancada: outra palavra usada para falar do ataque do touro.

Arrastre: ato de arrastar os cavalos mortos e o corpo do touro morto, executado por um trio de mulas ou de cavalos, depois que cada touro é sacrificado. Os cavalos são tirados primeiro. Se o touro foi excepcionalmente corajoso, a multidão o aplaude bastante. Às vezes, é dada uma volta na arena com o corpo do touro antes de ele ser retirado.

Arreglar los pies: fazer o touro alinhar as patas antes do sacrifício. Se uma pata está mais à frente do que a outra, as escápulas ficam desalinhadas, fechando a abertura por onde a espada deve passar, ou a diminuindo bastante.

Arrimar: ficar bem próximo do touro. Se os matadores arriman al toro, a tourada será boa. O tédio surge quando os toureiros trabalham distantes dos chifres do touro.

Asiento: assento.

Astas: baionetas, outro sinônimo para os chifres.

Astifino: touro com chifres pontudos e afiados.

Astillado: touro com as extremidades de um chifre ou de ambos os chifres lascadas, geralmente por ter investido contra a jaula ou contra o curral, no momento em que chega à arena. Chifres assim causam os piores ferimentos.

Atrás: para trás; de costas.

Atravesada: de maneira transversal; quando a espada entra enviesada e acaba despontando pelo flanco do touro. Um golpe como esse, a não ser que o touro tenha se deslocado durante o ataque, indica que o homem não se aproximou do touro em linha reta no momento do sacrifício.

Atronar: golpe com a puntilla, ou punhal, entre as vértebras cervicais, dado por trás quando o touro está no chão mortalmente ferido, e que corta a medula espinhal e mata o touro instantaneamente. Esse *coup de grâce* é dado pelo puntillero, um dos banderilleros, que segura uma lona no braço direito para proteger as roupas do sangue ao se aproximar do touro. Quando o touro está de pé e esse mesmo golpe é dado pela frente e executado pelo matador, armado com uma espada específica de ponta reta ou com uma puntilla, ele é chamado de descabello.

Avíos de matar: ferramentas de matar, isto é, a espada e a muleta.

Aviso: sinal dado por uma corneta, autorizado pelo presidente, para o matador cujo touro ainda está vivo depois de dez minutos de manobras com a espada e a muleta. O segundo aviso é dado três minutos depois do primeiro e o terceiro e último aviso é dado dois minutos depois do segundo. No terceiro aviso, o matador é obrigado a se retirar e os bois, que estão a postos desde o primeiro aviso, entram na arena para conduzir o touro para fora. Existe um relógio enorme em todas as arenas mais importantes para que os espectadores possam controlar o tempo que o matador leva para executar o trabalho.

Ayudada: passe em que a ponta da espada fica espetada na muleta para esticar o tecido; nesse caso, diz-se que a muleta está sendo ajudada pela espada.

Ayuntamiento: prefeitura ou câmara municipal nas cidadezinhas espanholas. Um camarote é reservado para o ayuntamiento nas arenas espanholas.

B

Bajo: baixo, baixa. Uma lança baixa que é colocada na lateral do pescoço, perto das escápulas. Um golpe da espada no lado direito em qualquer lugar abaixo da parte mais alta das escápulas e na parte posterior do pescoço também é chamado de bajo.

Bajonazo: golpe deliberado da espada no pescoço ou na parte inferior do ombro por um matador que procura matar o touro sem correr riscos. Em um bajonazo, o matador procura cortar as artérias ou veias do pescoço, ou atingir os pulmões com a espada. Com um golpe desses, ele assassina o touro sem se posicionar na frente do animal e longe dos chifres.

Banderilla: bastão redondo de setenta centímetros de comprimento, envolvido por papel colorido e com uma ponta de arpão feita de metal, cravado em pares na cernelha do touro, no segundo ato da tourada; a ponta do arpão é o que fura a pele do touro. As banderillas devem ser colocadas bem no alto da cernelha, perto uma da outra.

Banderillas cortas: banderillhas pequenas de apenas vinte e cinco centímetros de comprimento. É raro ver alguém as usando.

Banderillas de fuego: banderillas com fogos de artifício ao longo do bastão, usadas em touros que não atacam os picadores, para que a explosão da pólvora faça o touro se mexer, cabecear e cansar os músculos do pescoço, que é o objetivo do picador ao confrontar o touro.

Banderillas de lujas: banderillas muito enfeitadas, usadas em apresentações beneficentes. Desajeitadas e difíceis de cravar por causa do peso.

Banderillero: toureiro responsável por cravar as banderillas que recebe ordens do matador, é pago por ele e ajuda na lida com o touro usando a capa. Cada matador emprega quatro banderilleros, que às vezes são chamados de peones. No passado, eles eram chamados de chulos, mas esse termo não é mais usado. Banderilleros fazem de 150 a 250 pesetas por luta. Eles se revezam na colocação das banderillas, dois deles colocam num touro e os outros dois colocam no touro seguinte. Em viagens, as despesas dos banderilleros, à exceção do vinho, do café e do tabaco, são pagas pelo matador, que, por sua vez, é pago pelo promotor do evento.

Barbas; El Barbas: gíria dos toureiros para se referir aos touros adultos, que aos quatro anos e meio de idade chegam a pesar trezentos e vinte quilos de carne, sem contar chifres, cabeça, cascos e couro; sabem usar os chifres e fazem os toureiros merecerem o dinheiro que recebem.

Barrenar: empurrar a espada, algo que o matador faz depois de ter se aproximado do touro para matá-lo e quando está escapando dos chifres ao longo do flanco do animal. Uma vez que se desvie dos chifres, ele pode empurrar a espada sem perigo.

Barrera: cerca vermelha de madeira ao redor da área central da arena onde ocorre a luta contra o touro. A primeira fileira de assentos também é chamada de barreras.

Basto: sem elegância, arte e agilidade; pesado.

Batacazo: queda grave do picador.

Becerrada: apresentação beneficente de amadores ou aprendizes de toureiro em que são usados touros jovens demais para serem perigosos.

Becerro: bezerro.

Bicho: bicho ou inseto. Uma gíria para se referir ao touro.

Billetes: ingressos para a tourada. NO HAY BILLETES: um aviso na janela da bilheteria indicando que os ingressos esgotaram, o sonho de todo promotor de eventos. Mas o garçom no café quase sempre consegue um ingresso se você estiver disposto a pagar o preço dos cambistas.

Bisco: touro com um chifre mais baixo do que o outro.

Blando: touro que não suporta ser castigado.

Blandos: carne sem osso. Quando a espada penetra com facilidade numa estocada, e no lugar certo, sem acertar um osso, dizem que ela foi nos blandos.

Bota: odre individual de vinho, chamado de gourd pelos ingleses. Os odres são arremessados para dentro da arena por espectadores exaltados no norte da Espanha como uma ovação para o toureiro que está dando a volta pela arena. O toureiro triunfante deve dar um gole no vinho e arremessar o odre de volta. Os toureiros detestam esse costume porque, se o vinho espirrar, pode manchar a caríssima camisa cheia de babados que eles usam.

Botella: garrafa; elas são arremessadas dentro da arena por selvagens, bêbados e espectadores exaltados como sinal de reprovação.

Botellazo: golpe dado com a garrafa na cabeça; é possível evitá-lo, basta manter distância dos bêbados.

Boyante: touro fácil de lidar que acompanha bem os movimentos do pano e que ataca de maneira direta e franca.

Bravo; Toros Bravos: touros corajosos e selvagens.

Bravucón: touro que blefa e que não é corajoso de verdade.

Brazuelo: parte superior das pernas dianteiras. O touro pode ficar manco e incapaz de continuar na luta se os picadores atingirem os tendões do brazuelo.

Brega: sequência de tarefas que deve ser executada com cada touro ao longo de uma luta, incluindo o sacrifício.

Brindis: brinde oficial ou dedicatória do touro para o presidente ou para qualquer outra pessoa, feita pelo toureiro antes de executar o sacrifício. O brinde ao presidente é obrigatório no primeiro touro que cada toureiro mata numa tourada. Depois de brindar ao presidente, ele pode dedicar o touro a qualquer alta autoridade governamental presente na arena, a qualquer espectador renomado, ou a um amigo. Quando o matador dedica o touro ou faz um brinde a alguém, ele arremessa o chapéu ao concluir a fala e a pessoa homenageada fica com o chapéu até o touro ser morto. Depois que o touro é morto, o matador volta para pegar o chapéu, que é arremessado na arena com o cartão do homem que estava com ele, ou com algum presente dentro dele nos casos em que o homem veio preparado para ser homenageado. Pelas regras da etiqueta, o presente é obrigatório, a menos que a dedicatória seja entre amigos que compartilham a mesma profissão.

Brío: genialidade e vivacidade.

Bronca: protesto barulhento em sinal de reprovação.

Bronco: touro selvagem, nervoso, imprevisível e difícil.

Buey: bezerro ou boi, ou um touro que é pesado e que age como um boi.

Bulto: fardo; o homem em vez do pano. Um touro que mira o fardo não presta atenção na capa nem na muleta, mesmo quando são muito bem manuseadas, e prefere em vez disso atacar o homem. Um touro que faz isso quase sempre teve a chance de lutar antes como um bezerro na fazenda ou numa arena de província onde não foi morto, o que desrespeita as regras.

Burladero: abrigo feito de tábuas de madeira, próximo do curral ou da barrera, usado por toureiros e vaqueiros caso sejam perseguidos pelo touro.

Burriciegos: touros com problemas de visão. Eles podem ser míopes, hipermetropes ou ter a visão turva. É possível fazer uma boa luta contra um touro hipermetrope se o matador não tiver medo de chegar bem perto do touro e o acompanhar de modo que o animal não perca o pano de vista ao se virar depois de um ataque. Touros míopes são muito perigosos porque eles atacam de repente e muito rápido, de uma distância incomum, e avançam contra o maior objeto que atrair sua atenção. E é quase impossível ter uma boa luta com touros de visão turva, causada quase sempre pelo embaçamento dos olhos ao longo da luta nos casos em que o touro está acima do peso e o dia está quente, ou quando o touro se suja com as vísceras do cavalo depois de dar uma chifrada.

C

Caballero em Plaza: toureiro espanhol ou português montando um cavalo puro-sangue treinado que, com a ajuda de homens a pé que manuseiam capas para posicionar o touro, crava as banderillas usando uma das mãos de cada vez ou ambas ao mesmo tempo e mata o touro usando um dardo sem apear do cavalo. Esses cavaleiros também são chamados de rejoneadores devido ao rejón, ou dardo que eles usam. Esse dardo é muito afiado, fino, com ponta semelhante à de um punhal, e fica posicionado na extremidade de uma lança que foi parcialmente cortada de modo que ela quebre no momento em que o dardo é inserido no touro, assim o dardo afunda mais à medida que o touro cabeceia, e ele morre de um golpe que com frequência parece insignificante. A habilidade que o toureiro precisa ter com o cavalo é enorme e as manobras são complicadas e difíceis, mas depois de ver uma tourada como essa algumas vezes, fica a impressão de que ela não tem o mesmo apelo da tourada tradicional pois o homem não corre perigo nenhum. É o cavalo que assume os riscos, não o cavaleiro; como o cavalo está em movimento toda vez que se aproxima do touro, qualquer ferimento que ele sofra será devido à falta de bom senso ou de habilidade do cavaleiro, e não será o tipo de ferimento que derruba o cavalo no chão e expõe o cavaleiro. O touro também é ferido e se exaure rápido por causa dos ferimentos profundos causados pelo dardo, que costumam atingir a área proibida do pescoço. Além disso, como o cavalo, depois dos primeiros dez metros, pode sempre ser mais rápido que o touro, a tourada se torna uma perseguição em que um animal com uma velocidade superior foge de outro menos rápido, com o animal que persegue sendo apunhalado por um toureiro a cavalo. Isso é o oposto do que diz a teoria das touradas a pé, em que o toureiro deve manter sua posição durante o ataque do touro e enganar o animal com o movimento do pano que tem nas mãos. Na tourada a cavalo, o homem usa o cavalo como isca para provocar o ataque do touro, geralmente aproximando-se do touro por trás, mas a isca está sempre em movimento e, quanto mais vejo esse tipo de tourada, mais me parece monótono. As habilidades exibidas no controle do cavalo são sempre admiráveis e o grau de treinamento dos cavalos é incrível, mas o negócio todo parece mais um espetáculo de circo do que uma tourada de verdade.

Caballo: cavalo. Os cavalos dos picadores também são chamados de pencos ou, mais literalmente, rocinantes, e mais uma variedade de nomes pejorativos como pangaré, pileca, pilungo etc.

Cabestros: bois treinados para ajudar com os touros. Quanto mais velho e experiente for um boi desses, mais valioso e útil ele será.

Cabeza: cabeça.

Cabeza a rabo: passe em que o touro passa todo o corpo por baixo da muleta, da cabeça até o rabo.

Cabezada: golpe com a cabeça.

Cachete: outro termo para o sacrifício do touro com a puntilla, quando o animal já não está mais em pé.

Cachetero: aquele que dá o *coup de grâce* com a puntilla.

Caída: queda do picador quando seu cavalo é derrubado pelo touro. Também é chamado de caída o golpe com a espada que atinge uma parte mais baixa do que devia no pescoço do animal, sem a intenção de ser um bajonazo.

Calle: rua; os piores toureiros, em geral, são aqueles que são sempre vistos nas ruas. Na Espanha, se alguém está sempre na rua é porque não tem nenhum lugar melhor para ir e, se tiver, então não é bem-vindo.

Callejón: corredor entre o muro de madeira, ou barrera, que cerca a arena e a primeira fileira de assentos.

Cambio: mudança. Um passe com a capa ou a muleta em que o toureiro, depois de atrair o ataque do touro com o pano, muda a direção do animal com um movimento do pano, de modo que o animal que passaria por um dos lados do homem acaba passando pelo outro. A muleta também pode ser mudada de uma das mãos para a outra durante um cambio, fazendo o touro dobrar o próprio corpo e parar no lugar. Às vezes, o homem muda a muleta de uma das mãos para a outra que está posicionada nas costas. Isso é só um enfeite e não faz diferença para o touro. Nas banderillas, o cambio é uma finta feita com o corpo para mudar a direção do touro; ela foi descrita em detalhes neste livro.

Camelo: falso; um toureiro que usa de artimanhas para dar a impressão de que trabalha perto do touro quando, na verdade, ele nunca assume nenhum risco.

Campo: o interior. Faenas del campo são todas as operações no processo de criar, rotular, testar, conduzir, selecionar, enjaular e transportar os touros desde as fazendas.

Capa ou capote: capa usada nas touradas. Com o mesmo formato das capas mais comuns que são usadas no inverno da Espanha, elas geralmente são feitas de seda crua de um lado e de percal do outro, pesadas, duras e reforçadas na gola, com cor de cereja na parte externa e amarela na parte interna. Uma boa capa de tourada custa 250 pesetas. Elas são pesadas e, na parte de baixo, pequenas rolhas de cortiça são costuradas no tecido da capa que os matadores usam. Elas servem para que o matador levante as extremidades da capa e segure com apenas uma das mãos enquanto agita a capa com as duas mãos.

Caparacón: proteção semelhante a um colchão que cobre o peito e a barriga do cavalo usado pelo picador.

Capea: tourada informal em praças de cidadezinhas com amadores e aspirantes a toureiro. E também uma paródia da tourada oficial que ocorre em partes da França ou em locais onde o sacrifício do touro é proibido; nesse tipo de tourada, não há picadores e o sacrifício do touro é simulado.

Capilla: capela na praça de touros usada pelos toureiros para rezar antes de entrar na arena.

Capote de brega: capa da tourada como descrita num verbete anterior.

Capote de paseo: capa luxuosa que o toureiro usa ao entrar na arena. Ela é carregada de brocados de ouro ou prata e custa algo entre 1.500 e 25.000 pesetas.

Cargar la suerte: primeiro movimento dos braços feito pelo matador quando o touro se aproxima do pano em que ele afasta o pano do touro a fim de distanciá-lo de si.

Carpintero: carpinteiro da praça de touros que fica no callejón pronto para arrumar qualquer dano à barrera ou aos portões da arena.

Carril: rodeira, sulco ou trilho de trem; um carril nas touradas é um touro que ataca em linha reta, como se escorregasse por uma canaleta ou deslizasse sobre trilhos, permitindo que o matador exiba o máximo de seu brilhantismo.

Cartel: programação de uma tourada. Também pode significar o tamanho da fama que um toureiro tem numa determinada localidade. Por exemplo, você pergunta para um amigo que trabalha no ramo: "Qual é o seu cartel em Málaga?". "Maravilhoso; em Málaga, ninguém tem mais cartel do que eu. Meu cartel é imensurável." Vale registrar que, na sua última aparição em Málaga, ele pode ter sido expulso da cidade por espectadores frustrados e furiosos.

Carteles: cartazes que anunciam as touradas.

Castigaderas: lanças longas usadas na condução e na separação dos touros por várias passarelas e corredores dos currais para fazê-los ocupar suas baias antes da luta.

Castoreno ou castor: chapéu largo com pompom na lateral usado pelo picador.

Cazar: matar o touro de maneira traiçoeira e enganosa com a espada, sem que o homem se aproxime de fato do animal.

Ceñido: próximo do touro.

Ceñirse: aproximar-se. Usado para se referir aos touros que passam tão perto do toureiro quanto o toureiro permitir, aproximando-se mais a cada ataque. Em relação ao homem, diz-se ciñe quando ele trabalha muito próximo do animal.

Cerca: perto; como na frase: perto dos chifres.

Cerrar: fechar. Cerrar el toro: trazer o touro para perto da barrera; o oposto de abrir. O toureiro fica encerrado en tablas quando ele provoca o ataque do touro próximo da barrera de modo que o touro o impede de escapar por um lado e a barrera o impede de escapar pelo outro.

Cerveza: cerveja; a cerveja de barril é boa em qualquer parte de Madri, mas a melhor é encontrada na Cervecería Alvarez, na calle Victoria. A cerveja de barril é servida em copos de meio litro que são chamados de dobles ou em copos de um quarto de litro chamados de cañas, cañitas ou medias. As cervejarias de Madri foram fundadas por alemães e as cervejas são as melhores do continente, depois das alemãs e das tchecas. A melhor cerveja de garrafa de Madri é a Aguilar. Nas províncias, boas cervejas são fabricadas em Santander, a Cruz Blanca, e em San Sebastián. Na segunda cidade, a melhor cerveja que bebi foi no Café de Madrid, no Café de la Marina e no Café Kutz. Em Valência, a melhor cerveja de barril que bebi na vida foi no Hotel Valência, onde ela é servida trincando de tão gelada e em grandes jarras de vidro. A comida nesse hotel, que tem quartos muito modestos, é excelente. Em Pamplona, a melhor cerveja fica no Café Kutz e no Café Iruña. Eu não recomendaria beber cerveja em outros cafés. Bebi cervejas de barril excelentes em Palência, Vigo e La Coruña, mas nunca encontrei uma boa cerveja de barril em nenhuma cidade pequena da Espanha.

Cerviguillo: parte alta do pescoço do touro onde a corcova de músculos forma o chamado morillo, uma espécie de escudo do pescoço.

Chato: de nariz arrebitado.

Chico: pequeno; também significa jovem. Os irmãos mais novos dos toureiros geralmente são chamados pelo nome da família, ou pelo nome profissional, seguido de Chico: Armillita Chico, Amorós Chico etc.

Chicuelinas: passe com a capa inventado por Manuel "Chicuelo" Jiménez. O homem apresenta a capa para o touro e, quando o touro ataca e sofre o passe, o homem, enquanto o touro faz a volta, dá uma pirueta fazendo a capa enrolar no próprio corpo. Ao fim da pirueta, ele está de frente para o touro pronto para o próximo passe.

Chiquero: baia fechada onde o touro espera para entrar na arena.

Choto: bezerro que ainda é amamentado; termo depreciativo para descrever touros pequenos demais e novos demais.

Citar: provocar o touro para que ele ataque.

Clarines: trombetas que, sob as ordens do presidente, dão o sinal para anunciar as trocas ao longo da luta.

Claro: touro simples e fácil de lidar.

Cobarde: touro ou toureiro covarde.

Cobrar: el mano de cobrar é a mão direita.

Cogida: arremesso que o homem sofre ao ser chifrado pelo touro; significa, literalmente, o ato de pegar; se o touro pega, ele arremessa.

Cojo: manco; um touro que esteja mancando na arena deve ser retirado. Os espectadores começam a gritar "Cojo!" assim que percebem a manqueira.

Cojones: testículos; dizem que um toureiro corajoso tem um belo par desses. Num toureiro covarde, dizem que eles não existem. Os testículos do touro são chamados de criadillas e, preparados em qualquer uma das formas que usam para fazer um pão doce, eles são uma iguaria. Durante o sacrifício do quinto touro, às vezes as criadillas do primeiro touro são servidas no camarote real. Nos seus discursos, Primo de Rivera gostava tanto de fazer referência às virtudes masculinas que diziam que ele tinha comido criadillas demais e elas acabaram afetando seu cérebro.

Cola: rabo do touro; geralmente chamado de rabo. Cola pode se referir também à fila em frente à bilheteria.

Colada: instante em que o toureiro percebe que sua posição é insustentável, seja por administrar mal o pano ou porque o touro não presta nenhuma atenção nele, ou ignora o pano para atacar o homem; nesse caso o homem deve fazer de tudo para se salvar do ataque.

Coleando: agarrar o rabo do touro e torcê-lo na direção da cabeça do animal. Isso provoca uma dor enorme no touro e com frequência machuca sua coluna. Essa manobra só é permitida quando o touro está chifrando ou tentando chifrar um homem caído no chão.

Coleta: rabicho enrolado, curto e bem amarrado que o toureiro usa na parte de trás da cabeça para fixar a mona, uma espécie de botão preto, liso e oco, coberto de seda, com o dobro do tamanho de uma moeda de um dólar, cuja função é segurar o chapéu. Antigamente, todos os toureiros usavam grampos para prender e esconder o chumaço de cabelo quando não estavam na arena. Agora, eles descobriram que podem fixar uma mona e uma coleta ao mesmo tempo com um colchete na parte de trás da cabeça quando se arrumam para lutar. Hoje, você só vê o rabicho, que já foi uma marca importante dos toureiros, nas cabeças dos jovens aspirantes a toureiro nas províncias.

Colocar: um homem está bien colocado quando ele se posiciona corretamente na arena em todos os atos da tourada. É uma expressão usada também para se referir à colocação da espada, da lança e das banderillas no touro. Um toureiro também está bien colocado quando ele finalmente é reconhecido na profissão.

Compuesto: composto; manter a postura reta enquanto o touro ataca.

Confianza: confiança; peón de confianza: banderillero particular que representa e pode até aconselhar o matador.

Confiar: tornar-se confiante na lida com o touro.

Conocedor: profissional que supervisiona os touros bravos na propriedade de um criador.

Consentirse: ficar muito próximo do touro com o corpo ou com o pano para forçar um ataque e, em seguida, continuar próximo e sustentar o ataque do touro.

Contrabarrera: segunda fileira de assentos na praça de touros.

Contratas: contratos assinados pelos toureiros.

Contratista de Caballos: fornecedor de cavalos; responsável por entregar os cavalos usados numa luta em troca de um preço fixo.

Cornada: ferimento causado por um chifre; um ferimento de verdade, diferente de um varetazo, ou arranhão. Uma cornada de caballo é uma cornada enorme, o tipo de ferimento que o touro causa no peito de um cavalo.

Cornalón: touro com os chifres excepcionalmente grandes.

Corniabierto: de chifres excepcionalmente largos.

Corniavacado: de chifres de vaca. Touro que tem os chifres são virados para cima e para trás.

Corniveleto: chifres altos e retos.

Corral: recinto adjacente à arena onde os touros são mantidos imediatamente antes de serem enfrentados. Eles recebem comida, sal e água.

Correr: termo usado para se referir à corrida que o touro dá ao ser provocado pelo banderillero assim que entra na arena.

Corrida ou Corrida de Toros: tourada espanhola.

Corrida de Novillos Toros: luta em que são usados touros jovens ou grandes com algum tipo de defeito.

Corta: estocada em que um pouco mais do que a metade da espada penetra no corpo do touro.

Cortar: toureiros geralmente sofrem pequenos cortes nas mãos causados pela espada, quando manuseiam a espada e a muleta. Cortar la oreja: cortar a orelha do touro. Cortar la coleta: cortar o rabicho ou se aposentar.

Cortar terreno: dizem que o touro corta terreno quando, depois que o toureiro provocou um ataque e vai na direção do touro, mas na diagonal, para colocar as banderillas, por exemplo, no ponto em que as duas trajetórias se encontram, o touro muda de direção numa tentativa de chifrar o homem; ganhar terreno correndo na diagonal.

Corto; vestido corto: usar a jaqueta curta dos pastores andaluzes. Antigamente, o termo se referia a toureiros que usavam seus trajes fora da arena.

Crecer: aumentar; touro cuja coragem aumenta ao ser castigado.

Cruz: ponto de interseção entre a linha no alto das escápulas do touro e a coluna vertebral. Lugar onde a espada deve ser cravada se o matador realizar um sacrifício perfeito. Cruz se refere também ao cruzamento do braço que segura a espada com o braço que segura a muleta no momento em que o matador se aproxima do touro para matar. O toureiro cruza bem quando a mão esquerda move o pano devagar e mais próximo do chão, de dentro para fora, movimento que acentua a cruz formada com o outro braço e que assim controla bem o touro enquanto crava a espada. Fernando Gómez, pai de Los Gallos, teria sido o primeiro a dizer que o toureiro que não cruza dessa forma se torna imediatamente amaldiçoado. Outro ditado afirma que a primeira vez que você não cruzar será sua primeira viagem ao hospital.

Cuadrar: enquadrar o touro para o sacrifício; patas dianteiras e traseiras alinhadas, e cabeça nem muito alta nem muito baixa. Nas banderillas: momento em que o touro baixa a cabeça para chifrar e o homem junta os pés, com as mãos unidas, e crava os bastões no touro.

Cuadrilla: trupe de toureiros sob as ordens de um matador, incluindo picadores e banderilleros, um dos quais atua como puntillero.

Cuarteo: forma mais comum de cravar as banderillas, descrita neste livro; uma finta com o corpo ou uma esquiva usada para não se aproximar do touro em linha reta na hora de matar.

Cuidado: cuidado!, quando é uma exclamação. Termo descritivo usado para se referir a um touro que adquiriu conhecimento ao longo da luta e se tornou perigoso.

Cuidando la línea: defendendo a linha; quando o toureiro cuida para que seus movimentos sejam esteticamente elegantes enquanto lida com o touro.

Cumbre: ápice; torero cumbre: o melhor toureiro possível; faena cumbre: um trabalho com a muleta absolutamente superior.

Cuna: posição diante da cabeça do touro, entre os chifres, que serve como refúgio temporário para um toureiro que se encontra numa situação desesperadamente perigosa.

D

Defenderse: defender; um touro se defende quando ele se recusa a atacar, mas presta atenção em tudo e chifra qualquer coisa que se aproxime.

Dehesa: terra para pasto.

Déjalo: não mexa com ele! Não o incomode. Gritado pelo toureiro para os peones quando eles conseguem posicionar o touro ou quando o matador não quer que mexam com o touro para que ele não se canse ainda mais com as capas.

Delantal: passe com a capa inventado por Chicuelo em que a capa é balançada na frente do homem, esvoaçando como se fosse um avental numa mulher grávida ao vento.

Delantera de tendido: terceira fileira de assentos na arena, atrás da contra-barrera e da barrera. Delantera de grada: primeira fileira de assentos na galeria.

Delantero: par de banderillas colocadas num ponto bem posterior ao lugar onde deveriam ser cravadas.

Derecho: direito; mano derecha: mão direita.

Derramar la vista: olhar disperso; touro que fixa rápido o olhar em vários objetos diferentes antes de subitamente definir um e atacar.

Derrame: hemorragia, geralmente visível na boca; se o sangue é claro ou espumoso, isso sempre é um sinal de que a espada foi mal colocada e atingiu os pulmões. Um touro pode sangrar pela boca quando a espada é cravada corretamente, mas é muito raro.

Derribar: derrubar; na perseguição a um touro jovem que está na fazenda, um homem a cavalo armado com uma lança longa espeta a ponta da lança perto da base do rabo do touro, que perde o equilíbrio e cai no chão.

Derrote: golpe alto que o touro dá com os chifres.

Desarmar: o matador é desarmado ao perder a muleta quando o chifre enrosca no pano e o touro o arremessa longe ou quando o touro deliberadamente dá cabeçadas altas no momento em que o homem se aproxima para o sacrifício.

Desarrollador: onde a carne do touro é preparada para ser vendida depois da luta.

Descabellar: fazer o descabello significa matar o touro pela frente, após ele ter sido mortalmente ferido por uma estocada, cravando a ponta da espada entre a base do crânio e a primeira vértebra, de modo que a medula espinhal seja cortada. Esse é um *coup de grâce* executado pelo matador enquanto o touro ainda está de pé. Se o touro estiver quase morto e com a cabeça baixa, o golpe não será difícil, pois com a cabeça perto do chão, o espaço entre a vértebra e o crânio fica aberto. No entanto, muitos matadores que não se importam de correr o risco de se aproximar do touro e desviar dos chifres mais uma vez, depois de ter administrado uma primeira estocada, seja ela mortal ou não, tentam executar o descabello num touro que não está de maneira nenhuma moribundo e, como o animal precisa ser levado a baixar a cabeça e pode cabecear para cima quando ver ou sentir a espada, o descabello se torna então difícil e perigoso. É perigoso tanto para os espectadores quanto para o matador, porque o touro, com uma cabeceada, consegue arremessar a espada a dez metros de altura ou mais. Espadas que foram arremessadas dessa forma por touros chegaram a matar espectadores em arenas espanholas. Um visitante cubano em Biarritz morreu alguns anos atrás na praça de touros em Bayonne, na França, ferido por uma espada com que Antonio Márquez estava tentando fazer um descabello. Márquez foi acusado de homicídio culposo, mas acabou sendo absolvido. Em 1930, um espectador morreu atingido por uma espada arremessada em Tolosa, na Espanha, e o matador que estava tentando executar o descabello era Manolo Martínez. A espada, que atingiu o homem nas costas, atravessou o corpo e foi removida com dificuldade por dois homens; ambos ficaram com as mãos muito feridas pela lâmina. A prática de tentar um descabello num touro que ainda está forte e que precisaria de mais uma estocada para ser morto ou ferido mortalmente é uma das piores e mais vergonhosas práticas da tourada moderna. A maioria dos desastres mais escandalosos e vergonhosos protagonizados por toureiros acometidos de uma covardia súbita, como Cagancho, Niño de la Palma e Chicuelo, se deve ao fato de eles tentarem descabellar um touro que estava em condições de se defender contra o golpe. Na maneira correta de descabellar, a muleta é carregada mais perto do chão para forçar o touro a baixar o focinho. O matador pode espetar o focinho do touro com a ponta da muleta ou com a espada para forçá-lo a baixar o focinho. Quando a ponta da espada usada no descabello, cuja lâmina tem a ponta reta e não curvada para baixo como é mais comum, é cravada da maneira certa, ela atinge e corta a medula espinhal e o touro cai tão subitamente quanto uma luz que se apaga quando um interruptor é acionado para desligar uma lâmpada.

Descansar: descanso é o intervalo entre o terceiro e o quarto touro, que ocorre em algumas praças de touros enquanto a arena está sendo molhada e alisada. Um homem também pode fazer um touro descansar por um momento entre duas séries de passes com a muleta, se achar que o touro está sem fôlego.

Descompuesto: que se descompôs por nervosismo.

Desconfiado: preocupado ou sem confiança.

Descordando: estocada ou golpe de espada que penetra por acidente entre duas vértebras, corta a medula espinhal e derruba o touro instantaneamente. Não deve ser confundido com o descabello ou com o golpe da puntilla, que corta a medula espinhal deliberadamente.

Descubrirse: descobrir; em relação ao touro, significa que o animal baixa bem a cabeça para deixar acessível o ponto em que a espada deve ser cravada. Em relação ao homem, significa ficar exposto, sem a proteção do pano quando está lidando com o touro.

Desgarradura: rasgo no corpo do touro feito por um picador desqualificado ou desalmado.

Desigual: toureiro que não tem consistência em suas apresentações; brilhante num dia e entediante no outro.

Despedida: apresentação de despedida de um toureiro; deve ser levada tão a sério quanto a apresentação de despedida de um cantor. A verdadeira última performance de um toureiro geralmente é um negócio triste, pois o homem tem algumas limitações que o levam a se aposentar, ou ele se aposenta para viver do dinheiro que ganhou e vai ter muito cuidado para não se arriscar na última chance que os touros terão de acabar com ele.

Despedir: quando o homem com a capa ou a muleta manda o touro para longe ao fim de um passe. A manobra de se afastar do touro executada pelo picador ao fim de um ataque, quando o picador faz o cavalo se virar.

Despejo: momento em que o público deve desocupar a arena. Os espectadores não têm mais permissão para desfilar na arena de Madri antes do início da luta.

Desplante: qualquer gesto teatral executado por um toureiro.

Destronque: desgaste do touro causado por viradas repentinas da coluna vertebral, quando o toureiro usa a capa ou a muleta para obrigar o animal a fazer curvas em espaços muito pequenos.

Diestro: habilidoso; termo genérico para se referir ao matador.

Divisa: cores adotadas por um criador de touros usadas em um ferro com o formato de um pequeno arpão e colocado no morillo do touro no momento em que ele entra na arena.

División de Plaza: dividir a arena em duas partes, fazendo a barrera cortar o círculo ao meio e exibir duas touradas ao mesmo tempo. É o tipo de coisa que não se vê mais desde que as touradas foram formalizadas, a não ser muito de vez em quando em lutas noturnas, para compensar a falta de atrações, mais como uma curiosidade e uma relíquia de outros tempos.

Doblar: virar; um touro que vira depois de atacar e volta a atacar; Doblando con el: um toureiro que vira com o touro mantendo a capa ou a muleta na frente do touro para manter a atenção de um animal que tem a tendência de se dispersar depois de cada ataque.

Doctorado: gíria para se referir à alternativa; fazer o doutorado em tauromaquia.

Dominio: habilidade de dominar o touro.

Duro: duro, rígido e resistente. Gíria para a estrutura óssea que a espada pode atingir na hora do sacrifício; significa também a moeda de cinco pesetas.

E

Embestir: atacar; embestir bien: seguir bem o pano; atacar com vigor e determinação.

Embolado: touro, boi ou vaca cujos chifres foram cobertos com uma capa de couro que é grossa nas extremidades para tornar a ponta cega.

Embroque: espaço entre os chifres do touro; estar entre os chifres do touro.
Emmendar: corrigir ou melhorar a posição em que se enfrenta o touro; mudar um lugar ou passe que não está funcionando por outro que é mais bem-sucedido.
Empapar: centralizar bem a cabeça do touro no meio do pano da capa ou da muleta ao receber um ataque, de modo que o animal não consegue ver nada além das pregas do pano que se move à sua frente.
Emplazarse: quando o touro assume uma posição fixa no meio da arena e se recusa a deixá-la.
Empresa: organização responsável por promover touradas numa determinada arena.
Encajonamiento: quando os touros são colocados nos nichos ou nas jaulas individuais para os levarmos até a arena.
Encierro: condução dos animais a pé, cercados por bois, de um curral para o curral da arena. Em Pamplona, a corrida dos touros pelas ruas com a multidão correndo à frente deles, do curral até o extremo da cidade, para dentro da ou cruzando a arena, até o curral da praça de touros. Os touros que devem ser enfrentados à tarde correm pelas ruas às sete da manhã no mesmo dia da luta.
Encorvado: arcado; toureiro que segura o pano com o corpo inclinado para a frente a fim de fazer o touro passar o mais longe possível. Quanto mais reta for a postura do homem, mais perto o touro vai passar de seu corpo.
Enfermeria: sala de operação que faz parte de todas as arenas.
Enganchar: pegar qualquer coisa com o chifre e arremessá-la para o alto.
Engaño: qualquer coisa que serve para enganar o touro ou o espectador. No primeiro caso, a capa e a muleta; no segundo, as artimanhas que dão uma ideia de perigo que não existe de verdade.
Entablerarse: quando o touro assume uma posição que ele se recusa a deixar, próximo da barrera.
Entero: inteiro; touro que chega ao momento do sacrifício sem ter sido abrandado e enfraquecido pelos embates com os picadores e os banderilleros.
Entrar a matar: aproximar-se para matar.
Eral: touro com dois anos de idade.

Erguido: reto e determinado; toureiro que mantém sua postura ao lidar com o touro.

Espada: usado também para se referir ao próprio matador.

Espalda: ombros ou costas do homem. Quando dizem que um homem trabalha de costas é para se referir a um sodomita.

Estocada: golpe da espada ou estocada em que o matador se aproxima pela frente para tentar cravar a espada no alto entre as escápulas do touro.

Estoque: a espada usada na tourada. Ela tem um punho de chumbo revestido de camurça, uma proteção transversal a cinco centímetros do punho e tanto o punho quanto a proteção são envoltos com uma flanela vermelha. Ela não tem um punho cravado de joias, como afirma o livro *Virgin Spain*. A lâmina tem cerca de setenta e cinco centímetros de comprimento e a ponta curvada para baixo com o propósito de penetrar melhor e de alcançar o ponto entre as costelas, vértebras, escápulas e outras estruturas ósseas que possa encontrar pelo caminho. Nas espadas modernas, uma, duas ou três ranhuras na parte de trás da lâmina têm a função de permitir a entrada de ar no ferimento causado pela espada, senão a lâmina da espada vira uma espécie de tampão para o ferimento que causa. As melhores espadas são feitas em Valência, e os preços variam de acordo com o número de ranhuras e com a qualidade do aço usado. O equipamento tradicional de um matador é formado por quatro espadas comuns para o sacrifício e uma espada de ponta reta com a extremidade ligeiramente mais larga para o descabello. As lâminas de todas as espadas, com exceção da que é usada no descabello, são extremamente afiadas da ponta até a metade da lâmina. Elas são guardadas em bainhas de couro macio e o conjunto inteiro fica num estojo de couro com detalhes em relevo.

Estribo: estribo de metal usado pelo picador; e também a viga de madeira a meio metro do chão que percorre toda a parte interna da barrera e que ajuda os toureiros a saltar a cerca de madeira.

Extraño: movimento repentino para um lado ou para o outro, feito pelo touro ou pelo homem.

F

Facultades: em relação ao homem, habilidades físicas ou qualidades; em relação ao touro, preservar suas faculdades significa manter suas capacidades intactas apesar dos castigos impostos ao animal.

Facultativo; Parte Facultativo: diagnóstico oficial enviado ao presidente a respeito do ferimento ou dos ferimentos de um toureiro, fornecido pelo cirurgião responsável pela enfermaria depois de ter operado ou tratado do homem.

Faena: soma dos movimentos feitos pelo matador com a muleta no último terço da tourada; significa também qualquer trabalho realizado com o touro; faena de campo é qualquer etapa no processo de criação de touros.

Faja: faixa usada na cintura como um cinto.

Falsa: falso, incorreto, enganoso. Salidas em falsa são tentativas de cravar as banderillas em que o homem passa pela cabeça do touro sem cravar os bastões, seja porque o touro não atacou, nesse caso a atitude do homem foi correta, seja porque o homem cometeu um erro de cálculo. Às vezes, elas são feitas com muita elegância para mostrar como o matador avalia a distância entre ele e o touro.

Farol: passe com a capa que começa como uma veronica com as duas mãos segurando o pano, mas quando o touro passa pelo homem, a capa envolve a cabeça do homem e parte das costas à medida que ele gira com o touro para acompanhar o movimento da capa.

Farpa: banderilla longa e pesada que os toureiros portugueses usam, a cavalo, para cravar no touro.

Fenómeno: fenômeno, prodígio; era usado a princípio para designar um jovem matador que tivesse realizado proezas na sua profissão, mas agora é usado com sarcasmo para descrever um toureiro famoso muito mais por causa da publicidade que recebe do que pela experiência e pelas habilidades que tem.

Fiera: besta selvagem; gíria para se referir ao touro. Também usada como gíria para se referir a uma mulher fácil, que outros chamariam de vadia.

Fiesta: período de festas ou chance de se divertir. Fiesta de los toros: a tourada. Fiesta nacional: tourada; usada de maneira irônica por escritores que são contra as corridas porque simbolizam o atraso da Espanha em relação a outras nações europeias.

Fijar: cortar a trajetória do touro e fixá-lo num determinado lugar.

Filigranas: manobras extravagantes com o touro; refinamentos artísticos ou qualquer passe ou manobra numa tourada.

Flaco; toro flaco: touro que é magro, flácido ou inconsistente. Que não tem fibra.

Flojo: fraco, mais ou menos, pouco convincente, sem ânimo.

Franco: touro nobre fácil de lidar.

Frenar: frear; touro que reduz a velocidade de repente enquanto passa pelo homem porque quer parar e chifrar em vez de seguir a trajetória do ataque; um dos touros mais difíceis de enfrentar porque ele vai para o passe sem dar nenhuma indicação de que vai frear.

Frente par detrás: passe com a capa em que o homem vira de costas para o touro, mas seu corpo está coberto pela capa, que está com um dos lados estendido pelas duas mãos. Na verdade, é uma forma da veronica feita de costas para o touro.

Fresco: calmamente, sem vergonha, cínico.

Fuera: sai fora! Fora daqui! Dá o fora daqui! O significado muda de acordo com o grau de veemência com que a palavra é dita.

G

Gachis: garotas com vários parceiros sexuais; prostitutas.

Gacho: chifres que apontam para baixo.

Galleando: quando o homem, com a capa nas costas, como que vestido com ela, olha por sobre o ombro na direção do touro e se move numa série de zigue-zagues, fintas e desvios, levando o touro a acompanhar os movimentos da parte baixa da capa.

Gallo: galo de briga; nome profissional da grande família Gómez de toureiros ciganos.

Ganadería: fazenda onde os touros bravos são criados; todos os touros, vacas, novilhos e bezerros de uma fazenda.

Ganadero: criador de touros bravos.

Ganar terreno: touro que força o homem a ceder terreno toda vez que ataca.

Garrocha: sinônimo para a lança usada pelo picador; uma grande vara usada para saltar por sobre os touros em touradas do passado.

Gente: pessoas; gente coletudo ou cidadãos de rabicho se refere aos toureiros.

Ginete: cavaleiro, picador; buen ginete: bom cavaleiro.

Golletazo: golpe de espada na lateral do pescoço que perfura o pulmão e causa a morte quase instantânea do touro, sufocado pelo sangue; manobra para matar touros usada por toureiros apavorados demais para se aproximar dos chifres; essa estocada só se justifica nos touros que já receberam um ou dois golpes corretos da espada e que se defenderam tão bem, evitando expor o lugar entre os ombros onde a espada deve ser cravada, arrancando a muleta das mãos do toureiro quando ele se aproximou e se recusando a atacar, que a única saída possível para o homem é executar o golletazo.

Gótico; un niño gótico: na tourada, um garoto convencido e afetado, como é afetada a arquitetura gótica.

Gracia: graça e elegância mesmo sob perigo; gracia gitana: elegância cigana.

Grado: balcão ou assentos cobertos numa praça de touros, acima dos assentos descobertos, ou tendidos, e dos camarotes, ou palcos.

Grotesca: grotesco; o oposto de gracioso.

Guardia: polícia municipal; que não é levada a sério nem por ela mesma. Guardia Civil: polícia nacional, levada muito a sério, armada com sabres e carabinas Mauser de 7 mm, elas são, ou eram, modelo de uma força policial disciplinada e implacável.

H

Hachazo: golpe que o touro dá com os chifres.
Herida: ferimento.

Herradera: marcação de novilhos na fazenda.

Herradura: ferradura; cortar la herradura: cortar a ferradura, uma estocada bem colocada, bem no alto, em que a lâmina, uma vez dentro do touro, segue uma trajetória oblíqua para baixo, na direção do peito do touro, cortando a pleura e causando morte imediata sem qualquer hemorragia externa.

Hierro: ferro de marcar; marca de um criador de touros ou de um criador de touros bravos.

Hombre: homem; como uma exclamação, expressa surpresa, prazer, choque, reprovação ou alegria, de acordo com o tom usado. Muy hombre: homem corajoso, isto é, que tem huevos, cojones etc.

Hondo: profundo; estocada honda: espada cravada até o punho.

Hueso: osso; como gíria, significa resistente.

Huevos: ovos; gíria para testículos, assim como outros dizem colhões.

Huir: fugir; vergonhoso tanto para touros quanto para homens.

Hule: lona; gíria para a mesa de operação.

Humillar: baixar a cabeça.

I

Ida: estocada em que a lâmina faz uma trajetória descendente acentuada sem que ela seja perpendicular. Uma estocada como essa, embora seja bem colocada, pode causar hemorragia pela boca nos casos em que a lâmina atinge os pulmões.

Ida y vuelta; allez et retour: viagem de ida e volta; touro que faz a volta no fim de um ataque para investir mais uma vez contra o toureiro em linha reta. Perfeito para o toureiro que quer exibir seus talentos sem ter de atrair o touro com a capa ou a muleta ao fim de cada investida.

Igualar: fazer o touro alinhar as patas dianteiras.

Inquieto: nervoso.

Izquierda: esquerda; mano izquierda: mão esquerda, chamada de zurda no dialeto das arenas.

J

Jaca: cavalo, égua ou pônei; Jaca torera: uma égua tão bem treinada pelo toureiro português Simão da Veiga que ele conseguia, montado nela, cravar banderillas com as duas mãos sem encostar nas rédeas, com a égua sendo guiada apenas pelas esporas e pela pressão dos joelhos.

Jalear: aplaudir.

Jaulones: nichos individuais ou jaulas em que os touros são transportados da fazenda para a arena. A jaula é propriedade do criador, leva sua marca, seu nome e seu endereço, e é devolvida ao fim da luta.

Jornalero: trabalhador; toureiro que mal consegue se sustentar trabalhando na profissão.

Jugar: jogar; jugando con el toro: quando um ou mais matadores sem capa, mas com as banderillas juntas numa das mãos, provocam o touro numa série de ataques; correndo em zigue-zague ou vendo o quanto podem se aproximar do touro sem provocar uma investida. Para fazer isso de uma maneira interessante, é preciso ter muita elegância e saber como o touro pensa.

Jurisdicción; momento em que o touro, durante um ataque, se aproxima do homem e baixa a cabeça para chifrar. Tecnicamente é quando o touro deixa seu território para entrar no território do toureiro, chegando ao lugar onde o homem espera pelo animal com o pano.

K

Kilos: um quilo equivale a pouco mais de duas libras. Às vezes os touros são pesados depois de serem mortos e antes de serem carneados, e sempre são pesados depois de preparados como carne, com a pele arrancada, cabeça e cascos separados, e todas as partes ruins da carne descartadas. O touro que resta desse processo é chamado en canal e há muitos anos a pesagem dos touros depois de carneados tem sido alvo de críticas. Um touro bravo com quatro anos e meio de idade deve pesar algo entre 295 e 340 quilos en canal, dependendo do tamanho e da raça do animal;

hoje, o peso mínimo oficial é 285 quilos. A pesagem da carne ou en canal equivale a 52,5% do peso do animal vivo. Assim como, no caso do dinheiro, apesar da moeda oficial ser a peseta e as pessoas nunca falarem em pesetas para se referir a dinheiro numa conversa, mas sim em reales, ou 25 centimos, um quarto de peseta, ou em duros, que equivale a cinco pesetas; na pesagem de touros, quando as pessoas conversam, elas falam em arrobas, uma unidade de peso que equivale a vinte e cinco libras. Um touro tem seu peso calculado em arrobas de carne que ele vai render depois de morto e carneado. Um touro de 26 arrobas vai render pouco mais do que 291 quilos. Esse é o tamanho mínimo de um touro para a arena para que assim o animal seja imponente o bastante para dar emoção à corrida. O peso ideal para um touro bravo é de 26 a 30 arrobas, quando ele não foi engordado com cereais. Cada arroba entre 24 e 30 é crucial para definir a força, o tamanho e o poder destrutivo de um touro, assim como ocorre nas categorias do boxe. Numa comparação, podemos dizer que nos quesitos de força e de poder destrutivo, touros com menos de 24 arrobas são pesos-moscas, pesos-galos e pesos-penas. Touros de 24 a 25 arrobas são pesos-leves e meios-médios. Touros de 26 arrobas são pesos-médios e meios-pesados; de 27 a 30 arrobas são pesos-pesados e, acima de 30 arrobas, chegam perto da categoria de Primo Carnera. Uma cornada ou chifrada de um touro que pesa apenas 24 arrobas, se acertar o alvo, vai ser tão fatal quanto aquela dada por um animal muito maior. É como um golpe de punhal sem muita força, enquanto um touro de 30 arrobas dá o mesmo golpe com a força de um bate-estaca. É um fato, no entanto, que um touro de 24 arrobas é geralmente imaturo; com pouco mais de três anos de idade; e touros dessa idade não sabem usar os chifres de maneira hábil, seja no ataque ou na defesa. O touro ideal capaz de fazer frente ao toureiro, e assim render uma corrida emocionante, deve ter pelo menos quatro anos e meio de idade para ser maduro, e pesar, en canal, um mínimo de 25 arrobas. Quanto mais arrobas ele pesar além das 25, sem perder velocidade e não simplesmente engordando mais, maior será a emoção e maior será o mérito de qualquer trabalho realizado pelo homem na luta com o animal. Para acompanhar as touradas com inteligência e ter uma compreensão profunda de como funcionam, você precisa aprender a pensar em arrobas assim como no boxe é preciso classificar os homens nas muitas categorias oficiais de peso. Hoje, as touradas sofrem na mão de criadores inescrupulosos que vendem touros jovens demais, leves demais e imaturos demais, sem testar devidamente a coragem dos animais, e dessa forma abusam da tolerância com que seus animais subdimensionados são encarados, desde que sejam corajosos e capazes de proporcionar uma corrida brilhante, ainda que desprovida de emoção.

L

Ladeada: para um lado; sobretudo em relação a uma estocada.
Lances: qualquer passe realizado com a capa.
Largas: passe que faz o touro se aproximar do homem, passar por ele e depois se afastar, feito com a capa totalmente estendida e segurada pela extremidade em apenas uma das mãos.
Lazar: laçar; usar o laço ou a corda do oeste norte-americano para apanhar o gado, ou com o lazo amarrado a um peso numa das extremidades, como é feito na América do Sul.
Levantado: primeira fase do touro ao entrar na arena, quando ele tenta mandar todo mundo para fora do círculo sem concentrar o ataque em ninguém.
Liar: enrolar, com um movimento do pulso esquerdo, o tecido da muleta no bastão que dá suporta a ela, antes de perfilar o touro para executar o sacrifício com a espada.
Librar: livrar, librar la acometida: escapar de um ataque do touro por meio do trabalho com os pés ou por um passe improvisado com a muleta ou a capa.
Libre de cacho: qualquer manobra realizada com o touro fora do alcance dos chifres; pode ser a distância ou depois que os chifres passaram; significa, literalmente, livre da possibilidade de ser pego.
Lidia: luta; toro de lidia: touro bravo. É também o nome do semanário sobre touradas mais famoso e antigo que existe.

Lidiador: aquele que luta contra touros.

Ligereza: agilidade; uma das três qualidades necessárias para se tornar um matador, de acordo com o grande Francisco Montés; as três são: agilidade ou leveza dos pés, coragem e um conhecimento profundo do ofício.

Llegar: chegar; descreve o momento em que o touro atinge o cavalo com os chifres, apesar da lança do picador.

Lleno: arena cheia ou ingressos esgotados; todos os assentos da arena ocupados.

M

Macheteo: cortar como se fosse com uma faca de bolo ou com uma machete; macheteo por la cara é uma série de movimentos de um lado para o outro com a muleta, com o homem recuando a pé se o touro atacar, feitos para cansar os músculos no pescoço do touro e prepará-lo para o sacrifício. É a forma mais simples e segura de cansar um touro com a muleta e é usada pelos toureiros que não querem correr riscos ou tentar qualquer manobra mais difícil.

Macho: másculo, masculino, superdotado de órgãos reprodutivos masculinos; torero macho: toureiro cujo trabalho se baseia na coragem e não numa técnica perfeita e no estilo, embora o estilo possa ser desenvolvido.

Maestro: mestre em qualquer coisa; maneira pela qual os peones podem se referir ao matador. Passou a ser usada de maneira sarcástica, sobretudo em Madri. Você pode usar maestro para se dirigir a alguém mostrando que não o respeita.

Maldito ou Maldita: xingamento usado para falar de um touro: "Maldita seja a vaca que te pariu!."

Maleante: patife ou trambiqueiro; o tipo de maleante mais comum numa tourada é o batedor de carteiras ou carteirista. Esses cidadãos são numerosos, extremamente habilidosos e tolerados no sentido de que a polícia de Madri tem todos eles listados e, se você foi roubado e viu que cara tinha o batedor de carteiras, a polícia pega centenas deles na rua ou em casa e exibe todos eles para você. A melhor forma de evitá-los é nunca andar de bonde nem de metrô, pois são os lugares onde o trabalho deles é mais fácil. Eles têm uma qualidade positiva: eles não destroem documentos pessoais nem passaportes, nem ficam com os documentos guardados como outros bandidos; eles preferem pegar o dinheiro e largar a carteira com os documentos numa caixa de correio numa tabacaria ou numa dessas caixas de primeiros socorros embutidas na linha do bonde. As carteiras podem ser recuperadas na agência geral dos Correios. Pela minha experiência e pela de meus amigos como vítimas dos batedores de carteiras na Espanha, devo dizer que esses senhores, na sua área, combinam as mesmas qualidades que Montés listou como sendo indispensáveis para um toureiro: leveza, coragem e um conhecimento profundo de seu ofício.

Maleta: valise, literalmente; gíria para descrever um toureiro ruim ou inferior.

Malo: ruim, imperfeito, defeituoso, doente, cruel, desagradável, desprezível, péssimo, podre, sujo, fedido, nojento, desonesto, filho da puta etc., dependendo das circunstâncias. Toro malo: touro com esses atributos e outros defeitos inerentes, como a tendência de saltar por sobre a barrera e atacar o público; escapar ao ver a capa etc.

Mamarracho: insulto lançado contra um touro insatisfatório; outros diriam vagabundo, vadio, vaca ou bastardo.

Mancornar: jogar um novilho no chão segurando os chifres com as mãos e usando o peso do corpo na manobra.

Mandar: comandar ou ordenar; numa tourada, significa fazer o touro obedecer ao pano; dominar o touro com o pano.

Manejable: controlável; um touro com que é fácil de trabalhar.

Mano: mão; mano bajo: com a mão baixa; a maneira certa de manusear a capa numa veronica. Manos se refere também às patas do touro.

Mansedumbre: touro que exibe passividade típica de um boi.

Manso: domesticado, tranquilo e manso; um touro que não tem o sangue de um touro bravo é manso, assim como os bois chamados de cabestros quando são treinados.

Manzanilla: vinho de xerez natural e levemente seco, que não teve seu teor alcoólico artificialmente aumentado. Muito consumido na Andaluzia e por todos os envolvidos numa tourada. É servido em chatos, ou copos baixos, geralmente acompanhado de uma tapa, ou de uma pequena porção de comida de qualquer tipo, com azeitonas ou anchovas, sardinha, atum e pimenta-doce, ou uma fatia de presunto defumado. Um chato melhora os ânimos, três ou quatro fazem você se sentir muito bem, mas se você comer as tapas enquanto bebe, pode tomar doze chatos sem ficar bêbado. Manzanilla também significa camomila, mas se você se lembrar de pedir um chato de manzanilla, não há nenhuma chance de receber chá de camomila.

Marear: ficar mareado; deixar o touro atordoado por fazê-lo girar de um lado para o outro com o movimento da capa. Isso é feito com o objetivo de fazer o animal cair de joelhos depois de ter sofrido uma estocada imprecisa e é algo feio para quem vê e desonesto para quem executa.

Maricón: sodomita, boiola, afeminado, veado, bicha etc. Eles também têm desses na Espanha, mas só sei de dois entre os quarenta e tantos matadores. Isso não significa que os interessados em provar que Leonardo da Vinci, Shakespeare etc. eram todos bichas não consigam encontrar mais alguns entre os toureiros. Dos dois, um é quase patologicamente muquirana, não tem muita coragem, mas é muito habilidoso e delicado com a capa, uma espécie de decorador de exteriores das touradas, e o outro tem fama de ser muito corajoso e desajeitado, e de ser incapaz de economizar uma peseta. No meio profissional, a palavra é usada como um termo para ofender, ridicularizar ou insultar. Os espanhóis têm muitas, muitas histórias engraçadas de maricón.

Mariposa: borboleta; série de passes com a capa sobre o ombro do homem e o homem encarando o touro, recuando de costas lentamente em zigue-zague, atraindo o touro primeiro com um lado da capa e depois com o outro, supostamente imitando o voo de uma borboleta. Inventado por Marcial Lalanda, esse quite exige que o toureiro conheça bem os touros para poder executá-lo corretamente.

Mariscos: molusco consumido nos cafés enquanto se bebe cerveja antes ou depois das touradas; entre os melhores estão o percebes, uma espécie de craca com um pedúnculo apetitoso e um sabor muito delicado e delicioso; lagostins, uns camarões grandes e carnudos do Mediterrâneo; cigalas, uma integrante da família das lagostas com garras estreitas e o corpo longo, rosa e branco, cujas garras e cauda você quebra com um quebra-nozes ou um martelo; cangrejos del rio, lagostim ou lagosta de água doce, preparados com sementes inteiras de pimenta-preta na cauda; e gambas, ou camarões comuns servidos com casca que devem ser chupados e comidos com as mãos. Percebes, encontrado ao longo da costa do Atlântico, na Espanha, não é vendido em Madri entre os meses de abril e setembro por causa do fim da temporada. Acompanhados de cerveja ou de absinto, eles são muito gostosos; os pedúnculos da craca têm um sabor mais delicado e atraente do que qualquer ostra, marisco ou molusco que comi na vida.

Marronazo: quando o picador erra o touro no ataque e a ponta da lança desliza pelo couro do touro sem machucá-lo.

Matadero: matadouro. Lugar onde se treina com a puntilla e a espada.

Matador: toureiro profissional que mata touros, enquanto um Mata Toros é apenas um açougueiro de touros.

Mayoral: supervisor numa fazenda de touros; pode se referir também aos vaqueros ou pastores que acompanham os touros enjaulados da fazenda até a arena, dormindo com as jaulas nos caminhões de frete, cuidando para que os touros recebam água e comida, e dando assistência no momento de descarregar os touros e separá-los para a luta.

Media-estocada: estocada em que apenas metade da lâmina penetra o touro. Se for cravada no lugar certo em um touro de tamanho médio, a media-estocada consegue matar tão rápido quanto uma estocada que crave a lâmina inteira no touro. Se o touro for muito grande, no entanto, metade da lâmina pode não ser suficiente para alcançar a aorta ou outros vasos sanguíneos grandes, que cortados levam à morte rápida.

Media-luna: lâmina com formato de foice fixada na ponta de uma lança usada em touradas de antigamente para paralisar os touros que o matador não conseguiu matar. Por um longo tempo depois de ter caído em desuso, quando o touro que não foi morto na arena passou a ser retirado por bois, a media-luna ainda era exibida para constranger o matador e anunciar a entrada dos bois na arena. Hoje, ela não é mais exibida.

Medias: meias longas como as que são usadas pelos toureiros.

Media veronica: um recorte, ou corte feito no ataque do touro, que termina numa série de passes com a capa chamados de veronicas. Na media veronica o homem segura a capa com as duas mãos, assim como na veronica, e assim que o touro passa pelo homem, movendo-se da esquerda para a direita, o homem traz a mão esquerda para perto do quadril e recolhe a capa para perto do quadril com a mão direita, diminuindo o movimento da veronica e usando metade da capa, obrigando o touro a dobrar o corpo e fixando o animal no lugar para que o homem possa se afastar dando as costas para o touro. Essa manobra de fixar o animal num lugar é obtida com o movimento da capa cortando a trajetória normal do touro, levando-o a fazer uma curva num espaço menor do que o comprimento de seu corpo. Juan Belmonte aperfeiçoou essa manobra com a capa e agora ela é o desfecho obrigatório para qualquer série de veronicas. Os meios passes feitos pelo matador segurando a capa com as duas mãos enquanto corria de costas balançando a capa de um lado para o outro a fim de levar o touro de uma parte da arena a outra eram chamados de medias veronicas, mas hoje a verdadeira media-veronica é a que foi descrita anteriormente.

Media-vuelta: método de cravar as banderillas em touros que não atacam bem, no qual o homem assume uma posição atrás do touro e corre na direção da cabeça do animal, enquanto o touro vira a cabeça na direção do homem. Touros impossíveis de matar pela frente também precisam de um golpe da espada dado com uma media-vuelta.

Medios: parte central da arena, que é dividida em três territórios com o propósito de se executar suertes diferentes com o touro; o centro ou medios; o terço seguinte ou tercio; e a área mais próxima da barrera, chamada de tablas.

Mejorar: melhorar; mejorando su estilo: melhorando seu estilo; mejorar al terreno é quando o toureiro se encontra muito perto da barrera para conseguir executar o passe que está preparando sem ser chifrado e, com a ajuda da capa ou da muleta, ele pode mudar para uma posição melhor ou mais segura.

Meter el pie: provocar o touro a atacar dobrando o joelho para a frente e depois esticando a perna, com o corpo voltado para o touro, quando o toureiro espera pelo touro para matá-lo da forma conhecida como recibiendo.

Metisacas: colocar e tirar; estocadas em que o matador, por uma hesitação, crava um pouco da espada e depois tira.

Mogón: touro com um chifre quebrado ou lascado, às vezes ficando com uma protuberância arredondada; touros assim são usados nas novilladas.

Mojiganga: mascarada; no passado, os touros entravam na arena das novilladas durante uma procissão ou um espetáculo. Esses eventos eram chamados de mojigangas; os únicos sobreviventes desse costume são os grupos que imitam a banda El Empastre, fundada por Rafael Dutrus, em que um touro jovem é solto na arena enquanto a banda toca e o animal é enfrentado e morto por alguns dos músicos, enquanto os outros continuam tocando seus instrumentos.

Molinete: passe com a muleta em que o homem dá um giro completo com o corpo, fazendo a muleta se enrolar nele. Causa um efeito enorme quando é executada entre os chifres do touro ou ao lado deles, nesse caso o touro também gira o corpo tentando seguir a ponta do tecido.

Mona: botão coberto de seda na base do rabicho usado pelo toureiro.

Monerias: tourada fuleira; extravagâncias imaturas realizadas no confronto com o touro.

Monosabios: funcionários da praça de touros que usam camisas vermelhas e auxiliam os picadores quando eles caem, ajudam os picadores a voltar para o cavalo, conduzem os cavalos na direção do touro, matam os cavalos que foram feridos, retiram as selas, cobrem os corpos com lona etc. Eles passaram a ser chamados de monosabios quando uma trupe de macacos artistas usando uniformes vermelhos se apresentou em Madri em 1847, logo após a administração da praça de touros adotar as camisas vermelhas para os funcionários.

Morillo: a corcova de músculos no alto do pescoço de um touro bravo que se enrijece quando fica irritado. É onde o picador deve fincar a lança e onde os banderillos devem cravar os bastões na parte superior dessa corcova, perto dos ombros.

Morucho: touro mestiço que às vezes é bravo, violento e perigoso, mas sem as características de tipo ou de casta de um puro-sangue. Em várias partes da Espanha, touros que têm um pouco do sangue de uma raça selvagem são criados por fazendeiros que não fazem parte de nenhuma das associações dos criadores de touros bravos puros-sangues, e esses touros mestiços são vendidos para serem usados em novilladas, nas arenas pequenas e nas capeas. O fato de serem mestiços fica evidente na grossura do rabo, no tamanho dos chifres e dos cascos, e na ausência da corcova; de resto eles têm a aparência de verdadeiros touros bravos.

Movido: movimentado; toreo movido: trabalhar demais com os pés enquanto enfrenta o touro.

Mozo de estoques: funcionário particular e responsável pelas espadas a serviço do matador. Na arena, ele prepara as muletas e entrega as espadas para o toureiro ao longo da luta, limpando as espadas usadas com uma esponja e secando as lâminas antes de guardá-las. No momento do sacrifício ele deve seguir o matador no corredor atrás da barrera sempre a postos para entregar uma nova espada ou a muleta por sobre a barrera, caso o toureiro precise. Quando está ventando muito, ele umedece as capas e a muleta com uma moringa de água que carrega consigo e também atende as exigências pessoais do matador. Fora da arena, antes da luta, ele pega os envelopes com o cartão do matador e uma certa quantia de dinheiro para os vários críticos de touradas, ajuda o matador a se vestir e cuida para que todo o equipamento seja transportado até a arena. Depois da luta, ele cuida dos telefonemas — mensagens enviadas via companhia telefônica, escritas e entregues como os telegramas são entregues nos Estados Unidos — ou das raras mensagens verbais enviadas à família do matador, aos amigos, à imprensa e a qualquer clube de entusiastas das touradas que possa ser organizado em homenagem ao matador.

Mucha: muita; de muchas piernas: bom das pernas; com pernas muito fortes; muchas arrobas: muito pesado. De mucho cuidado: muito suspeito; isto é, um touro muito difícil de enfrentar.

Muchacho: garoto; jovem.

Muerte: morte; lugar onde a espada deveria entrar para matar o touro corretamente. Toureiros dizem que o touro revela a muerte quando ele baixa bem a cabeça. Pase de la muerte: passe com a muleta citado neste livro.

Muleta: pano de sarja ou de flanela escarlate com forma de coração dobrada e pendurada num bastão de madeira que tem uma ponta afiada de metal na extremidade mais fina do bastão e um punho estriado na extremidade mais grossa; a ponta afiada atravessa o tecido que está dobrado numa extremidade e, na outra, o tecido é fixado ao punho com um parafuso manual que ajuda a manter o pano sobre o bastão. A muleta é usada para defender o homem; para cansar o touro e ajustar a posição de sua cabeça e de seus pés; para desempenhar uma série de passes de valor estético maior ou menor; e para ajudar o homem na hora do sacrifício.

Muletazo: passe realizado com a muleta.

Multa: multa aplicada ao toureiro, ao criador de touros ou ao diretor da arena e calculada pelo dirigente responsável pela corrida ou pelo governador. Multas aplicadas ao toureiro são uma farsa pois todo contrato firmado com um matador tem uma cláusula que determina que toda multa aplicada contra o toureiro deve ser paga pelos promotores. Essa cláusula tem mais de trinta e cinco anos e foi inserida pela primeira vez para evitar que os promotores contratassem toureiros por valores aleatórios e depois recebessem uma multa do presidente sobre a diferença entre o valor que o toureiro cobrou para lutar e o valor que o promotor estava disposto a pagar. Atualmente, com a sindicalização de matadores, picadores e banderilleros, eles podem realizar um boicote contra qualquer arena cujo promotor tenha deixado de pagar suas dívidas e manter o boicote até que a dívida seja paga, inviabilizando até as lutas realizadas por outros promotores até que as exigências sejam atendidas, e não há nenhuma necessidade de manter a cláusula sobre as multas para proteger os toureiros. Sua única consequência hoje é permitir que lutadores inescrupulosos saibam que qualquer multa que recebam, mesmo que seja justa, aplicada por trabalho insatisfatório ou desonesto, não vai ser paga com dinheiro do próprio bolso. Esse é um dos abusos que deveriam ser corrigidos na próxima vez que um governo elaborar um novo decreto para a regulamentação da tourada.

N

Nalgas: nádegas, ou traseiro; alvo de muitos ferimentos por chifradas causados pela decisão do matador de dar as costas para o touro sem ter fixado o animal corretamente no lugar para evitar um ataque. Traseiros proeminentes destroem a linha formada pelo corpo que o toureiro procura fazer ao combater o touro e impedem que seu estilo seja levado a sério, por isso a tendência de ter essa região mais rechonchuda é uma fonte de preocupação para os matadores na tourada moderna.

Natural: passe feito com a muleta na mão esquerda, próximo do chão no qual o homem provoca o touro pela frente; com a perna direita voltada para o touro, a muleta carregada pelo meio do bastão na mão esquerda, braço esquerdo estendido e o pano na frente do homem, a muleta é movimentada levemente na direção do touro para chamar atenção, esse movimento é quase imperceptível para o espectador; quando o touro ataca e alcança a muleta, o homem gira com o animal, mantendo o braço totalmente estendido e movendo a muleta devagar na frente do touro, fazendo o animal girar num quarto de círculo ao redor do homem; essa virada é dada com a elevação do pulso ao fim do passe para manter o touro no lugar para outro passe. Esse passe é descrito em detalhes neste livro. É o passe fundamental da tourada, o mais simples, o mais puro e o mais perigoso de se executar.

Navarra: província no norte da Espanha; nome de um passe com a capa, que caiu em desuso, no qual o matador primeiro balança a capa como numa veronica e, em seguida, com o touro prestes a sair da capa, o homem dá um giro completo na direção oposta àquela em que estava balançando a capa, e passa a mover a capa à frente e abaixo do focinho do touro.

Nervio: energia e vigor do touro.

Niño: criança ou menino; recentemente, houve uma praga de niños como *nommes de guerre* nas touradas. Seguindo o sucesso de El Niño de la Palma, houve uns trezentos toureiros apelidados de Niño disso ou daquilo, do Niño do Matadouro ao Niño de Sierra Nevada. Em outros tempos, havia pares ou trios de crianças toureiras batizadas com o nome da cidade de onde vinham, como os Niños Sevillanos; Niños Cordobeses etc. No entanto, os toureiros que se graduaram nessas empreitadas juvenis deixaram de ser chamados de Niños e passaram a ser chamados de Gallito, Machaquito e assim por diante; tornando seus nomes famosos e abandonando os apelidos infantis quando já não eram mais crianças, embora eles tenham mantido um afetuoso diminutivo no nome profissional.

Noble: touro que realiza ataques sinceros, que é corajoso, simples e fácil de manipular.

No Hay Derecho: você não tem o direito; frase comum de protesto contra qualquer violação das leis ou dos direitos do indivíduo.

Noticiero: comunicado; *El Noticiero de Lunes* é a folha oficial com notícias do governo e um relatório curto das touradas de domingo publicado em cidades espanholas na manhã de segunda-feira por causa da lei que proíbe o trabalho no domingo, defendida pelos trabalhadores dos jornais da Espanha muitos anos atrás.

Novedad: novidade; toureiro que chama atenção por ser novidade.

Novillada: hoje em dia, uma novillada é uma tourada em que os touros são jovens demais ou velhos demais para uma tourada oficial, isto é, com menos de quatro anos de idade ou com mais de cinco anos, ou com problemas de visão ou com chifres imperfeitos; esses touros são combatidos por toureiros que nunca tiveram título de matador ou que renunciaram a ele. A novillada, ou corrida de novillos-toros, é igual a uma tourada oficial em vários aspectos, menos na qualidade dos touros e na inexperiência ou nas limitações dos toureiros. Em outros tempos, a novillada se referia a qualquer forma de entretenimento com touros que não fosse a corrida oficial, mas atualmente a novillada ocorre devido ao desejo de oferecer uma tourada regular a preços mais acessíveis, viabilizados por touros que custam menos e por homens que, dispostos a fazer seu nome, ou devido ao fato de terem falhado como matadores profissionais, são menos exigentes do que os matadores profissionais na hora de negociar o pagamento. A temporada de novilladas em Madri vai do início de março até a Páscoa e de julho até a metade de setembro. Nas províncias, ela acompanha a temporada inteira de touradas, oferecida por todas as cidadezinhas que não conseguem bancar uma corrida oficial. O ingresso para uma novillada custa geralmente a metade do valor do ingresso para uma corrida normal. Os touros enfrentados são frequentemente maiores e mais perigosos do que aqueles usados nas corridas de touros, pois os novilleros são forçados a aceitar os touros que foram recusados pelas estrelas da profissão. É nas novilladas que morre a maioria dos toureiros, uma vez que homens com pouca experiência enfrentam touros extremamente perigosos em cidadezinhas onde as arenas têm pouca estrutura médica e nenhum cirurgião hábil na técnica especial de tratar ferimentos causados por chifres.

Novillero: matador de novillos-toros, os touros descritos no verbete anterior. Ele pode ser um aspirante a toureiro que não conseguiu ganhar a vida na classe de matadores profissionais e renunciou à alternativa em nome de mais contratos. O máximo que um novillero consegue ganhar em Madri são cinco mil pesetas por luta e ele pode, se for um debutante, lutar por um valor bem mais baixo, de mil pesetas. No caso do valor menor, se ele ainda tiver que pagar o aluguel do traje, remunerar os dois picadores, os dois banderilleros e o responsável pelas espadas, e mandar envelopes com cinquenta ou cem pesetas para os críticos na imprensa, ele estará endividado ao fim da luta. Um novillero protegido pela administração da praça de touros pode ter de lutar apenas com touros jovens e ser muito bem-sucedido com esses animais, e falhar completamente ao se tornar um matador profissional devido à diferença de perigo, força e velocidade entre um touro jovem e um touro maduro. Não se pode julgar um matador baseado no desempenho que tem com touros jovens, mesmo que demonstre preparo e uma técnica perfeita, pois ele pode não ter a fibra necessária para enfrentar um touro de verdade.

Novillo: touro usado nas novilladas.

Nuevo: novo; Nuevo en esta Plaza, usado depois do nome de um toureiro num programa, significa que ele se apresenta pela primeira vez naquela arena.

Nulidad: uma nulidade; matador que é um inconveniente e não uma atração dentro de um programa.

O

Ojo: olho; um matador que deseja dar ao público a informação, falsa ou verdadeira, de que o touro não enxerga direito como uma desculpa para um desempenho medíocre, vai apontar para o próprio olho. Buen ojo: olho bom ou bom senso.

Olivo: oliveira; tomar el olivo: correr para a oliveira, frase usada para descrever a ação em que o matador é tomado por pânico ou quando, por ter deixado o touro colocá-lo numa situação difícil, ele mergulha por sobre a barrera para escapar. O matador não deve nunca correr de costas para o touro; muito menos correr e se atirar atrás da barrera.

Orejar: orelha; quando o matador teve um desempenho excelente com o touro, tanto com a muleta quanto com a espada, matando o animal com eficácia depois de uma boa faena com a muleta, ou se o trabalho com a muleta não foi brilhante, mas acabou sendo compensado por um sacrifício estupendo, a multidão vai acenar com os lenços para pedir ao presidente que conceda a orelha do touro como símbolo de honra ao matador. Se o presidente concorda e acredita que o pedido se justifica, ele acena com o próprio lenço e, em seguida, o banderillero pode cortar a orelha e entregá-la ao matador. Na verdade, vários matadores que ficam ansiosos para ter uma longa lista de orelhas, por causa da publicidade que recebem quando isso acontece, deixam um banderillero orientado a cortar uma orelha no primeiro aceno de qualquer lenço. Se o público dá qualquer sinal de reivindicar a orelha, esse peón corta a orelha fora e corre com ela até o matador, que a exibe, erguendo a orelha na direção do presidente e sorrindo, e o presidente, diante de um fato consumado, fica mais suscetível a concordar com a concessão da orelha e então acena com o próprio lenço. Graças a essa forma de falsificar a concessão da orelha, que já foi uma honra enorme e acabou sendo banalizada, se um matador faz uma apresentação decente e tem sorte ao matar o touro, ele provavelmente vai ganhar a orelha do animal. Esses peones que são verdadeiros profissionais na hora de cortar orelhas do touro criaram um costume ainda pior; se o presidente fizer mesmo o sinal para cortar a orelha antes que o matador implore por ela, eles se apressam em cortar as duas orelhas e o rabo, que eles correm a levar para o matador com a desculpa de que estavam entusiasmados. Os matadores, estou pensando especificamente em dois, um valenciano convencido, baixinho, de nariz adunco e cabelo preto, e um poste telefônico de Aragão, convencido, corajoso, ingênuo e de pescoço comprido, dão uma volta pela arena segurando uma orelha numa das mãos e a outra orelha mais o rabo coberto de esterco na outra mão, com um sorriso afetado e acreditando que triunfaram numa apoteose absoluta quando, na verdade, eles tiveram um desempenho apenas honesto, mas tiveram habilidade para valorizar tudo que fizeram. Originalmente, o ato de cortar a orelha significava que o touro se tornava propriedade do matador, que poderia dispor da carne se quisesse. Esse significado se perdeu há bastante tempo.

P

Padrear: procriar.

Padrino: padrinho ou responsável; nas touradas, o matador mais velho que cede a espada e a muleta para um matador mais jovem que recebe a alternativa pela primeira vez como matador numa corrida de touros oficial.

Pala: pá, taco ou remo. Na tourada, a parte exterior lisa dos chifres; golpes recebidos por um toureiro pela parte lisa dos chifres são chamados de paletazos ou varetazos e com frequência são sérios, causam hemorragia interna grave e outras lesões internas e por fora deixam apenas um hematoma.

Palitroques: galho; outro nome para as banderillas.

Palmas: aplausos.

Palos: paus; gíria para as banderillas.

Pañuelo: lenço; um lenço branco exibido pelo presidente sinaliza o fim ou o começo dos atos que envolvem as lanças dos picadores, os bastões dos banderilleros e a espada do matador; um lenço verde indica que o touro deve ser retirado da arena; um lenço vermelho indica que banderillas explosivas devem ser usadas. O sinal de cada aviso para o matador, que marca o tempo da tourada, é dado pelo presidente com um lenço branco.

Par: par de banderillas.

Parado: abrandado ou parado sem estar exausto; a segunda fase enfrentada pelo touro ao longo da luta e aquela em que o toureiro deve extrair o máximo do animal. Torear parado é enfrentar o touro com um mínimo de movimento dos pés. É a única forma de lutar contra um touro bravo que merece ser aplaudida, sem as falhas de chifrar mais para um lado ou mais para o outro.

Parar: ficar parado e observar calmamente o touro se aproximar; parar los pies: manter os pés parados enquanto o touro ataca. São três os principais mandamentos das touradas; parar: manter os pés imóveis; templar: mover o pano lentamente; e mandar: dominar e controlar o animal usando o pano.

Parear: cravar um par de banderillas.

Parón: termo moderno usado para designar um passe feito pelo toureiro com a capa ou a muleta em que ele mantém os pés juntos e não faz nenhum movimento do instante em que o touro começa a atacar até o fim da execução do passe. Tais passes, em que o homem fica parado como uma estátua, são manobras brilhantes que o toureiro pode incluir em seu repertório, mas eles só podem ser executados com um touro que se move numa linha reta perfeita ao atacar; senão o homem será chifrado. Além disso, esses passes quebram um dos mandamentos das touradas: o homem consegue parar e consegue templar, mas não consegue mandar porque um toureiro com os pés juntos não consegue balançar o pano longe o suficiente para manter o touro dominado pelas pregas do tecido e, sendo assim, a menos que o touro seja tão perfeito que ele faça a volta automaticamente para atacar de novo, o homem será incapaz de controlá-lo com a muleta o suficiente para conseguir virá-lo de modo a vincular uma série de passes. Com um touro ideal, no entanto, os parones são muito emocionantes e impressionantes, e todo toureiro deveria ser capaz de fazer essa manobra com o animal certo, mas sem ignorar a verdadeira arte de dominar os touros, de fazê-los sair da linha de ataque com um movimento do pano, enquanto espera por um touro capaz de fazer sozinho uma faena inteira diante de um homem que parece uma estátua. Os passes giratórios feitos por Villalta e por seus imitadores, em que o homem gira na ponta dos pés e em semicírculos com o touro, também são chamados de parones.

Pase: passe feito com a capa ou a muleta; movimento do pano para atrair um ataque do animal em que os chifres passam ao lado do corpo do homem.

Paseo: entrada dos toureiros na arena e a caminhada através dela.

Paso atrás: passo para trás que o matador dá depois de perfilar o touro antes do sacrifício, com o objetivo de aumentar a distância do animal enquanto dá a impressão de que está perfilando o touro de muito perto; a distância dá também mais tempo para desviar quando o toureiro se aproxima do touro para matar e o animal não mantém a cabeça baixada com a muleta.

Paso de banderillas: quando o toureiro se aproxima do touro para matar sem obedecer a uma linha reta, mas movendo-se como num quarto de círculo para desviar dos chifres do touro, como faz um banderillero. Aceitável nos casos em que não se consegue matar o touro de outro jeito.

Pecho: peito; o pase de pecho é um passe feito com a muleta na mão esquerda ao fim de um passe natural em que o touro, que virou o corpo ao fim do passe natural, volta a atacar e o homem faz o animal passar rente ao peito e o manda para longe com uma varrida da muleta. O passe de peito deve ser o fim de uma série de naturales. É também um grande mérito quando é usado pelo toureiro para se livrar de um ataque inesperado ou de uma investida repentina do touro. Nesse caso, ele é chamado de forzado de pecho, ou um passe forçado. Ele é chamado de preparado quando é dado como um passe à parte, sem ser precedido por um natural. O mesmo passe pode ser feito com a mão direita, mas nesse caso não será um verdadeiro pase de pecho, uma vez que o verdadeiro natural e o verdadeiro de pecho são feitos apenas com a mão esquerda. Quando nenhum desses passes é feito com a mão direita, a espada, que deve estar sempre na mão direita, estende o pano e faz com que ele pareça muito maior, permitindo assim que o toureiro mantenha o touro a uma distância maior e que mande o touro mais para longe depois de cada ataque. O trabalho realizado com a muleta estendida pela espada na mão direita é brilhante e louvável com frequência, mas não tem a dificuldade, o perigo e a sinceridade do trabalho realizado com a muleta na mão esquerda e a espada na direita.

Pelea: luta, a luta com o touro.

Peón: banderillero; toureiro que trabalha a pé sob as ordens do matador.

Pequeño: pequeno.

Perder el sitio: toureiro que, por doença, falta de confiança, covardia ou nervosismo, perde seu estilo e até mesmo a noção de onde está e de como as coisas devem ser feitas.

Perder terreño: perder terreno enquanto enfrenta o touro; ter de apelar para o trabalho de pés em vez de controlar o touro com o pano; e também perder terreno na profissão.

Perfilar: perfilar antes de matar com a espada na mão direita, com o antebraço esticado ao longo do peito, muleta na mão esquerda, ombro esquerdo voltado para o touro, os olhos seguindo a linha da espada.

Periódicos: jornais; os jornais de Madri que têm os relatos mais corretos e desinteressantes das touradas em Madri e nas províncias são *La Libertad* entre os diários e *El Eco Taurino* entre os jornais de tourada. *La Fiesta Brava*, de Barcelona, apesar de seus relatos serem bem parciais, tem artigos e reportagens excelentes.

Periodistas: aqueles que escrevem para os jornais; jornalistas.

Perros: cachorros usados antigamente, antes que fossem adotadas as banderillas explosivas, para assustar um touro que não ataca o picador; fazê-lo cabecear e cansar seus músculos do pescoço, substituindo assim os efeitos das lanças.

Pesado: pesado; enfadonho; cansado.

Peso: peso.

Pesuña: pata do touro. Touros bravos sofrem com glosopeda ou febre aftosa, que afeta as patas do animal e os cascos podem sofrer rachaduras ou quebrar totalmente.

Peto: cobertura acolchoada que o cavalo do picador usa no peito, no flanco direito e na barriga. Adotadas durante a parte final da ditadura de Primo de Rivera, a partir da indicação da ex-rainha da Espanha, nascida na Inglaterra.

Pica: a lança ou vara usada na tourada. É formada de uma haste de madeira feita de freixo com um tamanho que varia de dois metros e cinquenta e cinco centímetros a dois metros e setenta centímetros, e de uma ponta de metal triangular de vinte e nove centímetros. Abaixo da ponta de metal, a extremidade da haste é envolvida por um cordão e equipada com uma guarda redonda de metal que evita que a haste penetre mais do que cento e oito milímetros no touro. O modelo atual da lança exige bastante dos touros e aqueles animais que atacam a valer, e que insistem no ataque mesmo quando são castigados, quase não conseguem suportar mais do que quatro lanças sem perder quase toda a sua força. Isso é particularmente verdade desde que os picadores, prejudicados pela proteção do cavalo, acabam cravando a lança muito atrás do morillo, que é o lugar onde eles deveriam cravar a lança, e onde os músculos da corcova conseguem suportar o castigo e, ao cravar a lança numa região desprotegida da coluna, o picador pode ferir o touro gravemente e comprometê-lo pelo resto da luta. Um ferimento causado pela lança atual ao ser cravada fora do lugar certo e entre as costelas pode atingir os pulmões ou, no mínimo, a pleura. Parte desse trabalho ruim do picador é proposital e feito a pedido do matador, que espera que o touro fique sem forças, o que não acontece porque o picador é tão limitado pela proteção acolchoada do cavalo que ele precisa se esticar para cravar a lança no touro, a uma distância que fica difícil acertar o alvo, em vez de ser capaz de cravar a lança com cuidado onde e como ele quiser. A razão para isso é que o picador espera que o touro se aproxime o suficiente para que possa cravar a lança direito; o touro, não importa o tamanho, vai atacar o muro acolchoado e derrubar o homem e o cavalo com o impacto, antes que a lança possa ser inserida. Não existe nada para o touro chifrar e erguer, e forçar os músculos do pescoço enquanto ergue e recebe a lança. Por esse motivo, os picadores, quando um touro se recusa a atacar mais de uma vez, frustrado com o colchão que protege o cavalo, adotaram a manobra de virar o cavalo quando o touro se afasta, de modo que o touro possa chifrar o cavalo no traseiro desprotegido e cansar o pescoço com esse ataque. Como esses ferimentos quase nunca são fatais e ficam pouco evidentes, a menos que você procure por eles; você vai ver o mesmo cavalo voltar para a arena outras vezes; o ferimento é costurado e limpo entre um touro e outro, diferente da época em que não havia proteção e o touro tinha permissão para atacar o cavalo, chifrá-lo e erguê-lo, de modo a cansar os músculos do pescoço, mas o cavalo não sobrevivia. Agora, com a proteção, poucos cavalos são mortos na arena, mas quase todos são feridos no quarto traseiro ou entre as pernas, da maneira que foi descrita. A postura de admitir a necessidade de se matar cavalos para haver uma tourada foi substituída por uma atitude hipócrita de suposta proteção que causa aos cavalos muito mais sofrimento, mas que, uma vez adotada, será mantida para sempre porque permite que os fornecedores de cavalos economizem dinheiro, permite que os promotores do evento economizem dinheiro e permite que as autoridades pensem que tornaram as touradas mais civilizadas. Tecnicamente, mas não moralmente, a questão que deve ser lembrada é que desacelerar o touro sem privá-lo de sua força ou de seu desejo de atacar, algo obtido quando o touro é autorizado a atingir o alvo, fazer força com o pescoço para erguer o cavalo, firmando bem as quatro patas, resistindo à lança cravada em sua corcova ou em seu pescoço, para derrubar e matar o cavalo; deixa o touro em condições ideais para avançar às próximas duas fases da luta, e não se pode obter isso apenas com o picador castigando o touro severamente de uma forma que vai feri-lo e fazê-lo perder força, sangue e todo o impulso de atacar. É isso que acontece ao touro quando ele recebe a lança nas escápulas, no meio da coluna, ou nas costelas; em vez de avançar para as próximas duas etapas pronto para combater o toureiro, se o touro sofrer o tipo de ferimento que a lança atual consegue causar, ele fica acabado.

Picador: homem a cavalo que ataca o touro com a lança, sob as ordens do matador. Recebe de cem a duzentas e cinquenta pesetas por luta, tem a perna e o pé direitos protegidos por camurça, usa jaqueta curta, uma camisa e uma gravata como todos os outros toureiros, e um chapéu largo de copa baixa com um pompom na lateral. É raro os picadores serem chifrados pelo touro, pois os matadores têm obrigação de protegê-los com a capa quando eles caem perto do touro. Se eles caem longe do touro, eles são protegidos pelo cavalo. Com frequência, os picadores quebram braços, mandíbulas, pernas e costelas, e fraturam o crânio raramente. Poucos são mortos na arena, em comparação com os matadores, mas muitos ficam com sequelas de concussões na cabeça. De todas as profissões mal pagas da vida civil, acredito que o trabalho do picador é o mais difícil e o que está mais exposto ao perigo e à morte, que é evitada, felizmente, pela capa do matador na maioria das vezes.

Picar arriba: cravar a lança no alto do morillo do touro.

Picar atrás: cravar a lança bem atrás do morillo.

Picar corta: cravar a lança segurando a haste pelo cabo de madeira bem próximo da ponta de metal. Essa manobra expõe mais o homem, pois ele pode cair para a frente entre o cavalo e o touro, mas torna seu ataque com a lança muito mais certeiro.

Picar delante: cravar a lança muito à frente do pescoço.

Piernas: pernas; tiene muchas piernas, tanto para o homem quanto para o touro, significa ter pernas muito fortes.

Pinchazo: perfurada; um pinchazo é uma estocada que penetrou muito pouco no touro. Pinchar en el duro é fincar um pouco da espada e atingir um osso. Um pinchazo em que o matador consegue cravar bem a espada, no lugar certo, mas atinge um osso, não é um demérito, pois o fato de a ponta da espada atingir ou não uma costela, ou uma vértebra, é uma questão de sorte. Se o homem se aproximou em linha reta e acertou o lugar da espada, ele deve ser aplaudido apesar de ter atingido um osso com a espada. Por outro lado, matadores covardes fazem uma série de pinchazos sem nunca acompanhar a espada e cravá-la até o punho, evitando qualquer risco de se aproximar dos chifres, na esperança de fazer o touro sangrar com essas estocadas para depois matá-lo com um descabello. O mérito ou demérito de um pinchazo deve ser julgado pela forma como o homem se aproxima do touro e por suas intenções evidentes.

Pisar: pisar; pisar terreno del toro: trabalhar tão perto do touro que você invade o território dele.

Pisotear: quando o touro ataca um homem caído no chão e o pisoteia enquanto tenta chifrá-lo.

Pitillo: cigarro.

Pitón: ponta do chifre do touro; ou, às vezes, o chifre inteiro. Passes de pitón a pitón são movimentos bruscos com a muleta, de um chifre ao outro, para cansar os músculos no pescoço do touro. Os dois chifres são pitones.

Pitos: assobios; sinal de reprovação. Às vezes, quando está na arena um matador que todo mundo sabe que é covarde, ou que está numa fase ruim da carreira, ou que seja impopular numa cidade específica, os espectadores vão à arena munidos de apitos de cachorro ou apitos de polícia, para poder fazer mais barulho. Um desses espectadores armados com apito, sentado logo atrás de você, pode ensurdecê-lo temporariamente. Não há o que fazer, a não ser enfiar os dedos nas orelhas. Esses apitos são comuns em Valência, onde ensurdecer alguém é considerado uma piada divertidíssima.

Plaza: espaço público; Plaza de toros: praça de touros.

Poder a poder: força à força; método de cravar as banderillas descrito neste livro.

Pollo: frango; e também um jovem novo na cidade. Toureiro jovem que gosta de posar como alguém experiente.

Polvo: poeira; erguida pelo vento na arena e assentada com a aspersão de água. Quando o vento levanta poeira na arena, os espectadores gritam "Água! Água!" até que o carrinho de aspersão seja acionado ou até que alguém use uma mangueira.

Pomo: botão do punho da espada.

Prueba: teste, avaliação ou prova; Prueba de caballos é a prova dos cavalos dos picadores. Prueba é também o nome de uma das touradas realizadas todo ano em Pamplona, em que quatro touros locais eram usados, e a luta oferecida a preços populares funcionava como um teste das raças locais. Hoje, é uma luta em que seis matadores assumem juntos o sacrifício de um touro.

Punta de Capote: ponta da capa; fazer o touro correr atrás da capa, que é segurada por uma extremidade de modo que ela se estenda com todo o seu comprimento; forma correta de enfrentar os touros quando eles entram na arena.

Puntazo: pequeno ferimento de chifre, enquanto uma cornada é um ferimento grande.

Puntilla: punhal usado para matar o touro ou o cavalo depois que o animal foi mortalmente ferido.

Puntillero: homem que mata o touro ou o cavalo com a puntilla.

Puro: charuto cubano; puros são consumidos pela maioria das pessoas envolvidas com as touradas que têm condições de comprá-los.

Puta: puta, meretriz, rameira, mundana, cadela ou prostituta; hijo de puta: filho de qualquer uma das citadas no início da frase; insulto comum que as pessoas gritam para o matador, equivalente ao nosso filho da puta. Em espanhol, eles insultam com mais veemência quando desejam o mal de parentes em vez de agredir a pessoa mais diretamente.

Puya: outro nome para a lança; pode se referir também à ponta triangular de metal.

Puyazo: lança cravada no touro.

Q

Quedar: permanecer ou ficar no lugar; Quedar sin toro: para um toureiro, ficar sem um inimigo porque o touro teve sua força e sua disposição destruídas por um ferimento ou por uma série de ferimentos causados pelo picador.

Qué lástima!: que pena! Expressão usada quando você ouve que um amigo foi chifrado de maneira grave, ou que contraiu uma doença venérea, ou que casou com uma puta, ou que algo aconteceu com sua esposa ou seus filhos, ou quando um touro bom entra na arena para lutar contra um toureiro ruim, ou quando um touro ruim entra na arena para lutar contra um toureiro bom.

Querencia: parte da arena onde o touro gosta de ficar; onde ele se sente em casa.

Querer: desejar; no quiere: na tourada, significa que o matador não quer tentar nada, satisfeito de seguir com a tarde da maneira mais tranquila possível; quando se refere a um touro, significa que o animal não quer atacar o cavalo ou o pano.

Qué se vaya!: significa algo como suma daqui e nunca mais me apareça. Gritado para os toureiros.

Quiebro: qualquer inclinação do corpo, especialmente do quadril para um lado ou para o outro a fim de evitar os chifres do touro; qualquer movimento de desvio ou de esquiva executado pelo corpo quando próximo do touro para evitar ser atingido pelo animal.

Quiebro de muleta: inclinar e balançar a muleta com o pulso esquerdo baixado num movimento para a direita a fim de guiar o touro para longe do homem na manobra de cravar a espada; é porque a mão esquerda guia e afasta o touro, e a direita crava a espada, que os toureiros dizem que você mata o touro mais com a mão esquerda do que com a direita.

Quinto; no hay quinto malo: o quinto não pode ser ruim; crença antiga de que o quinto touro sempre será bom. Surgida provavelmente na época em que os criadores de touros decidiam a ordem em que os touros deveriam ser enfrentados; antes de serem sorteados pelos matadores por lote como são hoje; como os criadores conheciam bem os animais, eles sempre deixavam o melhor na quinta posição. Hoje em dia, o quinto pode ser tão ruim quanto qualquer outro.

Quite: de quitar — afastar; é a manobra de afastar o touro de qualquer um que esteja em perigo por causa dele. O termo se refere especialmente à manobra de afastar o touro do cavalo e do homem depois do ataque aos picadores, feita pelos matadores com capas numa espécie de revezamento; cada um deles atrai o touro para si depois de um ataque. O matador que deve matar o touro faz o primeiro quite e os outros seguem a ordem: eles se aproximam com a capa, atraem o touro para longe do homem e do cavalo caídos, e colocam o touro em posição para o próximo picador. O quite mudou, de modo que, hoje, uma série de manobras com a capa é obrigatória depois que o matador atrai o touro com um quite; supostamente, eles competem para ver quem consegue chegar mais perto e ser mais criativo ao passar o touro. Quites feitos para afastar o touro de um homem que está sendo chifrado ou que está caído no chão com o touro em cima dele são um trabalho de equipe que envolve todos os toureiros e é nesse momento que você pode avaliar sua coragem, conhecimento dos touros e grau de altruísmo, pois um quite nessas circunstâncias é extremamente perigoso e muito difícil de executar, porque os homens precisam chegar tão perto do touro para fazê-lo deixar o objeto que está tentando chifrar que, ao recuar, atraindo o ataque do touro com a capa, eles se tornam alvos fáceis.

R

Rabioso: feroz; um matador fica rabioso quando ele se coloca, mentalmente, num furor de coragem que contrasta com a coragem fria e consistente de um homem verdadeiramente corajoso; um toureiro que é friamente corajoso só vai ficar rabioso quando ele se irritar com as provocações da multidão ou com as trombadas e arremessos do touro.
Rabo: rabo do touro.
Racha: ímpeto de sorte; mala racha: onda de má sorte; toureiro que sorteia uma série de touros fracos; sucessão de touradas ruins.
Ración: uma porção; no café, você pede uma ración de camarões, percebes ou de qualquer outra coisa. Una ración de marisco geralmente tem cem gramas, um pouco menos do que um quarto de libra. É por esse motivo que você pode receber dois camarões enormes numa vez e, na outra, quatro camarões menores e pagar o mesmo valor pelos dois pratos, uma vez que eles são vendidos por peso.
Rebolera: passe com a capa em que ela é segurada por uma extremidade e balançada de forma a desenhar um círculo ao redor do homem.
Rebotado: levar uma trombada da cabeça do touro depois de cravar a espada; levar um tranco ou um empurrão sem cair no chão.
Rebrincar: dar um salto para o lado; às vezes, é o que o touro faz quando a capa é apresentada a ele pela primeira vez.
Recargar: touro que volta a atacar mesmo sendo castigado pela lança do picador.
Receloso: touro que reluta em atacar, mas não por ter sido desgastado pelos castigos da luta, e sim por temperamento; mas que, se for provocado repetidas vezes, vai atacar.
Recibir: matar o touro pela frente, com a espada a postos, esperando pelo ataque do animal e sem mover os pés, uma vez que o ataque do touro

comece; com a muleta baixada na mão esquerda e a espada na mão direita, o antebraço direito cruza o peito e aponta para o touro e, à medida que ele se aproxima, e segue a muleta, crava a espada com a mão direita e faz o animal se afastar com a muleta na mão esquerda, como num pase de pecho, sem mover os pés até que a espada tenha sido cravada. A maneira mais difícil, perigosa e emocionante de se matar touros, raramente vista nos tempos modernos. Vi ser executada por inteiro três vezes em quase trezentas touradas.

Recoger: chifrar de novo; no caso do touro, pegar alguma coisa no chão e arremessar no ar; ou depois de arremessar um homem para cima, pegá-lo com o outro chifre.

Recorte: qualquer passe com a capa em que ela é arrancada da frente do touro ou virada de repente; um movimento rápido feito pelo homem que interrompe o ataque do animal; manobra que faz o touro dobrar o corpo de maneira brusca, torcendo as pernas e a coluna.

Recursos: um toureiro de muitos recursos é aquele que tem truques na manga e que sabe como lidar com as dificuldades à medida que elas vão surgindo.

Redondel: sinônimo para a arena onde o touro é combatido.

Redondo; en redondo: sucessão de passes, como os naturais, em que o bomem e o touro executam um círculo completo; qualquer passe que tende a traçar um círculo.

Regalo: presente ou recordação que o toureiro recebe do espectador a quem ele dedicou o touro. Usado de maneira sarcástica para se referir a um touro difícil.

Reglamento: decretos do governo que regram as touradas na Espanha. A ideia era publicar uma tradução dessa legislação como um apêndice deste livro, mas como a normativa em vigor é da época de Primo de Rivera, optou-se por esperar a publicação de um reglamento novo, que deve ser incluído em futuras edições deste livro, se for o caso.

Regular: normal, comum ou medíocre, quando se refere ao trabalho de um matador ou ao resultado de uma corrida.

Rehiletes: setas; sinônimo de banderillas.

Rehilitero: banderillero.

Rejón: dardo usado para matar touros por um toureiro a cavalo.

Rejoneador: homem a cavalo que tenta matar touros usando um rejón.

Relance; al relance: colocar mais um par de banderillas surpreendendo o touro que ainda está atacando depois de ter recebido um par anterior de banderillas.

Reloj: relógio; usados em todas as arenas, por determinação da lei, para que os espectadores possam acompanhar o tempo gasto pelo matador no momento do sacrifício.

Rematar: acabar; fazer o último passe de qualquer série de passes com a capa; executar algum movimento capaz de criar um clímax emocional ou estético. Em relação aos animais, quando um touro rematar en tablas, ou acertar as tábuas, significa que o touro perseguiu um homem que saltou a barrera, fazendo o animal investir os chifres contra a madeira.

Remojar: umedecer bem as capas e muletas para serem usadas em um dia ventoso.

Remos: pernas dianteiras ou traseiras do touro ou do cavalo.

Rendido: cansado; dominado pelo homem.

Renovador: inovador, transformador da arte etc. Aparecem vários desses nas touradas, quase um por ano, mas o único verdadeiro inovador das touradas modernas foi Juan Belmonte.

Renunciar: abrir mão ou renunciar; um toureiro abre mão da alternativa quando abandona a posição de um profissional matador de touros para aceitar qualquer contrato que surja como novillero.

Reparado de vista: touro com problema de visão em um olho, mas não totalmente cego. Problemas de visão são frequentemente causados por um fragmento de palha ou outra sujeira qualquer que machuque o olho do touro enquanto ele come.

Res: animal selvagem; qualquer cabeça de gado numa fazenda criadora de touros bravos puros-sangues.

Resabio: crueldade; toro de resabio: touro cruel.

Retirada: aposentadoria; toureiros se aposentam às vezes quando eles têm poucos contratos, ou quando estão muito apaixonados pelas esposas; e voltam a lutar anos depois, no primeiro caso, porque esperam que a novidade de seu retorno renda mais contratos e, no segundo caso, porque precisam de dinheiro ou porque experimentaram uma diminuição na intensidade da paixão pela esposa.

Revistas: revistas ou publicações; revistas de toros são periódicos sobre touradas. Hoje, a maioria dessas publicações é feita de propagandas que destacam fotografias e relatos floreados das performances de toureiros que pagam uma certa quantia em dinheiro para os editores. Toureiros que devem dinheiro porque deixaram de pagar por alguma propaganda ou outros que se recusaram a aceitar propostas de propaganda, geralmente na forma de pagamento para aparecer numa fotografia da capa ou, numa opção mais barata, numa fotografia interna, sofrem ataques mais ou menos difamatórios nas páginas mais baratas. *Le Toril*, publicado em Toulouse, na França, é uma publicação imparcial sobre touradas mantida por assinaturas e que não aceita propagandas nem anúncios, sejam eles declarados ou escondidos nos textos. A sinceridade e a imparcialidade da revista ao fazer críticas consistentes são limitadas pelo número pequeno de corridas que seus editores conseguem ver a cada ano, e pelo fato de que eles não acompanham a primeira e a segunda temporada por assinatura em Madri e, dessa forma, encaram cada tourada como um evento isolado e não como parte da campanha ou da temporada de um toureiro. *El Eco Taurino*, publicado em Madri, oferece os relatos mais completos e corretos das touradas na Espanha e no México. *La Fiesta Brava*, de Barcelona, embora seja um semanário feito de propagandas, tem fotografias excelentes, e um pouco de fatos e notícias. Nenhuma das outras publicações é séria, embora algumas, como *Toreros y Toros*, sejam jornais interessantes. *El Clarín*, de Valência, tem se dado bem com fotografias excelentes, mas é apenas um folheto de propaganda. *Torerias* é sempre interessante e é o mais indecente de todos os folhetos chantagistas. Nos velhos tempos, *La Lidia*, *Sol y Sombra* e, por um período curto, *Zig-Zag* foram boas revistas sobre as touradas em que se podia ler sobre a história da tourada na época em que circularam, embora pareça que nenhuma delas jamais tenha sido livre de influências financeiras, evidentes de um jeito ou de outro, exercidas por certos matadores.

Revistero: crítico ou resenhista de touradas.

Revolcón: arremessado pelo touro sem ser ferido, pelo fato de o chifre ter enroscado na roupa, ou quando o toureiro é erguido pelo meio das pernas ou por baixo do braço.

Revoltoso: touro que se vira rápido para atacar, rápido demais, depois que o homem executou o passe com a capa ou a muleta.

Rodillas: joelhos.

Rodillazos: passes em que o toureiro está ajoelhado, com um ou com os dois joelhos no chão. O mérito dessa manobra leva em conta a superfície onde ela é realizada e se o matador se ajoelhou antes ou depois que os chifres passaram por ele.

Rondeño; Escuela Rondeña: Escola de Ronda, ou o estilo de Ronda ao tourear, discreto, de repertório limitado, simples, clássico e trágico, em contraponto ao estilo de Sevilha, que é mais variado, festivo e gracioso. Belmonte, por exemplo, embora tenha sido um inovador, na essência fazia parte da Escuela Rondeña, apesar de ter nascido e crescido em Sevilha. Joselito era um exemplo da chamada Escola de Sevilha. Assim como ocorre nas artes ou na literatura, essa separação de pessoas em escolas é artificial e arbitrária; nas touradas, mais do que em qualquer outro lugar, o estilo é feito dos hábitos e das atitudes em relação à tourada e das habilidades físicas. Se um toureiro tem um temperamento muito sério, discreto em vez de alegre na arena e com um repertório limitado devido à falta de imaginação, educação precária ou limitações físicas que o impedem, por exemplo, de cravar as banderillas, ele é classificado como alguém da Escola Rondeña, embora ele talvez não tenha nenhum comprometimento com a maneira discreta de tourear nem acredite que essa seja uma forma melhor de lutar do que a alegre. Ele é espontaneamente discreto. Por outro lado, muitos toureiros que não são nem um pouco alegres ou animados, quando estão na arena, porque vieram de Sevilha e foram treinados lá, empregam todos os truques sevilhanos com leveza e elegância, e um sorriso forçado no rosto, e fazem floreios e gracejos quando na verdade estão tomados de um medo paralisante. As escolas de Sevilha e de Ronda, como escolas de visões opostas sobre as touradas, existiram de fato nos primórdios das touradas profissionais, quando havia uma rivalidade enorme entre os grandes matadores das duas cidades e entre seus discípulos no que se referia à forma de lutar, mas agora rondeño significa ser discreto, trágico e com um repertório limitado na praça de touros, e sevilhano significa ser alegre, ou ter uma alegria aparente, com um estilo floreado e um repertório variado.

Rozandole los alamares: quando os chifres do touro passam de raspão pelos enfeites no traje do toureiro.

Rubios: em relação aos homens, loiros; em relação aos touros, é o lugar no alto entre as escápulas onde a espada deve ser cravada. Rubias são as mulheres loiras.

S

Sacar; arrancar; sacar el estoque: arrancar a espada para fazer o ferimento sangrar mais livremente e levar o touro ao chão; ou simplesmente retirar a espada por ter sido mal colocada. Geralmente, essa manobra é realizada por um banderillero, que se aproxima do touro correndo por trás e arremessa a capa por cima da espada de modo que o peso da capa mexa com a espada e ela saia do touro. Se o touro estiver quase morto, o próprio matador pode arrancar a espada com a mão ou com uma banderilla, às vezes usando a mesma espada para executar um descabello. Sacar el toro é trazer o touro para o centro da arena depois que o animal assumiu uma posição perto da barrera.

Sacar el corcho: sacar a rolha de uma garrafa. Um sacacorchos é um saca-rolhas. Nas touradas, é um estilo feio de trabalhar com a capa, em que o pano é retorcido para provocar o touro de longe e com o propósito de atrair o animal para uma série de veronicas.

Salida en hombros: para o matador, é ser carregado nos ombros da multidão, um sinal de triunfo. Pode significar muito ou não significar nada, a depender se o empresário do toureiro distribuiu ingressos gratuitos com instruções ou se a homenagem é mesmo espontânea.

Salidas: saídas; nas touradas, a salida significa mandar o touro para longe do toureiro usando o pano ao fim de um passe. A salida ao fim de cada passe é o ponto em que o touro deve sair do território do homem nos casos em que o touro passa por ele. As respectivas saídas do homem e do touro depois do momento decisivo tanto na colocação das banderillas quanto no sacrifício são chamadas de salidas.

Salir por piés: é correr com velocidade total para não ser chifrado depois de qualquer tentativa de manobra com o touro.

Salsa torera: salsa significa tempero, mas salsa é também a qualidade indefinível que um toureiro precisa ter para que seu trabalho não seja monótono, ainda que seja perfeito.

Saltos: nos velhos tempos, eram os saltos dados sobre o touro que podiam ser sem ajuda ou com a ajuda de uma vara. Os únicos saltos de hoje são aqueles que os toureiros são forçados a dar sobre a barrera para escapar do touro.

Sangre torera: sangue de toureiro, como quando o homem vem de uma família de toureiros profissionais.

Sano: saudável; os touros devem passar pela avaliação de um veterinário e estar saudáveis antes de uma luta. Fraqueza nos cascos causada pela febre aftosa, ou glosopeda, não é fácil de detectar, pois ela geralmente vai aparecer durante a luta.

Santo: um santo; el santo de espaldas: usado para se referir a um toureiro que teve um dia difícil; o santo deu as costas para ele. Os toureiros têm como santa padroeira a Virgem de sua vila, cidade ou distrito, mas a Nossa Senhora da Soledade é a padroeira de todos os toureiros e é o retrato dela que ilustra a capela da praça de touros em Madri.

Seco: seco, severo; torero seco é aquele que trabalha de forma brusca e brutal, em vez de trabalhar de forma suave. Valor seco: coragem natural e sem artifícios; golpe seco: é o golpe que o touro às vezes dá com a cabeça para tentar se livrar da lança. É o tipo de golpe dado pelo touro que, se atingir o cavalo ou o homem, causa os piores ferimentos possíveis. Vino seco: um vinho que não é doce.

Sencillo: um touro que é direto nos ataques, nobre e fácil de controlar.

Sentido: compreensão; define um touro que quase não presta atenção no pano e que prefere atacar o homem porque foi capaz de aprender rápido ao longo da luta por meio das manobras inadequadas do homem que o enfrenta com a capa e as banderillas. Se um toureiro corre e trabalha a distância em vez de mostrar a habilidade de se posicionar tão perto que o touro só pode se concentrar no pano, o animal, vendo o homem ao lado do pano, aprende a distinguir um do outro muito rápido. É assim que um homem pode tornar um touro difícil, por ter medo do animal, trabalhar distante dele e não cravar rápido as banderillas, enquanto o touro fica fácil e dominado por um homem que trabalha tão próximo que o animal não enxerga nada além do pano, e que crava as banderillas rápido, antes que o touro aprenda como chifrar o homem.

Señorito: jovem senhor; Señoritos: são os toureiros que assumem ares de jovens da cidade ou, às vezes, de filhos de pais endinheirados que se aventuram nas touradas.

Sesgo: enviesamento; al sesgo: maneira de cravar as banderillas explicada neste livro.

Sevillano; escuela sevillana: a escola sevilhana ou o estilo de tourear de Sevilha, alegre, variado e rebuscado, em contraste com a forma discreta, limitada e clássica da escola de Ronda. Um sevilhano e uma moeda de cinco pesetas cunhada no sul do país, com a mesma quantidade de prata que a moeda comum do mesmo valor, mas que não é aceita no norte em transações comerciais porque não é considerada legal para quitar certos débitos. Não aceite nenhuma moeda de cinco pesetas com a cara do finado rei quando criança e você não vai ter nenhum problema. Eles podem dar outras moedas, se você pedir.

Silla: cadeira; antigamente, banderillas eram colocadas com o homem sentado numa cadeira; ele esperava sentado pelo ataque do touro; levantava quando o touro se aproximava; fintava para um lado a fim de atrair o ataque do touro e desviava para o outro a fim de escapar do ataque; então cravava os bastões e, depois que o touro já havia passado, sentava de novo na cadeira.

Simulacro: simulação; touradas que ocorrem em lugares onde o sacrifício do touro é proibido, como Portugal e França, e nas quais o ato de matar o touro é simulado com o matador colocando uma roseta ou uma banderilla em vez da espada usada numa tourada de verdade.

Sobaquillo: axila, lugar comum de ferimentos por chifrada causados quando o homem, ao se aproximar do touro para matar, não consegue fazer o touro baixar a cabeça com a muleta.

Sobreros: substitutos, touros na reserva, caso qualquer um daqueles designados para a luta seja reprovado na arena pelo público.

Sobresaliente: quando dois matadores enfrentam juntos seis touros e um novillero ou aspirante a matador entra com eles na arena, ele é o sobresaliente ou substituto responsável por matar os touros caso os toureiros sejam feridos e não consigam continuar na tourada. Um sobresaliente geralmente recebe duzentas ou trezentas pesetas e deve ajudar com a capa no trabalho rotineiro de cravar as banderillas. Ele geralmente recebe permissão dos matadores para fazer um ou dois quites mais para o fim da tourada.

Sol y sombra: sol e sombra; assentos da arena que estão no sol quando a luta começa, mas que ficam na sombra à medida que a luta avança. O preço desses assentos é maior do que os que ficam apenas na sombra e menor do que os que ficam no sol, e representam uma economia considerável para quem precisa controlar os gastos.

Sorteo: separação dos touros em lotes e sorteio dos lotes antes da luta para determinar que touros serão mortos por quais matadores. Pode se referir também ao sorteio da loteria espanhola.

Suertes: todas as manobras predeterminadas numa tourada; qualquer movimento numa tourada que tenha regras para sua execução. Suerte, no singular, também significa sorte.

Sustos: sustos, medos, sobressaltos.

T

Tablas: tábuas; a barrera que cerca a arena onde o touro é enfrentado. Entablada se refere a um touro que assume uma posição perto da cerca e que se recusa a deixá-la.

Tabloncillo: fileira de assentos ao ar livre mais alta da arena, logo abaixo das galerias cobertas.

Tacones: saltos; tacones de goma: saltos de borracha; esses são vendidos por ambulantes que abordam você no café, cortam o salto do sapato que você está usando com uma espécie de ferramenta para cortar o couro rápido e o obrigam a colocar um salto de borracha. Os saltos de borracha que eles usam são vagabundos, da pior categoria. A desculpa que eles dão quando você reclama que eles atacaram seus sapatos é que eles achavam que você tinha pedido os saltos de borracha. É uma extorsão. Se um dia um agressor de saltos de borracha atacar seus sapatos sem que você tenha pedido claramente um par de saltos de borracha, dê um chute na barriga do sujeito ou bem no queixo e procure outra pessoa para arrumar os sapatos. Acredito que a lei estará a seu favor, mas se você for preso, a multa não será muito mais cara do que os saltos de borracha. Existe um catalão com uma cara sinistra que é um estripador de saltos de sapato encontrado em todas as ferias e identificável por uma cicatriz na bochecha direita. Essa cicatriz fui eu que fiz, mas agora ele aprendeu a se esquivar e talvez você tenha dificuldade de acertá-lo. O melhor a fazer quando você vir esse vendedor de saltos sem-vergonha (um verdadeiro hijo de puta) se aproximando é tirar os sapatos e colocar dentro da camisa. Se ele tentar colar saltos de borracha nos seus pés descalços, pode acionar o consulado americano ou britânico.

Tal: tal, similar, parecido etc. Qué tal? É só o que você precisa saber para perguntar: Como vai? Tudo bem? Quais são as novidades? O que tem feito da vida? Como andam as coisas, chefia? O que você acha? Quais são as novas desde a última vez que te vi?. E se você acrescentar, depois de *Qué tal*, as palavras *la família*, você está perguntando sobre a família do sujeito, uma gentileza necessária; *la madre*?, sua mãe; *su señora*, sua esposa; *el negocio*, seu negócio (a resposta, geralmente, é *fatal*); *los toros*, os touros (geralmente, *muy malo*); *el movimiento*, o movimento, anarquista, revolucionário, católico ou monárquico (eles geralmente vão mal); ou *las cosas*, que inclui tudo isso e muito mais. *Las cosas* geralmente não estão tão ruins, porque quase sempre há um otimismo ligado ao orgulho espanhol, não importa o quão detalhado e genérico seja o pessimismo.

Taleguilla: bermudas do toureiro.

Tanteo: calcular; lances de tanteo são os primeiros passes feitos pelo matador usando a capa sem que o homem se aproxime do touro com o objetivo de ver como o touro ataca antes de arriscar um passe que faça o touro passar bem próximo do homem.

Tapar: encobrir; tapando la cara con la muleta (encobrindo o rosto com a muleta): é se aproximar para matar e, ao cobrir o rosto inteiro do touro com o pano, cegar o animal e então passar por sobre os chifres para cravar a espada; uma maneira de trapacear no sacrifício, muito usada por toureiros altos cuja altura permite que eles usem esse truque com facilidade (em vez de baixar a muleta, fazer o touro acompanhá-la e balançá-la de modo a afastar o animal do homem).

Taparse: cobrir; é quando o touro, ao erguer a cabeça, cobre o lugar onde a espada e as banderillas devem ser colocadas; ou quando ele levanta a cabeça de modo a cobrir o lugar entre o pescoço e a vértebra onde o matador deve descabellar. Um touro com reflexos rápidos, e que esteja na defensiva, poderá erguer a cabeça dessa forma toda vez que sentir a lâmina da espada, tornando impossível a manobra do matador.

Tapas: ou tampas; são chamadas dessa forma porque eram colocadas no topo dos copos, como se fossem tampas, em vez de serem servidas em pratinhos como ocorre hoje; são os aperitivos de salmão defumado, atum e pimenta-doce, sardinhas, anchovas, presunto Sierra defumado, salsicha, frutos do mar, amêndoas torradas, azeitonas recheadas de anchovas, servidos gratuitamente com vinho Manzanilla ou vermute, nos cafés, bares ou bodegas.

Tarascadas: corridas ou ataques repentinos do touro.

Tarde: tarde, atrasado; muy tarde: muito tarde.

Tardo: lento; toro tardo: touro que é lento para atacar.

Taurino: qualquer coisa relacionada à tourada.

Tauromachia: arte de lutar contra touros, a pé ou a cavalo. Os livros mais famosos a tratar das regras das touradas à moda antiga são as Tauromachias de José Delgado (Pepé Hillo), Francisco Montés e, mais recentemente, Rafael Guerra (Guerrita). Alguém escreveu o livro de Pepe Hillo e o de Guerrita por eles. Mas dizem que o de Montés foi escrito por ele mesmo. Com certeza, é o mais claro e mais simples de todos.

Tela: tecido ou material; más tela, num relato de tourada, quer dizer que o touro recebeu outra dose de capas esvoaçantes; tela é usado sempre num sentido depreciativo; largando tela: significa estender a capa demais; estender o tecido para manter o homem o mais longe possível do touro; estender o toldo.

Temoroso: touro covarde que balança a cabeça e recua de qualquer objeto, às vezes dando um salto repentino e virando as costas, ou recuando devagar enquanto cabeceia em vez de atacar.

Templador: pequeno recinto de madeira com quatro lados, erguido no meio de algumas arenas da América do Sul, com entradas nos quatro cantos, que oferece proteção extra para os toureiros.

Templar: movimentar a capa ou a muleta bem devagar, com suavidade e calma, prolongando dessa forma a duração de um passe e o perigo que ele representa, e dando um ritmo para a ação que envolve o homem, o touro e a capa, ou o homem, o touro e a muleta.

Temple: lentidão, suavidade e ritmo no trabalho de um toureiro.

Temporada: temporada de uma tourada; na Espanha, da Páscoa até o dia primeiro de novembro. No México, do dia primeiro de novembro até o fim de fevereiro.

Tendido: fileiras de assentos ao ar livre numa praça de touros que começa na altura da barrera e vai até as galerias cobertas, ou grada. Essas fileiras de assentos são divididas em até dez seções, cada uma com uma entrada própria, e numeradas como Tendido 1, Tendido 2 etc.

Tercio: terço; uma tourada é dividida em três partes, o tercio de varas, a parte com as lanças; o tercio de banderillas; e o tercio del muerte, ou o terço da morte. Na divisão do terreno da arena em si para o propósito da luta, o tercio é o segundo terço da arena, se ela for dividida em três áreas circulares. A parte mais próxima da barrera é chamada de tablas e o terço central da arena é chamado de medios.

Terreno: território; no sentido técnico mais amplo, o território do touro é considerado aquela área entre o ponto onde ele se encontra e o centro da arena, o território do toureiro é a área entre o ponto onde ele se encontra e a barrera. Espera-se que o touro, ao fim de um passe, vá para o centro da arena e, onde ele tem mais espaço e liberdade. Isso nem sempre ocorre, pois um touro cansado ou um touro covarde geralmente vai para perto da barrera. Nesses casos, os territórios precisam ser revertidos, o homem pega o território externo e deixa o interno para o touro. A ideia é deixar livre para o touro aquela que é sua saída espontânea ao fim de cada embate entre o homem e o touro ou ao fim de qualquer série de passes. O território é também um terço da arena escolhido pelo toureiro para executar qualquer manobra ou série de passes, seja ele no centro do círculo, no meio ou mais próximo da barrera. O território de um toureiro pode ser considerado também a quantidade de terreno de que ele precisa para executar uma série de passes bem-sucedidos. No sacrifício executado da maneira mais comum, com o touro e o toureiro cada qual em seu território, o touro fica com o flanco direito voltado para a barrera e o esquerdo virado para o centro da arena, de modo que quando o matador se aproximar para matar o touro, depois que o homem passa por ele, o touro segue para o meio da arena e o homem vai na direção da cerca. No caso de touros que mostraram que sua saída espontânea é na direção da cerca, e não na direção do centro da arena, o matador vai reverter essa posição quando se aproximar para matar e atacar o touro com os terrenos cambiados, ou territórios trocados, posicionando o animal de modo que ele fique com o flanco esquerdo voltado para a barrera e com o direito virado para o centro da arena. Nessa posição, o homem se encaminha para o centro depois de ter passado pelo touro e a saída espontânea do touro ficará livre no sentido da cerca. A forma mais garantida de um toureiro ser chifrado é quando ele não entende a lógica dos territórios ou a direção das saídas espontâneas, ou os sentidos específicos de saída usados por um determinado touro, e acaba ficando no caminho do touro ao fim de uma suerte, em vez de deixar o touro seguir seu caminho preferido. Uma querencia ou lugar especial pelo qual o touro tenha desenvolvido um apreço é sempre sua saída espontânea ao fim de um passe.

Tiempo; estocadas a un tiempo: são aquelas em que o touro ataca no mesmo instante em que o homem se aproxima para matar. Para serem bem executadas, o matador precisa ter muito sangue-frio.

Tienta: teste de coragem realizado com os novilhos numa fazenda de touros.

Tijerillas: tesouras; passe com a capa feito com os braços cruzados; raramente visto, mas existe uma tendência atual de revivê-lo.

Tirones: passes com a muleta em que a extremidade de baixo balança perto do focinho do touro e depois é retirada; a muleta balançando para atrair a atenção do touro de um lugar para o outro dentro da arena.

Tomar: pegar; dizem que um touro pega a muleta quando ele ataca o pano com gosto; dizem que um homem pega o touro *de corto* quando ele provoca o ataque bem perto do animal, e *de largo* quando ele provoca a distância.

Tonterias: absurdo; artifícios bobos feitos com o touro, como pendurar o chapéu no chifre etc.

Toreador: a palavra torero afrancesada. Não é usada em espanhol, a não ser para se referir às vezes a um toureiro francês.

Torear: enfrentar touros em um espaço fechado estando a pé ou a cavalo.

Toreo: a arte de enfrentar touros. Toreo de salón: praticar o trabalho com a capa e a muleta para aprimorar forma e estilo, sem nenhum touro por perto; parte fundamental no treinamento de um toureiro.

Torerazo: um grande toureiro.

Torerito: toureiro menos importante.

Torero: toureiro profissional. Matadores, banderilleros e picadores são todos toureiros. Torera significa estar relacionada às touradas.

Torete: tourinho.

Toril: recinto de onde os touros saem para entrar na arena.

Toro: touro bravo. Todo es toro: é tudo touro; comentário sarcástico usado por banderilleros que cravaram as banderillas em algum lugar ridículo do animal. Los toros dan y los toros quitan: os touros dão e os touros tiram; eles rendem dinheiro e podem acabar com sua vida.

Toro de paja: touro de palha; touro inofensivo; tão normal que não representa nenhum perigo. Toro de lidia: touro bravo. Toro bravo: touro corajoso. Toro de bandera: touro que é referência em coragem. Torazo: touro enorme; torito: tourinho; Toro de fuego: touro de papier-mâché em tamanho natural montado sobre rodas e carregado de fogos de artifício, rebocado pelas ruas à noite para comemorar festas no norte da Espanha; também chamado em basco de Zezenzuzko. Toro de aguardiente: touro com uma corda amarrada nos chifres segurada por um grupo de pessoas e que corre livre pelas ruas de um vilarejo para divertir o populacho.

Traje de luces: traje de tourada.

Trampas: artimanhas, trapaças; formas de simular um perigo que não existe.

Trapio: condição física geral de um touro bravo. Buen trapio: reunindo todas as qualidades desejadas de tipo, condições físicas e tamanho em touros bravos de raça.

Trapo: a muleta.

Trasera: estocada dada muito atrás.

Trastear: trabalhar com a muleta.

Trastos: ferramentas; nas touradas, a espada e a muleta.

Trinchera: trincheira; de trinchera: passe com a muleta quando é dado pelo homem fora do alcance do touro; buscar o refúgio do pescoço, ficando ao lado dos chifres quando o touro se vira.

Trucos: truques.

Tuerto: caolho; touros cegos de um olho usados nas novilladas. Acredita-se que tuertos ou pessoas caolhas atraem má sorte. Touros caolhos não são muito difíceis de enfrentar, mas é quase impossível ter uma tourada brilhante com um desses.

Tumbos: quedas ou derrubadas; as quedas sofridas pelos picadores.

Turno: vez; por ordem de senioridade como a usada no trabalho dos matadores; tudo é feito por vez nas touradas, para que elas sejam rápidas e sem conflitos.

U

Último: o último; último tercio: o último terço da tourada, em que o touro é morto com a espada e a muleta.

Uretritis: gonorreia; doença comum na Península. Existe um provérbio espanhol que diz: "Más cornadas dan las mujeres: as mulheres chifram mais do que os touros."

Urinario: banheiro público.

Utrero: touro com três anos de idade. Utrera é uma vaca da mesma idade. Muitos touros vendidos para serem usados em arenas espanholas são pouco mais do que utreros. Touros em que o cruzamento de linhagens diferentes não foi bem-sucedido costumam ser muito corajosos como novilhos e utreros, mas perdem a coragem progressivamente depois que chegam aos quatro anos de idade. Isso é ainda mais verdadeiro em relação a touros criados na província de Salamanca. Por consequência, seus criadores tentam vender utreros como touros, fazendo os animais comerem cereais para atingir o peso necessário. São esses touros vendidos para serem enfrentados antes de estarem maduros que acabam com a emoção e com a seriedade das touradas e, ao eliminar da tourada seu elemento mais fundamental, o touro, conseguem desacreditar as touradas mais do que qualquer outra entidade.

V

Vaca: vaca.
Vacuna: relacionado ao gado.
Valiente: corajoso, bravo.
Valla: muro, ou cerca de madeira, ou barrera.
Valor: coragem, bravura, frieza. Primeira qualidade que um toureiro deve ter.
Vaquero: cuidador ou pastor de touros bravos na fazenda; vaqueiro.
Vaquilla: vaquinha.
Vara: lança; lança usada na tourada.
Varetazo: golpe dado pela parte lisa do chifre do touro; qualquer golpe dado com os chifres que não perfure o corpo. Pode ser uma contusão grave com hemorragia interna ou só um arranhão.
Ver llegar: ver chegar; a habilidade de observar o touro se aproximar durante o ataque sem hesitar e, calmamente, fazer os movimentos necessários para executar a manobra que você tem em mente. Observar calmamente o touro atacar é uma coisa fundamental e extremamente difícil de executar numa tourada.
Vergüenza: vergonha; um sin vergüenza é um toureiro sem honra, sem vergonha. Qué vergüenza! significa que vergonha ou que desgraça.
Veronica: passe com a capa que recebeu esse nome porque nele a capa é segurada com as duas mãos da mesma forma como Santa Veronica aparece nas pinturas religiosas segurando o lenço com que limpou o rosto de Cristo. Não tem nada a ver com o homem limpando a face do touro, como um escritor espanhol chegou a sugerir. Ao executar a veronica, o matador se posiciona de frente ou de lado para o touro, com a perna

esquerda ligeiramente adiantada em relação ao corpo, e oferece a capa que ele segura com as duas mãos, segurando as extremidades de baixo da capa pelas rolhas costuradas nas pontas, amontoando o tecido de modo a encher as mãos com o pano, com os dedos apontados para baixo e os polegares para cima. Conforme o touro ataca, o homem espera até que o animal baixe a cabeça para chifrar a capa, e nesse instante move a capa à frente do touro com um movimento suave dos braços, os braços baixados, fazendo a cabeça e o corpo do touro passarem na altura de sua cintura. Ele faz o touro passar e se afastar com a capa, girando de leve na ponta dos dedos ou na planta do pé ao fazer o movimento e, no fim do passe, quando o touro faz a volta, o homem está em posição para repetir o passe, dessa vez com a perna direita ligeiramente adiantada, traçando a capa à frente do touro para que ele passe na outra direção. Um homem pode trapacear na veronica ao dar um passo para o lado durante o ataque do touro para se afastar dos chifres e juntar os pés uma vez que os chifres terminem de passar por ele, ou se inclinar ou dar um passo na direção do touro uma vez que os chifres passarem por ele para dar a impressão de que executou o passe com os chifres passando muito perto. Um matador que não finge fazer uma veronica pode fazer o touro passar tão perto que os chifres chegam a arrancar as rosetas douradas que enfeitam sua jaqueta. Matadores também podem provocar o touro com os pés juntos e fazer uma série de veronicas dessa forma, com pés tão imóveis que parecem pregados ao chão. Isso só pode ser feito com um touro que faz a volta e ataca de novo espontaneamente e numa linha reta perfeita. Os pés devem estar ligeiramente separados ao fazer um touro passar mais de uma vez, se for um touro que precisa ser incitado a acompanhar a capa para fazer a volta no fim do passe. De qualquer forma, a virtude da veronica não tem a ver com o fato de os pés estarem juntos ou separados, e sim com o quanto eles permanecem imóveis do momento em que o ataque começa até depois que o touro passa, e com a proximidade dos chifres em relação ao corpo do homem. Quanto mais lento, suave e baixo for o movimento da capa, melhor será a veronica.

Viaje: viagem; a direção tomada pelo ataque do touro ou pelo homem, ao se aproximar do touro para cravar as banderillas ou para matar.

Viento ou aire: vento, o pior inimigo do toureiro.

Vientre: barriga; lugar comum para os ferimentos causados por chifrada quando o homem é atacado no momento do sacrifício e não consegue encolher a barriga ao passar por sobre os chifres, no movimento necessário para uma boa estocada. Ferimentos na barriga e no peito são os mais graves numa tourada, não apenas pelo ferimento, mas pelo choque causado pela força do golpe dado com o chifre e com a cabeça. O lugar mais comum para um ferimento de chifrada é a coxa, pois é o ponto que o touro vai atingir primeiro ao atacar e levantar a cabeça para chifrar.

Vino: vinho; vino corriente é vinho comum ou vinho de mesa; vino del pais é o vinho local, sempre bom de pedir; vino Rioja é vinho da região de Rioja, no norte da Espanha; tinto e branco. Os melhores são feitos por Bodegas Bilbainos, Marqués de Murrieta e Marqués de Riscal. Rioja Clarete e Rioja Alta são os mais leves e agradáveis entre os vinhos tintos. Diamante é um bom vinho branco para acompanhar um peixe. Os Valdepeñas são mais encorpados do que os Riojas, mas eles fazem um branco e um rosé excelentes. Os vitivinicultores espanhóis produzem Chablis e Burgundies que não são recomendáveis. O Clarete Valdepeñas é um vinho muito bom. Os vinhos de mesa em Valência são muito bons, os de Tarragona são melhores, mas não viajam bem. A Galícia tem bons vinhos de mesa locais. Nas Astúrias, eles bebem cidra. Os vinhos locais de Navarra são muito bons. Para todos aqueles que vêm à Espanha e só conhecem o xerez, os vinhos tintos secos, leves e esplêndidos de Málaga serão uma revelação. O *vin ordinaire* na Espanha é muito superior ao da França porque nunca é manipulado nem adulterado, e custa só trinta por cento mais caro. Acredito que seja, de longe, o melhor da Europa. E, diferente da França, eles não produzem Grands Vins.

Vista: visão clara; de mucha vista: ter visão clara e conhecimento sobre touradas.

Vividores: viventes; trapaceiros; aqueles parasitas que ganham a vida com as touradas sem fazer nenhuma contribuição para elas. O trapaceiro espanhol consegue ganhar a vida onde seu colega armênio ou grego mal conseguiria existir; e onde o bom trapaceiro americano morreria de fome, o trapaceiro espanhol ganha o suficiente para se aposentar.

Volapié: voar enquanto corre; método de matar touros inventado por Joaquín Rodríguez (Costillares), na época em os americanos declararam independência dos ingleses, para lidar com um touro que, por estar cansado demais, não consegue atacar para que o toureiro possa matá-lo recibiendo, a manobra em que o homem espera o ataque do touro para cravar a espada. No volapié, o homem posiciona o touro com as quatro patas alinhadas; perfila o touro a uma distância pequena, com a muleta baixada; mira ao longo da lâmina, que funciona como o prolongamento do antebraço que está cruzado no peito, e se aproxima do touro, o ombro esquerdo projetado para a frente, cravando a espada com a mão direita no meio dos ombros do touro; faz o touro se afastar usando a muleta na mão esquerda, encolhe a barriga para evitar o chifre direito e escapa do encontro pelo flanco do animal. Ainda que os matadores de hoje raramente cheguem perto do touro no momento de cravar a espada, e quase nunca segurem a espada no nível do peito, e mirem com a lâmina de qualquer jeito, na altura do queixo ou acima do nariz, o volapié, como foi descrito aqui e inventado por Costillares, ainda é o método de matar touros na era moderna.

Volcar: virar ou tombar; volcando sobre el morillo: expressão usada para se referir a um matador que avança para matar de maneira tão firme e franca que quase cai em cima dos ombros do touro depois de cravar a espada.

Voluntad: desejo ou boa vontade; dizem que um matador demonstrou buena voluntad quando ele dá o melhor de si e, se o resultado for ruim, é por causa de algum defeito do touro ou por incapacidade do homem e não por falta de vontade.

Vuelta al ruedo: volta na arena feita pelo matador por insistência dos espectadores para receber aplausos. Ele é acompanhado pelos banderilleros que pegam e embolsam os charutos arremessados, e arremessam de volta os chapéus ou outros artigos de vestuário atirados na arena.

Z

Zapatillas: sapatilhas sem salto usadas pelos toureiros na arena.

REAÇÕES DE ALGUNS POUCOS INDIVÍDUOS À TÍPICA TOURADA ESPANHOLA

*As idades citadas são aquelas com que viram
uma tourada pela primeira vez.*

P.H., 4 anos; norte-americano; homem. Levado pela babá a uma tourada espanhola em Bordeaux, sem conhecimento nem permissão dos pais, depois de ver o touro atacar os picadores, ele berrou: "Il faut pas faire tomber le horsy!". Pouco depois, ele berrou: "Assis! Assis! Je ne peux pas voir le taureau!". Quando os pais perguntaram o que tinha achado da tourada, ele disse: "J'aime ça!". Levado a uma tourada espanhola em Bayonne três meses depois, ele pareceu muito interessado, mas não disse nada durante a luta. Depois que terminou, ele disse: "Quand j'étais jeune, la course de taureaux n'était pas comme ça".

J.H., 9 anos; norte-americano; homem; formação: liceu francês; um ano de pré-escola nos Estados Unidos. Fez equitação por dois anos e teve permissão de ir às touradas com o pai como recompensa pelo desempenho na escola e, como seu irmão mais novo viu uma luta sem que seus pais soubessem e não sofreu efeitos colaterais, ele achava injusto que o filho mais novo tivesse visto um espetáculo que ele só teria permissão de ver quando completasse doze anos. Acompanhou a tourada com um interesse enorme e sem falar nada. Quando as almofadas começaram a ser jogadas contra um toureiro covarde, ele cochichou: "Papai, posso jogar a minha?". Achou que o sangue na perna do cavalo era tinta e perguntou se os cavalos eram pintados assim para que o touro os atacasse. Ficou muito impressionado com os touros, mas achou que o trabalho dos matadores parecia fácil. Admirou a coragem vulgar de Saturio Torón. Disse que Torón era seu preferido. Todos os outros ficaram com medo. Acreditou piamente que nenhum toureiro, por mais esforçado que fosse, era muito bom. Implicou com Villalta. Disse: "Odeio o Villalta!", na primeira vez que usou esse verbo para falar de um ser humano. Questionado por que, disse: "Odeio a cara dele e o jeito como ele se mexe." Declarou que, na sua opinião, não existia nenhum toureiro melhor do que seu amigo Sidney e que ele não queria mais ver nenhuma tourada que não tivesse Sidney na arena. Disse que não gostava de ver os cavalos serem feridos, mas se divertiu ao ver um episódio engraçado envolvendo cavalos. Ao descobrir que os matadores também morriam, decidiu que preferia trabalhar como guia em Wyoming ou com armadilhas para caçar animais. Quem sabe trabalhar como guia no verão e com armadilhas no inverno.

X.Y., 27 anos; norte-americano; homem; ensino superior completo; quando menino, andava a cavalo na fazenda. Levou uma garrafa de bolso com conhaque na sua primeira tourada — tomou vários goles na arena —, quando o touro atacou o picador e atingiu o cavalo, X.Y. deu um berro repentino e recuperou o fôlego — e tomou um gole de conhaque —, e repetiu isso em cada encontro do touro com o cavalo. Parecia estar à procura de fortes emoções. Duvidou do meu entusiasmo pelas touradas. Disse que era só para eu manter a farsa. Ele não se entusiasmava e afirmava que ninguém poderia se entusiasmar. Ainda acha que o interesse pelas touradas é uma mentira. Não se interessa por nenhum tipo de esporte. Não se interessa por jogos de azar. Ele se diverte e se ocupa com bebidas, vida noturna e fofocas. Escreve. Viaja.

Cap. D.S., 26 anos; soldado; britânico; descendente de irlandeses e ingleses; formação: escolas públicas e Sandhurst; foi para Mons em 1914 como oficial de infantaria; ferido em 27 de agosto de 1914; histórico brilhante como oficial de infantaria entre 1914 e 1918. Caça com cães e pratica corrida de obstáculos para cavalos. Como diversão, gosta de caçar, esquiar e escalar; é culto e inteligente, e aprecia a literatura e a arte modernas. Não tem interesse por jogos nem apostas. Sofreu de maneira sincera e profunda ao ver o que aconteceu com os cavalos em sua primeira tourada — disse que foi a coisa mais horrível que já tinha visto. Continuou a frequentar as touradas, segundo ele, para entender a mentalidade das pessoas que toleram uma coisa dessas. Ao fim de sua sexta tourada, ele entendeu tão bem que se envolveu numa discussão em que defendeu a conduta de um matador, John Anllo, o Nacional II, durante a luta em que um espectador o insultou. Participou de lutas amadoras realizadas pela manhã nas arenas. Escreveu dois artigos sobre touradas, um deles foi uma apologia, publicados por um jornal do exército.

Srta. A.B., 28 anos; norte-americana; não é amazona; formação: ensino médio completo; estudou para se tornar cantora de ópera; não se interessa por esportes nem por jogos de azar. Não aposta. Foi a uma tourada e ficou ligeiramente horrorizada. Não gostou do que viu. Nunca mais foi.

Srta. E.R., 30 anos; norte-americana; formação: superior completo; sabe cavalgar e tinha um pônei quando criança; musicista; autor favorito: Henry James; esporte favorito: tênis; nunca tinha visto uma luta de boxe nem uma tourada até se casar. Gostava de boas lutas de boxe valendo dinheiro. Não queria que ela visse os cavalos sofrerem na tourada, mas acreditava que ela poderia gostar do resto da corrida. Fiz ela desviar o olhar quando o touro atacou o cavalo. Avisei quando não olhar. Não queria que ela ficasse chocada ou horrorizada. Descobri que ela não ficou chocada nem horrorizada pelos cavalos e que encarou a situação toda como parte da tourada, de que ela gostou imensamente logo de primeira, e da qual se tornou grande adepta e admiradora. Desenvolveu um olhar infalível para avaliar um matador em questões de classe, honestidade e capacidade assim que botava os olhos num toureiro. Certa vez, ficou muito impressionada com um determinado matador. Com certeza, o matador ficou muito impressionado com ela. Teve a sorte de estar distante das touradas quando o matador enfrentou sua derrocada moral.

Srta. S.T., 30 anos; inglesa; formação: escola particular e convento; sabe cavalgar; ninfomaníaca alcoólica. Chegou a pintar por um tempo. Gastava dinheiro rápido demais para conseguir apostar em qualquer coisa — apostou algumas vezes com dinheiro emprestado. Amava beber mais do que experimentar emoções fortes — muito impressionada com a morte dos cavalos, mas tão animada com os toureiros e com as emoções de maneira geral que passou a frequentar as arenas. Depois das touradas, bebia até apagar qualquer lembrança delas.

W.G., 27 anos; norte-americano; homem; formação: superior completo; excelente jogador de beisebol; um ótimo desportista, muito inteligente e tinha boas noções de estética; único contato com cavalos foi em fazendas; recentemente, se recuperou de uma depressão que veio depois de um colapso nervoso; ficou chocado e horrorizado com os cavalos. Não conseguiu acompanhar a tourada. Fez um julgamento moral de tudo. Sofreu de maneira sincera e verdadeira com a dor que presenciou na luta. Odiou os picadores. Achou que eles eram moralmente responsáveis. Depois de ir embora da Espanha, o horror diminuiu e ele se lembrou de partes da luta que considerava boas, mas ele tinha uma antipatia real e sincera pelas touradas.

R.S., 28 anos; norte-americano; homem; escritor de sucesso sem bens próprios; formação: superior completo; gostou muito das touradas; gostava da música feita por compositores da moda, mas não era músico; não admirava nenhuma arte além da música; não era cavaleiro; não se incomodou nem um pouco com os cavalos; participava de touradas amadoras pela manhã e sabia como conquistar o público; viveu em Pamplona por dois anos. Parecia gostar imensamente das touradas, mas deixou de acompanhá-las depois de casado, embora diga com frequência que gostaria de voltar a vê-las. Talvez volte um dia. Parecia genuinamente interessado nelas, mas agora não tem mais tempo para nada que não envolva ganhar dinheiro e cultivar contatos. Tem interesse genuíno em golfe. Quase não aposta em jogos de azar, mas faz algumas apostas em questões que envolvem fatos, opinião, lealdade etc.

P.M., 28 anos; norte-americana; formação: convento e superior completo; não toca nenhum instrumento musical; não aprecia música; é inteligente e gosta de artes e de literatura; costumava andar a cavalo e teve um pônei quando criança. Viu sua primeira tourada em Madri, na qual três homens foram chifrados. Não gostou do que viu e saiu da arena antes da tourada terminar. Viu outra um pouco melhor na segunda vez e gostou. Não se incomodou nada com os cavalos. Passou a entender de touradas e a apreciá-las mais do que qualquer outro espetáculo. Tem frequentado as touradas regularmente. Não se interessa por boxe nem por futebol americano, mas gosta de ciclismo. Gosta de pescar e de atirar. Não gosta de jogos de azar.

V.R., 25 anos; norte-americana; formação: convento e superior completo; amazona talentosa; gostou tremendamente das touradas logo de início; não se incomodou nada com os cavalos; desde sua primeira vez, vai às touradas sempre que tem chance. Gosta bastante de boxe, gosta de corridas de cavalos, não se interessa por ciclismo e gosta de apostar em jogos de azar.

A.U., 32 anos; norte-americano; formação: superior completo; poeta; de uma sensibilidade enorme; atleta versátil; gosta de música, artes e literatura; andava a cavalo no exército, mas não é um cavaleiro. Não se interessa por jogos de azar, ficou profundamente abalado ao ver os touros investirem contra os cavalos em sua primeira tourada, mas isso não afetou sua diversão. Gostava imensamente do trabalho do matador quando ele era bom e vaiava prontamente com o resto da multidão quando não era. Desde aquele outono, vive num lugar onde não tem acesso às touradas.

S.A., Romancista de fama internacional que escreve em iídiche. Teve sorte de ver touradas excelentes em sua primeira viagem a Madri e afirmou que não havia emoção comparável em intensidade, a não ser por sua primeira relação sexual.

Sra. M.W., 40 anos; norte-americana; formação: escolas privadas; não tem aptidão para esportes; já andou a cavalo; tem um gosto apurado para a música, a pintura, a escrita; é generosa, inteligente, fiel, sedutora; uma excelente mãe. Preferiu não ver os cavalos — desviou o olhar — e gostou do restante da tourada, mas não fez questão de ver muitas mais. Gosta muito de se divertir e sabe muito bem como fazer isso.

W.A., 29 anos; norte-americano; homem; jornalista de sucesso; formação: superior completo; não sabe andar a cavalo; muito civilizado e tem muito gosto por comer e beber; é culto e experiente; ficou frustrado com sua primeira tourada, mas não se incomodou com os cavalos; na verdade, gostou dela, mas acabou ficando entediado com o resto da luta; depois acabou demonstrando um grande interesse em touradas e trouxe a esposa para a Espanha, mas ela não gostou das lutas e, no ano seguinte, W.A. deixou de acompanhá-las. Ele não tinha sorte e as touradas que via eram quase sempre ruins, ele acompanhou o boxe por um tempo, mas não frequenta mais as lutas. Aposta um pouco em jogos de azar, ama comida, bebida e conversa boa. Extremamente inteligente.

Nessas poucas reações, tentei ser completamente fiel às primeiras impressões e às impressões definitivas que esses indivíduos tiveram sobre as touradas. A única conclusão que consigo tirar dessas reações é que algumas pessoas vão gostar das touradas e outras não vão gostar. Como se trata de uma desconhecida, não pude contar a história de uma inglesa de uns trinta e cinco anos que vi numa tourada em San Sebastián, acompanhada do marido, que ficou tão abalada com os cavalos sendo atacados pelo touro que ela gritava e chorava como se fossem seus cavalos ou os próprios filhos na arena. Ela foi embora chorando, mas disse para o marido ficar. Ela não quis chamar atenção, mas a cena foi horrível demais para ela. Era uma mulher bonita e parecia ser simpática, e fiquei com pena dela. Também não descrevi as reações de uma garota espanhola que foi a uma tourada em La Coruña com quem parecia ser seu marido ou noivo. Ela chorou muito e sofreu em toda a corrida, mas permaneceu na arena. Falando com toda franqueza, essas foram as duas únicas mulheres que vi chorar em mais de trezentas touradas. Deve-se levar em conta, claro, que nessas lutas eu só conseguia observar meus vizinhos mais próximos.

UMA BREVE AVALIAÇÃO DO NORTE-AMERICANO SIDNEY FRANKLIN COMO MATADOR

A maioria dos espanhóis não frequenta as touradas, apenas uma pequena parcela, e entre aqueles que assistem, há um número limitado de aficionados que entendem do assunto. Ainda assim, várias vezes ouvi as pessoas dizerem que perguntaram a um espanhol, um espanhol de verdade, veja só, que tipo de toureiro era Sidney Franklin, e o espanhol disse que ele era muito corajoso, mas muito esquisito e não entendia qual era o problema. Se você perguntasse a esse espanhol se ele viu Franklin lutar, ele diria que não; o problema é que os espanhóis falam assim dele por causa de um orgulho patriótico. Não é assim que ele luta.

Franklin é corajoso, com uma bravura fria, serena e inteligente, mas em vez de ser esquisito e ignorante, ele é um dos toureiros mais habilidosos, elegantes e confiantes da atualidade. Seu repertório com a capa é enorme, mas ele não procura usar o repertório variado para evitar fazer uma veronica, pois a base do seu trabalho com a capa e a técnica de suas veronicas são clássicas, muito emocionantes e lindamente marcadas e executadas. Você jamais vai encontrar um espanhol que tenha visto Franklin se apresentar e que negue sua criatividade e excelência com a capa.

Ele não crava banderillas, pois nunca estudou nem praticou essa manobra devidamente, e essa é uma omissão grave, uma vez que, com seu físico, noção de distância e frieza, ele poderia ser um ótimo banderillero.

Franklin sabe usar a muleta com a mão direita, mas usa muito pouco a mão esquerda. Ele mata corretamente e com facilidade. Ele não dá a devida importância ao sacrifício, pois ele o considera fácil e ignora o perigo. Se ele perfilasse o touro com mais estilo, a manobra para matar se tornaria muito mais emocionante.

Hoje, existem apenas seis matadores profissionais que são mais técnicos, inteligentes e completos do que ele na Espanha, e os toureiros sabem disso e o respeitam muito por isso.

É tarde demais para ele se tornar um bom banderillero, mas ele percebe seus outros defeitos e está constantemente se aprimorando. Com a capa, ele não precisa melhorar nada; ele é um mestre, um doutor em tauromaquia, e não apenas um artista clássico, mas também um inventor e um inovador.

Ele foi treinado por Rodolfo Gaona, o mexicano, o único matador que era páreo para Joselito e Belmonte, que por sua vez foi treinado por um banderillero do grande Frascuelo, que deu a ele o treinamento mais completo possível no que se refere aos fundamentos clássicos da tourada, ignorados por muitos jovens matadores que têm bastante coragem, um pouco de elegância e de juventude, e postura e esperança; e foram o talento e a qualidade do estilo de Franklin, adquiridos na melhor escola possível, que tanto maravilhavam e entusiasmavam os espanhóis.

Ele teve triunfos importantes e legítimos em Sevilha, Madri e San Sebastián, diante da elite dos aficionados, e triunfos em Cádiz, Ceuta e em outras cidades nas províncias. Ele lotou a arena de Madri de tal modo que os ingressos esgotaram em três apresentações seguidas; a primeira vez foi como a novidade norte-americana que todo mundo estava curioso para ver depois de seu sucesso estrondoso em Sevilha, mas as duas vezes seguintes foram por causa de seus méritos como toureiro. Isso foi em 1929, o ano em que ele poderia ter assumido como um matador de touros profissional em pelo menos seis cidades diferentes, e eu teria falado sobre ele no corpo deste livro com os outros matadores de touros, mas ele optou sabiamente por mais um ano como novillero; ele estava lutando o quanto queria e fazia mais dinheiro como novillero do que muitos matadores de touros, e mais um ano como novillero daria a ele mais um ano para aperfeiçoar o trabalho com a muleta, bem como mais experiência e mais conhecimento sobre os touros espanhóis, que são muito diferentes dos mexicanos. Ele teve azar em sua segunda luta, no início de março de 1930, quando foi chifrado por um touro ao dar as costas para o animal, depois de ter cravado a espada, e sofreu um ferimento grave que perfurou o reto, o músculo do esfíncter e o intestino grosso, e quando ele se recuperou para honrar seus contratos, o ferimento não havia cicatrizado e ele lutou em más condições físicas até o fim da temporada. Durante o inverno de 1930-31, ele lutou no México e, alternando com Marcial Lalanda em Nuevo Laredo, sofreu um ferimento pequeno causado pela chifrada de um novilho na perna, que não teria causado nenhum problema (ele lutou no domingo seguinte) se o cirurgião que o atendeu não tivesse insistido em aplicar vacinas contra tétano e gangrena. O intervalo entre essas injeções e aquelas que ele havia recebido em Madri para os mesmos problemas foi muito pequeno, e isso acabou causando um tipo de abscesso no braço esquerdo, que inchou e deixou o braço praticamente inutilizado e comprometeu sua temporada espanhola em 1931. Depois, ele também veio do México para a Espanha com o dinheiro da temporada de inverno e com mais disposição de aproveitar a vida do que de retornar às touradas. Ele tinha feito a arena de Madri pagar caro por uma apresentação sua no ano anterior e, assim que ele decidiu estar pronto para lutar de novo, a administração deu um jeito de se vingar de uma forma tipicamente espanhola, criando pretextos para ignorar Franklin até que todas as datas da arena estivessem agendadas.

Ele tem habilidade com línguas, mais a coragem fria e a habilidade de comandar típica de um soldado da fortuna, ele é uma companhia agradável, um grande contador de histórias, tem uma curiosidade enorme e onívora sobre tudo, mas consegue saber o que precisa ao ver e ouvir com atenção, e lê apenas o jornal *The Saturday Evening Post*, que ele percorre de cabo a rabo todas as semanas, e que geralmente lê em três dias e passa os outros quatro sofrendo à espera da próxima edição. Ele é um patrão exigente com aqueles que trabalham para ele, mas inspira uma lealdade impressionante. Ele não só fala espanhol perfeitamente, como fala com o sotaque do lugar onde estiver, não importa qual seja; ele cuida dos próprios negócios sozinho e se orgulha do seu tino comercial, que é péssimo. Ele confia em si mesmo tanto quanto um cantor de ópera, mas não é convencido.

Preferi não escrever nada sobre sua vida, uma vez que ele enfrentou riscos enormes e viveu de maneira absolutamente fantástica, e faria jus a quaisquer vantagens que a história pudesse contar. Ouvi a história inteira algumas vezes, na primeira metade de 1931, e presenciei alguns capítulos da história no instante em que ocorreram, e ela é melhor do que qualquer romance pitoresco que você tenha lido. A vida de qualquer homem, se narrada de maneira sincera, é um romance, mas a vida de um toureiro obedece a uma ordem inevitável na sua trágica progressão. A vida de Sidney escapou a essa regra e ele de fato viveu três vidas: uma mexicana, uma espanhola e uma americana, de forma inacreditável. As histórias dessas vidas pertencem a ele e eu não vou contá-las para você. Mas posso contar, sinceramente, deixando de lado todas as questões de raça e nacionalidade, que ele é um artista bom e competente com a capa, e nenhuma história das touradas será completa se não der a ele o espaço que ele merece.

DATAS COMUNS DE TOURADAS NA ESPANHA, NA FRANÇA, NO MÉXICO E NAS AMÉRICAS CENTRAL E DO SUL

Futuros espectadores não devem levar a sério as touradas realizadas na França, na América Central e na América do Sul, a não ser talvez as de Lima, no Peru.

JANEIRO

Touradas todos os domingos na Cidade do México; em Lima, no Peru; e em Caracas, na Venezuela.

No dia 1º janeiro há sempre uma tourada em San Luis de Potosí, no México.

Há touradas de vez em quando, aos domingos, nas cidades de Tampico, Vera Cruz, Torreón, Puebla, León, Zacatecas, Ciudad Juarez e Monterey.

Em Casablanca, no Marrocos, uma ou mais touradas ocorrem nos domingos de janeiro.

Valência, Maracay e Maracaibo, na Venezuela, realizam touradas de vez em quando aos domingos.

Cartagena das Índias, na Colômbia, também costuma ter touradas em janeiro.

FEVEREIRO

Touradas acontecem todos os domingos na Cidade do México, em Lima e em Caracas, e eventualmente uma tourada beneficente num dia de semana, na Cidade do México.

Aos domingos, há touradas oficiais ou novilladas em San Luis de Potosí, Ciudade Juarez, Puebla, Torreón, Monterey, Aguas Calientes, Tampico, León e Zacatecas, no México, e touradas em Bogotá, Baranquilla e no Panamá, na América Central.

Se o tempo ajudar, as novilladas começam aos domingos em Madri e Barcelona, e em Valência.

Março

Há touradas todos os domingos na Cidade do México e em Caracas (Venezuela). De tempos em tempos, ocorrem touradas em Málaga, Barcelona e Valência, e há sempre uma tourada em Castellón de la Plana para as Fiestas de la Magdalena, que você pode procurar em qualquer calendário religioso e vai achar.

As novilladas geralmente ocorrem, se o tempo ajudar, todos os domingos em Madri, Barcelona, Valência, Zaragoza, e num domingo ou outro em Bilbao.

Abril

Há touradas no domingo de Páscoa em Madri, Barcelona, Sevilha, Zaragoza, Málaga, Múrcia e Granada.

Na segunda-feira depois da Páscoa, começam as primeiras touradas dos pacotes por assinatura em Madri.

A feria em Sevilha começa uma semana depois da Páscoa e tem três touradas em dias sucessivos.

Dia 25, feria em Lorca.

Dia 29, feria em Jerez de la Frontera.

Há touradas todo domingo depois da Páscoa em Madri, Barcelona e Valência, e novilladas aos domingos em Zaragoza, Bilbao e geralmente nas arenas menores de Vista Alegre e Tetuán de las Victorias, em Madri. Se você for a qualquer uma das duas, tenha cuidado com os batedores de carteiras.

Maio

Se a Páscoa for mais cedo e o Corpus Christi cair em maio, há touradas nessa data em Madri, Sevilha, Granada, Málaga, Toledo e Bilbao, possivelmente também em Zaragoza.

DATAS FIXAS PARA TOURADAS

2 de maio: Bilbao, Lucena.
3 de maio: Bilbao, Figueras, Santa Cruz de Tenerife.
4 de maio: Puertollano, Jerez de los Caballeros.
Entre os dias 8 e 10 de maio: Ecija e Caravaca.
Entre os dias 13 e 15 de maio: Osuna e Badajoz.
15 de maio: Madri.
16 de maio: Madri e Talavera de la Reina.
17 de maio: Madri. Essas três touradas ocorrem na Feria de San Isidro, patrono de Madri. A feria já não é mais a mesma, mas as touradas continuam sendo realizadas.
18 a 20 de maio: Ronda, Olivenza, Baeza.
21 a 22 de maio: Zaragoza.
25 a 26 de maio: Córdoba.
30 de maio: Aranjuez e Cáceres (novillada em Madri).
31 de maio: Cáceres, Teruel e Antequera.

No último domingo de maio, geralmente ocorre uma tourada na arena romana de Béziers, na França.

Em maio, a temporada de verão das novilladas começa no México.

JUNHO

Há touradas todas as quintas-feiras e todos os domingos em Madri e todos os domingos em Barcelona.
Entre os dias 2 e 4 de junho: Trujillo.
9 de junho: Placência.
Entre os dias 9 e 11 de junho: Uma grande feria em Algeciras, geralmente com três touradas.
Entre os dias 13 e 17 de junho: Feria em Granada, geralmente com três touradas.
22 de junho: Ávila.
24 de junho: Tolosa, Medina del Rio Seco, Cabra, Barcelona, Zafra, Badajoz, feria em Badajoz com duas touradas.
25 de junho: Tolosa, Badajoz.

Entre os dias 27 e 29 de junho: Feria em Segóvia, geralmente com duas lutas.

29 de junho: Alicante.

Entre os dias 29 e 30 de junho: Feria em Burgos, geralmente com duas lutas.

Julho

No primeiro domingo de julho: Touradas em Palma de Mallorca.

Entre os dias 6 e 12 de julho: Feria de San Fermín em Pamplona, com cinco lutas em dias sucessivos, começando no dia 7 de julho. Touradas amadoras todos os dias às sete da manhã. Os touros correm pelas ruas nas manhãs das touradas. Melhor chegar à arena às seis da manhã para comprar ingressos para os camarotes. Os outros ingressos são gratuitos e esgotam. Os ingressos geralmente podem ser comprados na noite anterior entre seis e sete horas nas bilheterias da praça.

14 de julho: Touradas em Bordeaux e Bayonne.

Entre os dias 15 e 18 de julho: Touradas em La Linea, perto de Gibraltar.

23 de julho: Alcira. Geralmente uma boa tourada.

25 de julho: Grande tourada em San Sebastián e Santander. Primeira tourada da feria em Valência, onde ocorrem de sete a nove touradas em dias sucessivos até o dia 2 de agosto, inclusive.

No primeiro domingo de julho, há uma tourada em Nîmes, na França.

Ao longo do mês de julho, há novilladas às quintas-feiras e aos domingos em que não ocorrem touradas oficiais, em Madri ou Barcelona. As grandes ferias que merecem ser visitadas são as de Pamplona e Valência.

Agosto

No dia 2 de agosto, há uma feria em Vitória, com três touradas em dias sucessivos, e outra em La Coruña, também com três touradas. Vitória é acessível de carro numa viagem de três horas a partir da fronteira com a França, em Hendaye. Se a feria for programada para um domingo, essas touradas podem ocorrer lá pelo dia 4 ou 5.

Entre os dias 2 e 5 de agosto, há touradas em Santander, San Sebastián, Cartagena e Tomellosa.

Entre os dias 8 e 10, há uma feria em Pontevedra, na Galícia, geralmente com uma tourada apenas.

10 de agosto: Manzanares.

Entre os dias 15 e 17 de agosto, ocorre a Grande Semaine de San Sebastián, com três lutas sucessivas nesses dias. Se houver um domingo mais para o começo ou mais para o fim da feria, as touradas podem ocorrer nos dias 14, 15 e 16, porque os produtores de eventos procuram sempre encaixar uma série de touradas dentro de uma feria num domingo.

Nos dias 15 e 16 de agosto, há também ferias em Gijón, Badajoz e Almendralejo, com duas touradas em cada uma delas e uma tourada nos mesmos dias em Puerto de Santa Maria (dia 15), Palma de Mallorca (dia 15), Jaén, Tafalla e Jatiba (dia 15). Pode-se chegar a Tafalla a partir de Biarritz numa viagem de quatro horas e meia de carro.

16 de agosto: Orihuela, Burgode, Osma e Jumilla.

17 a 20 de agosto: Ciudad Real, Sanlucar, Toledo, Málaga, Antequera e, às vezes, Guadalajara.

21 de agosto: A feria de verão em Bilbao começa quase sempre com cinco touradas sucessivas. Durante essa semana, há touradas aos domingos em San Sebastián, Oviedo, Almagro (duas touradas), Astorga (duas touradas, nos dias 24 e 25), Almería (duas lutas, geralmente nos dias 26 e 27), Tarazona de la Mancha (dia 24), Alcalá de Henares (dia 25).

28 de agosto: Tarazona de Aragon e Toro. San Sebastián, se cair num domingo.

28 a 30 de agosto: Málaga, Puerto de Santa María, Linares, Colmenar Viejo (às vezes com duas touradas).

29 de agosto: Málaga (segunda tourada da feria).

30 de agosto: Linares (segunda tourada da feria).

31 de agosto: Calahorra, Requena, Constantina.

Ao longo do mês de agosto, há novilladas em Madri e Barcelona, e geralmente em Zaragoza e Valência, todos os domingos e geralmente todas as quintas-feiras. As grandes ferias do mês de agosto, do ponto de vista das touradas, são as de Bilbao e San Sebastián. Se você quiser conhecer o campo, vá para Colmenar Viejo, Astorga ou Toro.

Setembro

O mês das grandes ferias.

Dias 2 e 3: Palência geralmente tem boas touradas e um público inteligente. Uma agradável cidade castelhana com boa cerveja e excelentes caçadores de codornas.

Dias 3 e 4: Mérida, Villarobledo e Priego. Geralmente são duas touradas em Mérida, uma em Villarobledo e uma em Priego.

No primeiro domingo de setembro, ocorre uma tourada em San Sebastián, e se o domingo cair depois do dia 4, em Aranjuez.

Dias 5 e 6: Feria em Cuenca, geralmente com duas touradas e uma novillada. Cidade maravilhosa, mas com uma estrada terrível. Nas mesmas datas, há uma feria em Castellar com duas touradas. Entre os dias 4 e 6, tanto touradas quanto novilladas em Segóvia, Huelva, Requena e Jerez de los Caballeros.

Começa a feria em Múrcia, no dia 7 ou no dia 8. Geralmente com duas touradas.

Dias 7 e 8: Utrera, Palma de Mallorca, Cabra, Bélmez, Tortosa, Ayamonte, Cáceres, Barbastro, Santoña, Benavente e às vezes em Valdepeñas e Lorca.

Dia 9 de setembro: Uma feria com duas touradas começa em Calatayud e, no dia 10, Albacete dá início a uma feria com três touradas sucessivas, embora às vezes eles cheguem a apresentar cinco touradas. As duas valem a pena.

Dia 9, ainda, San Martín de Valdeiglesias, na estrada de Madri para a Sierra de Gredos, Villanueva del Arzobispo, Barcarrota e Andújar.

Dias 10 e 11: Geralmente começa uma feria com duas touradas em Zamora e, no dia 11, quase sempre ocorrem touradas em Haro, Utiel e Cehegin.

Dia 12 de setembro: Começa a feria de Salamanca, com três touradas em dias sucessivos.

Há touradas também em San Sebastián no segundo domingo de setembro, e costuma ser uma tourada xumbrega, embora às vezes seja boa, e em Utiel, Mellila e Barcelona.

No terceiro domingo de setembro, começam as touradas dos pacotes de assinatura para a temporada de outono em Madri, com touradas todos os domingos até meados de outubro.

Dias 14 e 15 de setembro: Costuma ter touradas ou novilladas em Jerez de la Frontera, Aranda de Duero, Castuera e Aracena.

Nos dias 15 e 16, geralmente há touradas em San Clemente, Mora, Trujillo e Tomelloso.

Numa data entre os dias 18 e 20, dependendo de onde cair o domingo, começam três dias sucessivos de touradas na feria de Valladolid. A cidade é acessível tanto pela ferrovia quanto pela estrada. Essas touradas frequentemente são boas e o público é inteligente, e um desses três dias de touradas geralmente é reservado para as ferias de Oviedo, Olivenza e Zalamea la Real.

No dia 21 de setembro, começa uma feria com três dias de touradas em Logroño. Essa é a feria de setembro mais fácil de acessar a partir da fronteira francesa, via Hendaye e Irun. As touradas costumam ser de alto nível.

Numa data entre os dias 21 e 23, há uma tourada em Talavera de la Reina, Fregenal de la Sierra, Sória e Requena.

No terçeiro domingo de setembro, se o tempo estiver bom no norte e houver bastantes visitantes, pode haver uma tourada em San Sebastián. Quase sempre há uma tourada em Tarrogona, Zaragoza, Barcelona, Málaga, Bilbao e Córdoba. Essas costumam ser realizadas na Celebração da Virgem Maria.

Entre os dias 25 e 28 de setembro, quase sempre há uma tourada em Quintanar de la Orden, Torrijos, Hellin e Béjar.

No dia 28 de setembro, ocorre a primeira de duas touradas da Feria de San Miguel, em Sevilha. Essa duas touradas costumam ser muito melhores do que as corridas da feria de primavera.

Touradas podem ser realizadas nos últimos três dias de setembro, em Caravaca, Ubeda, Jaén, Almendralejo e Belmonte.

As ferias mais importantes de setembro são as de Salamanca, Calatayud, Albacete, Valladolid, Logroño e Sevilha. Todas essas valem a pena.

Outubro

No primeiro, no segundo e geralmente no terceiro domingo de outubro, há touradas em Madri e Barcelona, e geralmente em Valência.

Dias 1º e 2 de outubro: Ubeda, feria.

Dia 3 de outubro: Soria, feria.

Entre os dias 2 e 4 de outubro: Zafra, feria.

Geralmente há uma tourada na primeira semana de outubro em Aranjuez.

No dia 12 ou no dia 13 de outubro, começa a feria de Pilar, em Zaragoza, que dura de quatro a cinco noites. Essa é a última feria importante da temporada.

Entre os dias 15 e 20, há uma feria em Guadalajara, com uma tourada, e nos dias 18 e 19, outra em Jaén, com duas touradas. No dia 18 ou no dia 19, às vezes há touradas em Gandia e Játiva.

No último domingo de outubro, há touradas em Barcelona e Valência, se o tempo estiver bom, e ocasionalmente há uma tourada no último dia de outubro em Gerona.

A grande feria do mês é a de Pilar, em Zaragoza.

Em meados de outubro, a temporada oficial de touradas começa na Cidade do México e no resto do território mexicano.

Novembro

Caso o tempo esteja bom, touradas podem ser realizadas na primeira semana de novembro em Barcelona ou Valência. Elas ocorrem todos os domingos na Cidade do México e em várias outras cidades mexicanas, com os toureiros contratados para o México viajando logo depois da feria de Pilar, em Zaragoza.

A última tourada na Espanha é geralmente em Ondara, na província de Alicante, entre os dias 16 e 20 de novembro.

Dezembro

O segundo mês mais importante da temporada mexicana, com touradas todos os domingos na Cidade do México e, com frequência, em várias outras cidades mexicanas.

Em Lima (Peru), Caracas (Venezuela) e Bogotá (Colômbia), a temporada começa em meados de dezembro, geralmente com matadores espanhóis e com qualquer prodígio local que esteja na moda. Na Venezuela, há touradas eventuais em Valência e Maracaibo, assim como touradas ocasionais mais ou menos sérias no Panamá e na Guatemala. Se quiser ver touradas em novembro ou dezembro, a Cidade do México é o lugar perfeito para isso.

NOTA BIBLIOGRÁFICA

Para uma lista de 2.077 livros e folhetos em espanhol que tratam de tauromaquia — o escritor deste livro tem uma dívida profunda com os autores desses livros e pede a eles desculpas pela intromissão —, o leitor que quiser saber mais sobre a história das touradas espanholas deve acessar Libros e Folletos de Toros, Biblioteca Taurina, Compuesta Con Vista de la Biblioteca Taurómaca de Don José Luis de Ybarra y Lopez de Calle, por Graciano Diaz Arquer, e publicado em Madri pela Biblioteca de Pedro Vindel.

Morte ao entardecer não tem a intenção de ser um relato histórico nem uma obra muito aprofundada. Ele foi pensado como uma introdução à tourada moderna da Espanha e procura explicar as emoções e as práticas que envolvem esse espetáculo. Ele foi escrito porque não havia nenhum livro que fizesse isso em espanhol nem em inglês. O escritor pede a compreensão dos aficionados em relação a suas explicações técnicas. Quando é possível escrever um livro controverso a respeito da execução de uma única sorte, a explicação arbitrária de um homem sobre as touradas certamente será inaceitável para muitos.

E. H.

Este livro foi composto na tipografia Dante MT Std,
em corpo 11/15, e impresso em
papel off-white no Sistema Cameron da
Divisão Gráfica da Distribuidora Record.